Giordano Bruno's Weltanschauung Und Verhängniss

Hermann Brunnhofer

Giordano Bruno's

Weltanschauung und Verhängniss.

Aus den Quellen dargestellt

von

Dr. Hermann Brunnhofer,
Kantonsbibliothekar in Aarau.

Leipzig.
Fues's Verlag (R. Reisland).
1882.

Conte Angelo de Gubernatis

in freundschaftlicher Hochachtung

zugeeignet.

Vorrede.

Als zu Ende des vorigen Jahrhunderts FR. H. JACOBI die Aufmerksamkeit der philosophischen Welt zum ersten Mal wieder auf Bruno lenkte; als SCHELLING zu Anfang unseres Säculums seiner reichlich begründeten Dankbarkeit gegen den grossen Nolaner dadurch ganz besondern Ausdruck verlieh, dass er einem seiner vollendetsten Dialoge den Namen Bruno gab; als dann vollends HEGEL und SCHOPENHAUER, FEUERBACH, LANGE und DÜHRING, ZÖLLNER und HELLWALD gleichsam um die Wette Bruno lobpriesen und seine Philosophie als die dem wissenschaftlichen Standpunkt der Gegenwart sich am meisten annähernde Weltanschauung verherrlichten, da hätte man wohl erwarten dürfen, dass ihm „das Volk der Dichter und Denker" ein des Dichterphilosophen würdiges Denkmal in Form eines guten Buches gestiftet hätte. Aber es ist nicht geschehen! Man hat den literarischen Häckerling aller Völker zusammengelesen, die Lüstlingsautoren und Stilverächter aller Zeiten und Zonen zu Classikern der Weltliteratur gestempelt, dieselben in Sammelwerken, in Specialeditionen, in Uebersetzungen, mit Commentaren herausgegeben und durch Musik und Drama, durch Bildhauerei, Malerei und alle Zeichenkünste tausendfach vervielfältigt und in den Himmel erhoben; aber über Giordano Bruno, von dem man doch wenigstens bereitwillig zugiebt, dass er der grösste Philosoph der Renaissance gewesen, ja von dem man wenigstens nie geleugnet hat, dass er mit seinen Nachfolgern Spinoza und Leibnitz die grösste Ideenverwandtschaft theile — über Giordano Bruno waltet das wahrhaft tragische Missgeschick, dass er es bis zu dieser Stunde noch nicht einmal zu einer Gesammtausgabe, geschweige denn zu einer Uebersetzung seiner Werke gebracht hat. Denn ADOLF WAGNER's zweibändige Ausgabe von

Leipzig, 1830 enthält nur die italienischen OPERE DI GIORDANO BRUNO und A. FR. GFRÖRERS Ausgabe der Lateinwerke: JORDANI BRUNI NOLANI SCRIPTA QUAE LATINE CONFECIT OMNIA (Stuttgart, 1836) ist nur ein Abdruck der weniger wichtigen Lateinschriften Bruno's und hat es nicht über den ersten Band hinausgebracht. Die einzige Schrift Bruno's, die bis jetzt ganz übersetzt worden, ist der Dialog DE LA CAUSA in KIRCHMANN'S Philosophischer Bibliothek: GIORDANO BRUNO, Von der Ursache, dem Princip und dem Einen. Von AD. LASSON, Berlin 1872. Die Uebersetzung, zugleich eine Neufundirung des Originaltextes, ist ein Muster von urbildgetreuem und doch lesbarem Ausdruck, wie denn auch die erläuternden Anmerkungen dem Schriftchen für immer seine Unentbehrlichkeit sichern werden.

Woher wohl Bruno's Unstern? Welches Schreckliche hat der Mann verschuldet, dass ihm nach vollen drei Jahrhunderten selbst in den bändereichsten Geschichten der neuern Philosophie kaum mehr als eine vorübergehende Erwähnung zu Theil wird? Sollte etwa sein glorioser Märtyrertod für die Geistesfreiheit der anstössige Makel sein, der die Auferweckung seines Andenkens als zu riskant erscheinen lässt? Sollte die schmachvolle Verfehmung, welche die Kirche der Gegenreformation über den Vertheidiger der Unendlichkeit der Welt ausgesprochen hat, ihren Schatten selbst bis in die protestantische Gegenwart hineinwerfen? O dass ich mich irrte! Aber betrübende Thatsachen bestätigen meine Vermuthung. Wenn ein katholischer Privatdocent der Philosophie, Dr. F. J. CLEMENS in Bonn, im Jahre 1847 in seiner Abhandlung über Giordano Bruno und Nicolaus von Cusa, schreiben konnte: „Die weltlichen wie die geistlichen Obrigkeiten in Italien hätten an ihrer Stellung und Aufgabe vollkommen irre geworden sein, das, was bis dahin als göttliches und menschliches Recht gegolten hatte, geradezu mit Füssen treten müssen, wenn sie gegen einen so unverhohlenen und unversöhnlichen Feind der kirchlichen und gesellschaftlichen Ordnung in einem christlichen Lande nicht mit der äussersten Strenge der Gesetze eingeschritten wären" — wenn das ein römisch-katholischer Privatdocent schreibt, wohl, so lässt es sich doch schliesslich unter Bedauern noch begreifen. Wenn aber ein protestantischer Professor der Philosophie in Halle, wenn JOH. EDUARD ERDMANN Ernste Spiele (Zwei

Märtyrer der Wissenschaft, Halle 1864), pag. 300, schreibt: „begreiflich werden wir es doch finden, und also ein gewisses Recht darin anerkennen, dass an dem Zurückbleibenden (Campanella) die Macht Rache nimmt, die der Träger der neuen Ideen ist, der Staat, an dem unzeitig Voreilenden (Bruno) aber die Gewalt, die seit Alters das Scepter führte, die Kirche“ — dann allerdings reiben wir uns verwundert die Augen und fragen entrüstet: Wie ist nur dergleichen möglich? Aber was ist denn der modernsten Geschichtschreibung nicht möglich gewesen? Hat sie nicht die anwiderndsten Wütheriche der Menschheit rein zu waschen versucht? Sind ihr nicht welthistorische Dirnen als unschuldige Täubchen vorgekommen?

Gegenüber dem an Bruno von Kirche und kirchenfreundlichen Geschichtschreibern der Philosophie begangenen Unrecht gilt es also, Bruno's weltgeschichtliche Stellung in das der Grösse seines Charakters, sowie der Tiefe seiner Speculation würdige Licht zu setzen. Somit erwächst einer neuen Darstellung von Bruno's Wirksamkeit die Aufgabe, zunächst Bruno's Leben und Werke und alsdann deren Ausdruck und Inhalt im gesprochenen und geschriebenen Wort, d. h. Bruno's Philosophie, zu reproduciren.

Was nun zuvörderst meine Beschreibung von Bruno's Leben betrifft, so stützt sich dieselbe, wie jede noch kommende Biographie Bruno's, auf das Aktenmaterial aus dem Archiv des Inquisitionsgerichts in Venedig, mit dessen Veröffentlichung sich der gegenwärtige Ackerbauminister Berti in seiner Vita di Giordano Bruno ein dauerndes Verdienst erworben hat. Trotzdem sich Berti in dem Wiederabdruck dieser Aktenstücke in der Schrift: Documenti intorno a Giordano Bruno da Nola, 1880, erlaubt hat, die Reihenfolge derselben, wie er sie in seiner Vita di G. Bruno befolgt hatte, abzuändern, habe ich mir, weil das letztere Buch im philosophischen Publikum verbreiteter ist, als die Documenti, gestattet, diese Urkunden nach der Bezifferung der Vita zu citiren. Nächst Berti hat Niemand so viel neue Notizen und Aktenstücke zum Leben Bruno's zusammengebracht, als Prof. Sigwart in Tübingen, der in seiner Abhandlung im Universitätsprogramm von 1880 durch die Kritik des Berti'schen Materials und, im erweiterten Wiederabdruck dieser Programmarbeit im 1. Band seiner Kleinen

Schriften (Freiburg, Herder, 1882), durch Beibringung von äusserst fleissig herbeigeschafften neuen Mittheilungen über einzelne Punkte von Bruno's Leben die Klarheit über dasselbe mächtig gefördert hat. In allerneuester Zeit hat nun FRANCESCO FIORENTINO in dem Giornale napoletano della domenica und nach ihm LAGARDE in den Göttinger Nachrichten vom 31. März d. J. werthvolle Angaben über Bruno's Familie und Verwandtschaft aus den Censuslisten von Nola veröffentlicht, die schon Bekanntes berichtigen, das über Bruno's Abkunft schwebende Dunkel jedoch noch lange nicht aufhellen. Diese letztern Mittheilungen erschienen zu einer Zeit, als mein Leben Bruno's schon gedruckt war.

Der zweite Theil meines Buches, die Darstellung von Bruno's Philosophie, ist durchweg neu aus den unmittelbaren Quellen geschöpft und hat keinerlei Voraussetzungen in irgend einer der bisherigen Bearbeitungen von Bruno's Lehre. BUHLE's fleissige Wiedergabe der Philosophie Bruno's vom Anfang dieses Jahrhunderts ist in ihren Gesichtspunkten zu veraltet, um auf eine moderne Wiedererweckung der nolanischen Philosophie noch bestimmend einwirken zu können, wozu dann noch kommt, dass BUHLE, ein strenger Kantianer, von den eigentlichen Zielen des brunonischen Denkens keine Ahnung hatte. Die nächste Darstellung erhielt Bruno's Philosophie im zweiten Theil von BARTHOLMÈSS' VIE DE GIORDANO BRUNO (Paris, 1846). Die Auffassung ist hier ganz neu, Victor Cousin's an der Philosophie Schelling's und Hegel's geübter Blick lässt sich in BARTHOLMÈSS' schön geschriebenen Essays über die Grundlagen der brunonischen Philosophie nicht verkennen. Auch wird dem von edler Begeisterung für Bruno getragenen Buche die Anerkennung durchaus selbständiger Forschung nie versagt werden können. Dagegen gilt jetzt noch voll und ganz, was schon RÖTH in den Heidelberger Jahrbüchern 1848, pag. 932 über BARTHOLMÈSS' Buch gesagt hat: „Die zweite kleinere Hälfte, welche einen Abriss des eigentlichen selbständigen Ideenkreises Bruno's enthalten soll, befriedigt am wenigsten. Die wesentlichsten Punkte des Systems, Bruno's eigenthümliche Ansichten, das was in dem Entwickelungsgang des Denkens zuerst und vorzugsweise ihm angehört, ist zu wenig hervorgehoben und verschwimmt in anderem, unwesentlichem Detail. Es fehlt ein zusammenfassender Ueberblick, die Anordnung und Gruppirung in grössere Massen.“ Denselben Mangel scharfumrissener Abschnitte über die verschiedenen Gedankenkreise des Nolaners zeigt ein Jahr später CARRIÈRE's in seinem Buche „Die philosophische Weltanschauung der Reformationszeit“ (Stuttgart, 1847) erschienene Abhandlung über Giordano Bruno. Dieselbe beruht auf solidem Quellenstudium, giebt aber keine Belege; und da der Leser selten herausfindet, welche Sätze bloss der dialektischen Vermittelung der Gedanken Bruno's dienen und welche andern Bruno's wörtlich übertragenes Eigenthum sind, so ist die Darstellung zwar sehr geniessbar, kann aber nicht selbst als Quelle benutzt werden. Wahrscheinlich hätte BERTI diesem Mangel an einer übersichtlichen Darstellung von Bruno's Hauptgedanken abgeholfen, wenn er die neue Ausgabe seiner VITA DI G. BRUNO schon hätte erscheinen lassen, in welcher er, wie er in seinem Werke über *Copernico e le vicende del sistema copernicano in Italia* (Roma, 1876), pag. 234 schreibt: [*speriamo di poter aggiungere alla nuova edizione della vita del Bruno l'esposizione imparziale delle sue dottrine*], eine unparteiische Auseinandersetzung der brunonischen Lehren hatte geben wollen. Da BERTI inzwischen Minister geworden ist, so lässt es sich wohl begreifen, dass er noch keine Zeit gefunden hat, sein Versprechen einzulösen. Nun ist seitdem von RAFFAELE MARIANO ein Büchlein über Bruno erschienen: *Giordano Bruno. La Vita e l'Uomo. Saggio biografico-critico.* 159 Seiten. 8°. Roma, Botta, 1881. Dasselbe bringt aber weder neues biographisches Material, noch stellt es Bruno's Philosophie anders, denn von den allgemeinsten Gesichtspunkten aus und nur im Hinblick auf das grosse, nicht philosophische Publikum dar. Es ist ein patriotischer Appell an seines Verfassers Geburtsprovinz die Campagna felice.

Um so nothwendiger war nun aber in Folge dessen ein neuer Versuch, den weiten Horizont des brunonischen Denkens in einer Reihe von Specialabschnitten zu umgrenzen und des Nolaners Ideenfülle aufs neue der philosophischen Forschung der nächsten Zukunft zugänglich zu machen. Ich hätte freilich die neun Hauptabschnitte, in welchen ich dem Ideenumfange Bruno's gerecht zu werden suche, um eine Reihe anderer Abschnitte, wie z. B. über Bruno's Quellen und Erkenntnisstheorie vermehren können. Da aber schon BARTHOLMÈSS gerade diese Parthien ausführlich behandelt hat, so glaubte ich von einer Neubearbeitung derselben um so eher abstehen zu dürfen. In den von mir gegebenen Abschnitten aber habe ich mich ausschliesslich an Bruno's gedruckte Werke gehalten und geflissentlich seine Bekenntnisse vor dem venetianischen Inquisitionsgericht unberücksichtigt gelassen. Denn meines Erachtens haben nur die philosophischen Gedanken eines freien Menschen vollen Anspruch darauf, für Offenbarungen der Wahrheit gelten zu dürfen, während sich in den Denkoperationen eines Gefangenen unwillkürlich dialektische Wendungen vollziehen, welche lediglich aus der Sehnsucht nach der verlorenen und wiederzugewinnenden Freiheit abzuleiten sind. Es gilt von den Gedanken des Unfreien, was von dem seinem Käfig entronnenen Vogel bei Goethe:

> „Er schleppt des Gefängnisses Schmach,
> Noch ein Stückchen des Fadens nach:
> Es ist der alte, freigeborne Vogel nicht,
> Er hat schon jemand angehört."

Ebenso ist es, insbesondere gegenüber der die Gedanken Bruno's mit den eigenen verquickenden Methode von BARTHOLMÈSS und CARRIÈRE meine Absicht und Richtschnur gewesen, nicht über Bruno's Lehren zu raisonniren, sondern sich dieselben möglichst objektiv durch ihre eigenen Sätze darstellen zu lassen, sodass in Zukunft Jedermann, der Lust hat, sich mit Bruno eingehender zu beschäftigen, Gelegenheit findet, des Nolaners Philosophie nach ihren wesentlichsten Gesichtspunkten nicht allein in des deutschen Bearbeiters wörtlicher Uebersetzung, sondern unmittelbar auch im Wortlaut des Autors selbst zu studiren.

Inwieweit es mir gelungen ist, die wesentlichsten Gesichtspunkte von Bruno's Denken aufzufinden, das wird die weiterschreitende Forschung zeigen. Es wird jedoch schon aus den neun Hauptabschnitten des zweiten Theils dieses Buches klar werden, welchen gewaltigen Ideenschatz Bruno theils aus altem Gedankenmaterial verarbeitet und umgebildet, theils aus dem unerschöpflichen Schacht seines eigenen Genius gehoben hat. Welchen Einfluss Bruno's Philosophie auf seine unmittelbaren

Zeitgenossen und Nachfolger ausgeübt hat, ist zum Theil schon von CARRIÈRE in seiner Abhandlung über Bruno angedeutet und dargethan worden, wird aber von mir in einem eigenen Werke über Bruno's Einwirkung auf Mit- und Nachwelt ausführlich, quellengemäss und mit Benutzung der inzwischen auch von andern Brunoforschern entdeckten Zusammenhänge zwischen Bruno, Kepler, Galilei und Huygens, Bacon und Descartes, Spinoza, Leibnitz, Kant, Schelling, Hegel, Shakespeare, Goethe und andern, nachgewiesen werden.

Die schon von SIGWART gemachte, von AVENARIUS tiefer begründete Entdeckung, dass Spinoza total und in mehr als erlaubter Weise von Bruno abhängig ist, sowie der Einblick DÜHRING's in das Abhängigkeitsverhältniss Leibnitzens zu Bruno, genügen an und für sich schon, um Bruno die ihm bis jetzt vorenthaltene Centralstellung in der Geschichte der neueren Philosophie zu erobern. Denn dass auch DESCARTES mit seiner über alles Verdienst hinaus verherrlichten Methode durch und durch auf Bruno fusst, hat schon BARTHOLMÈSS in seiner VIE DE G. BRUNO, T. II, pag. 272 gezeigt und wird von mir noch specieller erläutert werden. Was Bruno im Verhältniss zu Descartes, Spinoza und Leibnitz vielleicht an Methode gebricht, das ersetzt er reichlich durch die poetische Unmittelbarkeit seines Ausdrucks, durch die überzeugende Macht seiner Rede, durch den Feuereifer für die Wahrheit und durch das erhabene Beispiel, welches er mit seinem Märtyrertode für die Freiheit der wissenschaftlichen Forschung gegeben hat. Alles das, zusammen mit einer, nur von Leibnitz übertroffenen Ideenfülle, wiegt an lebendiger Wirksamkeit selbst das methodisch vollendetste Lehrgebäude auf. In Bruno's Schriften, zumeist in den italienischen, weniger freilich in den lateinischen, verbindet sich intensivste Speculation mit tiefer Gelehrsamkeit und ausgebreiteter Lebenserfahrung zu einer stilistischen Gesammtwirkung, wie sie in neuerer Zeit nur etwa wieder Schopenhauer schriftstellerisch erreicht hat, wiewol der Nolaner den Frankfurter Philosophen durch die Kraft seiner, so dem Pessimismus wie dem Optimismus gewachsenen Weltanschauung, weit hinter sich lässt. In Bruno's Philosophie verschmilzt naturumklammernder Realismus mit geistentzücktem Idealismus. Jene zwei Pole menschlichen Denkens und Empfindens, welche sich bei den Griechen in Platon und Aristoteles, bei den Deutschen in Schiller und Goethe zu typischen Gestalten zweier einander im innersten Kerne entgegengesetzten Weltanschauungen krystallisirt haben, hat die italienische Renaissance in Bruno, die englische in Shakespeare als organisch mögliche Einheit zu verwirklichen vermocht. Augenfälliger als an irgend einem andern Dichter und Denker entdeckt sich uns Bruno's Grösse als hervorgewachsen aus der lebendigen Wechselwirkung zwischen dem Menschen und Schriftsteller, zwischen dem Ideal und der Lebenserfahrung. Bruno hat in der neueren Zeit zuerst wieder die Philosophie als eine allgemeine Angelegenheit der Menschheit erfasst. Die Herren von der Schule mögen es sich desshalb gesagt sein lassen, dass, wenn auch Bruno durch sein Martyrium für die Freiheit der philosophischen Forschung verhindert worden ist, ein allseitig in sich abgerundetes System zu hinterlassen, doch sein Heldentod für den Sieg der wissenschaftlichen Wahrheit eine höhere Leistung für die Sache der Menschheit ist, als alle Systeme seiner Nachfolger zusammengenommen. Je höher die Menschheit sich ethisch entwickeln, je überzeugungstreuer und, politisch wie kirchlich, unabhängiger die Philosophie werden wird, desto williger wird sie auch dem todesmuthigen Herold der modernen Geistesfreiheit den ihm lange versagten Ehrensitz im Rathe der Weltweisen einräumen.

Die gegenwärtig noch herrschende Philosophie des Kantianismus wird zwar die Wiedererweckung Bruno's mit dem Einwand ablehnen, dieselbe bedeute nichts mehr und nichts weniger als eine Wiederanerkennung des von Kant angeblich überwundenen Empirismus. Es kann hier nicht der Ort sein, meine Ueberzeugung einlässlich zu vertheidigen, dass die Fortdauer der Alleinherrschaft Kant's für das gesammte deutsche Geistesleben nur von schädlicher Wirkung sein könnte. Ich stehe aber durchaus auf dem Standpunkt, welchen, in völliger Unabhängigkeit von mir, mein Landsmann und Freund Dr. Adolf Bolliger, Privatdocent an der Universität Basel, mit mir gleichzeitig kritisch im Kampfe gegen Kant errungen und in seinem, im Juli d. J. erschienenen Werke: „Anti-Kant oder Elemente der Logik, der Physik und der Ethik“ (407 Seiten gross 8°, Basel, 1882) näher begründet hat. Ich wiederhole aus diesem ebenso klar, als anziehend geschriebenem Werke Bolliger's Satz (pag. 20): „Nicht kindische Liebe zum Gezänk treibt mich, sondern der Nothstand unserer Philosophie und die ehrlich erworbene Ueberzeugung, dass der Kantianismus, mag er auch seine Verdienste gehabt haben, fürderhin nur noch ein Hemmschuh der Wissenschaft sein kann. Es ist ja ein grosses Verdienst eines Mannes, wenn er die Menschen auf Probleme aufmerksam macht und zur Discussion derselben veranlasst, und das hat Kant reichlich gethan. Ob er aber mehr gethan hat, das eben ist die Frage. Ob ein Verharren in seinen Gedanken nicht zum Siechthum der Philosophie geworden ist, ob die Verachtung, welche man seit Jahren von allen Seiten her der Philosophie entgegenbringt, nicht wesentlich durch das Festhalten an kant'schen Irrthümern und Halbwahrheiten verschuldet sei, das ist wenigstens keine ungereimte Vermuthung." Angesichts der riesigen Errungenschaften, deren sich der Empirismus und die ihm vertrauende Technik erfreut und mit täglich noch wachsendem Rechte berühmen darf, wird sich der kant'sche Kriticismus mit seiner Absage an den Empirismus (s. Bolliger's Anti-Kant, pag. 64) schliesslich doch an die Brust schlagen und sich mit Goethe bekennen müssen: „Was fruchtbar ist, allein ist wahr." Was als der praktisch fruchtbarste Gedanke Kant's gepriesen worden ist und die Neukantianer nicht müde werden, als die einzig berechtigte Grundlage der Ethik zu verherrlichen: „der kategorische Imperativ", ist „zu einer festen Burg des Obscurantismus" (Bolliger's Anti-Kant, pag. 21) gemacht worden und mag sich als Hauptparagraph und kurzer Inbegriff einer guten Korporalsethik nicht übel ausnehmen, ist aber der ethnologischen Psychologie gegenüber längst unhaltbar geworden. Und was ist denn schliesslich als das kulturhistorische Resultat kantischen Philosophirens zurückgeblieben? Nichts als Verzweiflung an aller Erkenntniss, ein neuer Gespensterglaube an ein halb satanisches „Ding an sich", vor welchem sich selbst der geistvollste Vertreter des Neukantianismus, Fr. Alb. Lange, nur dadurch zu retten wusste, dass er sich dem orthodoxesten Zionsglauben in die Arme warf und in Paul Gerhardt's Kirchenliedern jenen Trost suchte, den ihm Kant's Philosophie nicht zu gewähren vermochte.

Dieser kantischen Verzweiflung an aller Erkenntniss hat schon Hegel in seiner Encyclopädie (Werke, Bd. VII, Abtheilung 2, pag. 290, Anmerkung) zugerufen: „Wenn die Menschen behaupten, man könne die Wahrheit nicht erkennen, so ist Dies die äusserste Lästerung. Die Menschen wissen dabei nicht, was sie sagen. Wüssten sie es, so verdienten sie, dass ihnen die Wahrheit entzogen würde. Die moderne Verzweiflung an der Erkennbarkeit der Wahrheit ist aller speculativen Philosophie, wie aller echten Religiosität, fremd.“

Die verheerendsten Wirkungen der kantischen Philosophie zeigen sich so recht auf dem Gebiete der ethischen Ideale Gott, Freiheit und Unsterblichkeit, welche als vom Kriticismus nicht zu rechtfertigende Begriffsdichtungen hingestellt werden, die höchstens als Postulate der praktischen Vernunft Existenzberechtigung hätten. „Gott, Freiheit, Unsterblichkeit (Bolliger, Anti-Kant, pag. 16) werden erwiesen als Begriffe, die kein empirischer Gegenstand zureichend begründet, als Begriffsdichtungen also. Dennoch fährt Kant fort, sie Erkenntnisse zu nennen oder Objekte der Erkenntniss, wie das Vermögen jener Begriffsdichtung ja nicht Phantasie, sondern — man staune — die reine Vernunft geheissen wird. Es ist gewiss schlimm, wenn ein Erkenntnisstheoretiker die hohen Namen der Erkenntniss und der Vernunft so wenig in Ehren zu halten weiss, dass er wohl auch den Irrthum und das Dichtungsvermögen damit zu bezeichnen geneigt ist.“ Wohin nun eine solche Leugnung der empirischen Wahrheit von Gottes Dasein führt, zeigt das Beispiel eines sonst so klar denkenden Kantianers wie Liebmann's. Er muss in seiner „Analysis der Wirklichkeit“ (2. Ausg. 1880) am Schlusse des Abschnittes „Die Einheit der Natur“ (pag. 560) „die Idee eines einheitlichen Naturgrundes“ als „unerschüttert“ dastehend anerkennen. Diesen einheitlichen Naturgrund haben alle Denker aller Zeiten sich nicht gescheut, Gott zu nennen und in ihm den Grund aller Erfahrung zu verehren. Für Liebmann's Kantianismus ist er aber weiter nichts als „ein adaequater Grenzbegriff, welcher freilich vollkommen inhaltsleer erscheint und daher phantastischen Speculationen offensten Spielraum gewährt.“ Also Gott zu bekennen ist des kriticistischen Philosophen unwürdig, dagegen mag er dem Volke ruhig den Teufelsglauben empfehlen! So steht wörtlich im Abschnitt „Das ethische Ideal“ (pag. 679): „Man lasse der Religion doch ja auch das böse Princip, den Teufel; er ist für die Allegorie, wenn sie in sämmtlichen Zügen zutreffend sein will, in der That unentbehrlich.“ Wer erinnert sich diesem Danaergeschenk gegenüber nicht des Spruches: „Wer ist unter euch, der, so ihn sein Sohn bittet um ein Brod, er ihm einen Stein bietet?“ oder des andern: „An ihren Früchten sollt ihr sie erkennen.“

Der kantische Kriticismus ist der getreue Eckart, welcher dem Empiristen fortwährend zuruft, sich vor dem Zauberspiel seiner Sinnesthätigkeit in Acht zu nehmen. Somit wird er als Regulativ der Empirie für alle Zeiten werthvoll bleiben. Dieser getreue Eckart ist aber völlig improductiv, er ist der reine Merck gegenüber Goethe, der Mephistopheles gegenüber Faust, der zweifelnde Petrus gegenüber dem meerwandelnden Christus. Er weiss sehr wohl die Achillesferse aller Production herauszufinden, ist aber selbst unfähig, sich mit Achilleus auf einen Wettlauf einzulassen.

Ganz im Gegensatz zu dieser Philosophie der Verzweiflung, die uns die ethischen Ideale von Gott, Freiheit und Unsterblichkeit als wesenlose Phantome wegdisputirt und zur Entschädigung dafür den Glauben an den Teufel empfiehlt, ist Bruno's Philosophie eine Weltanschauung der Freude und der Hoffnung, weil sie uns jene unverlierbaren Erbgüter des menschlichen Glaubens, als in der Einheit des Universums wurzelnd, als in dem Selbstvervollkommnungszwecke des Kosmos begründet, nachweist. Bruno's Philosophie verkennt zwar die negativen Grössen im Weltentwickelungsprocesse nicht, sein Pessimismus in der Kritik bestimmter Entwickelungsphasen der Menschheit, wie z. B. der Geschichte der christlichen Kirche, hält gleichen Schritt mit seinem optimistischen Glauben an die unendliche Selbstvervollkommnungsfähigkeit der Menschennatur. Aber Bruno's Denken ist frei von aller Griesgrämigkeit und Schwarzseherei, seine Weisheit ist nicht aus der dumpfen Stube des nebligen Nordens, die höchstens ein qualmender Kienspan spärlich erhellt, auch stammt sie nicht aus dem mystischen Rauchfang, durch welchen die metaphysischen Hexen ihren transcendentalen Flug nach dem Blocksberg nehmen, wo im dämonischen Irrlichtschein seiner

Apriorität das „Ding an sich“ haust. Jede Anwandlung weltschmerzlerischer Zerrissenheit ist Bruno's stets heroisch gestimmtem Gemüthe fremd, dagegen enthalten alle seine Schriften, vorab die italienischen, jene feine Mischung von Ernst und Scherz, von urkräftiger Gedankenhoheit und übersprudelnder Witzlaune, welche zusammen den Leser in die wonnigste Stimmung versetzen, in der heitersten Laune entlassen. Wer sich aus dem Studium KANT'S, SCHOPENHAUER'S oder EDUARD VON HARTMANN'S flüchtet, um in Bruno's Philosophie die verlorene Freude an der Welt wieder zu finden, erfährt eine ähnliche Umwandlung seines innersten Wesens, wie wenn einer, noch entsetzensstarr über die grauenvollen Bilder, die ihm Dante vorgemalt, sich zu den Liedern Goethe's wendet und da erst wieder lernt, am sonnigen Frühlingsmorgen in Feld und Wald hinein zu jauchzen oder im stillen Mondenglanze die Seligkeit treuer Freundschaft zu geniessen.

Was Bruno in den Augen des Kantianismus, der sich etwas auf seine Staubtrockenheit zu gute thut, schadet, im Urtheil derjenigen aber, welche die Philosophie im antiken Sinne als eine das g a n z e Leben umspannende und dasselbe b e s t i m m e n d e Weltanschauung auffassen, nur frommen kann, das ist die poetisch-religiöse Weihe, die über seinen Schriften ausgebreitet ist, die Bilderfülle, welche seine Betrachtungen kranzartig durchschlingt. Den etwa sich erhebenden Einwurf, dass das Bild in die Poesie und nicht in die Philosophie gehöre, deren Aufgabe vielmehr die Analyse sei, hat schon HERDER, ein allerdings Kant sonst nicht gewachsener Gegner, mit den Worten entkräftet (Werke, hrsgeg. von SUPHAN, Bd. 8, Seele und Gott, 1808, pag. 6): „Der empfindende Mensch fühlt sich in Alles, fühlt alles aus sich heraus und drückt darauf sein Bild, sein Gepräge. So ward Newton in seinem Weltgebäude wider Willen ein Dichter, wie Buffon in seiner Kosmogonie und Leibnitz in seiner prästabilirten Harmonie und Monadenlehre. Wie unsere ganze Psychologie aus Bildwörtern besteht, so war es meistens Ein neues Bild, Eine Analogie, Ein auffallendes Gleichniss, das die grössten und kühnsten Theorien geboren. Die Weltweisen, die gegen die Bildersprache declamiren, und selbst lauter alten, oft unverstandenen Bildgötzen dienen, sind wenigstens mit sich selbst sehr uneinig. Sie wollen nicht, dass neues Gold geprägt werde, da sie doch nichts thun, als aus eben solchem oft viel schlechtern Golde ewig und ewig dieselben Fäden spinnen." Nun ist es eine historische Thatsache, dass Leibnitzens Monadologie ihren Hauptreiz auf so tiefwirkende Dichter wie Pope und Haller und Spinoza's Ethik ihren Zauber auf Goethe nur vermöge der ihnen inwohnenden poetischen Anklänge ausgeübt haben. Der gewaltige Aufschwung der Geister, wie er das achtzehnte Jahrhundert kennzeichnet, verdankt nun aber wiederum seinen Ursprung vornehmlich der optimistischen Philosophie Leibnitzens, sowie das Wiedererwachen der Logosidee in der nachkantischen Identitätsphilosophie von Schelling und Hegel auf die unmittelbare Einwirkung Bruno's, Spinoza's und des von Bruno und Spinoza zugleich inspirirten Goethe zurückweist. Wie nun, wenn, wie ich in dem schon erwähnten Werke nachweisen werde, gerade die poetisch-philosophischen Formeln Spinoza's und Leibnitzens sammt und sonders sich als Bruno's Eigenthum ergeben? Welchen freudigen Hoffnungen darf man sich da nicht überlassen, wenn man sich die zukünftige Wirksamkeit des erst jetzt wieder erstandenen oder vielmehr jetzt erst erstehenden, echten Bruno vorstellt?

Das Studium Bruno's wird ganz besonders mächtig dazu beitragen, in der Naturphilosophie den durch Kant's Dualismus preisgegebenen Logos wieder zur Anerkennung zu bringen, jene Idee einer das All in Natur- und Geistesleben durchleuchtenden und befeuernden Weltvernunft, welche nichts anderes ist als die Künstlerin Gott-Natur oder, wie es Bruno auch ausdrückt, der universale Apollo. Alle Zeitalter von überquellender Ideenfülle, so gut wie alle Menschen von hervorragender Productivität, fühlen sich getragen durch die Idee eines unsere Begriffe zwar annoch überragenden, aber desshalb noch nicht für immer unbegreifbaren Weltzusammenhanges, es ist das eine Idee, die sich selbst im crassesten Aberglauben des blinden Pöbels nicht ganz verleugnet. Die Naturforscher und Mathematiker von Fach, hauptsächlich aber die Astronomen und Physiker, werden sich wundersam angezogen finden durch Bruno's Lehre von der Wichtigkeit der Empirie und der Erforschung des unendlich Kleinsten, da auch das unendlich Kleinste ein lebendiger Spiegel des ganzen Weltalls. Von welchem Staunen werden aber die

Darwinisten ergriffen werden, wenn sie ihres grossen Meisters Entwickelungslehre, sowie dessen Auffassung des Instinkts als einer von jeder Gattung im Kampf ums Dasein erworbenen Stufe des Intellekts schon so klar vorgeahnt und so entschieden durchgeführt vorfinden werden? Wie sehr werden sie aber auch erstaunen über die Kühnheit, mit welcher Bruno, allerdings ganz auf Plotin sich stützend, das Streben nach der Schönheit, welches nach Darwin das Triebrad der Natur in der Zuchtwahl der Individuen ist, zum Princip seiner Ethik erhoben hat! Plotin's und Bruno's Lehre von der allbeherrschenden Macht der Schönheit, welche das Individuum über sich selbst hinaushebt, sodass es durch die Liebe zum Schönen ein anderes, seiner Art Ueberlegenes wird, hat durch Darwin's Lehre von der Zuchtwahl eine nicht einmal geahnte Bestätigung gefunden. So muss, wie es Lotze verkündet, der Mechanismus des Weltgeschehens schliesslich sich als den puren Schleppträger der den Selbstvervollkommnungstrieb der Wesen durch die Schönheit entfesselnden Gott-Natur enträthseln.

Bruno's Ethik ist längst als die Quelle derjenigen Spinoza's entdeckt worden, nur dass noch andere Schriften Bruno's, insbesondere der Anhang zur Summa terminorum metaphysicorum: die Abhandlung De Deo seu Mente, unmittelbar wörtlichen Einfluss auf Spinoza's Werk ausgeübt haben. Aber wie verschieden ist das Gepräge dieser beiden Ethiken! Wie wunderbar herrlich durchdringt sich in Bruno's Dialogen Degli Eroici Furori die bilderreichste Poesie mit der weltkundigsten Lebensanalyse! Zu welcher lebendigen Wechselwirkung verbinden sich da nicht die wiedererweckten Ideen Plotin's mit Bruno's, Copernicus' kosmologische Entdeckung verwerthendem Satz von der Unendlichkeit der Welt als der jeder Monade bestimmten Arena der Selbstvervollkommnung! Wie seefrisch erquickend weht uns aus Bruno's Ethik des Heroismus ein Hauch der Antike entgegen! Wie begreifen wir aus ihr jene vielgepriesene und doch so selten verstandene Sophrosyne der Hellenen! Jene heitere Seelenruhe, jener gemessene Ernst souveräner Lebensfreude, welche wir an den Kunstwerken des classischen Alterthums bewundern und welche wir anfänglich vergebens zu begreifen trachten, offenbart sich uns durch Bruno's

Ethik als der nothwendige Ausdruck einer harmonischen Geistesverfassung und Gemüthsstimmung, welche nicht an und für sich schon vorhanden ist, sondern immer nur aus schwererrungenem Siege über die Willkür des eigenen Selbsts hervorgeht. Alsdann ergiebt sich uns jene fürstliche Gelassenheit der Antike nicht als der Abglanz voraussetzungsloser Seelenschönheit, sondern sie ist vielmehr der täglich sich erneuernden Pracht der Tropenlandschaft zu vergleichen, in welcher das Licht seine kräftigsten Wirkungen erst dann hervorbringt, nachdem ein furchtbares Gewitter die Luft zuvor von allen Dünsten gereinigt hat. In dieser stärkenden Geistestemperatur gedeihen denn auch die Ideenbäume und Bilderblumen zu wuchernder Saftfülle und Fruchtmenge und bunte Vöglein schwirren mit melodischen Liedern durch das thauschwere Laubwerk, welches die Morgensonne des Südens goldig durchstrahlt. Wie ärmlich nimmt sich gegen dieses Eden Bruno's die Ethik Spinoza's aus! Sie gleicht einem Herbarium, welches ein kundiger Botaniker aus jenem Urwald zusammengepflückt und in die gähnende Langeweile wohlgeordneter Papiermappen, genannt Propositionen, Demonstrationen, Corollarien und Scholien zum Trocknen gelegt hat.

Es erscheint mir je länger desto wahrscheinlicher, dass Spinoza historisch gar nicht möglich geworden wäre, wenn Bruno Zeit gehabt hätte, die reiche Fülle seiner Ideen in systematischer Uebersicht darzustellen. In diesem Bestreben ereilte den Vierundvierzigjährigen die tückische Eisenhand der römischen Inquisition und machte ihn mundtodt. Ob sie ihn auch schrifttodt gemacht hat, darüber könnten die römischen Inquisitionsakten Auskunft geben, deren endliche Herausgabe unter einem wissenschaftlich gebildeten Papste wie Leo XIII. nicht unmöglich sein sollte. Die römische Kirche würde einen Theil des an Bruno begangenen Unrechts wieder gut machen, wenn sie den von ihr im kräftigsten Mannesalter seiner geistigen Wirksamkeit Beraubten wenigstens in den Schriften oder Gedichten wieder aufleben lassen würde, die er ohne Zweifel, gleich Campanella, während seiner neunjährigen Kerkerhaft verfasst hat. Es ist leicht möglich, dass uns Bruno eines Tages nach dreihundertjährigem Stillschweigen mit niegeahnten Werken seines Genies überraschen wird! Welche Leistungen würden wir aber erst von ihm haben erwarten dürfen, wenn es ihm noch vergönnt gewesen wäre, sich Galilei's Erfindung der Fernröhre zu bedienen! Kein Zweifel, dass die Physik und Astronomie sich noch um vieles rascher entwickelt hätten, als es historisch geschehen ist! Kein Zweifel aber auch, dass, wenn es Bruno noch zu Stande gebracht hätte, seine Monadologie, zu welcher er in DE TRIPLICE MINIMO nur Bausteine liefert, in grösserer Ausführlichkeit darzustellen, alsdann auch Leibnitzens Monadenlehre entweder historisch schon zum voraus überholt gewesen oder mindestens ganz anders und nicht in theologisch getrübter Form ans Tageslicht getreten wäre. Mit einem Worte: ohne Bruno's Verbrennung hätte die Entwickelung der neueren Philosophie einen ganz andern Verlauf genommen, und wäre der unselige Zwist, der seit Kant's Wiedererweckung des Dualismus die Naturphilosophie der Fachphilosophen von derjenigen der Empiriker trennt, niemals ausgebrochen.

So hat uns die römische Inquisition um die Vollendung eines Ideentempels gebracht, in welchem die neuere Menschheit die jetzt seit drei Jahrhunderten nur bruchstückweise wieder entdeckte Einheit der Weltanschauung als ein in der Glorie strahlendes Ganze hätte verehren können.

Um so grösser aber wird denn auch einst die Ueberraschung sein, welche eine Ausgabe von Bruno's sämmtlichen Werken und eine Uebersetzung wenigstens seiner Hauptwerke dem philosophischen Publikum bereiten wird. Dasselbe hatte sich schon der freudigen Erwartung hingegeben, dass die unter den Auspicien des ehemaligen Unterrichtsministers FRANCESCO DE SANCTIS erscheinende Gesammtausgabe von JORDANI BRUNI NOLANI OPERA LATINE CONSCRIPTA *rec.* F. FIORENTINO [*Vol. I. Pars I: 1. Oratio valedictoria. 2. Oratio consolatoria. 3. Acrotismus. 6. De Immenso et Innumerabilibus (Lib. 1. 2. 3). Neapoli 1879 XLVIII* und 398 Seiten Hoch 4°] dem längst vorhandenen Bedürfniss abhelfen würde. Es scheint aber nach RAFFAELE MARIANO'S Mittheilung in dessen GIORDANO BRUNO, pag. 18, dass es bei diesem ersten Band sein Bewenden haben werde: [*E ci è pericolo, a quel che pare, che la cosa abbia a rimaner lì; il che non sarebbe senza grande disonore per noi*]. Ob SIGWART'S scharfe Kritik dieses Editionsversuches in den Göttinger Anzeigen vom 5. u. 12. Jan. 1881, pag. 25

bis 32 die Sistirung des sonst so wünschenswerthen Unternehmens herbeigeführt haben mag? Jedenfalls ist zu bedauern, dass FIORENTINO den ersten Band mit dem Abdruck der weniger wichtigen Lateinschriften Bruno's begonnen, dagegen dann das so werthvolle Gedicht DE IMMENSO nur zur Hälfte abgedruckt hat. Unerlässliche Forderung an den neuen Herausgeber wäre aber auch die möglich zu machende Mithineinziehung der durch den Pariser Buchhändler TROSS 1866 an den damaligen russischen Unterrichtsminister NOROFF verkauften und von diesem der Moskauer Bibliothek geschenkten Lateinmanuscripte Bruno's, denen sich vielleicht auch die im Archiv der Inquisition zu Rom vorhandenen Autographen anschliessen würden. Staunendes Entzücken, Ehrfurcht und Liebe, aber auch bittere Reue über die jahrhundertelange Vernachlässigung eines so edeln Geistes werden die Empfindungen sein, welche rückhaltslos hervorbrechen werden, sobald einmal Bruno's italienische Werke, namentlich die Dialoge DEGLI EROICI FURORI, der SPACCIO DE LA BESTIA TRIONFANTE, sodann aber auch das grosse Lateingedicht DE IMMENSO, einen guten Uebersetzer gefunden haben werden. Dass dieses noch vor der dreihundertjährigen Gedenkfeier von Bruno's Flammentod für die Freiheit der wissenschaftlichen Forschung geschehen möge, dafür erfolgreich mitgewirkt zu haben, wäre meine grösste Genugthuung.

Zum Schlusse halte ich es noch für meine Pflicht, für die Liberalität und Freundlichkeit, mit welcher mir die kgl. Hofbibliothek in München, die Universitätsbibliotheken von Göttingen und Basel und die Stadtbibliotheken von Zürich und Zofingen seltene Schriften Bruno's geliehen haben, meinen wärmsten Dank auszusprechen.

Aarau, 1. October 1882.

Dr. Hermann Brunnhofer,
Kantonsbibliothekar.

Inhaltsverzeichniss.

Erster Theil.

Zweiter Theil.

Erster Theil.

Giordano Bruno's Leben und Werke.

„Freiheit der Vernunft erfechten,
Heisst für alle Völker rechten,
Gilt für alle ew'ge Zeit."

Schiller (herausgeg. von Goedeke),
Bd. 11, pag. 413.

1. Einleitung.

Unter allen Zeitaltern, in welchen sich der Geist der Menschheit neue Bahnen der Entwickelung gebrochen hat, nimmt die Reformationsepoche bedingungslos den ersten Rang ein. Wenn wir nämlich zum Massstabe des Culturgrades, den eine Geschichtsperiode darlebt, den jeweiligen Gesammtfortschritt im Wissen, Können und in der Energie des sittlichen Handelns wählen, so drängt sich uns in der Betrachtung der zweiten Hälfte des fünfzehnten und dann des ganzen sechszehnten Jahrhunderts eine solche Fülle wissenschaftlicher und künstlerischer Thätigkeit, ein solcher Aufschwung der Willenskraft entgegen, wie sie uns kein anderer Zeitabschnitt zu bieten vermag. Von der Entdeckung Amerikas durch den Italiener Columbus und der ersten Weltumsegelung durch den Portugiesen Magelhaens schlingt sich eine ununterbrochene Kette der wunderbarsten Erfindungen und Entdeckungen bis in das siebzehnte Jahrhundert hinein. Der Auffindung einer schon im Alterthum geahnten neuen Welt auf der westlichen Hemisphäre unseres Erdballs folgte durch Copernicus die Entdeckung des Kreislaufes aller Planeten um die Sonne. Die europäische Menschheit erlebte damals plötzlich einen neuen Himmel und eine neue Erde.

Durch die spanischen und portugiesischen Conquistadoren im Süden, die englischen und französischen Seehelden im Norden Amerikas gelangten von Jahr zu Jahr nicht allein die erstaunlichsten Nachrichten über neuentdeckte Völkerschaften von sonderbarer Hautfarbe, Sprache und Lebensgewohnheiten, sondern namentlich auch ganz neue Culturpflanzen von unschätzbarem Werth in die alte Welt. Zur gleichen Zeit trat das ein volles Jahrtausend im Gedächtniss der Menschen und unter den Trümmern der Zerstörung begraben gewesene Alterthum wieder hervor und bereicherte die Forschung nach dem Wahren, Guten

1 *

und Schönen mit den Meisterwerken Griechenlands und Roms. Die Laokoongruppe, der Apollo von Belvedere und die mediceische Venus kamen ungefähr zu derselben Zeit wieder ans Tageslicht, als die ersten Druckausgaben von Homer und Sophocles, von Plato, Aristoteles und den anderen Dichtern und Denkern der Griechen und Römer erschienen. Eine Ueberraschung folgte damals der andern. Die Völker lebten in einer innern Aufregung und Unruhe, wie sie nur Zeitaltern eigen sind, in welchen auch der Minderbegabte, durch den Strom der allgemeinen Empfindung mit fortgerissen, lebhaft fühlt, dass das Alte sich zu Grabe neige und neue Entwickelungen sich vorbereiten.

Dieser poetische Hauch ahnungsvoller Stimmung, welcher, den Einzelnen oft unbewusst, die Geister der Reformationsepoche durchweht, verleiht insbesondere den Schriften Giordano Bruno's ihren unvergänglichen Reiz. Von allen, welche in dieser grossen Zeit gelebt, gedacht und gelitten, hat Keiner das Bewusstsein, dass etwas ganz Neues kommen müsse, kräftiger genährt und in Poesie und Prosa mannigfaltiger ausgedrückt, als der Italiener Giordano Bruno. „Abgehauene Wurzeln schlagen wieder aus," frohlockt der Philosoph, „uralte Dinge kehren wieder, verdeckte Wahrheiten enthüllen sich; es ist ein neues Licht, das nach langer Nacht am Horizont unserer Erkenntniss wieder hervorbricht und sich allmälig dem Meridian unseres Geistes nähert."[1])

2. Bruno's Kinderjahre und Klostererfahrungen. 1548—1576.

Bruno wurde in der neapolitanischen Provincialstadt Nola im Jahre 1548 geboren. Sein Vater, ein Soldat, hiess Giovanni

1) De l'Infinito, Universo e Mondi (Wagner II, 52): *Sono amputate radici, che germogliano; son cose antiche che rivengono; son veritadi occolte che si scuoprono; è un nuovo lume, che dopo lunga notte spunta a l'horizonte et emispera de la nostra cognizione, et a poco a poco s'avvicina al meridiano de la nostra intelligenza.* Aehnlich sagt Bruno in der Einleitung zu dem Werke: De Triplice Minimo, Cap. I, v. 170—174, pag. 7:

Gottfridum vestit Turnus, gaudetque Pipinus
Aeneae numeris, spoliisque Rolandus Achillis.
Exit de panno antiquo nova vestis: et hic sunt
Sindonem in alterius femoralia Caesaris acta.

Bruno, seine Mutter Fraulissa Savolina. Der Sohn erhielt den Taufnamen Filippo.[1])

In anregenderer Gegend hätte der Knabe nicht aufwachsen können. Bruno's Geburtsort liegt am nordöstlichen Fusse des Vesuv und ist seit uralten Zeiten immer eine der blühendsten Städte der Campagna felice gewesen. Im achten Jahrhundert vor Christus von chalkidischen Griechen gegründet, theilte Nola die wechselvollen Geschicke der Campagna durch alle Wirrsale der römischen und mittelalterlichen Geschichte hindurch, ohne jemals die Bitterkeiten der Zerstörung erfahren zu müssen. Die Stadt genoss das seltene Glück, in der ruhigen Vererbung ihrer Ueberlieferungen niemals unterbrochen zu werden. So war es denn möglich, dass sich in ihr nicht nur altgriechische Sitten und Feste forterhielten, sondern auch die echten Kennzeichen des Hellenismus: heiterer Ernst und anmuthsvolle Lebenslust, sinniges Wesen und Freude am Spiel, sich bis auf Bruno's Zeiten lebendig erwiesen.[2]) Eine Reihe bedeutender Männer, wie der Philosoph Pontanus, der Philologe Laurentius Valla und der Dichter Tansillo hatten Nola zu einem Centrum geistigen Lebens gemacht. Wenn wir nun noch die herrlichen Umgebungen Nola's ins Auge fassen: vor uns, nach Südwesten der nimmermüde Vesuv mit seiner stets hin- und herwogenden Rauchsäule, ein getreues Bild und Zeichen der im Erdinnern stets schaffenden Urkraft, und dann hinter uns, nach Nordosten, die halb tropische Landschaft, welche sich über Caserta bis nach Capua hin ausdehnt, mit ihrem überquillenden Reichthum an durcheinander sich schlingenden Blättern, Blüthen, Ranken, Zweigen und Früchten von Pappeln, Ulmen, Eichen, Epheu, Myrten und Rosmarin, von Maulbeer-, Lorbeer-, Oliven-, Kastanienbäumen und Weinreben, so lässt sich wohl ermessen, welche Anregungen ein hochbegabter Knabe inmitten dieses Paradieses mit seinen nie erloschenen Erinnerungen an griechisches Leben empfangen

1) Doc. VII (bei Berti, Vita di G. Br., pag. 341): *Jo ho nome Giordano, della famiglia di Bruni, della città di Nola, vicina a Napoli dodici miglia, nato e allevato in quella città. Mio padre haveva nome Giovanni, e mia madre Fraulissa Savolina, e la professione di mio padre era di soldato.*

2) Berti, Vita di G. Bruno, pag. 41: .... *in Nola, più che nelle altre città della Magna Grecia, sentivasi potente l'alito e l'influsso della civiltà grecolatina.*

musste und in einem Zeitalter, welches infolge seiner religiösen Aufregung schon das Herz der Kinder für alles, was die Menschheit in ihrem Innersten zu ergreifen vermag, höher schlagen liess[1]).

Leider wissen wir von Bruno's Kinderjahren wenig von Belang. Eine einzige Anekdote aus seinen Säuglingsjahren, die uns Bruno selbst erzählt, gewährt uns einen Einblick in die geistige Frühreife des Nolaners. Als er einst so in seinen Windeln dalag, gewahrte das Kind plötzlich eine mächtige, alte Schlange aus der Mauerritze des väterlichen Hauses auf sich zuschleichen. Von Angst überwältigt, schrie das Kind nach seinem Vater, der in der nächsten Kammer schlief, nun aber rasch mit einem Stock herbeieilte und sich in heftigen Zornesworten über die Schlange erging. Diese Scene prägte sich der lebhaften Phantasie des Knaben so scharf ein, dass derselbe mehrere Jahre später plötzlich wie aus einem Traume erwachend, seinen Eltern zu deren grösstem Erstaunen nicht allein den ganzen Hergang des Vorfalls, sondern auch des Vaters damalige Aeusserungen Wort für Wort wiederzuerzählen vermochte. Im 10. oder 11. Jahre kam Bruno von Nola nach Neapel und lernte da Humaniora, Logik und Dialektik, theils in öffentlichen Schulen, theils durch Privatunterricht.[2]) In seinem 14. oder

---

1) In dem Gedicht De Immenso, Lib. III, cap. 1, v. 1—9, pag. 259 beschreibt Bruno den Eindruck, den das landschaftliche Gemälde seiner Vaterstadt auf seinen jugendlichen Sinn hervorbrachte:

Sic quondam puero mihi mons peramoene Cicadae
Cum gremium geniale tuum primaeva foveret
Viscera, blandiri tua lumina sancta recordor.
Ut fueras hedera et ramis redimitus olivae
Et corni, et lauri, et myrthi, rorisque marini,
Castanea circumcinctus, quercu, populo, ulmo,
Conjugio uviferae vitis felicibus, utque
Uvida porrexit tenerae manui manus uvam.

Diese Beschreibung stimmt noch mit derjenigen des Grafen Stolberg in dessen Reisebriefen (Hamburg, 1812) vom 9. April 1792: „Gemüse und Getreide wechseln mit einander, es schlingen sich auf dem Felde Reben um Pappeln und um Maulbeerbäume. Die letztern sind besonders bei Nola sehr gross. Lieblich ist die Lage der kleinen Stadt, besonders jetzt unter dem zarten Laube des Frühlings."

2) Sigillus sigillorum (Gfroerer, pag. 572): . . . *ego ipse, cum in fascibus essem solus, ingentis ejusdemque vetustissimi serpentis aspectu, qui e fora-*

15. Jahre, 1562 oder 1563, trat er, sei es aus religiösem Antrieb, sei es infolge des Wunsches, sich in der Stille des Klosterlebens ungestört seinen Studien widmen zu können, in den Dominicanerorden und legte sich bei dieser Gelegenheit den, seinem spätern Semitenhasse sehr wenig entsprechenden Namen Giordano bei. Das Kloster San Domenico, welches ihn aufnahm, war dasselbe, in welchem drei Jahrhunderte vor ihm der grosse Kirchenlehrer Thomas von Aquino gelehrt hatte. Von dauerndem Einfluss auf den philosophisch angelegten Knaben bewährte sich die Lehre des Augustiners Fra Theofilo da Varrano, der demselben privatim die Logik las. Nach bestandenem Probejahr legte er vor dem Prior Ambrosio Pasqua, einem biedern und gelehrten Manne, feierlich seine Profession ab und erhielt dann in regelrechten Zeiträumen die heiligen Weihen, im Jahre 1572 endlich auch die Priesterweihe. Seine erste Messe sang der junge Dominicaner in Campagna, einer Stadt der neapolitanischen Provinz Principato citeriore, östlich von Salerno, im Gebirge, wo er im Kloster des hl. Bartholomäus seinem geistlichen Berufe oblag, indem er unter dem Befehl seiner Obern und der Priore der Klöster bald Messe las, bald andere heilige Handlungen vornahm.[1])

---

mine domestici parietis exierat, articulate patrem in proximo cubiculo degentem appellavi, quem cum domesticis aliis adcurrentem, petentem baculum, serpentem adesse conquerentem, verba vehementius irati fundentem, sicut et alios mihi timentes non minus intelligebam loquentes, quam modo me posse intelligere credam. Haecque ipsis post plures elapsos annos, velut e somno rursus evigilans, parentibus id minime omnium cogitantibus, non sine eorum admiratione, in memoriam revocavi.

1) Doc. VII, (bei Berti, Vita di G. Br., pag. 341): *nacqui, per quanto ho inteso dalli miei, dell' anno 48 (1548) e sono stato in Napoli a imparar lettere de humanità, logica e dialettica, sino a 14 anni; e solevo sentir privatamente la logica da un padre Agostiniano chiamato Fra Theofilo da Varrano, che doppo lesse la metafisica in Roma. De 14 anni o 15 incirca pigliai l'habito de S. Domenico nel Monastero o Convento de S. Domenico in Napoli, e fui vestito da un padre, che era all' ora Prior di quel Convento, nominato Maestro Ambrosio Pasqua, e finito l'anno della probatione fui admesso da lui medesimo alla professione, la quale feci solennemente nel metesimo Convento, e non credo che altri all' hora facesse professione, se non un converso, e dopo fui promosso alli ordini sacri al sacerdotio alli tempi debiti, e cantai la mia prima messa in Campagna, città del medesimo regno, lontano da Napoli; stando all' hora in un convento del medesimo ordine sotto titolo di S. Bartholomeo, e continuai in questo habita della reli-*

Während der 12 oder 13 Jahre seines Klosterlebens legte Bruno den Grund zu jener immensen Belesenheit in den Schriften der alten und neueren Philosophen, die wir von nun an in allen Werken des Nolaners anzustaunen Gelegenheit haben werden. Sei es durch die Schule, sei es durch Privatstudien, gewann nun Bruno seine umfassende Kenntniss der Philosophie der Griechen, von deren Schulen ihn hauptsächlich die Eleaten, Empedocles und, neben Plato und Aristoteles, ganz insbesondere die Neuplatoniker, an deren Spitze Plotin, beeinflussten. Auch die Kabbalah, jene Alleinheitslehre der mittelalterlichen Juden, blieb ihm nicht fremd [1]) und unter den arabischen Philosophen, deren Werke er in lateinischen Uebersetzungen kennen lernte, wählte er sich neben Al Ghazzali [2]) vorzugsweise Averroës zum Führer. [3]) Neben den Scholastikern, unter welchen er ausser Thomas von Aquino [4]) insbesondere den Raimundus Lullus feierte, studirte er immer und immer wieder die naturphilosophischen Schriften des deutschen Cardinalbischofs Nicolaus von Cusa [5])

---

gione di S. Domenico celebrando messa e li divini offitii sotto l'obbedientia de superiori dell' istessa religione, e delli Priori de' monasteri e conventi dove son stato sin l'anno del 76 (1576).

1) Bruno erwähnt der Kabbalah an zahlreichen Stellen, z. B. in De Umbris Idearum, Intentio XV (bei Gfroerer pag. 308), häufig im Spaccio della Bestia trionfante (z. B. Wagner II, 143), in der Cabala del Cavallo Pegaseo (Wagner II, 267, 270, 272), in der Oratio valedictoria (bei Heumann, Acta philos., 9. Stück, pag. 421), in De Compositione Imaginum, cap. V, pag. 8, in De Monade, pag. 62, 139 und anderswo mehr.

2) Bruno spricht von Al Ghazzali z. B. in den Eroici furori Wagner II, 426): Alcasele e Averroe; ferner in De Immenso, pag. 164: Alchazel Arabs Mahumetanus Theologus.

3) Averroes wird z. B. citirt in der Cabala del Cav. Peg. (Wagner II, 279), häufiger in den Lateinwerken De Monade, z. B. pag. 85, 168, 171, in De Immenso, z. B. pag. 277, 283, 284, 317. Ueber Bruno's Averroismus s. C. S. Baruch in den Philos. Monatsh., Bd. 13 (1877), pag. 40—57.

4) Vgl. De Monade, pag. 89 Mitte: *ille omnis cuiuscunque theologantium generis et Peripateticorum in specie philosophantium honor atque lux Thomas Aquinas.*

5) Das Verhältniss Bruno's zu Nicolaus von Cusa bespricht die Schrift des Dr. F. J. Clemens: Giordano Bruno und Nicolaus von Cusa. 8°. Bonn, Wittmann, 1847. Die sämmtlichen Lobeserhebungen, welche Bruno dem Cusaner so reichlich spendet, siehe dort pag. 134.

und die astronomischen Werke des Copernicus. Er hing an diesen Meistern des Gedankens sein Lebelang mit schwärmerischer Verehrung, und es möchte, mit einziger Ausnahme Goethe's, welchem Bruno in so vielen Stücken verwandt ist, in der ganzen alten und neueren Literatur, kaum einen Autor geben, der stets wieder mit so grosser Lust und Offenheit, auf die Quellen seiner eigenen Bildung hinwiese, wie der Nolaner [1]).

Neben seinen philosophischen Studien beschäftigten Bruno von Anfang an auch poetische Arbeiten und wir erfahren von ihm selber, dass ihn frühzeitig sowohl Melpomene, als Thalia, sowohl tragische als komische Stoffe gefangen nahmen. Höchst wahrscheinlich hat er das Lustspiel Il Candelajo, das er später, 1582, in Paris veröffentlichte, schon in Neapel begonnen und manches seiner naturbeschreibenden Sonnette, mit welchen er seine italienischen Schriften zu schmücken pflegte, hat wohl schon im Anblick des Vesuvs und im Genusse des Campagnalebens seinen Ursprung. Von einem andern, leider bis jetzt noch nicht wieder entdeckten Buche, das Bruno unter dem Titel „die Arche Noae“ drucken liess und dem Papste Pius V. (1566—1572) widmete, wissen wir eben nur aus seinen eigenen Andeutungen, dass sich dieses Werkchen mit dem Wettstreit der Thiere um den Vorrang beschäftigte, welchen der Esel zu verlieren Gefahr lief [2]).

Wenn nun der junge Dominicaner schon aus seiner reizend gelegenen Vaterstadt als Liebling der Musen in die lebensfrohe Weltstadt eingezogen war, um wie viel mächtiger musste jetzt die unvergleichliche Aussicht, welche sich dem empfänglichen

1) Mit vollem Recht ruft Bartholmess, Vie de Bruno, T. II, pag. 207 aus: „*Quelle immensité de lectures et d'études ces citations variées, ces innombrables réminiscences font supposer et laissent entrevoir à chaque page! Combien d'auteurs sont rappelés avec louange, avec blâme, ou seulement cités par allusion! Quelle place les grandes écoles du moyen-âge, et surtout celles de l'antiquité ont dans son souvenir! Quel empire elles exercent sur ses opinions!*“

2) Bruno erwähnt dieses Werkchens in der Cena delle Ceneri (Wagner I, 149): *Non ti ricordi, Nolano, di quel ch'è scritto nel tuo libro intitolato: L'arca di Noè? Qui, mentre si dovean disponere questi animali per ordine, e doveasi terminare la lite nata per le precedenze, in quanto periculo è stato l'asino di perdere la preminenza, che consistea nel seder in poppa de l'arca, per essere un animal più tosto di calci, che di urti?*

Jüngling täglich von seinem Kloster aus über die unter ihm sich ausbreitende Chiaja und den Golf von Neapel eröffnete, auf den von Daseinslust glühenden Dichterphilosophen einwirken! Wenn Bruno sich Abends beim Sonnenuntergange über die Fensterbrüstung seines Klosters hinauslehnte und sich dann dem Anblicke des Schauspiels überliess, welches ihm der Golf und seine Umrisse darboten: — gerade vor sich wieder den rauchenden Vesuv und rechts davon die steil abfallende Küstenlinie von Castellamare bis hinauf nach Vico, Sorrento und Massa, — im fernen Süden in weichen Duft gehüllt die Insel Capri — der Horizont in Blassgrün, Orange und Violett eingerahmt, und der azurblaue Golf diese Farben wiederspiegelnd —: wenn Bruno sich diesen Eindrücken überliess und es stiegen ihm dann aus dem reichen Schatze seines Schulgedächtnisses die Erinnerungen empor an die längst entschwundenen Zeiten, da ein feiner empfindendes Geschlecht die Gestade des Golfs bewohnte, ein Geschlecht, das in der Religion dem zweieinigen Ideal des Schönen und Guten und in der Philosophie dem Princip der Geistesfreiheit huldigte, da mochten alsdann dem aufblitzenden Verstande des genialen Jünglings stille Zweifel aufspriessen über den innern Werth des barocken Vorstellungsgerüstes, in welchem sich sein Streben nach unendlicher Erkenntniss glücklich und zufrieden fühlen sollte [1]).

---

1) Bruno beklagt sich in den Eroici furori (Wagner II, 314), dass seine Censoren ihn von den edeln und hohen Dingen, denen er aus angeborener Zuneigung nachgestrebt, abgelenkt hätten, um ihn aus einem Freien im Dienste der Tugend zu einem Sklaven einer gemeinen und dummen Heuchelei zu machen: *Finalmente, per l'autorità de' Censori, che ritenendolo da cose più degne et alte, a le quali era naturalmente inchinato, cattivano il suo ingegno, per che da libero sotto la virtù lo rendesser cattivo sott' una vilissima e stolta ipocrisia.*

Die poetisch schönste Schilderung der Landschaftsreize des Golfs von Neapel findet sich in den seltenen, auch für Culturgeschichte ausgiebigen „Aestates Surrentinae" des Jesuiten Nicolaus Parthenius Giannettasius (Neapel, 1696), Lib. II, pag. 169:

Adde maris prospectum omnem, et Telluris amoenum,
Et montes sacros, et utroque ab littore colles,
Nunquam non gratos umbris, et mollibus herbis;
Depictasque inter currentia flumina ripas:

Und so erfahren wir denn allerdings und zwar aus seinem eigenen Munde, dass er schon als angehender Mönch wegen seines wachsenden Unglaubens an die ihm angelernten Kirchendogmen in bittere Verlegenheit gerieth. Schon von seinem 18. Lebensjahre an begann er nach seinem eigenen Bekenntniss die Trinität Gottes zu bezweifeln. Nun aber brachte der Magister der Novizen heraus, dass sich der junge Zweifler sogar seiner Heiligenbilder, unter andern desjenigen der hl. Katharina und des hl. Antoninus, entledigt und nur ein Crucifix für sich behalten hatte. Als er nun eines Tages einem seiner Mitmönche begegnete, der eifrig in dem mystischen Buche von den sieben Freuden der Jungfrau Maria las —: „Was?" redete ihn da Bruno an, „würde es dir nicht nützlicher sein, wenn du dieses Buch wegwürfest und die Lebensbeschreibungen der hl. Väter läsest?" Darüber gab es im Kloster bedenkliche Auftritte, eine Klageschrift wurde vom Magister der Novizen verfasst, jedoch noch

Totque altis imposta iugis castella, domosque,
Atque theatrali fabricata palatia circo
Pausilypi propter litus, clivosque sequentes
Regum opus, atque opere egregio, luxusque superbo.
Adde Urbem laetam populis opibusque potentem,
Et claro augustam sceptro ingeniisque vigentem
Artibus, et studio florentem nobilis oti,
Cui Regina suo fecit de nomine nomen
Parthenope, mitesque dedit blandissima ritus.
An virides memorem scopulos piscosaque saxa,
Et tot muscosis excisis in rupibus antra?
Anne sinus tantos? te Polli, teque beato
Cum portu, Misene, tuo, et te molle Dicarchum?
An quae felicem memorem Cratera coronant?
Hinc ditem Baccho Inarimen, montesque Tiphoei,
Et Prochyten pomis vernantem et pinguibus uvis
Piscosas illinc Capreas Fanumque Minervae
Et Vici colles et pampineum Surrentum?
Haec eadem Musas et doctas extudit artes,
Campanoque sonum dedit aere et pyxida Nautis
Protulit et tenui telas intexuit auro.

Reich an poetisch schönen Schilderungen der Landschaftsreize des Golfs von Neapel sind desselben Verfassers zehn Bücher Halieutica. 16°. Neapel, 1689

an demselben Tage von dem Vorgesetzten zerrissen [1]). Denn einstweilen schützte noch die Jugend den verwegenen Skeptiker vor disciplinarischer Behandlung. Die mannigfache Berührung, in welche ihn dann sein wanderndes Messnerleben mit den Verhältnissen des Volkes brachte, verbunden mit der Musse, in welcher sich nun sein Geist, sich selber überlassen, frei und unbeirrt von den Ketten des Kirchenglaubens bewegen konnte, waren nur geeignet, die Selbständigkeit seines Denkens zu kräftigen und seinen Menschenverstand zur Reife zu bringen. Ins Kloster des hl. Dominicus zurückgekehrt, wurde er deshalb gar schnell die Beute seines kirchlich unbrauchbaren Freimuths. Im Gespräche mit seinem lombardischen Ordensbruder Montalcino erlaubte sich Bruno eines Tages günstige Aeusserungen über die Ketzerei der Arianer, die, wenn sie sich auch nicht in scholastischer Sprache bewegten, sich gleichwohl klar und verständlich auszudrücken wüssten, sodass ihre Ansicht, die Sohnschaft Christi sei nur ein Akt der Natur, nicht aber des Willens Gottvaters, deutlich genug den Gedanken verrathe, die Person Christi sei mit derjenigen Gottvaters nicht wesensgleich. Bei anderer Gelegenheit brachte der Zwangsgläubige Zweifel vor über die während des Hochamtes vor sich gehende Verwandlung des geweihten Brodes in den Leib Christi [2]). Als er nun gar erklärte,

---

1) Doc. XIII (bei Berti, Vita di G. Br., pag. 375): *il mio maestro quando era novitio, per mettermi terrore fece una scrittura perchè io havevo dato via alcune imagini de'Santi che mi ricordo che erano di S. Catterina di Siena e forse di S. Antonin, se ben mi ricordo, e ritenuto, solamente un crocefisso et perchè avevo detto a un novitio che leggeva la storia delle sette Allegrezze della Madonna che cosa voleva leggere quel libro che era meglio leggesse la vita dei Santi Padri, o altro libro, ma questa scrittura il detto maestro la stracciò poi anco lo stesso giorno.*

2) Doc. XIII (bei Berti, Vita di G. Br., pag. 376): *Io non saprei imaginarmi di che articoli mi processassero, se non è che ragionando un giorno con Montalcino che era un frate del nostro ordine lombardo in presentia di alcuni altri padri, e dicendo egli che questi heretici erano ignoranti, e che non havevano termini scholastici, dissi io che sibene non procedevano nelle loro dichiarationi scholasticamente, che dichiaravano però la loro intentione comodamente, e come facevano li Padri antichi della Santa Chiesa, dando l'esempio della forma dell' heresia d'Ario che gli scolastici dicono che intendeva la generatione del figlio per atto di natura, e non di volontà, il che medesimo si può dire con termini altro che scolastici riferti da S. Agostino, cioè che non è di medesima substantia il*

nicht begreifen zu können, inwiefern dem Sohne und dem hl. Geiste innerhalb der Dreieinigkeit Gottes der Name von Personen beigelegt würde, da endlich war das Mass der Ketzerei voll. Der Provincial des Ordens, Fra Domenico Vita, erhob, entweder im Jahre 1575 oder Anfangs 1576, die zweite Anklage auf Ketzerei. In 130 Artikeln sollte sich Bruder Giordano von der Kirchenlehre entfernt haben. Zur Verschärfung der Anklage wurde nun auch diejenige wegen leichtfertiger Verschenkung der Heiligenbilder von neuem aufgenommen. Diesmal konnte der Process keinen glimpflichen Ausgang nehmen.

3. Bruno's Flucht aus seinem Vaterlande. 1576—1578.

Bruno wusste was seiner harrte. Es war damals die Zeit der kirchlichen Restauration. Auf Martin Luthers Religion der freien Forschung war Schlag auf Schlag Ignatius Loyola's Weltbund des Sacrificio dell'Intelletto gefolgt. Im Concilium Tridentinum (1545—1563) hatte dann der römische Katholicismus nach jahrhundertelanger Verweltlichung sich zur Gegenreformation zusammengerafft und stand nun entschlossen da, auch die leisesten Spuren hereinbrechenden Neuglaubens mit Feuer und Schwert wieder auszurotten. Gegenüber dieser ihr Opfer blitzesschnell packenden Glaubenspolizei galt es für den Deserteur der Ecclesia militans keine Zeit zu verlieren.

Rasch entschlossen entwich deshalb Bruno aus seinem Kloster in Neapel nach Rom, wo er sich sofort dem Procurator des Ordens, Sisto di Luca, stellte[1]). Es war um die Mitte des

---

figliuolo et il Padre e che proceda come le creature dalla volontà sua onde bastarono quelli padri con dire che io difendeva li heretici e che voleva che fossero dotti. Ferner Doc. XII (a. a. O. pag. 358): *non ho potuto capir, e ho dubitato che queste tre possino sortire nome di persone . . .*

1) Ueber seine Flucht aus Neapel nach Rom und von dort nach Genua, Savona und Noli berichtet Bruno selbst im Doc. VII (bei Berti, Vita di G. Br., pag. 341—342): *trovandomi in Roma nel convento della Minerva sotto l'obbedienza del Maestro Sisto de Luca, procurator dell'ordine, dove era andato a presentarmi, perchè a Napoli era stato due volte . . . . Il quale processo fu rinovato nel tempo che io andai a Roma con altri articuli che io non so. Per il che uscii dalla religione, e, deposto l'habito andai a Noli, territorio Genovese, dove mi tratteni quattro o cinque mesi a insegnar la gramatica a putti.*

Jahres 1576. Im Kloster St. Maria della Minerva fand er zwar gastliche Aufnahme, musste aber nach wenigen Tagen von seinen Freunden in Neapel brieflich erfahren, dass sein Kloster die Prozessakten bereits nach Rom eingesandt habe und zwar mit der die Anklage inzwischen noch verstärkenden Beschuldigung, man habe Werke des hl. Chrysostomus sowie des hl. Hieronymus mit den Anmerkungen des Erasmus vorgefunden, die er heimlich gelesen und vor seiner Flucht in den Abort geworfen habe [1]). Der Name des Erasmus genügte, um seinen heimlichen Verehrer noch tiefer in den Verdacht der Ketzerei zu bringen. Bruno erkannte, dass er in Rom nicht bleiben dürfe. Rasch entschlossen legt er das Mönchsgewand ab und entflieht zu Schiff nach Genua, nicht ohne in Rom das freilich unverbürgte Gerücht zu hinterlassen, er habe den Mann, von dem er glaubte, der Inquisition denuncirt worden zu sein, in den Tiber geworfen [2]). Aber auch in Genua war seines Bleibens nicht. Weil dort die Pest regierte, reiste er schon nach drei Tagen wieder ab und gelangte zu Schiff nach Noli, einem reizenden Hafenstädtchen in der Nachbarschaft von Savona. Dort erhielt er vom Magistrat oder Bischof die Erlaubniss, den Kindern Unterricht in der Grammatik zu geben. Nebenher ertheilte Bruno Erwachsenen Privatunterricht in der Astronomie. Er hielt es aber nur fünf Monate aus. Dann trieb ihn die Langeweile und der Wunsch nach lohnenderer Beschäftigung zunächst in das benachbarte Savona, wo er etwa vierzehn Tage blieb. Von da reiste er nach Turin. Hier gab es eine Universität, an welcher berühmte Lehrer wirkten und viele Schüler

---

1) Doc. XIII (bei Berti, Vita di G. Br., pag. 376): *fuggii di Roma perchè hebbi lettere da Napoli e fui avvistato che dopo la partita mia da Napoli erano stati trovati certi libri delle opere di S. Grisostomo e di S. Jerolimo con li scholii di Erasmo scancellati, delli quali mi servivo occultamente e li gettai nel necessario quando mi partii da Napoli acciò non si trovassero perchè erano libri suspetti per rispetto de' detti scholii, se ben erano scancellati. . .*

2) Diese Nachsage stützt sich ausschliesslich auf die Denunciation des jungen Mocenigo. S. Doc. I (bei Berti, Vita di G. Br., pag. 328): *M'ha detto d'aver havuto altre volte in Roma querele all'inquisitione di cento et trenta articoli, et che se ne fugì mentre era presentato; perchè fu imputato d'haver gettato in Tevere chi l'accusò, o chi credete lui che l'avesse accusato all'inquisitione.*

waren. Da aber Bruno in dieser von ihm als entzückend geschilderten Stadt kein Auskommen fand, so schiffte er sich auf dem Po ein und fuhr nach Venedig. Hier wohnte er anderthalb Monate zu Frezzaria bei einem Arsenalbeamten in Miethe [1]), in der Hoffnung, sich durch Unterricht daselbst halten zu können. Leider herrschte aber die Pest furchtbar [2]), die Schulen waren geschlossen und die Buchdruckereien, die ihn mit Correkturen hätten beschäftigen können, arbeiteten entweder gar nicht mehr oder doch so kärglich, dass der Büchermarkt schier aufhörte. Zudem durften in Venedig auf ausdrücklichen Befehl des Senats nur einheimische Patricier philosophische Vorlesungen halten [3]). Um sich etwas Geld zu verschaffen, schrieb deshalb Bruno ein kleines Buch über die „Zeichen der Zeiten", zeigte es zunächst dem Pater Remigius von Florenz und liess es drucken. Leider ist aber auch diese Jugendschrift Bruno's, die uns wahrscheinlich über seine religions- und geschichtsphilosophischen Ansichten neue Aufschlüsse gewähren würde, bis jetzt noch nicht wieder entdeckt worden. Nach anderthalb Monaten verliess Bruno Venedig und wandte sich nach dem nahen Padua. Dort traf er ihm bekannte Ordensbrüder, welche ihn überredeten, er möge doch, wenn er auch dem Orden den Rücken gekehrt habe, gleichwohl wenigstens sein Ordenskleid nicht ablegen, da sie es für ihn erspriesslicher hielten, dasselbe zu tragen, als es zu verleugnen. In diesem Gedanken zog er über Brescia nach Bergamo und liess sich da wirklich aus kostbarem weissem Tuche eine Kutte fertigen, über welche er das Scapulier, das er bei

---

1) Doc. IX (bei BERTI, Vita di G. Br., pag. 345): *Jo stetti a in Noli come ho detto di sopra circa quattro mesi insegnando la grammatica a figliuoli e leggendo la sfera a certi gentilhomini, e da poi mi partii de là e andai prima a Savona dove stetti circa quindici giorni, et da Savona a Torino, dove non trovando trattenimenti a mia satisfatione venni a Venezia per il Po, dove stetti un mese e mezzo in Frezzaria a camera e locanda in casa de uno dell'Arsenale che non so il nome, et mentre stetti qui feci stampar un certo libretto intitolato: De' segni de' tempi et feci stampar quest' opera per metter insieme un poco di denari per potermi sustentar, la qual opera feci veder prima al Rev. Padre Maestro Remigio de Fiorenza.*

2) Vom August 1575 bis Dec. 1576 starben damals in Venedig 42000 Personen. S. BERTI, Vita di G. Br., pag. 71, Anm. 2.

3) S. BERTI, Vita di G. Br., pag. 71.

seiner Flucht aus Rom mit sich genommen hatte, sich umhing. In diesem Aufzug gelangte Bruno über Mailand, Turin und den Mont Cenis, Lyon im Auge, nach Chambéry, wo er sich in einem Kloster seines Ordens einlogirte. Allein der kalte Empfang, der ihm hier zu Theil wurde und die Mittheilung eines italienischen Ordensbruders, er werde, je weiter er in Frankreich eindringe, desto weniger Liebenswürdigkeit antreffen, brachte Bruno zu dem Entschlusse, anstatt nach Lyon zu wandern, sich seitab nach Genf zu wenden [1]).

4. Bruno's Schicksale in der französischen Welt. 1578—1583.

a) Bruno in Genf, Lyon und Toulouse. 1578—1580.

Bruno logirte sich in einem Wirthshause ein. Bald nachher lernte er auch das Haupt der italienischen Colonie, den Neapolitaner Galeazzo Caraccioli, Marchese von Vico, kennen, der, ein Neffe des Papstes Paul IV., seiner evangelischen Ueberzeugung wegen, seine glänzende Stellung nebst Weib und Kind verlassen hatte, um fortan in Genf in unentwegter Treue für den Calvinismus zu kämpfen. Der Marchese erkundigte sich nach seinen Verhältnissen und fragte ihn, ob er hier sich niederlassen und die evangelische Confession annehmen wolle. Daraufhin erwiederte Bruno, nachdem er dem Marchese erzählt, aus welchem Grunde er ordensflüchtig geworden sei: es liege nicht in seiner Absicht, die Religion dieser Stadt anzunehmen, weil er noch gar nicht

1) Doc. IX (bei Berti, Vita di G. Br., pag. 344—346): *E partendomi di qui io andai a Padoa, dove trovando alcuni padri del ordine di S. Domenico miei conoscenti, li quali me persuadettero a ripigliar l'abito quando bene non havessi voluto tornar alla Religione parendogli che era più conveniente andar con habito che senza, e con questo pensiero andai a Bergamo et mi feci far una vesta di panno bianco di buon mercato et sopra essa vi posi il scapulare che io havevo conservato quando partii da Roma e con quest'habito me inviai alla volta di Lione et quando fui a Chambery andando a logiar al Convento del ordine et vedendomi trattato molto sobriamente e discorrendo sopra questo con un Padre Italiano che era lì, mi disse: avvertite che non trovarete in queste parti amorevolezza de sorte alcuna e come più andarete inanzi ne trovarete manco, onde voltai alla volta de Genevra.*

wisse, welche Religion das sei: vielmehr sei ihm daran gelegen, hier in Freiheit und Sicherheit zu leben [1]). Wiewohl dem Marchese diese Antwort nicht sehr behagen mochte, bestand er doch nicht auf weiterer Ausforschung, sondern begnügte sich mit dem Erfolg, den Ordensflüchtigen zu der Ueberzeugung gebracht zu haben, dass es für sein besseres Fortkommen vortheilhafter sei, wenn er bürgerliche Kleidung anlege. Aus diesem Grunde verkaufte Bruno sein Ordenskleid und liess sich aus dessen Ertrag ein Paar Schuhe und andere Kleidungsstücke anfertigen. Der Marchese und andere Italiener statteten ihn dann vollends mit Degen, Mantel, Hut und allem Uebrigen etwa noch Nothwendigen aus. Auch verschafften sie ihm Correctur von Druckbogen, damit er seinen Lebensunterhalt bestreiten konnte. Bruno verbrachte in dieser Beschäftigung ungefähr zwei Monate, während welcher er abwechselnd bald die französischen, bald die italienischen Predigten besuchte. Häufiger als alle andern frequentirte er diejenigen des Niccolo Balbani aus Lucca, der über die Briefe des Apostels Paulus und die vier Evangelien predigte. Als man ihm nun aber, der sich doch auch in die Liste der italienischen Flüchtlinge des Jahres 1578 hatte eintragen lassen, bedeutete, dass, wofern er sich nicht entschliessen könne, die Religion dieser Stadt anzunehmen, er auch auf keine fernere Unterstützung von

1) Doc. IX (bei Berti, Vita di G. Br., pag. 345): *andai ad allogiar all'hosteria e poco dopo il Marchese de Vico Napolitano che stava in quella città mi domandò chi ero, et se era andato lì per fermarmi e professar la religione di quella città, al quale doppo che ebbi dato conto di me et della causa perchè ero uscito dalla Religione soggiunsi, ch'io non intendevo di professar quella di essa città perchè non sapevo che Religione fosse e che perciò desideravo più presto de star lì per viver in libertà e di esser sicuro, che per altro fine, e persuadendomi in ogni caso a dimetter quell'habito, che io havevo, pigliai quei panni e me feci far un paro di calze et altre robbe, et esso Marchese con altri Italiani mi diedero spada, capello, cappa, e altre cose necessarie per vestirmi e procurorno acciò potesse intertenermi de mettermi alla corezione delle prime stampe, dove stetti in quell'essercitio doi mesi, andando però alle volte alle prediche e sermoni così de Italiani come de Francesi che leggevano e predicavano in quella città; fra gli altri ascoltai più volte le letioni e prediche de Nicolo Balbani luchese che leggeva l'Epistole de S. Paulo e predicava li Evangeli, ma essendomi detto che io non potevo star lì longo tempo, s'io non mi risolvevo de acettar la Religione di essa città, altrimenti che non haverei havuto sussidio alcuno, mi risolsi de partir.*

Seiten seiner Landsleute werde rechnen können, so entschloss er sich, die Stadt nach zweimonatlichem Aufenthalt zu verlassen. Die pfäffische Zudringlichkeit des Marchese, die herzlose Drohung seiner übrigen Landsleute in Genf, ihm ihre Freundschaft zu entziehen, falls er nicht zu ihnen übertrete, hatte Bruno mit wildem Hasse gegen eine Religion erfüllt, die ihn so empfindlich ihr Dogma hatte fühlen lassen, dass der Glaube zur Seligkeit genüge, die Werke dagegen völlig überflüssig seien. Das Schicksal des spanischen Arztes und Philosophen Serveto vor Augen, den Calvin 23 Jahre früher wegen seiner Zweifel an der Dreieinigkeit Gottes hatte verbrennen lassen, kehrte Bruno der Vaterstadt der reformirten, nach seiner eigenen Ansicht aber „überaus deformirten" Religion für immer den Rücken und war nun wieder so schlimm daran wie vorher.

Er reiste nach Lyon, wo damals neben andern Buchdruckern die weltberühmten Stephanus wirkten. Allein Bruno konnte sich nicht genügende Anhaltspunkte verschaffen, die ihm Verdienst und Lebensunterhalt gewährt hätten und so entschloss er sich nach einem Monat zur Reise nach Toulouse, um an der dortigen Universität sein Glück zu versuchen. Er kam daselbst um die Mitte des Jahres 1578 an[1]).

Toulouse war damals, wie Bruno selbst sagt, eine berühmte Universität, die 10,000 Studenten zählte. In dem anregenden Geistesverkehr, den derartige Stätten reichlich bieten, konnte der von Ort zu Ort Gehetzte endlich einmal wieder aufathmen. Er suchte und fand den Umgang „intelligenter Leute". Auch wurde er bald eingeladen, einigen Schülern Privatunterricht in der Astronomie zu ertheilen und las andern über andere Theile der Philosophie. Solches währte sechs Monate lang. Da wurde zufällig eben die Stelle eines ordentlichen Lehrers der Philosophie frei, welche auf Wettbewerb vergeben wurde. Um sich an diesem betheiligen zu können, erwirbt sich Bruno rasch den Doctortitel, meldet sich zum Wettbewerb, wird bei demselben zugelassen, dringt mit seiner Probelection durch und erhält die

---

1) Doc. IX (bei Berti, pag. 346): *andai a Lione dove stetti un mese, e non trovando comodità di guadagnar tanto che mi bastasse di poter vivere e per li misi bisogni, di là andai a Tolosa, dove è uno studio famoso . . . . . .*

Stelle. Von jetzt an las Bruno ununterbrochen zwei Jahre lang über Aristoteles' Bücher von der Seele und andere philosophische Themata. Wahrscheinlich trat Bruno schon hier als eifriger Gegner der aristotelischen Schule auf und verscherzte sich damit die Gunst der Verehrer des Hergebrachten. Der furor scholasticus, welcher dem jugendlichen Feuergeiste Bruno's keine bleibende Stätte der Wirksamkeit gönnen sollte, begann hier seine ersten Triumphe zu feiern. Der Bürgerkrieg trug das seinige dazu bei, Bruno den Aufenthalt in Toulouse zu verleiden. Im April und Mai des Jahres 1580 überzog Heinrich von Navarra die Gegend von Toulouse mit seinen Truppen. Da hielt es den Nolaner nicht länger. Er nahm seinen Abschied und zog nach Paris [1]).

b) Bruno's erster Aufenthalt in Paris. 1580—1583.

Nachdem sich Bruno durch seine Lehrthätigkeit in Toulouse genugsam zum öffentlichen Lehramt herangebildet fühlen mochte, musste sich in ihm der Wunsch regen, nach der Gelehrtensitte seiner Zeit nunmehr auch in öffentlichen Disputationen aufzutreten. Und wo konnten sich ihm glänzendere Aussichten eröffnen, wo durfte er für die neue Philosophie, die in seinem Geiste allmälig zu immer grösserer Klarheit und Selbständigkeit herangereift war, erfolgreicher zu wirken hoffen, als in der Hauptstadt der gebildeten Welt, der damals ersten Universität Europa's?

Der Titel eines Doctors und ordentlichen Professors der Philosophie, den Bruno sich in Toulouse erworben hatte, berechtigte ihn zur öffentlichen Lehrthätigkeit an der Universität Paris. Er machte jedoch, wahrscheinlich in Folge der Pest, welche damals die Hörsäle von Paris entvölkerte, vorerst keinen Gebrauch

1) Doc. IX (bei Berti, pag. 346—347): *fui invitato a legger a diversi scolari la sfera, la qual lessi con altre letioni di filosofia forse sei mesi, e in questo mezzo essendo vacato il luoco del lettor ordinario di filosofia di quella città, il quale si dà per concorso, procurai de addottorarmi come io feci per maestro delle arti e così mi presentai al detto concorso et fui admesso et approbato et lessi in quella città da poi doi anni continui il testo di Aristotele de Anima e altre lezioni di filosofia (parole cancellate: N.B. ma occorrendo in certe dispute, che diedi fuori e proposi conclusioni) e da poi per le guerre civili me partii ....*

von seinem Rechte, bereitete sich aber im Stillen auf seine Vorlesungen vor und schrieb eine Reihe kleinerer Werke, welche demnächst erscheinen sollten. Nach Aufhören der Pest versuchte er sich zunächst in freien Vorträgen an der Sorbonne. Er wählte zuerst ein theologisches Thema. Er las nämlich über die Attribute Gottes nach Thomas von Aquino und zwar behandelte er dreissig derselben in dreissig Vorlesungen [1]). Bruno hatte Glück damit. Man bot ihm eine ordentliche Lehrerstelle an. Er schlug sie jedoch aus, weil er sich sonst die Pflicht auferlegt haben würde, regelmässig die Messe zu hören und an andern gottesdienstlichen Handlungen theilzunehmen. In Toulouse war er davon befreit gewesen. Er setzte seine ausserordentlichen Vorlesungen fort und hatte damit bald einen solchen Erfolg, dass sogar der König, Heinrich III., wünschte, den gefeierten Lehrer kennen zu lernen, über dessen riesiges Gedächtniss abenteuerliche Gerüchte die Stadt durchliefen. Der König fragte ihn, ob sein Gedächtniss auf natürlicher Grundlage oder aber auf magischer Kunst beruhe, worauf ihn Bruno von der völligen Natürlichkeit seiner Mnemonik überzeugte und die Gelegenheit ergriff, ihm ein Buch zu widmen, das, die Förderung des Gedächtnisses bezweckend, den König in das Geheimniss der „Grossen Kunst“ einführen sollte.

Raimundus Lullus, der Erfinder der „Grossen Kunst“, war 1234 zu Palma auf der Insel Mallorca geboren worden. Nach

---

1) Doc. IX bei Berti, pag. 346: *andai a Paris dove mi missi a legger una lettion straordinaria per farmi conoscer et far saggio di me e lessi trenta letioni e pigliai per materia trenta attributi divini tolti da S. Tomaso dalla prima parte: dapoi essendo sta ricercato a pigliar una letione ordinaria restai e non volsi acettarla perchè li lettori publici di essa città vanno ordinariamente a Messa e alli altri divini offitii e io ho sempre fuggito questo supendo che ero scomunicato per esser uscito dalla religione e haver deposto l'abito che se bene in Tolosa hebbi quella lettione ordinaria, non ero però obligato a questo come sarei stato in detta città de Paris quando havessi acettato la detta letion ordinaria e leggendo quella estraordinaria aquistai nome tale che il Re Henrico Terzo mi fece chiamare un giorno ricercandomi se la memoria che avevo et che professava era naturale o pur per arte magica, al qual diedi sodisfatione e con quello che dissi e feci provare a lui medesimo conobbe che non era per arte magica ma per scientia e dopo questo feci stampar un libro de memoria sotto titolo de Umbris idearum, il qual dedicai a sua Maestà.*

einem wüsten Jugendleben hatte er sich plötzlich von Haus und Hof, von Weib und Kind in die Einsamkeit zurück gezogen, um unter ascetischen Uebungen das Mittel ausfindig zu machen, welches unfehlbar dazu dienen sollte, die Ungläubigen auf dem Wege mathematisch sicherer Beweisführung von der Wahrheit des Christenthums zu überzeugen. Sollte diese neue Methode wissenschaftlichen Verfahrens fruchtbar werden, so musste sie zugleich im Stande sein, ihre Jünger nicht allein auf dem ungeheuren Gebiet der schon gewonnenen Begriffe rasch zu orientiren, sondern auch befähigen, die Summe dieser Begriffe mit Leichtigkeit zu handhaben und zu vermehren. Zu diesem Zwecke ersann Lullus eine Art logisch-metaphysischer Rechenmaschine. Indem er nämlich die Fundamentalbegriffe in Form von Buchstaben concentrisch auf in einander sich drehenden Kreisen gruppirte, gewann er die Möglichkeit, durch das Drehen dieser Kreise in Kreisen unzählbare Begriffscombinationen zu erzielen und die so gewonnenen Combinationen jeden Augenblick wieder durch die Herstellung derselben Uebereinanderlagerung der concentrischen Kreise zu reproduciren. Kein Zweifel, dass ein wahrhaft genialer Gedanke die Erfindung dieser „Grossen Kunst" zur Reife brachte. Und Bruno war ganz der Mann dazu, die colossale Bedeutung dieser, wenn sie richtig war, ganz unschätzbaren Denkmaschine zu würdigen und mit Feuereifer zu verherrlichen. Wie nun aber Bruno allem, was er einmal ergriffen hatte, den unauslöschlichen Stempel seiner eigenen Geistesindividualität aufdrückte, so schuf er auch die lullische Kunst von Grund aus dadurch um, dass er in die concentrischen Begriffskreise nun noch ein ganz neues Element einführte, nämlich das poetische Vorstellungsbild. Die Welt besteht nicht allein aus einer bestimmten Summe unendlich combinirbarer, abstrakter Begriffe, sondern führt ein Doppeldasein in Form von Bildern und Gestalten, welche die menschliche Phantasie sich von den Dingen und Vorgängen der Welt entwirft. Diese Vorstellungsbilder sind es, an welchen sich das Denken entwickelt hat und zwar liegen uns diese Entwickelungsresultate in herrlicher Fülle vor in den Bildersälen der antiken, zumal der griechischen Mythologie. An der Bilderfülle der hellenischen Götterwelt gewinnt des Nolaners Gedächtniss einen Ruhepunkt für die auf- und abwogenden Vorstellungswellen; an der Ideentiefe hellenischer Mythen findet seine Beredtsamkeit ein ergiebiges Feld immer neuer Betrachtungen. Und so bildet denn Bruno die lullische Kunst zu einer neuen Methode des Denkens, des Gedächtnisses und der Beredtsamkeit aus und verficht dieselbe in einer Reihe kleinerer Lateinwerke. Die Hypothese, welche schon der Kabbala zu Grunde lag, als gäbe es, wie sich neuerdings Dubois-Reymond ausdrückte, für das Universum eine „Weltformel", aus welcher sich mit der Sicherheit des mathematischen Calculs die zahllosen Einzelwesen und Specialbewegungen deduciren liessen, wirkt so bestechend, dass wir uns nicht wundern dürfen, wenn später Leibniz dieselbe wieder aufgriff, um darauf seine Universalsprache zu stützen oder wenn noch später Hegel es wagte, trotz Kant, die ungeheure Mannigfaltigkeit des Seienden aus dem Getriebe eines logisch-metaphysischen Räderwerks hervorgehen zu lassen. „Und wenn heutzutage wieder lebhafte Versuche gemacht werden, die logischen Operationen auf mathematische Formeln zu reduciren, so ist dieser logische Calcul in seinem letzten Grunde nichts, als die in moderner Metamorphose wiederauferstandene Kunst des schwärmerischen spanischen Ritters" [1]).

Das Werk nun, welches Bruno König Heinrich III. widmete, „Von den Schatten der Ideen" (De umbris idearum) ist das klarstgeschriebene seiner sämmtlichen Lateinwerke, die auf Raimundus Lullus zurückführen. Auf die platonische Ideenlehre gestützt, baut uns Bruno ein System auf, in welchem der uralte Gegensatz von Natur und Geist, von Materie und Form, von Sein und Denken, zur Einheit einer Gott und die Welt versöhnenden Harmonie aufgehoben ist. Alles was da ist, ist in Gott oder vielmehr, Gott ist das All wie es an sich ist. Gott ist das Urlicht, die Uridee, die zahllosen Einzelwesen und Dinge sind

1) Sigwart, Chr., Kl. Schr., Erste Reihe (1881), pag. 62. Bartholmess dagegen ist als Hegelianer ein grosser Bewunderer der lullischen Werke Bruno's, fühlt sich aber doch ebenfalls gezwungen anzuerkennen: „*Une topique si universelle, espèce de carte détaillée du savoir humain, aurait en effet les avantages que Bruno y admirait, si l'homme n'avait plus rien à decouvrir, s'il savait tout, s'il était ainsi que Lulle, en possession de l'omniscience, si l'homme était Dieu même ..... néanmoins la conception qui a dicté cette entreprise, est juste et grande.*" Vie de Bruno, T. II, pag. 174, 176.

nur der Abglanz, die Schatten dieser Uridee. In der Sinnesthätigkeit und im Denken schaut unsere Seele, unser Geist, die nur ein Theil der Weltseele, des göttlichen Geistes ist, die Bilder des göttlichen Denkens, aber in mannigfaltigen Abstufungen. Da nun aber das göttliche Denken eins ist mit der unendlichen Fülle der Erscheinungswelt, so stimmen die Schatten der Ideen in unserm Geiste, nämlich die Vorstellungen und Gedanken, nothwendig mit den Schatten der Ideen in der Aussenwelt, nämlich mit den Dingen, überein.

In der systematischen Durchführung dieser neugewonnenen Gedankenharmonie bewährten ein Jahrhundert später Spinoza und Leibniz ihre eigenthümliche Grösse, Spinoza, indem er Denken und Ausdehnung, dh. Geist und Materie, als die untrennbaren Attribute der einen und untheilbaren Substanz nachwies; Leibniz, indem er seine zahllosen Monaden als Fulgurationen der Einen Urmonade hinstellte, jener Ureinheit von Denken und Sein, deren Harmonie sich in den von einander unabhängigen und gleichmässig verlaufenden Entwicklungsprocessen der ausgestrahlten Monaden wiederspiegelt. Trotz der Kürze, in welcher Bruno's philosophisches Erstlingswerk gehalten ist, glänzt dasselbe durch einen überraschenden Reichthum von neuen Gesichtspunkten. Die grösse Idee, welche unter dem Namen des Darwinismus gegenwärtig alle wissenschaftlichen Kreise in Bewegung setzt, die Idee nämlich von der allmäligen, stufenweisen Entstehung höherer Organismen aus niedrigeren —: in Bruno's Erstlingswerk liegt sie, klar ausgedrückt, im Keime vor: „Nichts hindert, anzunehmen, dass nach dem Klange der Leier des Welt-Apollo, Niederes stufenweise in Höherem wieder auflebe und auf diese Weise also Niederes durch Mittelglieder hindurch die Natur von Höherem annehme“ [1]). In demselben Werke spricht Bruno auch schon die religionsphilosophische Idee Lessings aus, die Religion sei nur ein Mittel, die Menschheit allmälig zur reinen Gotteserkenntniss zu erziehen. „Die Natur, sagt Bruno, mag den unvermittelten Uebergang von einem Extrem ins andre nicht, vielmehr liebt sie die Vermittelung durch Nuancen und

---

1) De Umbris Idearum Intentio VII (Gfrörer pag. 303): *nihil impedit, quominus ad sonum cytharae universalis Apollinis ad superna gradatim revocentur inferna, et inferiora per media superiorum subeant naturam.*

allmälige Abstufung des Lichtes. Manche haben in Folge plötzlichen Ueberganges aus der Finsterniss ins Licht ihre natürliche Sehkraft eingebüsst, sowenig sind sie im Stande, das erstrebte Forschungsziel zu ertragen. Desshalb bereitet der Schatten als Dämmerungsform auf das Licht vor, der Schatten mässigt das sonst blendende Licht. Durch den Schatten bereitet die Gottheit die in Finsterniss wandelnde Seele des nach Wahrheit Lechzenden auf das Wesen der Dinge vor" [1]). In diesen Worten liegt eben consequent die alte und doch immer wieder ewig junge Ueberzeugung ausgedrückt: Alle Religion ist nur ein Nothbehelf, um die Völker aus dem Zustande der Finsterniss und Roheit allmälig zu gesitteten Verhältnissen überzuführen, wonach alsdann erst das ungeschwächte Licht, die Wissenschaft und Philosophie, an die Stelle der Religion treten werden [2]).

Aus Anerkennung für das ihm gewidmete Werk ernannte König Heinrich den Nolaner zum ausserordentlichen Professor [3]) und Bruno nahm die Stelle an, weil er damit sich keineswegs die Verpflichtung auferlegt fühlte, nun der Messe wieder beizuwohnen. Durch den Erfolg seines Schriftchens angeregt, liess nun Bruno hintereinander noch mehrere Werkchen dieses Inhalts erscheinen, die er Sorge trug, Männern von hoher Stellung zu widmen. So dedicirte er den Cantus Circaeus [4]) dem natür-

---

1) De Umbris Idearum, Intentio XV (Gfrörer, pag. 308): *Neque enim natura patitur immediatum progressum ab uno extremorum ad alterum, sed umbris mediantibus, adumbratoque lumine sensim. Naturalem videndi potentiam perdidere nonnulli de tenebris in repentinam lucem prodeuntes; tantum abest ut perquisito potirentur objecto. Umbra igitur visum praeparat ad lucem, per umbram divinitas oculo esurientis sitientisque animae caliganti nuncias rerum species temperat atque propinat.*

2) Ueber das Alter der Ansicht oder Einsicht, dass die Religion nur die populär gefasste, für die Volksphantasie in ein allegorisches Gewand gekleidete Metaphysik sei, vgl. Liebmann, Zur Analysis der Wirklichkeit², pag. 675.

3) Doc. IX (bei Berti, Vita di G. Br., pag. 347): *mi fece lettor straordinario e provisionato e seguitai in quella città a leggere come ho detto forse cinq'anni. .* . (Gedächtnissfehler, es waren drei Jahre).

4) Cantus Circaeus, *ad eam memoriae praxim ordinatus quam ipse iudiciariam appellat. Ad Henricum d'Angouleme, magnum Galliarum priorem. Parisiis 1582.*

lichen Bruder des Königs, dem Herzog Heinrich von Angoulême durch Vermittelung von dessen Secretair Regnault, und dem venetianischen Gesandten in Paris, Giovanni Moro, das Büchelchen De compendiosa architectura et complemento artis Lullii[1]). Vorlesungen über die lullische Kunst und deren Verwerthung für Mnemonik und Rhetorik bildeten fürderhin das bequeme Mittel, mit welchem sich Bruno theils an fremden Universitäten zu introduciren, theils bei Grossen in Gunst zu setzen oder aber aus momentaner Geldverlegenheit zu ziehen verstand. Es war seine exoterische Philosophie, die er trefflich als Deckmantel seiner kirchenentfremdeten Religionsphilosophie zu drapiren und als Steckenpferd unfruchtbarer Laune zu tummeln wusste.

Auch ein poetisches Werk veröffentlichte Bruno zu Paris. Es ist dieses das italienisch geschriebene Lustspiel: Il Candelajo, der Kerzensieder, der Lichtzieher. Das tolle, mit seinen derben Ausgelassenheiten ganz an Basile's Pentamerone oder Straparola's Märchen erinnernde Stück ist wahrscheinlich schon in einem neapolitanischen Kloster geschrieben gewesen. Es stellt in dem alleswagenden Style des Zeitalters Pietro Aretino's die verkommenen Zustände der neapolitanischen Gesellschaft dar und verspottet in einer bunten Reihe von mehr oder weniger losezusammenhängenden Scenen die Gebrechen der Zeit, als: Alchymie, Zauberei[2])

---

1) De Compendiosa Architectura et complemento artis Lullii. *Ad illustrissimum D. D. Joannem Morum pro serenissima Venetorum Rep. apud christianissimum Gallorum et Polonorum regem Henricum III. ligatum. 12°. Parisiis apud Aegidium Gorbinum, sub insigne Spei prope collegium Cameracense 1582.*

2) Bruno nimmt mehrfach Gelegenheit, seinen Abscheu gegen die Zauberei auszudrücken. Vgl. folgende Stellen. Im Sigillus sigillorum, De multiplici contractione (Gfrörer, pag. 572) geisselt er die Aerzte: *Praepollent medici, in quibus plurimi confidunt, formidantes penetrant maleficia quae eorundem contemptores non attingunt, superstitiosulos et rusticos vidi energumenos, cautiores vero versutulosque nunquam.* Ebendas. (pag. 575), eine Stelle, welche auch culturhistorisch wichtig ist: *Ex hoc bestialium hominum genere sunt, qui crudis acutisque herbis ventosoque pasti legumine excoctique infantis adipe peruncti, moxque ad noctis silentium aere temperato frigido sudati, illud praestant, ut calore dictis circumstantiis medicato ad interna retruso ac recurrente eunque attenuati adipis spiritu carnis penetrante poros, vasa lididinis facile intumescant lenteque artificioso semine compleantur.*

und Pedanterei. Schade nur, dass die Kreise, die das Narrenthum des in Liebesverrücktheit taumelnden Bonifacio, des Universalmittel brauenden Bartolomeo, sowie endlich des in lateinischer Stubengelehrsamkeit schwelgenden Manfurio beschreibt, nicht harmonisch in einander greifen, sondern sich nur tangential berühren. Das Meisterstück in Bruno's Schilderung der Narrheit bildet der Pedant. Diesem widmet Bruno auch in andern Schriften immer von neuem wieder die launigsten Einfälle seiner an grotesken Charakterbezeichnungen überreichen Wortbildungskunst. Der Pedant ist Bruno's Lieblingsfigur, sein komisches Ideal [1]). Trotz ihrer Compositionsmängel ist Bruno's Komödie immerhin „eine der besten, mag sie auch nicht die beste sein." „Sie steht, fährt Klein, der grosse Geschichtschreiber des Drama's fort [2]), keiner an Geist, Witz und frecher Komik nach, sowohl was die Figuren, als die Situation betrifft."

Ein philosophisches und ein poetisches Meisterwerk zu gleicher Zeit auf den Büchermarkt zu werfen, erforderte einen Mann von ausserordentlichen Geistesgaben. Bruno hatte sich denn auch bald in den ausgewähltesten Kreisen der Pariser Gesellschaft einheimisch gemacht. Sein Umgang war gesucht. Mit ausgebreiteter und tiefer Gelehrsamkeit verband er die Kenntniss mehrerer Sprachen. Er war, ausser dem Italienischen, des Lateinischen, Französischen und Spanischen mächtig und verstand etwas Griechisch. Sein ausgezeichnetes Gedächtniss lieferte ihm ohne Zweifel einen unerschöpflichen Fond der besten Anekdoten, wie namentlich seine italienischen Bücher beweisen und die Abenteuerlichkeit seiner Schicksale konnte nur dazu beitragen, ihn jeder, vorzugsweise weiblichen, Gesellschaft als an-

---

1) De Triplice Minimo, v. 128—130, pag. 5:

Nec sciolus quisquam e cataclysmo Grammaticorum,
(Per quos subversum est Sophiae genus omne) putetur
Dignus qui accedat, titulo quocunque superbus.

Ebendas., v. 149—151, pag. 6:

Nec genus insipiens temerata mente protervum
Confundat species, turbet genus omne, ut ubique
Artes in crepidam retrahantur grammaticalem.

2) Klein, Gesch. des Drama's, Bd. 4 (1866), pag. 471. Klein giebt auch eine ausführliche Uebersicht über das ganze Stück, vgl. pag. 480—493.

genehmen Unterhaltungskünstler zu empfehlen [1]). Nichtsdestoweniger war seines Bleibens in dem von Bürgerkriegen zerwühlten Paris nicht länger [2]). Vielleicht traten dazu noch persönliche Reibereien, die dem heftigen Südländer den Aufenthalt in der ohnediess aufgeregten Hauptstadt des Aristotelismus verbitterten. Er wandte sich nach England.

5. Bruno's Schicksale in England.
1583—1585.

Bruno erschien in London gegen Ende des Jahres 1583 mit Empfehlungen König Heinrichs III. an seinen Gesandten, Michel von Castelnau, Herrn von Mauvissière, den Beschützer der unglücklichen Königin Maria Stuart. Der Gesandte nahm den Wohlempfohlenen freundlich auf und Bruno lebte nun im Hause dieses durch kriegerische, staatsmännische und echtmenschliche Tugenden gleich ausgezeichneten Mannes fortan als sorgenfreier Gentleman und Freund. Castelnau war ein treuer Anhänger der katholischen Kirche, obschon er die Politik der römischen Curie aufs entschiedenste missbilligte und die protestantischen Gegner nur durch die Macht des guten Beispiels, der Predigt und der werkthätigen Liebe gewonnen wissen wollte. Dieser Toleranz hatte es denn auch Bruno zu verdanken, dass er nicht genöthigt war, der Messe beizuwohnen, welche täglich in seines Gastfreundes Hotel celebrirt wurde.

---

1) Erdmann in seinem Grundriss der Gesch. d. Philos., 3. Aufl., Bd. 1 1878), pag. 561, § 248, 1 weiss das Gegentheil: „Alle Bitterkeiten gegen das Ordenskleid, all sein Lechzen darnach, ganz der Welt anzugehören, nimmt ihm nicht jenes mönchische Wesen, das ihn selbst im Freundeskreise zu einer fremdartigen Erscheinung macht und vereinsamt.“ Erdmann muss Quellen studirt haben, die der Brunoforschung sonst unzugänglich sind, denn sonst könnte er unmöglich zu diesem Resultate gelangt sein, wenn anders dasselbe nicht der Ausfluss subjectiver Stimmung ist.

2) Doc. IX (bei Berti, Vita di G. Br., pag. 347): *per li tumulti che nacquero dopo pigliai licentia e con lettere del istesso re andai in Inghilterra a star con l'ambasciator di sua Maestà che si chiamava il S. della Malvicicra per nome Michel de Castelnovo in casa del qual non faceva altro se non che stava per suo gentilhomo et me fermai in Inghilterra doi anni e mezzo, nè in questo tempo ancora che si dicesse la messa in casa non andavo nè fuori a messa, nè a prediche per la causa sudetta.*

Um sich in Oxford den Zutritt zur Universität zu verschaffen, gab Bruno sofort ein Werklein in Druck: Erklärung der dreissig Siegel (Explicatio triginta sigillorum), welches er zwar dem Herrn von Mauvissière widmete, jedoch dem Vicekanzler und den Doctoren in Oxford zuschickte [1]). Den Stoff dazu lieferte ihm wieder die allezeit als geduldige Milchkuh brauchbare Ars magna des Raimundus Lullus. Bruno erreichte seinen Zweck, wenigstens hielt er nicht lange darnach an der Universität Oxford Vorlesungen über die Unsterblichkeit der Seele und die fünffache Sphäre. Es war um die Mitte des Jahres 1583. Da erschien am 10. Juni in Oxford ein polnischer Fürst, Albert a Lasco, den der Ruhm der Königin Elisabeth, sowie der Wunsch, mit seinem Reichthum und seinen Rittertugenden zu glänzen, nach England gelockt hatten. Graf Leicester, als Kanzler der Universität, und eine Schaar englischer Edelleute leisteten ihm Gefolge. Aus der Stadt gingen ihm zahlreiche und berühmte Doktoren entgegen, von welchen er mit einer lateinischen Rede empfangen wurde, worauf der Fürst ebenfalls lateinisch erwiederte. In der Nähe der Stadt erwarteten ihn die Behörden, deren Secretäre ihn wieder mit einer lateinischen Rede begrüssten und sein Gefolge mit Handschuhen beschenkten. Unter mancherlei Feierlichkeiten und nach Aufführung einer Tragödie Dido, unter gelehrten Disputationen aller Art vergingen so mehrere Tage, während welcher der Fürst das Licht seines Geistes und den Prunk seines ganzen Reichthums dermassen leuchten liess, dass, als er bald nachher über London wieder in seine Heimat zurückkehrte, er inzwischen um Hab und Gut gekommen war und später in Krakau ein elendes Dasein fristete [2]).

Während der Disputationen, welche in Oxfort zu Ehren des

---

1) Explicatio triginta sigillorum *ad omnium scientiarum et artium inventionem, dispositionem et memoriam. Quibus adiectus est* sigillus sigillorum *ad omnes animi operationes comparandas et earumdem rationes habendas maxime conducens.* Als Einleitung ist beigegeben: Recens et completa ars reminiscendi *et in phantastico campo exarandi, disponendi atque retinendi implicatas novas rationes et artes introductoria.* (London, 1583).

2) Ueber die Festlichkeiten zum Empfang des Polenfürsten Albert von Lasco s. Bartholmess, Vie de Br., T. 1, pag. 116 ff. nach Wood, Univ. et antiq. Oxon., pag. 300 ff.

von der Königin Elisabeth so hoch ausgezeichneten Polenfürsten gehalten wurden, war Bruno nicht müssig geblieben. Wir erfahren von ihm selber, dass er damals in einem Streitgespräch über das ptolemäische Weltsystem fünfzehnmal seinen Gegner, einen Doktor der Theologie, der die aristotelisch-ptolemäische Weltansicht vertheidigte, geschlagen habe. Aber der Freimuth, mit welchem Bruno seinen Fachcollegen entgegentrat, reizte nur den Neid und Hass der in ihres Nichts durchbohrendem Gefühl Zitternden. Die Peripatetiker fassten eben jeden Angriff auf ihr philosophisches System, welches sich aufs innigste mit dem traditionellen Kirchenglauben verschwistert hatte, als revolutionäres Gebahren gegen die Kirche selber auf. Von ihrem Standpunkte aus dachten die Peripatetiker ganz folgerichtig. Denn das System des Aristoteles oder vielmehr Das was die jüdischen und arabischen Philosophen im Bunde mit den Scholastikern aus Aristoteles gemacht hatten [1]), war mit dem ptolemäischen Weltsystem und der römischen Kirchenlehre ein so engverschlungenes Bündniss eingegangen, dass die altersgeheiligten Dogmen von Himmel, Hölle und Fegfeuer in sich zusammenbrechen mussten, sobald man das Gebäude untergrub, in welchem sie bis dahin gastliche Unterkunft gefunden hatten [2]).

Der Kern und Angelpunkt des aristotelisch-ptolemäischen Weltsystems war die Lehre, dass die Erde im Mittelpunkt der Welt ruhe und Sonne, Mond und Sterne sich um sie bewegen. Und zwar dachte man sich dieses Verhältniss so, dass die Erde

1) Bruno war weit davon entfernt, das Grosse im wirklichen Aristoteles, dem Aristoteles des Alterthums, zu verkennen. Davor bewahrte ihn seine unbestechliche Wahrheitsliebe. Sein lebenslänglicher Kampf galt nur dem Pseudo-Aristoteles der Scholastik, während er den echten Aristoteles gegen diejenigen, die sich mit dessen Namen brüsteten, sogar vertheidigte. In der Cena delle Ceneri giebt Teofilo (Bruno) den Peripatetikern von Oxford den Rath, sie möchten sich doch ja nicht berühmen, sie verständen das, was Aristoteles verstanden habe und begriffen das, was Aristoteles begriffen habe; denn es sei ein sehr grosser Unterschied zwischen dem Nichtwissen dessen, was auch Aristoteles nicht wusste und dem Wissen desjenigen, was er wusste etc. Vgl. auch Bartholmess, Vie de Bruno, T. 2, pag. 319.

2) Vgl. Berti, Vita di G. Bruno, pag. 283: „Jeder Streich, der auf das ptolemäische System fiel, zerbrach eines der Bande, die es mit den theologischen Ideen der Schulen verknüpften.“

als Kugel sich innerhalb des Himmels als eines ungeheuern Balles befinde, welcher aber selbst wieder aus neun, oder wie man später annahm, aus zehn soliden, zwiebelförmig in einandergeschachtelten, durchsichtigen, krystallenen Hohlkugeln bestehe. Die äusserste dieser Sphären bewegt sich jeden Tag einmal mit den Fixsternen von Osten nach Westen und reisst alle übrigen Sphären mit sich fort, sodass sie sich sämmtlich um eine durch die Erdmitte gehende Axe drehen. Die zweite Bewegung, die sich innerhalb der Drehungen der ersten Sphäre vollzieht, kommt, der Richtung nach der vorigen entgegengesetzt, der Sonne, dem Mond und den sieben Planeten zu, einem jeden in seiner Schale. Alle Himmelserscheinungen konnte man sich natürlich auf diese Weise nicht erklären, und bekannt ist, was der junge König Alphons von Castilien darüber bemerkte, als ihm seine Astronomen den Bau des Weltsystems und dessen Bewegungen lehrten: „Wenn der Schöpfer mich um Rath gefragt hätte, so würde die Welt in besserer Ordnung sein.“ Aber man suchte sich dadurch aus der Verlegenheit zu ziehen, dass man neben diesen neun Sphären für jede nicht dazu stimmende Erscheinung wieder besondere excentrische Kreise, die Epicyclen, annahm. Und dann war es ja so süss und trostvoll, jenseits aller Sphären das Empyreum anzusetzen, das ewige Lichtreich des Himmels, von wannen das Weltall seine Beleuchtung empfing und die Seligen in ewiger Wonne Gott schauten. Das ganze Weltall war nur des Menschen wegen da[1]). Und diesen Glauben, in welchem die Menschheit ein Jahrtausend lang ihren Trost gefunden hatte, sollte sie nun plötzlich aufgeben? Sie musste es! Der Fortschritt der wissenschaftlichen Erkenntniss hat für die Sentimentalität kein Herz. Die Entdeckung des Copernicus, dass die Erde sich um die Sonne bewege, schlug wie ein Blitz aus heiterm Himmel in die traumversunkene Behaglichkeit der abendländischen Völker. Aber weder die römische Kirche, noch der eben aufstrebende Protestantismus hatten zuerst auch nur eine Ahnung von der ungeheuern Umwälzung, welche die neue Weltansicht in Geist und Gemüth der paradiesesgläubigen Menschheit hervorrufen musste. Da kam Bruno und mit dem durchdringen-

1) Vgl. Liebmann, Zur Analysis der Wirklichkeit[2], pag. 400.

den Scharfblick, der ihn vor seinen wissenschaftlichen Zeitgenossen auszeichnet, überschaute er die grossen Consequenzen der neuen Entdeckung und verkündete dieselben mit hinreissender Beredtsamkeit, indem er zugleich die neue Lehre weit über den Rahmen hinaus vervollständigte, in welchem Copernicus sie noch belassen hatte. Copernicus hatte wohl gelehrt: nicht die Sonne und die Planeten drehen sich um die Erde, sondern die Erde sammt den Planeten dreht sich um die unbeweglich im Mittelpunkt der Welt ruhende Sonne —, aber hoch über dem Raume, den der äusserste Wandelstern, der Saturn, durchmisst, wölbt sich die krystallene Hohlkugel der Fixsterne, steht der Markstein der Schöpfung, liegt die äusserste Thule des Alls; über welche hinaus Copernicus keine Betrachtungen anzustellen wagte. Hier nun war der Punkt an welchem Bruno einsetzte [1]).

Wenden wir uns aber zunächst wieder su seinen Vorlesungen über die Unsterblichkeit der Seele zurück! Bruno lehrte: Ein Lebensgeist durchdringt das ganze Weltall. Der Materie in der ganzen Unendlichkeit ihrer Atome wohnt ein und derselbe gestaltenschaffende Geist inne, Geist und Materie sind desshalb gleich unsterblich. Denn es giebt keinen Tod, sondern nur Uebergang aus einem organischen Zustand in den andern. Nur die Formen wechseln, in welchen sich die beseelten Atome zu einheitlicher Thätigkeit zusammengesellen, aber die Atome bewegen sich von Ewigkeit her und werden desshalb auch in Ewigkeit ihren Kreislauf fortsetzen [2]). Und wenn dieselben bald in auf-, bald in absteigender Linie sich zu Organismen zusammengruppiren, so ist nicht einzusehen, wie zwischen der Seele einer Meermuschel oder einer Pflanze oder eines Menschen ein qualitativer Unterschied herrschen solle [3]). Nur der höhere Grad

---

1) Vergl. darüber die Dissertation Hugo Wernekke's: Giordano Bruno's Polemik gegen die aristotelische Kosmologie. 8°. Dresden, 1871, namentlich pag. 11.

2) Die hiezu nöthigen Belegstellen s. in der kurzen Analyse des Dialogs De la Causa.

3) Cabala del Cavallo Pegaseo (Wagner II, 277): *Quella (l'anima) de l'uomo è medesima in essenza specifica e generica con quella de le mosche, ostreche marine e piante, e di qual si voglia cosa, che si trove animata, o abbia anima: come non è corpo, che non abbia o più o meno vivace — e perfettamente*

der Organisation entscheidet über die höhere Geistesanlage einer Gattung. Vermöge des reicher organisirten Körperbaues hat sich der Mensch im Umschwung der Jahrtausende über die Thiere erhoben. „Angenommen, der Mensch hätte doppelt soviel Geist, als er gegenwärtig hat, die Hände verwandelten sich ihm aber in Füsse, wie würde da der Mensch zur Sprache gelangen, wie vermöchte er sich zu dauernden Familien und Gemeinschaften zusammen zu thun, ohne von der Unzahl der ihm überlegenen Bestien aufgerieben zu werden? Wie wäre er im Stande, alle die Erfindungen und Entdeckungen zu machen, sich Häuser zu bauen, Staaten zu gründen, Künste und Wissenschaften zu pflegen und Alles das zu treiben, was die Grösse und Erhabenheit des Menschen ausmacht und ihn zum in Wahrheit unbesiegten Beherrscher aller andern Gattungen erhebt? Wenn du genau zusiehst, so verdanken wir Alles das nicht sowohl der Leistungsfähigkeit des Geistes, als vielmehr der Hand, als dem Organ der Organe"[1]).

---

communicazion di spirito in se stesso. Or cotal spirito secondo il fato o providenza, ordine o fortuna, viene a giongersi or ad una specie di corpo, or ad un'altra. e secondo la ragione de la diversità di complessioni e membri viene ad avere diversi gradi e perfezioni d'ingegno et operazioni.

1) Degli Eroici furori (Wagner II, 277): *posto che l'uomo avesse al doppio d'ingegno, che non have, e l'intelletto agente gli splendesse tanto più chiaro, che non gli splende, e con tutto ciò le mani gli venisser transformati in forma di doi piedi, rimanendogli l'altro nel suo ordinario intiero: dimmi, dove potrebbe impune esser la conversazion de gli uomini? come potrebbero instituirsi e durar le famiglie et unioni di costoro parimente o più, che de'cavalli, cervj, porci, senza esserne devorati da innumerabili specie di bestie, per essere in tal maniera suggetti a maggiore e più certa ruina? E per consequenza, dove sarebbono le instituzioni di dottrine, le invenzioni di discipline, le congregazioni di cittadini, le strutture de gli edifici et altre cose assai, che significano la grandezza et eccellenza umana, e fanno l'uomo trionfator veramente invitto sopra l'altre specie? Tutto questo, se oculatamente guardi, si riferisce non tanto principalmente al dettato de l'ingegno, quanto a quello de la mano, organo de gli organi.* Zu dieser von Bruno so früh schon anticipirten Auffassung von dem culturhistorisch nicht hoch genug anzusetzenden Werth der Hand ist erst die neueste Philosophie wieder gelangt. Vgl. Otto Caspari, Urgesch. d. Menschheit, Bd. 1, pag. 250 u. 275. Ferner Ernst Kapp, Grundlinien einer Philosophie der Technik, pag. 150—151, wo, sehr glücklich, die Hand „das auswendige Gehirn" genannt wird.

Man kann sich denken, welches Aufsehen eine so rückhaltslose Sprache unter einem Gelehrtenkreise verursachen musste, der sein Hauptverdienst darein setzte, längstüberwundene Denkrichtungen starrsinnig gegen jeden Fortschritt wissenschaftlicher Einsicht festzuhalten und so aus Oxford das anglicanische Rom zu machen. Als nun aber Bruno gar begann, in seinen kosmologischen Vorträgen die Consequenzen der copernicanischen Lehre zu ziehen, als er vom aristotelisch-ptolemäischen Weltgebäude, in welchem sich der christliche Unsterblichkeitsglaube so häuslich eingerichtet hatte, keinen Stein auf dem andern liess, da brach in der altersgrauen Zwingburg des geistigen Fortschritts ein solcher Sturm der Entrüstung wider ihn los, dass Bruno nach drei Monaten seine Vorträge einstellen und Oxford verlassen musste. Bruno rächte sich dafür in einer Schrift, die er bald nachher herausgab, dadurch, dass er die Brutalität, mit welcher ihn die Oxforder Professoren behandelt hatten, öffentlich brandmarkte, Oxford „die Wittwe wahrer Wissenschaft" nannte[1]), und die von ihm entwickelten Ideen über das Weltgebäude nun vor aller Welt wiederholte. Diese Schrift: „das Aschermittwochsmahl" (la Cena delle Ceneri)[2]) war die künstlerische

---

1) Cena delle Ceneri (Wagner, I, 183): *Que' cavalieri, dopo aver pregato il Nolano, che non si turbasse per la discortese incivilità e temeraria ignoranza de' lor dottori, ma che avesse compassione a la povertà di questa patria, la qual è rimasta vedova de le buone lettere, per quanto appartiene a la professione di filosofia e reali matematiche* ...... Sollte diese spöttische Bezeichnung die Oxforder Gelehrtenwelt vergangener Jahrhunderte vermocht haben, Bruno's Andenken selbst bibliographisch auszulöschen? Auf meine Anfrage, ob irgendwelche zeitgenössische Pamphlete über Bruno's Anwesenheit in Oxford und England auf der Bodleyanischen Bibliothek vorhanden seien, schreibt mir mein verehrter Freund Prf. H. Nettleship, 16. Dec. 1880: „*I have looked at the Bodleian library for any works bearing on Bruno's visit to England, but (strange to say) can find nothing, and am told that there is nothing.*"

2) La Cena de le Ceneri, *descritta in cinque dialogi per quattro interlocutori, con tre considerazioni circa doi suggetti. A l'unico refugio de le Muse, l'illustrissimo signor Michel di Castelnovo, signor di Mauvissier Concressalto e di Jonvilla, cavalier de l'ordine del re Cristianissimo, e consiglier nel suo privato consiglio, capitano di L uomini d'arme, governator e capitano di S. Desiderio, et ambasciatore a la Serenissima regina d'Inghilterra.* 8°. A. Parigi (London), 1584.

Fassung eines Gespräches über die copernicanische Weltansicht, welches Bruno bei Gelegenheit eines Aschermittwoch-Festmahls 1584 im Hause seines edlen Gönners, des französischen Gesandten, wirklich geführt hatte. Die Gäste, die an der Unterhaltung theilnahmen, waren lauter Gelehrte und Edelleute. Bruno hielt eine feurige Lobrede auf Copernicus, der wie ein zweiter Columbus die Ahnungen der alten Griechen durch Berechnung zur Thatsache erhoben und sich nicht gescheut habe, die einmal erkannte Wahrheit, der dummen Menge und dem Strom der herrschenden Meinung zum Trotz, laut zu verkündigen [1]). Bruno ging aber weit über Copernicus hinaus, indem er auch mit dessen letzter Sphäre aufräumte. Bruno setzte an die Stelle derselben zahllose freischwebende Sonnensysteme, sichtbare und unsichtbare Weltkörper jeder Grösse mit organischen Gebilden und Lebewesen in unendlicher Abstufung der Gattungen und Anlagen. Wie überwältigend kühn die Lehre Bruno's von der Unendlichkeit der Welt seinen Zeitgenossen vorkam, geht am überzeugendsten aus dem geheimen Schauder und der Angst hervor, die selbst einen Kepler erfasste, wenn er in des Nolaners Schriften las, dass er in einem unendlichen Raume umherirrte, der gar keine Mitte und keinen bestimmten Ort hatte [2]).

Bruno's neues Weltsystem bezeichnete auch darin einen Fortschritt gegenüber Copernicus, dass es schon die Rotation der Sonne um ihre eigene Achse, sowie die Abweichung der Erde von der reinen Kugelgestalt lehrte. Auch sprach es Bruno bestimmt aus, dass selbst die höchsten Berge nicht den geringsten Einfluss auf die Abweichung von der Kugelgestalt ausübten, sondern verglichen mit den jäh vom Meeresgrund aufsteigenden Festlandsmassen zu völliger Bedeutungslosigkeit herabsänken. Wahre Gebirge im eminentesten Sinne seien nur die grossen Con-

---

1) Cena delle Ceneri (Wagner I, 127): *Con tutto ciò chi potrà a pieno lodar la magnanimità di questo Germano, il quale, avendo poco riguardo a la stolta moltitudine, è stato sì saldo contra il torrente de la contraria fede, e ben che quasi inerme di vive ragioni, ripigliando quelli abbietti, e rugginosi frammenti, ch'ha possuto aver per le mani da l'antichità, li ha ripoliti, accozzati, et risaldati* u. s. w. die ganze Seite entlang.

2) Kepleri Opera T. I, pag. 688; T. VI, pag. 136. Vgl. Sigwart, Kl. Schr., Erste Reihe, Kepler, pag. 194.

tinente, welchen gegenüber die sogenannten Berge verschwindend kleine Erhabenheiten darstellten. So ist nach Bruno ganz Frankreich ein einziger Berg, der, von der Nordsee, dem Biscayischen Meerbusen, von der Rhone und dem Mittelländischen Meere an aufsteigend, seinen Gipfelpunkt in der Auvergne findet. So verhält es sich nach Bruno auch mit England und Schottland, welche zusammen ebenfalls nur einen ungeheuern aus der Meerestiefe emporwachsenden Berg ausmachen [1]).

Von wahrem Erstaunen wird man aber ergriffen, wenn man Bruno's Ideen über die allmälig vor sich gehenden Veränderungen der Erdoberfläche und ihrer Temperaturverhältnisse liest. „Alle diese Veränderungen der Erdoberfläche, sagt Bruno im Aschermittwochsmahle, sehen wir nach und nach vor sich gehen. Auch sind sie deutlich an den Auswaschungen der höchsten und vom Meere entfernten Berge zu beobachten, die, als ob sie noch ganz frisch wären, die Spuren der ungestümen Wogen zeigen. Und man weiss ja aus der Geschichte des Felix Martyr von Nola († nach 312), dass zu seiner Zeit, etwa vor tausend Jahren, das Meer bis an die Mauern der Stadt reichte, wo ein Tempel steht, der jetzt noch den Namen Portus, der Hafen, führt, von welchem weg bis zum Meere gegenwärtig zweitausend Schritte Entfernung sind. Sieht man nicht das Nämliche in der ganzen

---

1) Cena delle Ceneri (Wagner I, 169): *Però per gli altissimi (monti) non intendiamo, come l'Alpe e li Pirenei e simili, ma come la Francia tutta, ch'è tra dui mari, settentrionale Oceano et australe Mediterraneo; da quai mari verso l'Alvernia sempre si va montando, come anco de le Alpe e li Pirenei, che son stati altre volte la testa d'un monte altissimo, la qual, venendo tuttavia fracassata dal tempo, che ne produce in altra parte per la vicissitudine de la rinovazione de le parti de la terra, forma tante montagne particolari, le quali noi chiamiamo monti. Però quanto a certa instanzia, che produsse Nundinio de li monti di Scozia, dove forse lui è stato, mostra, che lui non può capire quello, che s'intende per li altissimi monti; perche secondo la verità tutta questa isola Britannia è un monte, che alza il capo sopra l'onde del mare Oceano, del qual monte la cima si deve comprendere nel loco più eminente de l'isola.* Vgl. dazu die Parallelstelle in Bruno's Commentar zu seinem Gedicht De Immenso, Lib. V, cap. 17, pag. 436. Peschel hält sich in seinen „Neuen Problemen der vergleichenden Erdkunde", pag. 81, für den Entdecker dieses Verhältnisses und Hellwald stimmt ihm in dieser Ansicht bei in seinem Schriftchen Oskar Peschel (1876), pag. 41.

Provence? Zeigen dort nicht alle Steine, die über die Felder hin zerstreut liegen, eine Zeit an, in welcher sie von den Meereswogen hin- und herbewegt worden sind? Hat sich etwa das Klima von Frankreich seit den Zeiten Caesars bis auf uns nur wenig verändert? Damals war auch nicht ein einziger Ort des Landes zur Weincultur geeignet und jetzt versendet es ebenso deliciöse Weine als irgend ein anderes Land der Welt und selbst in seinen nördlichsten Gegenden pflückt man die Früchte der Weingärten [1]). Und in diesem Jahre (1584) noch habe ich Trauben aus den Gärten Londons gegessen, zwar nicht so herrliche wie selbst schlechtere von Frankreich, aber doch immer noch solche, die bestätigen, dass auf englischer Erde niemals ähnliche producirt worden sind. Daraus nun, dass das mittelländische Meer, indem es Frankreich und diejenigen Theile Italiens, die ich mit meinen eigenen Augen gesehen habe, trockner und wärmer lässt, sich allmälig immer mehr zurückzieht, folgt dass, wenn Italien und Frankreich immer wärmer werden und Britannien milder, dass wir alsdann urtheilen dürfen, es veränderten sich die Klimate und zwar in dem Sinne, dass die Kälte sich nach und nach gegen den Nordpol hin vermindere [2])."

---

1) Vgl. Hehn, Culturpflanzen und Hausthiere, pag. 81: Es ist eine merkwürdige Thatsache, dass der Weinstock ganz nahe an der Nordgrenze seiner Verbreitungssphäre, in Gegenden, wo er erst mühsam und allmälig und ganz zuletzt eingebürgert worden, den edelsten Fruchtsaft hervorbringt, der unter den Namen Burgunder, Johannisberger u. s. w. in aller Welt berühmt ist. Vgl. Ebendas. pag. 73.

2) Cena delle Ceneri (Wagner I, 193): *Le quali mutazioni veggiamo farsi a poco a poco, come le già dette, e come ne fan vedere le corrosioni di monti altissimi e lontanissimi dal mare, che, quasi fusser freschi, mostrano li vestigii de l'onde impetuose. E ne consta da l'istoria di Felice Martire Nolano, quali dichiarano al tempo suo, ch'è stato poco più o meno di mill'anni passati, era il mare vicino a le mura de la città, dov'è un tempio, che ritiene il nome di Porto, onde al presente è discosto dodici milia passi. Non si vede il medesmo in tutta la Provenza? Tutte le pietre, che son sparse per li campi, non mostrano un tempo esser state agitate da l'onde? La temperie de la Francia parvi che dal tempo di Cesare al nostro sia cangiata poco? Allora in loco alcuno non era atta a le viti; et ora manda vini così deliziosi, come altre parti del mondo, e da settentrionalissimi terreni di quella si raccogliono li frutti de le vigne. E questo anno ancora (1584) ho mangiate de l'uve de gli orti di Londra, non già così perfette, come de' peggiori di Francia, ma pur tali, quali affermano mai esserne prodotte simili in terra*

Indem Bruno Ideen von solcher Kühnheit und Tragweite verkündigte, verstiess er gegen den Mumiencultus der Oxforder immer rücksichtsloser, sodass es um sein Wirken in dieser Frohnveste freier Wissenschaft nach wenigen Monaten geschehen war. Bruno zog sich wieder nach London zurück, wo er nun die ihm gebotene Mussezeit im Hause seines Gastfreundes vortrefflich ausnutzte. Denn während der zwei Jahre, die er nun im Schutz und Schirm des Herrn von Mauvissière verlebte, schrieb er, mit Ausnahme seines schon in Neapel fertig gewesenen Lustspiels, seine sämmtlichen italienischen Werke, die in der von Wagner besorgten Gesammtausgabe (Leipzig 1830) zwei enggedruckte Octavbände füllen. Ausser dem schon besprochenen „Aschermittwochsmahl" schrieb nämlich Bruno noch folgende Dialoge:

1) Von der Ursache, dem Princip und dem Einen (DELA CAUSA, PRINCIPIO ET UNO [1]).
2) Vom Unendlichen, dem All und den Weltkörpern (DE L'INFINITO, UNIVERSO E MONDI [2]).
3) Austreibung der triumphirenden Bestie (SPACCIO DELA BESTIA TRIONFANTE [3]).
4) Geheimlehre des Pegaseischen Rosses nebst derjenigen des Cyllenischen Esels (CABALA DEL CAVALLA PEGASEO COLL' AGGIUNTA DEL ASINO CILLENICO [4]).

---

inglese. Da questo dunque, che il mare mediterraneo lasciando più secca e calda la Francia e le parti de l'Italia, quali io con li miei ochi ho viste, va inchinando verso la libra, seguita che, venendosi più a più e scaldarsi l'Italia e Francia, e temprarsi la Britannia, doviamo giudicare, che generalmente si mutano li abiti de le regioni con questo che la disposizion fredda si va diminuendo verso l'arctico polo. Man glaubt sich bei der Lectüre dieser Stelle in das Studium von SCHMICKS „Umsetzung der Meere" vertieft!

1) DE LA CAUSA, PRINCIPIO ET UNO. *A l'illus mo signor di Maurissiero.* 8°. Venezia, 1584 (London), 1584.

2) DE L'INFINITO, UNIVERSO E MONDI. *A l'illustrissimo S. di Mauvissiero.* 8°. Venezia (London), 1584.

3) SPACCIO DE LA BESTIA TRIONFANTE, *proposto da Giove, effettuato dal Consiglio, svelato da Mercurio, recitato da Sofia, udito da Saulino, registrato dal Nolano. Diviso in tre dialogi, suddivi in tre parti. Consecrato al molto ill. et eccellentiss. caval. S. Filippo Sidneo.* Parigi (London), 1584.

4) CABALA DEL CAVALLO PEGASEO, *con l'aggiunta* DE L'ASINO CILLENICO. Paris (London), 1584.

5) Vom heroischen Enthusiasmus (DEGLI EROICI FURORI [1]).

Alle diese Dialoge, die mit einer erstaunlichen Leichtigkeit entworfen sind und ihr Thema mit wahrhaft glänzender Beredsamkeit entwickeln, üben, ungleich den Dialogen so mancher andern Philosophen, einen Reiz aus, der von den Dialogen Platons wohl an Feinheit und Anmuth, aber keineswegs an Frische und Ideenfülle übertroffen wird. In diesen, von angebornem, nicht nachgeäfftem Dichtergeiste hingegossenen Weisheitsgesprächen bewährt sich Bruno als ein Classiker, welchem die gesammte italienische Literatur an Originalität der Gedanken wie an dramatischer Lebendigkeit der Darstellung nichts Besseres an die Seite zu stellen hat. Bruno ist unerschöpflich an witzigen, das Gespräch belebenden Einfällen, Sprichwörtern [2]), selbsterlebten Anekdoten und vor allem aus an merkwürdigen Beobachtungen des Natur- und Völkerlebens. Die italienischen Schriften Bruno's sind deshalb auch eine reiche, wiewohl noch völlig unausgebeutete, Quelle für die Culturgeschichte des sechszehnten Jahrhunderts.

In den zwei Dialogen „Von der Ursache, dem Princip und dem Einen“, sowie in dem „Vom Unendlichen, dem All und den Weltkörpern“ entwickelt Bruno seine Weltanschauung ausführlicher als in allen andern Werken. Am systematischsten verfährt er in dem ersten Dialog „Von der Ursache“, dem von Jacobi, Hamann und Schelling so hoch bewunderten Hymnus auf die Einheit des Alls.

Das Universum, sagt Bruno, ist ein Einiges, Unendliches, Unbewegliches. Es ist an und für sich sowohl Form, als Materie, aber der unterschiedslose Abgrund aller Grenzbegriffe. Dem Verhältniss, dem Gleichniss, der Vereinigung und Identität mit dem Unendlichen näherst du dich nicht mehr, indem du Mensch bist, als wenn du Ameise, nicht mehr, wenn du Stern, als wenn du Mensch bist: denn jenem Sein rückst du nicht näher, wenn

1) DE GLI HEROICI FURORI. *Al molto ill. et eccell. Cav. Sign. Fil. Sidneo.* 8°. Parigi appresso Ant. Baio (London), 1585.

2) In den EROICI FURORI (WAGNER II, 415) begegnet wohl die älteste Citation des Sprichwortes: *se non è vero, è ben trovato*, für welches BÜCHMANN in seinen geflügelten Worten, 10. Aufl. 1877, pag. 151 noch keine Quelle anzugeben weiss.

du Sonne oder Mond, als wenn du Mensch oder Ameise bist, und deshalb sind diese Dinge im Unendlichen ununterschieden. In ihm ist die Linie nicht von der Fläche, der Punkt nicht vom Körper, der Mittelpunkt nicht vom Umfang verschieden, das Centrum des Universums ist daher überall [1]).

Was aber keinen Unterschied an ihm hat, das entbehrt auch der Veränderung und wem die Veränderung mangelt, dem fehlt auch die Bewegung, das Bewegungslose wäre aber zugleich das Leblose, Todte, denn das Leben ist ja nichts als die ewig neue Erscheinung des wahrhaft Seienden. Das wahrhaft Seiende, das für unsere Sinnesorgane in die Erscheinung Tretende, die Quelle aller Formen, die gestaltlose Inhaberin aller Gestalten, ist aber die Materie, aus deren Schoosse dieselben entspringen und in welchen sie wieder zurückgenommen werden [2]). Die gestaltenschaffende Ursache aller dieser Formen ist aber die allgemeine, alle Materie durchdringende Vernunft und diese universelle Vernunft ist das innerste, wirklichste und eigenste Vermögen der Weltseele, welche das Universum erleuchtet und die Natur unterweist, ihre Gattungen so, wie sie sein sollen, hervorzubringen. Die Weltseele ist das constitutive Formalprincip des Universums und alles dessen, was es enthält. Wenn nun die Materie die Quelle aller Actualität ist, so ist dagegen die Weltseele die Form aller Dinge, die ordnende und das Zusammengesetzte zur Einheit verbindende Macht, die die Eine und untheilbare Substanz zu unzähligen Formen und Wesen individualisirende Urkraft.

---

1) De la Causa, Dial. V. Ich citire hier überall nach der vortrefflichen Uebersetzung dieses Dialogs durch Ad. Lasson im 151. u. 152. Hefte der Philosophischen Bibliothek von Kirchmann. Der Text nach Wagner und Lasson (Wagner I, 280, 281). *È dunque l'universo uno, infinito; immobile ...... A la proporzione, similitudine, unione et identità de l'infinito non più ti accosti con essere uomo, che formica, una stella, che un uomo, per che a quello essere non più ti avvicini con esser sole, luna, che un uomo, o una formica, e però ne l'infinito queste cose sono indifferenti ...... in quello il punto, la linea, la superficie et il corpo non differisc(o)no ... il contre (non è differente) da la circonferenza .....* pag. 282: *il centro de l'universo è per tutto.*

2) Ebendas., Dial. IV., (Wagner I, 272): *Quella materia, per essere attualmente tutto quel, che può essere, ha tutte le misure, ha tutte le specie di figure e di dimensioni, e per che le have tutte, non ne ha nessuna.*

Alle Veränderungen, die wir an den Dingen wahrnehmen, sind nicht Umwandlungen des Einen zu etwas substantiell Anderm, sondern es sind nur andere Arten, zu sein; alle Formen, die das Eine und untheilbare Sein annimmt, sind desshalb nur Accidenzen. Wenn wir desshalb mit den Naturphilosophen in die Tiefe gehen, und die Logiker mit ihren Einbildungen bei Seite lassen, so finden wir das alles, was Unterschied und Zahl bewirkt, blosses Accidens, blosse Gestalt, blosse Complexion ist [1]). Die Veränderung bezieht sich immer nur auf die Form, niemals auf die Substanz der Dinge, deren scheinbare Verschiedenartigkeit immer wieder in eine vollkommene Einheit einmündet. Diejenigen Philosophen haben ihre Freundin, die Weisheit, gefunden, welche diese Einheit gefunden haben. Weisheit, Wahrheit und Einheit sind durchaus Eins und Dasselbe [2]).

Da nun das Universum in allen Theilen, das Eine in Allem ist, so umfasst jedes Ding, das wir im Universum ergreifen, weil es das, was Alles in Allem ist, in sich hat, in seiner Art die ganze Weltseele, obschon nicht gänzlich, sondern eben nur in einer bestimmten Modification [3]). Alles daher, was Verschiedenheit von Gattungen, Arten, was Unterschiede, Eigenthümlichkeiten bewirkt, alles was im Entstehen und Vergehen, in Veränderung und Wechsel existirt, ist nicht Wesen, nicht Sein, sondern Umstand und Bestimmung am Wesen und Sein; dieses aber ist ein einiges, unendliches, unbewegliches Substrat, Materie, Leben, Seele, Wahres und Gutes [4]). Das was in den Dingen

---

1) Ebendas., pag. 282: *non è mutazione, che cerca altro essere, ma altro modo di essere . . . . . Però, profondamente considerando con li filosofi naturali, lasciando i logici ne le lor fantasie, troviamo che tutto lo che fa differenza e numero, è puro accidente, è pura figura, è pura complessione.*

2) Ebendas., pag. 283: *Quelli filosofi hanno ritrovata la sua amica Sofia, li quali hanno ritrovata questa unità. Medesima cosa a fatto è la sofia, la verità, la unità.*

3) Ebendas., pag. 283: *Ogni cosa, che prendemo ne l'universo, per che ha in sè quello, ch' è tutto per tutto, comprende in suo modo tutta l'anima del mondo, ben che non totalmente.*

4) Ebendas., pag. 284: *Però tutto quello, che fa diversità di geni, di specie, differenze, proprietade, tutto, che consiste ne la generazione, corruzione alterazione e cangiamento, non è ente, non è essere, ma condizione e circostanza d'ente e d'essere, il quale è uno, infinito, immobile, soggetto, materia, vita, anima, vero e buono.*

die Vielheit ausmacht, ist nicht das Wesen, nicht die Sache selber, sondern nur Erscheinung, die sich den Sinnen darstellt und zwar auch nur an der Oberfläche der Sache. Die Entfaltung des Einen zum Besondern und die Rückkehr des Besondern in dieses Eine Allgemeine verfolgen denselben Weg [1]). Es ist eine und dieselbe Stufenleiter, auf welcher die Natur zur Hervorbringung der Dinge herabsteigt, und auf welcher die Vernunft zur Erkenntniss derselben emporsteigt, beide gehen von der Einheit aus zur Einheit hin, indem sie durch die Vielheit der Mittelglieder sich hindurchbewegen [2]). Wenn nun jede Intelligenz nur ein Theil der Urintelligenz, jeder Organismus nur ein Abbild des Weltorganismus ist, so gestaltet sich das Reich der Intelligenzen zu einer Stufenleiter. Die niedern Intelligenzen können eine Vielheit von Dingen nur vermittelst vieler Vorstellungen, Gleichnisse und Formen auffassen; die höheren verstehen sie schon besser vermittelst einer geringen Anzahl; die höchsten verstehen sie vollkommen vermittelst der allergeringsten Anzahl; die Urintelligenz versteht das Ganze aufs vollkommenste in Einer Anschauung; der göttliche Verstand und die absolute Einheit ist ohne irgend eine Vorstellung, das was versteht und das was verstanden wird, in einem zugleich [3]).

Nun ist aber Substanz und Sein von der Quantität gesondert und unabhängig, demzufolge sind Maass und Zahl nicht Substanz, sondern a n der Substanz, nicht Wesen, sondern a m Wesen [4]). Alle Artunterschiede im Reiche des Organischen sind

---

1) Ebendas., pag. 285: *E quello, che fa la moltitudine ne le cose, non è lo ente, non è la cosa, ma quel che appare, che si rappresenta al senso, et è ne la superficie de la cosa.*

2) Ebendas., pag. 285: *Prima dunque voglio, che notiate, essere una e medesima scala, per la quale la natura discende a la produzion de le cose, e l'intelletto ascende a la cognizion di quelle, e che l'uno e l'altra da l'unità procede à l'unità, passando per la moltitudine di mezzi.*

3) Ebendas., pag. 287: *Quindi è il grado de le intelligenze; per che le inferiori non possono intendere molte cose, se non con molte specie, similitudini e forme; le superiori intendeno migliormente con poche; le altissime con pochissime perfettamente. La prima intelligenza in una idea perfettisimamente comprende il tutto; la divina mente, e la unità assoluta senza specie alcuna è ella medesimo lo che intende, e lo ch' è inteso.*

4) Ebendas., pag. 288: . . . *essendo la sustanza et essere distinto et asso-*

nur Unterschiede der Accidenzien, dasselbe gilt auch vom Reiche der Mathematik. Jede Zahl, die gerade, wie die ungerade, geht auf die Einheit, als ihre Quelle zurück [1]). Und gerade so verhält es sich mit den geometrischen Figuren. Was ist der geraden Linie unähnlicher als der Kreis? was dem Geraden entgegengesetzter als das Krumme? Dennoch stimmen sie im Princip und im kleinsten Theile überein. Denn welcher Unterschied, bemerkte schon der Cardinal von Cusa, liesse sich zwischen dem kleinsten Bogen und der kleinsten Sehne entdecken? Ferner im Grössten: welcher Unterschied liesse sich zwischen dem unendlichen Kreise und der geraden Linie finden? Seht ihr nicht, wie der Kreis, je grösser er ist, sich um so mehr mit seinem Bogen der Geradlinigkeit nähert [2]). So treffen denn zuletzt das Grösste wie das Kleinste in Einem Sein zusammen, so fallen zuletzt im Grössten und im Kleinsten die Gegensätze ununterschieden zusammen [3]). Dies stellt sich am klarsten an der Figur des Dreiecks dar. Denn die Summe der Winkel des grössten Dreiecks ist nicht grösser als die Summe der Winkel des kleinsten Dreiecks. Dieses ist auch ein sehr fassliches Gleichniss dafür, wie die eine unendliche Substanz in allen Dingen ganz sein kann, obgleich in der einen auf endliche, in der andern auf unendliche Weise, in diesem nach geringerem,

---

luto da la quantità, e per conseguenza la misura e numero non è sustanza, ma circa la sustanza, non ente, ma cosa di ente, ...

1) Ebendas., pag. 288: *ogni numero, tanto pare, quanto impare, tanto infinito, quanto finito, si riduce a l'unità . . . .*

2) Ebendas., pag. 288: *Or quanto a' segni, ditemi che cosa è più dissimile a la linea retta, che il circolo? Che cosa è più contraria al retto, che il curvo? Pure nel principio e minimo concordano; atteso che, come divinamente notò il Cusano, inventor dei più bei secreti di geometria, qual differenza trovarai tu tra il minimo arco, e la minima corda? Oltre nel massimo, che differenza trovarai tra il circolo infinito a la linea retta? Non vedete, come il circolo, quanto è più grande, tanto più con il suo arco si va approssimando a la rettitudine?*

3) Ebendas., pag. 290: *Quindi per similitudine molto espressa si vede, come l'una infinita sustanza può essere in tutte le cose tutta, ben che in altri finita —, in altri infinitamente, in questi con minore, in quelli con maggior misura. Giongi a questo, per veder oltre, che in questo uno et infinito li contrarj concordano, che lo angolo acuto et ottuso sono dui contrarj, i quali non vedi qualmente nascono da uno individuo e medesimo principio, cioè da una inclinazione, che fa la linea perpendicolare M, che si congionge a la linea iacente BD, nel punto C etc.?*

in jenem nach grösserem Massstabe. Ebenso leuchtet am Dreieck ein, wie die Gegensätze in dem Einen und Unendlichen zusammenfallen. Der spitze und der stumpfe Winkel sind solche Gegensätze und doch entstehen beide aus dem Einen Princip, nämlich aus der Neigung des Perpendikels gegen eine andere Linie, die es schneidet. Je nachdem sich das Perpendikel um den Einen Punkt einer Linie dreht, entstehen entweder zwei rechte Winkel, oder ein spitzer und ein stumpfer. Geht die Drehung weiter, so erreicht schliesslich das Perpendikel einen Grad der Neigung, in welchem der spitze und der stumpfe Winkel wieder zusammenfallen. So ist denn ein entgegengesetztes Princip des Andern und die Veränderungen bilden desshalb einen Kreislauf nur dadurch, dass es nur Ein Substrat, Ein Princip, Ein Ziel, Eine Fortentwickelung und Eine Wiedervereinigung beider giebt. So verwischt sich auch der Gegensatz zwischen Kälte und Wärme, zwischen Entstehen und Vergehen, zwischen Leben und Tod, indem regelmässig das eine nur den Uebergangspunkt zum andern bildet. So ist in letzter Linie auch kein Unterschied zwischen Liebe und Hass: denn Liebe ist eine Art des Hasses, Hass endlich ist eine Art der Liebe. Hass gegen das Widrige ist Liebe zum Zusagenden; die Liebe zu diesem ist der Hass gegen jenes. Der Substanz und Wurzel nach ist also Liebe und Hass, Freundschaft und Streit eins und dasselbe. Wer also die tiefsten Geheimnisse der Natur ergründen will, der sehe auf die Minima und Maxima am Entgegengesetzten und Widerstreitenden und fasse diese ins Auge[1]). Und gebe es auch noch so unzählige Individuen, zuletzt ist alles eins, und das Erkennen dieser Einheit bildet Ziel und Grenze aller Philosophie und aller Naturbetrachtung[2]). Das höchste

---

1) Ebendas., pag. 291: *Onde avviene, che un contrario è principio de l'altro, e che però le trasmutazioni non son circolari, ne non per essere un soggetto, un principio, un termine, et una continuazione et un concorso de l'uno e l'altro; il minimo caldo et il minimo freddo son tutto uno; .... chi non vede, uno essere il principio de la corruzione e generazione? L'ultimo del corrotto non e principio del generato? .... In sustanza dunque e radice è una medesima cosa amore et odio, amicizia e lite'..... Chi vuol sapere li massimi secreti di natura, riguardi e contemple circa li minimi e massimi de li contrarj et oppositi!*

2) Ebendas., pag. 275: *al fine, dato, che sieno innumerabili individui,*

Gut, der höchste Gegenstand des Begehrens, die höchste Vollkommenheit, die höchste Glückseligkeit besteht also in der Einheit, welche alles in sich schliesst[1]).

Es verlangt nun auch die „Austreibung der triumphirenden Bestie" eine kurze Charakteristik. Es ist dieses eine der allermerkwürdigsten Schriften der ganzen Weltliteratur. Sie enthält Bruno's Religionsphilosophie in Form eines komischen Heldenromans[2]), der sich wiederum meist in Dialogen bewegt. In allegorischer Weise lässt Bruno den Vater der Götter und Menschen, den Jupiter, es bedauern, den Himmel mit allerlei Thieren bevölkert zu haben, welche die Zeichen des Thierkreises repräsentiren. Der Götter würdiger sei es, die garstigen Thiere zu vertreiben und an deren Stelle die Tugenden einzusetzen. Und nun müssen die allegorischen Thiere, die Laster, den Tugenden den Platz räumen. Bei dieser Gelegenheit kommt die Götterversammlung, angeregt durch die fortgesetzten Anklagen des Momus, in welchem sich allegorisch die ihrer selbst bewusst gewordene Vernunft, das Gewissen der Menschheit[3]) darstellt, auf alle möglichen Fragen aus der Religionsgeschichte, aus der Metaphysik und Ethik, insbesondere aber auch aus der Culturgeschichte zu sprechen. Das Werk ist überreich an glänzenden Einsichten in die vergleichende Religionsgeschichte. Bruno zieht alle zu seiner Zeit bekannten Religionen vor den Richterstuhl der Vernunftreligion, der Philosophie, findet aber, dass weder das Judenthum, noch das Christenthum, weder Muhamedanismus noch das Heidenthum dem Ideal der Vernunftreligion entsprechen, wiewohl ihm der Hellenismus den Vorzug vor allen andern positiven Religionen zu verdienen scheint. „Die Gesetze, Verordnungen, Culte, Opfer und Ceremonien," seufzt Jupiter, „die ich einst durch meine Boten, die Mercure, erlassen, befohlen und ange-

---

ogni cosa è uno, et il conoscere questa unità è il scopo e termine di tutte le filosofie e contemplazioni naturali.

1) Ebendas., pag. 292: *Il sommo bene, il sommo appetibile, la somma perfezione, la somma beatitudine, consiste ne l'unità, che complica il tutto.*

2) Berti, Vita di Bruno, pag. 181: *È un poema ariostesco in prosa, è un romanzo cavalleresco filosofico.*

3) Spaccio d. b. tr. (Wagner II, 114): . . . . *esercita l'atto del raziocinio de l'interno consiglio.*

ordnet habe, sind gebrochen und aufgehoben, an ihrer Stelle finden sich jetzt die garstigsten und unwürdigsten Bübereien, die jene Blinde nur irgendwie auszuhecken vermag und zwar mit dem Erfolg, dass, wie durch uns die Menschen zu Halbgöttern wurden, sie nun schlechter als Bestien werden [1])." Aber Jupiter geht in sich und findet, dass die Verkommenheit, die in seinem einst so entzückend schönen Reiche geherrscht hatte, nicht ohne die Schuld der Götter hereingebrochen sei. „Durch die Verkettung unserer Irrthümer sind wir in Banden gerathen, durch die Hand der Gerechtigkeit lasst uns aus denselben befreien! Aus der traurigen Lage, in welche uns unser Leichtsinn gestürzt hat, möge uns unser Ernst wieder emporrichten! Bekehren wir uns zur Gerechtigkeit, denn in demselben Masse, in welchem wir uns von dieser entfernt haben, haben wir uns auch uns selbst entfremdet, derart, dass wir nicht mehr Götter, nicht mehr wir selber sind. Kehren wir also zu jener zurück, wenn wir zu uns selber zurückkehren wollen [2]). Bereiten wir uns zuerst, sage ich, im Himmel vor, der in geistiger Form inwendig in uns ist, und dann in diesem der Sinneswahrnehmung zugänglichen, der sich unsern Augen darbietet! Vertreiben wir aus dem Himmel unseres Gemüthes die Bärin der Ungeschlachtheit, den Pfeil der Verkleinerungssucht, das Fohlen des Leichtsinns, den Hund der Kläfferei, das Hündlein der Kriecherei! [3])... Wenn wir den Staat ändern wollen, wohlan, so ändern wir

1) Spaccio della bestia trionfante (Wagner II, 129): *Le leggi, statuti, culti, sacrificj e cerimonie, ch' io già per li miei Mercurj ho donati, ordinati, comandati et instituiti, son cassi et annulati, et in vece loro si trovano le più sporche et indignissime poltronarie, che possa giammai questa cieca altrimente fingere, a fine che, come per noi gli uomini doventavano eroi, adesso dovegnano peggio che bestie.*

2) Ebendas., pag. 139: *Per la catena de gli errori siamo avvinti; per la mano de la giustizia ne disciogliamo! Dove la nostra levità ne ha deprimuti, indi bisogna, che la gravità ne inalze. Convertiamoci a la giustizia, da la quale essendo noi allontanati, siamo allontanati da noi stessi; di sorte, che non siamo più dei, non siamo più noi. Ritorniamo dunque a quella, se vogliamo ritornare a noi!*

3) Ebendas., pag. 140: *Disponiamoci, dico, prima nel cielo, che intellettualmente è dentro di noi, e poi in questo sensibile, che corporalmente si presenta a gli occhi! Togliamo via dal cielo de l'animo nostro l'Orsa de la difformità, la Saetta de la detrazione, l'Equicolo de la leggerezza, il Cane de la murmurazione, la Canicula de l'adulazione! etc.*

zuerst unsere Sitten! Wenn wir wollen, dass **dieser** gut sei und noch besser werde, so mögen zuerst diese gut und dann immer noch besser werden. Reinigen wir zuerst unser Inneres und dann wird es nicht schwer fallen, aus der Aufklärung und Information dieser innern Welt zu einer Aufklärung und Reformation dieser äussern, sinnlich wahrnehmbaren Welt zu schreiten [1])."

Höchst interessant ist Bruno's Kritik der Religion der Aegypter [2]), deren Naturdienst ihm nahezu als das Urbild echt menschlicher Gottesverehrung erscheint. Die Aegypter sind ihm nicht allein die Inhaber der Urcultur, sondern auch die Lehrer der andern Culturvölker, als der Griechen und Römer, sowie der Juden. Die Aegypter verehrten Pflanzen und Thiere nicht als solche, nicht als pure Naturgegenstände, sondern vielmehr als leibhaftige Symbole der durch die ganze Natur hin wirkenden Gottheit, die sich durch zahllose Wohlthaten, welche das Meer, die Flüsse, der Boden und die Luft spendet, der Menschen Liebe erwirbt. Nur in diesem Sinne ist es nach Bruno zu verstehen, wenn sogar Krokodille, Hähne, Zwiebeln und Rüben verehrt wurden [3]), man verehrte eben in Wahrheit nicht diese, sondern die ihnen inwohnende Gottheit. Das Unglück der Menschheit begann mit der Verkehrung dieses gotterfüllten Naturdienstes in den abgeschmacktesten Götzendienst der Eselsverehrung. Und diesen Fluch mit allen seinen unseligen Folgen über die Menschheit gebracht zu haben, ist die Schuld jenes Abschaums der Menschheit, des Judenvolkes [4])! Die Juden nahmen zwar den ägyptischen Cultus an, aber, unfähig denselben nach seiner wahren, ideellen Bedeutung zu erfassen, verkehrten

---

1) Ebendas., pag. 141: *Se vogliamo mutar stato, cangiamo, cangiamo costumi: Se vogliamo, che quello sia buono e migliore, questi non sieno simili o peggiori. Purghiamo l'interiore affetto, atteso che da l'informazione di questo mondo interno non sarà difficile di far progresso a la riformazione di questo sensibile et esterno.*

2) Spaccio d. b. tr. (Wagner II, 228): .... *magico e divino culto de gli Egizj, li quali in tutte le cose, e in tutti gli effetti secondo le proprie ragioni di ciascuno contemplano la divinità,* ....

3) Ebendas., pag. 227: .... *mai furono adorati crocodilli, galli, cipolle e rape, ma li dei e la divinità in crocodilli, galli et altri,* ....

4) Ebendas., pag. 197: .... *i Giudei,* .... *una generazione tanto pestilente, leprosa e generalmente perniziosa, che merita prima esser spinta che nata.*

sie denselben in einen, jeder Idee baaren, Fetischismus. Oder, fragt Bruno, war es etwa nicht Rückfall in ägyptischen, wenn auch schmählich carikirten, Naturdienst, wenn die Juden, nachdem sie als aussätzige Bande in die Wüste vertrieben worden waren, wieder darauf verfielen, ihre Kniee vor einem goldenen Kalbe zu beugen oder die Hände zu einer bronzenen Schlange zu erheben? Und nennen sich diejenigen, welche den Judengott noch heutzutage verehren, etwa nicht wohlgefällig sein Vieh, seinen Schafstall, seine Herde? Verehren sie etwa nicht Bären, Wölfe, Schlangen, Pferde, Ochsen und Esel? Ja, sind sie nicht so weit heruntergekommen, dass sie gar nicht einmal mehr ganze, lebendige Thiere, sondern einzelne todte Glieder derselben anbeten, als: ein Bein, einen Schädel, ein Paar Hörner, einen Schwanz oder eine Sehne? Ist es also nicht ein Zeichen der Stupidität und des Wahnsinns, wenn die Götzenverehrer sich über den Tiefsinn der ägyptischen Naturreligion lustig machen wollen, über einen Cultus, welcher sich wohlbewusst war, dass die Gottheit zwar an und für sich einfach und absolut, aber vielgestaltet und als der Quell aller Formen in den Dingen wohne, während doch sie, die Fetischanbeter, die Bestien als Bestien verehren, ja, noch viel schlimmeres als Bestien? Erst die Verbreitung dieses ideenlosen Fetischismus hat die Menschheit an den Rand des Abgrunds gebracht, sodass nun an der Stelle der Wissenschaft die crasse Ignoranz und statt der Gerechtigkeit die Barbarei und der Fanatismus herrschen [1]). Daher auch, meint Bruno, komme es, dass in seinem Vaterlande Italien der hirnwüthigste Aberglaube seine Triumphe feire und jede Spur von Treue und Glauben ausgerottet habe. „Sehet,“ lässt er Minerva ausrufen, „sehet, wie tief die Welt heruntergekommen ist, seit es zur Gewohnheit und zum Sprichwort geworden, man bedürfe zum Regieren weder Treu noch Glauben, ebenso brauche man den Ungläubigen und Ketzern weder Treu noch Glauben zu halten, nach dem Satze: wer vom Glauben abfällt, hat kein Recht auf Treu und Glauben. Wohin soll es nun führen, wenn das zur allgemeinen Praxis wird? Was soll aus der Welt noch

---

1) Spaccio d. b. tr. (Wagner II, pag. 226—232). Vgl. weiter unten den Abschnitt: Bruno's Religionsphilosophie.

werden, wenn alle Republiken, Königreiche, Herrschaften, Familien und Privatleute einmal sagen werden, man müsse heilig sein mit den Heiligen und ruchlos mit den Ruchlosen — und wenn sie sich für entschuldigt halten, Verbrecher zu sein, weil sie ja Verbrecher zu Genossen oder zu Nachbarn haben —, ferner, wenn einmal allgemein der Grundsatz angenommen wird, man brauche sich durchaus nicht Mühe zu geben, edel und gut zu sein, gleich als ob wir Götter wären, sondern man dürfe das getrost der Bequemlichkeit und guten Gelegenheit überlassen, gleich als wären wir Schlangen, Wölfe, Bären und Gifte[1])?"

Die „Austreibung der triumphirenden Bestie" ist zwar eine Satire auf die in Lastern aller Art verkommene Renaissance[2]); da aber die Kirche der die Moral derselben bestimmende Faktor ist, so gestaltet sich diese Satire auf das Zeitalter zugleich zu einem Verdammungsurtheil für das römische Papstthum. Kein Wunder, wenn ihm dann in der Folgezeit die Paladine des Papstthums, wie z. B. der Ueberläufer Caspar Scioppius, die Herausgabe dieses Werkes als ganz besondern Beweis seiner Feindseligkeit gegen Papst, Kirche und Religion anrechneten[3]).

---

1) Spaccio d. b. tr. (Wagner II, 217): „*Vedete, a che è ridutto il mondo, per esser messo in consuetudine e proverbio, che per regnare non si osserva fede; oltre: a gl'infideli et eretici non si osserva fede; a presso: si franga la fede a chi la rompe! Or che sarà, se questo si mette in pratica da tutti? A che verrà il mondo, se tutte le republiche, regnj, dominj, famiglie e particolari diranno, che si deve esser santo col santo, perverso col perverso, e si faranno iscusati d'esser scellerati, per che hanno il scellerato per compagno o vicino, e che non doviamo forzarci ad esser buoni assolutamente, come fussimo dei, ma per comoditade et occasione, come li serpenti, lupi et orsi, tossichi e veneni?*"

2) Spaccio d. b. tr. (Wagner, II, 114): *Allora si dà spaccio alla bestia trionfante, cioè ai vizj, che predominano, e sogliono conculcar la parte divina* ... Die Ansicht, das Werk sei unmittelbar gegen den Papst gerichtet, kam gleich nach dem Erscheinen des Büchelchens auf. Scioppius berichtet in seinem berüchtigten Briefe an Rittershausen (bei Berti, Vita di G. Bruno, pag. 399): *Postea Londinum profectus, libellum isthic edit de Bestia triumphante, h. e. de papa, quem vestri honoris caussa bestiam appellare solent.*

3) Leibnitz sagt (Opera omnia ed. Dutens, T. V, pag. 50) in seinen Remarques sur un petit livre trad. de l'Anglais, intitulé: Lettre sur l'Enthousiasme mit Recht: „*Les railleurs en matière de Religion passent dans l'esprit de ceux qu'on raille, non seulement pour ennemis de la Religion raillée, mais encore pour ennemis de toute Religion, et en un mot des impies.*

Beissender Spott und vernichtender Hohn verbinden sich in diesem wunderbaren Prosagedicht mit einer heroischen Begeisterung für die ewigen Ideale der Menschheit und einer jugendlichen Ueberzeugung von dem endlichen Sieg des Rechten und Guten. An speculativem Gehalt und an Ideenfülle überragt dieses Werk alle andern Schriften Bruno's um Haupteslänge [1]).

Innerlichst mit der „Austreibung der triumphirenden Bestie" verwandt, womöglich aber die ätzende Ironie gegen die traditionelle Kirchenlehre noch verschärfend, ist Bruno's gleichzeitige Schrift: Geheimlehre des Pegaseischen Rosses nebst derjenigen des Cyllenischen Esels (CABALA DEL CABALLO PEGASEO COLL' AGGIUNTA DE L'ASINO CILLENICO). Bruno widmet dieselbe in einer von köstlichem Humor und schneidendem Hohn strotzenden Dedicationsepistel dem vorgeblichen Bischof von Casamarciano, wir würden sagen: Schilda. Mit grossem Aufwande von biblischer und rabbinischer Gelehrsamkeit hält Bruno eine ironische Lobrede auf die „Asinitas", die Eselheit, das Eselthum, um welche ihn Voltaire beneiden würde. Da erzählt z. B. ein Mensch, Namens Onorio, der „Ehrenmann", er erinnere sich seiner Seelenwanderungen noch gar wohl: er sei ursprünglich ein Esel gewesen, dann sei er Hippogryph geworden, später habe er als Aristoteles ein philosophisches System gegründet, aber alles in allem genommen, habe er sich doch immer am wohlsten als Esel befunden. Zum Schlusse der Satire hält der Autor noch eine begeisterte Anrede an die Menschheit: „So strengt euch denn an, ja, strengt euch doch an, Esel zu sein, o ihr, die ihr Menschen seid. Und ihr, die ihr Esel schon seid, müht euch, sorgt und thut euer mögliches, vom Guten fortwährend zum Bessern zu gelangen, damit ihr endlich jenes Ziel, jene Würde erreichet, welche nicht durch Wissenschaften und Werke, wenn auch noch so grosse, sondern allein durch den Glauben erworben wird und um welche man nicht durch Unwissenheit und Missethaten, wenn auch noch so grosse, sondern allein durch den Unglauben, wie sie dem Apostel gemäss sagen,

---

1) Die Originalausgabe des SPACCIO ist eine der grössten antiquarischen Raritäten und wird nach BRUNET's Manuel du libraire, T. 1 (1860), pag. 1297 zusammen mit den EROICI FURORI mit über Fr. 500 bezahlt, ist aber schon um Fr. 1132 erstanden worden (BARTHOLMÈSS, Bruno II, 70, Anm. 1).

kommt. Wenn ihr euch so anlassen, wenn ihr solche sein und euch so benehmen werdet, so werdet ihr euch ins Buch des Lebens eingetragen finden, werdet ihr die Gnade schon hienieden in der Ecclesia militans und den Ruhm droben in der Ecclesia triumphans finden, in welcher da lebt und regiert jetzt und in alle Ewigkeit Gott. Amen[1])!" In einem Sonett, welches die denkfaule Mönchsfrömmelei persiflirt, die für die wissenschaftliche Forschung nur Verachtung kennt und alles von der persönlichen Offenbarung Gottes erwartet, stellt sich der Charakter dieses Werkes wohl am deutlichsten dar. Bruno betitelt dieses Sonett:

Lob des Eselthums.

O Eselheit, du Heil'ge sonder Gleichen,
Du liebst in Frömmelei'n dich zu entfalten
Und weisst mit Seelen so geschickt zu schalten,
Dass Sinn und Geist sie nimmermehr erweichen.

O heil'ge Ignorantia, deiner reichen
Genügsamkeit droh'n keine Schreckgestalten,
Wie Kunst und Wissen, die ja doch veralten
In der Betrachtung ferner Himmelszeichen.

Was gilt dem Vorwitz doch: zu wissen streben,
Wie die Natur schafft und ob sich Gestirne
Auch schon aus Erde, Wasser, Feu'r ergeben?

Dergleichen furcht den Heil'gen nicht die Stirne:
Sie bleiben auf den Knie'n am Staube kleben,
Die Ankunft Gottes in dem Eselshirne[2])!

---

1) Cabala del Cav. Pegaseo (Wagner II, 264): *Forzatevi, forzatevi dunque ad esser asini, o voi che siete uomini! E voi che siete già asini, studiate, procurate, adattatevi a proceder sempre da bene in meglio, a fin che perveniate a quel termine, a quella dignità, la quale non per scienze et opre, quantunque grandi, ma per fede s'aquista; non per ignoranza e misfatti, quantunque enormi, ma per la incredulità, come dicono secondo l'apostolo, si perde. Se così vi disporrete, se tali sarete, e talmente vi governarete, vi trovarete scritti nel libro della vita, impetrarete la grazia in questa militante, et otterete la gloria in quella trionfante ecclesia, ne la quale vive e regna dio per tutti secoli de' secoli. Così sia!*

2) Cabala del cav. Peg. (Wagner II, pag. 257):

Sonetto in lode de l'Asino.

O sant' asinità, sant' ignoranza,
Santa stoltizia, e pia devozione,
Qual sola puoi far l'anime si buone,
Ch'uman ingegno e studio non l'avanza.

Im „Heroischen Enthusiasmus" (DEGLI EROICI FURORI) feiert Bruno den magischen Zug des Herzens nach dem Ideal der Schönheit; der Schönheit sowohl der sinnlichen Erscheinung, wie des geistig Hohen und Edeln. Durch den Reiz der sinnlichen Erscheinung, wie ihn insbesondere die Kunst bietet, werden wir aus dem engen Bereich unseres Ichs hinausgehoben in die freien Gefilde selbstloser Bewunderung des Ideals und indem wir uns mit diesem Ideal erfüllen, ergreift uns der Enthusiasmus, dasselbe handelnd darzustellen. So werden wir durch das Schöne zum Wahren und Guten hingeleitet [1]). Der „Heroische Enthusiasmus", seiner ganzen Anlage nach Schillers „Briefen über die ästhetische Erziehung des Menschen" verwandt, bildet Bruno's Ethik. Das ganze Werk besteht aus 71 Sonetten und 3 Canzonen, in welchen Bruno seine glühende Liebe bekennt, nicht zu einer irdischen Schönheit, obwohl er auch für diese nicht unempfänglich war, sondern vielmehr zur Quelle aller Schönheit, Wahrheit und Güte. Diese zum Theil etwas dunkeln Sonette erhalten dann ihre Erklärung in unmittelbar je auf ein Sonett folgenden Dialogen über deren Inhalt. Bruno bewährt sich in diesem Werke auch als ideenreicher und empfindungstiefer Lyriker. Seine Sonette übertreffen an Bilderfülle, Gedankenhoheit und Gefühlsinnigkeit die Sonette Petrarca's bei

---

Non gionge faticosa vigilanza
D'arte, qualunque sia, o invenzione,
Ne' di sofossi contemplazione
Al ciel, dove t'edifichi la stanza.

Che vi val, curiosi, il studiare,
Voler saper quel che fa la natura,
Se gli astri son pur terra, fuoco e mare?

La sant' asinita di ciò non cura,
Ma con man gionte e 'n ginocchion vuol stare
Aspettando da Dio la sua ventura.

1) Bruno's Ueberzeugung von der erziehenden Macht des sinnlich Schönen, das stufenweise die Lust am sittlich Schönen zu wecken vermag ist ganz platonisch, sogar neuplatonisch. Plotin beschreibt diese Stufen nach Plato's Gastmahl und der Republik. Vgl. ZELLER, Gesch. d. Phil. d. Griechen 3, Th. III, Abth. I, 2. Hälfte, pag. 601. Sehr schön, gewissermassen der Schlüssel des Verständnisses zu den „EROICI FURORI" ist der Satz (WAGNER II, 340): *l'amore trasforma e converte ne la cosa amata.*

weitem, wenn sie auch nicht deren Formenglätte erreichen. Sie vergleichen sich ungesucht mit den Sonetten seines grossen Zeitgenossen Shakespeare. Ein Beispiel:

Der Eichbaum.

Uralter Eichbaum, in den Lüften droben
Rauscht deine Kron' und deine Wurzeln dringen
Tief in der Erde Schooss: o dich bezwingen
Erdbeben nicht und nicht der Stürme Toben.

Und will der Starrfrost seine Macht erproben,
So lässt du wohlgemuth ihn mit dir ringen;
O du mein Ebenbild in allen Dingen:
Noch jede Unbild ist an dir zerstoben!

Du hältst dich immer auf demselben Grunde
Und kennest nie ein Weichen oder Wanken:
Du streckst als eine Hand zu Freundesbunde

Dankbare Wurzeln in der Erde Flanken:
Auf Ein Ziel richten sich zu jeder Stunde
Auch alle meine Sinne und Gedanken [1]).

Ein Mann, wie Bruno, der innerhalb zweier Jahre diese Fülle poetisch-philosophischer Kunstwerke zu produciren vermochte, musste nothwendig die Aufmerksamkeit der Edelsten und Besten auf sich lenken. Und so finden wir ihn denn im

---

1) Degli eroici furori (Wagner II, 366):

Annosa quercia, che li rami spandi
A l'aria, e fermi le radici 'n terra;
Nè terra smossa, nè gli spirti grandi,
Che da l'aspro Aquilon il ciel disserra,

Nè quanto fia, ch'il vern' orrido mandi,
Dal luogo ove stai salda, mai ti sferra;
Mostri de la mia fè ritratto vero,
Qual smossa mai strani accidenti fero.

Tu medesmo terreno
Mai sempre abbracci, fai colto, e comprendi,
E di lui per le viscere distendi.

Radici grate al generoso seno:
Jo ad un sol oggetto
Ho fisso il spirto, il senso e l'intelletto.

Umgang mit den ersten Würdenträgern und fremden Gesandten, als da waren: Lord Walsingham, Grosssekretär des königlichen Rathes, Robert Dudley, Graf von Leicester, bekannt aus Schillers Maria Stuart, Lord Burleigh, Grossschatzmeister des Königreichs. Aber Bruno's Herzensfreund, an dem er mit schwärmerischer Liebe hing und dem er desshalb auch seine geistvollsten und schönsten Werke, die „Austreibung der triumphirenden Bestie" und den „Heroischen Enthusiasmus" widmete, war Philipp Sidney, der geniale Staatsmann, Dichter und Schriftsteller, welcher, „zugleich ein Sänger und ein Held", den 16. Oct. 1586, erst 32 Jahre alt, in der Schlacht von Zutphen für die Unabhängigkeit der Niederlande und die Sache des Protestantismus fiel [1]). Neben diesen englischen Notabilitäten verkehrte Bruno viel mit Bernardino Mendoça, dem Gesandten König Philipps II. von Spanien. Durch seinen Gastfreund, den französischen Gesandten Castelnau, wurde Bruno auch bei der Königin Elisabeth eingeführt und der geistesgewandte Nolaner wusste sich bei derselben bald so vortheilhaft zu empfehlen, dass sie ihm die Vergünstigung zu Theil werden liess, jederzeit frei bei ihr eintreten zu dürfen. Königin Elisabeth sprach das Italienische fliessend und machte durch ihre geistvolle Unterhaltung auf Bruno's dankbares Gemüth einen derartigen Eindruck, dass dieser sie stets in den überschwänglichsten Ausdrücken schriftstellerisch verherrlicht [2]). London und der Freundeskreis, der sich in Castelnau's Familie zusammenfand, war des Dichterphilosophen Paradies ge-

---

1) „Ihm, dem so hellen Geiste, mag sich die Philosophie nackt zeigen *(la filosofia si mostre ignuda ad un si terso ingegno)*," sagt Bruno zur Kennzeichnung seiner Eroici furori (Wagner II, 311). Bartholmess, Vie de Bruno, T. I, pag. 112—115 beendet seine Charakteristik Sidney's mit den Worten: *Sidney devint en quelque sorte le favori de l'histoire anglaise, le dernier chevalier, le Bayard de la Grande-Bretagne.*

2) Vgl. z. B. Eroici furori (Wagner II, 303): die englischen Frauen, sagt Bruno, *non son femine, non son donne, ma in similitudine di quelle son ninfe, son dive, son di sostanza celeste, tra le quali è lecito di contemplar quell' unica Diana, che in questo numero e proposito non voglio nominare.* Aber alle diese Lobeserhebungen erscheinen noch schwach gegenüber dem verzückten Panegyricus, mit welchem Bruno in der Cena delle Ceneri (Wagner I, 144—145) die Liebenswürdigkeit, Weisheit, Gelehrsamkeit, Staatsklugheit und Energie der Königin Elisabeth verherrlicht.

worden [1]). Nach jahrelangem Ringen mit aufreibenden Nahrungssorgen, nach Mühsalen und Entbehrungen jeder Art hatte sich dem Ordensflüchtigen endlich ein Asyl aufgethan, das ihn aller Noth und Bedürftigkeit des Lebens enthob, um ihn sein Dasein schmetterlingshaft geniessen zu lassen. Castelnau's Familienleben muss nach Bruno's eigener Darstellung ein wahrhaft beglückendes gewesen sein, denn Bruno weiss die Ritterlichkeit und Milde seines Gönners, die Schönheit und Tugend von dessen Gemahlin, sowie den Liebreiz und die Geistesvorzüge des kaum erst sechsjährigen Töchterchens nicht genug zu rühmen [2]). Die Elasticität des Geistes, welche sich Bruno in diesem geistfordernden und geistspendenden Cirkel erwarb, zeichnet seine Londoner Schriften vor den späteren Lateinwerken glänzend aus [3]).

6. Bruno's Rückkehr nach Paris.
1585—1586.

Leider sollte Bruno's Glück nicht lange dauern. Der französische Gesandte Castelnau wurde im Juli 1585 von seinem Londoner Posten abberufen und reiste schon im October nach Paris zurück. Bruno mit ihm [4]). Was konnte wohl den Dichter-

---

1) Bruno hat dafür, trotz seiner fulminanten Brandmarkung des englischen Fremdenhasses, Worte herzlicher Dankbarkeit, vgl. Eroici furori (Wagner II, 303): *questo paese britannico, cui doviamo la fedeltà et amore hospitale.*

2) De la Causa (Wagner I, 267): Gervasio: *Voi non riferite per il contrario tanti altri esempj di coloro, che si son stimati fortunatissimi per le sue donne, tra'quali, per non mandarvi troppo lontano, ecco sotto questo medesimo tetto il signor di Mauvissiero incorso in una, non solamente dotata di non mediocre corporal beltade, che gli avvela et ammanta l'alma, ma oltre che col triumvirato di molto discreto giudizio, accorta modestia et onestissima cortesia, d'indissolubil nodo tien avvinto l'animo del suo consorte, et è potente a cattivarsi chiunque la conosce. Che dirai de la generosa figlia, che a pena un lustro et un 'anno ha visto il sole, e per le lingue non potrai giudicare, s'ella è da Italia, o da Francia, o da Inghilterra? Per la mano circa li musici instrumenti non potrai capire, s'ella è corporea o incorporea sustanza. Per la matura bontà di costumi dubitarai, s'ella discesa dal cielo, o pur è sortita de la terra.*

3) Höchst charakteristisch für Bruno's italienische Schriften ist die schon von Berti, Vita di G. Br., pag. 86 erkannte Thatsache, dass in denselben „*non appare vestigio Lulliano*".

4) Doc. I (bei Berti, Vita di G. Br., pag. 347): *tornando il detto Ambasciator in Francia alla Corte l'accompagnai a Paris, dove stetti un'altro anno*

philosophen bewegen, den Freundeskreis, in welchem er seine schönsten Stunden verlebte, so rasch wieder zu verlassen? War es das Gefühl der Unsicherheit, welchem er nach dem Wegzuge seines Gönners anheimzufallen fürchtete im Hinblick auf die Wuth, welche sein Freisinn bei allen denen hervorrief, die sich krampfhaft an der für ihn antiquirten Weltanschauung festklammerten? So begeisterte Freunde sich Bruno erworben hatte, so giftig war der heimliche Neid, den sein Glück in der Brust so manches Mitstrebenden erwecken mochte. Wenigstens gestattet uns das Widmungssonett, mit welchem er den Dialog „Von der Ursache, dem Princip und dem Einen" schmückt, einen ausreichenden Einblick in die Empfindungswelt des reizbaren Dichterphilosophen, um seinen Entschluss begreifen zu können, sein Schicksal auch fernerhin mit demjenigen seines Schirmherrn zu vereinigen. Dieses Sonett von 1584 lautet:

Ursach' und Urgrund und das ewig Eine,
Aus dem allein des Lebens Pulse schlagen,
So weit im Raume Höh' und Tiefe tragen,
Durchdringt es Erd' und Himmel im Vereine.

Mein Sinn, Verstand und Geist erkennt, was keine
Rechnung, kein Mass darf zu erfassen wagen:
Die hehre Kraft und Zahl, die nur im Ragen
Hoch über Allem zeigt, dass sie erscheine.

Was Geiz und Missgunst auch an mir verbrechen,
Wenn blinder Irrthum, Hass, gemeine Wuth
Auch trachten, mir die Augen auszustechen,

So wird ja doch die ganze Neiderbrut
Mit keinem Schlei'r auch nur das Licht mir brechen
Und nie verdunkeln meiner Augen Glut [1]).

---

trattenendomi con quelli signori che io conoscevo a spese però mie la maggior parte del tempo .....

1) De la Causa (Wagner I, 214):

Causa, Principio et Uno sempiterno,
Onde l'esser, la vita, il moto pende,
E a lungo, a largo, e profondo si stende,
Quanto si dice in ciel, terra et inferno!

Bruno lebte jetzt in Paris als Privatmann und vertiefte sich zunächst in das Studium der mathematischen Werke seines neapolitanischen Landsmanns Fabricio Mordente aus Salerno, von welchem er in der Zukunft noch grosse Stücke erwartete. Bruno schrieb in neidloser Verherrlichung desselben zwei Dialoge, die er sofort, 1586, zu Paris im Druck erscheinen liess [1]). Auch verfasste er einen Commentar über das aristotelische Buch: De physico auditu, welches er ebenfalls zu Paris in Druck gab und dem Abt von Belleville, Petrus Dalbene, widmete [2]).

Nur noch einmal trat Bruno öffentlich in Paris auf, aber nun auch gleich so, dass ihn sein rückhaltloser Freimuth, seine schrankenlose Wahrheitsliebe, mit welcher er die Herren Akademiker vor den Kopf stiess, in unheilbaren Zwist mit den Vertheidigern des alten Glaubens brachte. Bruno hatte in London theils durch fortgesetzte Studien, theils in Folge der beständigen Reibung mit ebenbürtigen Geistern, denjenigen Grad selbstbewusster Uebersicht über sein eignes System erworben, dass er sich nunmehr allen Angriffen von Seite seiner aristotelisch-scholastischen Gegner gewachsen fühlte. Um mit seiner neuen Weltansicht auf möglichst wirksame Weise in die traditionelle Kirchenphilosophie die erste Bresche zu schiessen, wählte Bruno den Weg der öffentlichen Disputation. Zu diesem Zwecke

---

Con senso, con ragion, con mente scerno,
Ch' atto, misura e conto non comprende,
Quel vigor, mole, e numero, che tende
Oltr' ogn' inferior, mezzo e superno.

Cieco error, tempo avaro, ria fortuna,
Sorda invidia, vil rabbia, iniquo zelo,
Crudo cor, empio ingegno, strano ardire

Non bastaranno a farmi l'aria bruna,
Non mi porrann' avanti gli occhi il velo,
Non faran mai, ch' il mio bel sol non mire.

1) Jordani Bruno Nolani dialogi duo de Fabbricii Mordentis Salernitani prope divina adinventione ad perfectam Cosmimetriae praxim. Paris, Petr. Chevellot, 1586. Als Beilage dazu erschien Jordani Bruni Insomnium.

2) Figuratio Aristotelici auditus physici, *ad ejusdem intelligentiam atque retentionem per XV imagines explicanda.* Paris, Petr. Chevellot, 1586.

reichte er dem Rektor der Sorbonne, Johann Filesac, 120 Thesen gegen die Peripatetiker und 30 pythagoreische und platonische Thesen ein mit dem Erbieten, dieselben in öffentlicher Disputation zu vertheidigen. Eine Prüfung der Thesen ergab zwar das Resultat, dass dieselben, wenn auch nicht direkt, so doch unzweifelhaft, gegen die katholische Kirchenlehre verstiessen. Nichtsdestoweniger wurde der Druck der Thesen und eine öffentliche Disputation darüber gestattet, weil die Obern der Ansicht waren, dass einer Besprechung derselben, auf dem Wege der natürlichen Betrachtungsweise der Wahrheit, nach dem Lichte des Glaubens nichts schaden könne. Pfingsten, den 25. Mai 1586, fand im königlichen Hörsaale der Pariser Universität die Disputation statt. Ein Freund Bruno's, der Pariser Johann Hennequin, hatte es übernommen, den Respondenten zu spielen. Er eröffnete die Feierlichkeit mit einer gewaltigen Lobrede auf den Nolaner, den er als den Propheten eines neuen Glaubenslichtes verherrlichte [1]). Leider wissen wir über den Verlauf, den die Disputation genommen, nichts. Aber die Consequenzen von Bruno's Auftreten liegen in der Wucht der Sätze, mit welchen er der Ueberlieferung entgegentrat. Zwei einander diametral entgegengesetzte Weltansichten platzten hier auf einander. Zwei Weltalter suchten sich den Rang streitig zu machen. Auf der einen Seite kämpfte die Kirche, mit Aristoteles und Ptolemäus im Bunde, für die Lehre vom ewigen Stillstand der Erde und der Endlichkeit des Universums; auf der andern Seite focht Bruno mit dem Schwerte des Copernicus für den Kreislauf der Erde um die Sonne und die Unendlichkeit des Weltalls. Mit einer alles überwältigenden Wärme der Beredsamkeit beschwört Bruno-Hennequin die Professoren der Pariser Universität, sich „vor der Majestät der Wahrheit“ zu beugen und nicht sowohl „dem Feuer seiner Rede“, als vielmehr „der Wucht der Gründe“ die Ehre zu geben

1) (CXX) Articuli de Natura et Mundo, *a Nolano in principibus Europae Academiis propositi: quos J. Hennequinus, nobilis Parisiensis, sub ejusdem felicibus auspiciis contra vulgaris et cujuscunque adversarias Philosophiae professores, triduo Pentecostes, in universitate Parisiorum defendendos evulgavit, brevibus adjectis rationibus.* S. Gfrörer, pag. 30. S. Ebendas. auch die *Pythagoricas, et Platonicas Peripateticis impervias assertiones (De Natura, de Universo et Mundo), quas probamus et defendimus*, pag. 28.

und die befreiende Kraft des copernicanischen Weltsystems als gerechte Schiedsrichter willig anzuerkennen [1]). Allein Bruno irrte sich in der Wirkung seiner Disputation so gründlich, dass der Sturm der Entrüstung, den er als eingestandener Begründer einer neuen Philosophie und als Erwecker der im traditionellen Dämmerwissen entschlafenen Geister gegen sich heraufbeschwor, ihn zwang, Paris in drei Tagen zu verlassen. Wohl hatte er, vielleicht in Voraussicht dessen was kommen konnte, dem Rektor Filesac gleich bei der Einreichung der Thesen mitgetheilt, nach der Disputation verreisen und andere Universitäten besuchen zu wollen. Allein die Abreise erfolgte doch so urplötzlich, dass die „Tumulte", von welchen Bruno im Verhör zu Venedig spricht, ebensogut auf die Aufregung, die seine Vertheidigung des Copernicus hervorrief, bezogen werden können, als auf die Unruhen, welche den baldigen Ausbruch des Bürgerkrieges verkündigten [2]). Jedenfalls durfte Bruno mit innerster Befriedigung auf das Bändchen Sätze blicken, welches er den Parisern „zum Abschiedsgruss" und als „Pfand lebhaften Angedenkens" an seine reformatorische Thätigkeit hinterlassen wollte.

7. Bruno's Schicksale in der deutschen Welt. 1586—1591.

a) Bruno in Marburg und Wittenberg. 1586—1588.

Es war um den 1. Juni 1586 herum, als Bruno sich auf die Reise machte, die ihn in Deutschland ruhigere Verhältnisse suchen liess. Zunächst wandte er sich nach Mainz, wo er aber

1) Acrotismus. Im Excubitor (Gfrörer, pag. 17, Schluss): *Vos igitur, ingeniosissimos scientiarum professores exoro, ut coram veritatis majestate ita rem gerere videamini, ut non tam iniqui et rigidi actores, quam aequiores pacatioresque judices in causa videamini, neque tam orationis fervore, quam rationum pondere atque gravitate, vel confirmare vestram, vel alienam convellere sententiam videamini. Dixi.*

2) Eine ganz evidente Bestätigung für diese Auffassung von *tumulti* finde ich in jenem Bekenntnisse Bruno's, das seine Dedication der Prager 160 Artikel an Kaiser Rudolf I. enthält: er habe den Zorn der glaubensblinden, selbst von einem Senat graduirter Väter der Ignoranz aufgestachelten Menge dermassen erfahren, dass er selbst seines Lebens nicht mehr sicher

während der 12 Tage, die er sich dort aufhielt [1]), keine lohnende Beschäftigung finden konnte. Von Mainz zog er nach einer benachbarten Stadt, wohl Wiesbaden [2]), wo es ihm nicht besser erging. Von dort reiste er nach Marburg, wo er gegen Ende Juli eintraf. In der Absicht, seine Lehrthätigkeit wieder aufzunehmen, begab er sich am 25. Juli zu dem damaligen Universitätsrektor Nigidius, Professor der Moralphilosophie, und liess sich als „Doctor der römischen Theologie" immatriculiren. „Da ihm aber," fährt der Rektor Nigidius im Album der Universität fort, „die Erlaubniss, öffentliche Vorlesungen über Philosophie zu halten, von mir mit Zustimmung der philosophischen Facultät aus gewichtigen Gründen verweigert wurde, gerieth er so in Zorn, dass er mich in meinem eigenen Hause frech beschimpfte, als ob ich in dieser Sache gegen das Völkerrecht, die Gewohnheit aller Universitäten Deutschlands und gegen alle Interessen der Wissenschaft handelte. Er habe desshalb keine Lust, als Mitglied der Academie zu gelten. Diesem Wunsch gerne entsprechend, habe ich ihn dann wieder aus dem Album der Universität gestrichen [3])." Welches nun die „gewichtigen Gründe"

---

gewesen sei. Vgl. unten pag. 71. Mir scheint dieses Bekenntniss, im Hinblick auf das tragische Schicksal des Petrus Ramus, nur auf den Pariser Senat bezogen werden zu dürfen.

1) Doc. IX (bei Berti, Vita di G. Br., pag. 347): *partito da Paris per causa de' tumulti me ne andai a Germania e feci prima recapito a Mez, alias Magonza . . . dove stetti fino 12 giorni.*

2) Doc. IX (bei Berti, Vita di G. Br., pag. 347): *non trovando ne qui (Magonza) ne in Vispure luoco poco lontano de li trattenimento a mio modo.* Sigwart im Tübinger Programm 1880, pag. 18 und Kl. Schr., Erster Th. (1881) pag. 118 zerbricht sich den Kopf, was unter diesem sonderbaren *Vispure* zu verstehen sei, ob Weissenburg oder Würzburg, die ihm aber mit Recht beide viel zu entlegen scheinen. Ich glaube, Bruno hat sich hier eine Verballhornung zweier Namen zu Schulden kommen lassen. Die Bemerkung *luoco poco lontano de li* passt am besten auf Wiesbaden, das, kaum eine Meile von Mainz entfernt, auf dem Wege nach Marburg liegt, welches Bruno zu gleicher Zeit in dumpfer Erinnerung vorschwebte.

3) Die interessante Eintragung im Album der Marburger Universität, die einzige positive Quelle für Bruno's Anwesenheit in Marburg, ist zuerst von Berti in seiner Vita di G. Bruno, pag. 205 vollständig veröffentlicht worden. Ich gebe daraus hier nur die für Bruno's Temperament charakteristische Stelle: *Caeterum cum eidem potestas publice profitendi philosophiam per me*

gewesen sein mögen, aus welchen der Rektor Nigidius „mit (angeblicher) Zustimmung der philosophischen Facultät“ (eine spätere Hand hat Bruno's Namen wieder hergestellt und jene Bemerkung durchstrichen!)[1]) dem wandernden Doctor die Erlaubniss zu öffentlichen Vorlesungen verweigerte, lässt sich schwerlich jemals feststellen; wohl aber sind Vermuthungen zulässig, welche sich auf Bruno's Schriften und auf seine Bekenntnisse im Verhör zu Venedig stützen. Marburg war eine reformirte Universität und die Reformirten waren damals noch dem Copernicanischen System und dem damit zusammenhängenden Neuen Kalender so abgeneigt, dass ein so warmer Vertheidiger der neuen Lehre vom Weltgebäude, wie Bruno, nicht nur die Reformirten gründlich hassen, sondern umgekehrt auch von den Reformirten gründlich gehasst werden musste, was er bald genug auch in Wittenberg erfahren sollte.

Dorthin wanderte nun Bruno geradeswegs und fand an dieser damals ersten Universität Deutschlands sofort die freundlichste Aufnahme. Rein auf die Versicherung hin, ein Zögling der Musen, ein Menschenfreund und Philosoph von Profession zu sein[2]), wurde der Kirchenflüchtige am 20. August vom Rektor Albinus ins Album der Universität eingetragen und ihm auch ohne Zögern die Erlaubniss ertheilt, Privatvorlesungen zu halten. Darüber war denn Bruho's Freude nach seinen Marburger Erfahrungen um so grösser, und von herzlicher Dankbarkeit durchdrungen, nannte er Wittenberg von nun an nur noch das Athen

---

cum oonsensu faoultatis philosophioae ob arduas caussas denegaretur, adeo exoanduit, ut mihi in meis aedibus procaciter insultaret, quasi vero in hac re contra jus gentium et oonsuetudinem omnium Universitatum Germaniae et contra omnia studia humanitatis agerem: ao propterea pro membro Academiae amplius haberi noluerit. Unde facile voti sui compos factus, rursus ex albo Universitatis per me exautoratus est.

1) Geschah dies durch Bruno's Schüler, Raphael Eglin, der seit dem Jahre 1607 als Professor der evangelischen Theologie an der Universität wirkte?

2) Bruno in der *Dedicatio* der in der folgenden Anmerkung verzeichneten Abhandlung, pag. 624—625: *tranquillo generalique philanthropia praeditum spiritum, philosophicae professionis titulum prae me tuli et ostendi, solum quod in Musarum curia alumnus essem: vobis satis esse potuit, ut dignum existimaretis, qui gratissimis ulnis a vobis exciperetur, in album refferretur academiae ....*

Deutschlands. In Wittenberg traf Bruno seinen alten Freund und Landsmann, den er schon in Oxford kennen gelernt hatte, wieder, den Rechtslehrer Albericus Gentilis, der ihn an der Universität zu fördern suchte und veranlasste, über Aristoteles' Organon zu lesen. Auch von den übrigen Professoren wurde er überaus wohlwollend behandelt, so dass Bruno schon im nächsten Jahre, 1587, bei Gelegenheit einer Dedication an den Senat, die Menschenfreundlichkeit und Zuvorkommenheit seiner Herren Collegen nicht genug preisen kann. Ihn, den sie nicht gekannt hätten, den von keiner fürstlichen Empfehlung unterstützten Flüchtling aus Frankreich, den in ihrer Religion nicht Geprüften, ja, den sie um seine Religion nicht einmal gefragt hätten, ihn hätten sie nicht nur freie Vorträge über die Philosophie halten lassen, sondern ihm sogar die Gunst gewährt, Lehren zu verkünden, welche nicht allein der herkömmlichen, durch die Kirchenlehre sanctionirten Weltanschauung widersprächen, sondern geradezu der Theologie ein Ende bereiten müssten. Ungleich den Professoren von Toulouse, Paris und Oxford hätten sie über seine neue Weltansicht nicht die Nase gerümpft, Grimassen geschnitten, die Backen aufgeblasen und auf das Pult geklopft, sondern ihn dem Glanz ihrer höheren Lebensauffassung und Wissenschaft gemäss behandelt und die volle philosophische Freiheit geniessen lassen[1]).

Bruno las, ausser über das Organon des Aristoteles, über Mathematik, Physik und Metaphysik, ebenso ritt er eifrig sein

1) In der im Herbst 1587 geschriebenen Widmung zu dem Werkchen: De lampade combinatoria Lulliana. *Ad amplissimum Witebergensis academiae Senatum. Witebergae 1587.* Bei Gfrörer, pag. 621—702. Daraus pag. 624—626: *Haud obiter et vos me susceptistis, acceptastis et mecum ad hanc usque diem benignissime tractastis, hominem quippe nullius apud vos nominis, famae aut valoris, e Galliae tumultibus elapsum, nulla principum commendatione suffultum, ... in vestrae religionis dogmate (non) probatum, vel interrogatum, . . . His adde, quod cum (pro more ingenii mei) nimis forte amore mearum opinionum raptus, talia in publicis illis lectionibus expromerem, qualia non vobis probatam modo, sed et pluribus seculis et quasi ubique terrarum receptam convellerent philosophiam, vos qui philosophari neque ultimum, neque apprime medium finem a statuistis, . . . jam quamvis ea in vestro proponi videretis auditorio, quae licet itidem in regiis Tolosae, Parisiorum et Oxoniae auditoriis obstrepuerint prius, ... non (pro more unius vel alterius cujusdam loci) nasum intorsistis,*

Steckenpferd, die Lullische Kunst. Und dass er die Gelegenheit nicht versäumte, auch an dieser Pflanzstätte des neuen Glaubens sein Centraldogma von der Unbegrenztheit des Weltalls im Zusammenhang mit dem Weltsystem des Copernicus zu verkünden, liesse sich, wüssten wir es nicht sonst, schon aus seiner eigensten Geistesanlage erschliessen, die, wie er selbst bekennt, ihn zwang, für seine Ueberzeugung mit rückhaltsloser Offenheit in die Schranken zu treten [1]). Wahrscheinlich als Frucht seiner Vorlesungen liess Bruno während seiner Lehrthätigkeit in Wittenberg eine Reihe kleinerer Werke drucken, worunter auch die Thesen seiner Pariser Pfingstdisputation mit Erläuterungen. Ein Manuscript Bruno's über die aristotelische Rhetorik ist später, 1612, von einem seiner Schüler, Joh. Heinr. Alsted von Herborn im Nassauischen, veröffentlicht worden [2]).

Bruno's Stern in Wittenberg glänzte, solange die Lutheraner die Universität beherrschten. Dieses Uebergewicht hatte zunächst bis zum Tode des Kurfürsten August gedauert, des strenglutherischen Vaters jener „Concordienformel", welche, ursprünglich zu dem Zwecke verfasst, um die nach Luthers Tode entstandenen Strei-

---

non sannas exacuistis, buccae non sunt inflatae, pulpita non strepuerunt, in me non est scholasticus furor incitatus, sed pro humanitatis doctrinaeque vestrae splendore ita rem gessistis, ut et pro vobis, pro aliis, pro me, pro omnibus, omniumque vice sapientes esse videremini.... Interim et philosophicam libertatem illibatam conservastis u. s. w.

1) Bruno in der *Dedicatio* pag. 625: *pro more ingenii mei nimis forte amore mearum opinionum raptus.*

2) De progressu et lampade venatoria Logicorum, 1587 mit der Widmung: *Excellentissimo et adm. rev. D. D. Georgio Mylio Augustano Witebergensis Academiae Cancellario.* Zuerst

De progressu logicae venationis, nach dieser

De lampade venatoria logicorum. Beide zusammen bei Gfrörer, pag. 707—714, 714—770.

Die Pariser Thesen erschienen unter dem Titel:

Jordani Bruni Nolani Camoeracensis Acrotismus *seu rationes articulorum physicorum adversus Peripateticos Parisiis propositorum* etc. Viteb., 1588. Bei Gfrörer, pag. 1—112.

Das von Alsted veröffentlichte Werkchen ist betitelt:

Artificium Perorandi *traditum a Jordano Bruno Nolano Italo, communicatum a Johan-Henrico Alstedio. In gratiam eorum, qui eloquentiae vim et rationem cognoscere capiunt. 8°. Francofurti, prostat apud Antonium Hummium. 1612.*

tigkeiten zwischen der Lutherischen und der Melanchthonschen Theologenschule wieder auszugleichen, schliesslich nur zur Wiederherstellung des fanatischen Lutherthums führte, welches den milden, versöhnlichen Geist Melanchthons perhorrescirte und sich zum giftigsten Hasse gegen die reformirte Schwesterkirche fortreisen liess. Als nun August's calvinistischer Sohn Christian am 11. Februar 1586 an die Regierung kam, waren bald auch die Calvinisten am Ruder, sozwar, dass der Einfluss der altregierenden Partei sich zunächst noch auf einige Zeit zu halten vermochte, aber allmälig mehr und mehr demjenigen der neuaufstrebenden Richtung weichen musste[1]). Bald jedoch hatte der Calvinismus die Oberhand und setzte 1588 mit dem Kanzler Krell jene Verordnungen durch, welche den Lutheranern jede Polemik gegen die Calvinisten aufs strengste verboten. Auch Bruno, der alle seine Freunde unter den Lutheranern zählte, hatte gerechten Grund zu zweifeln, dass die Calvinisten seiner bisher genossenen Lehrfreiheit keine Schranken setzen würden, war es doch Melanchthon, der Freund des Calvinismus gewesen, der, ein strammer Aristoteliker, die copernicanische Weltansicht als glaubensgefährlich denuncirt hatte. Um sich bevorstehenden Demüthigungen freiwillig zu entziehen, beschloss desshalb Bruno schon zu Anfang des Jahres 1588, Wittenberg zu verlassen, nachdem er zwei volle Jahre an der Universität gelehrt und gewirkt hatte. Vor seiner Abreise hielt aber Bruno am 8. März noch eine feierliche Abschiedsrede[2]), in welcher er der Wittenberger Universität und ganz Deutschland mit bewegten Worten seinen innigen Dank für die ihm bewiesene Gastfreundschaft aussprach.

---

1) Doc. IX (bei Berti, Vita di G. Br., pag. 348): *andai a Vittimberg in Sassonia dove trovai due fationi una de' filosofi che erano Calvinisti e l'altra de' theologi che erano lutherani e in questa un Dottore che si chiamava Alberigo Gentile Marchegiano, il qual havevo conosciuto in Inghilterra; professor di legge che mi favorì e m' introdusse a legger una lettione dell' organo d'Aristotele, la qual lessi con altre letioni di filosofia dui anni, nel qual tempo essendo successo Duca il figliuolo del Vecchio che era calvinista e il padre lutherano cominciò a favorir la parte contraria a quelli che me favorivano, onde me partii . . .*

2) Oratio valedictoria a Jordano Bruno Nolano D. habita ad amplissimos et clarissimos professores atque auditores in Academia Witebergensi Anno 1588. 8. Martii. *Typis Zachariae Cratonis.* Daraus

Bruno feiert in Deutschland das Vaterland eines Albertus Magnus, jenes Schwaben, dem kein Zeitgenosse gleich kam; des Nicolaus von Cusa, den er, wenn nicht das Priestergewand zuweilen des Cardinals Geist verdunkelt hätte, noch über Pythagoras stellen würde; des Copernicus, der, ein grösserer Physiker als Mathematiker, in zwei Capiteln mehr Geist und Vernunft beweist, als Aristoteles mit sämmtlichen Peripatetikern in ihrer ganzen Naturbetrachtung; des Paracelsus, jenes wunderbaren Arztes, der seines gleichen nur an Hippokrates hat; als das Vaterland endlich so manches andern ausgezeichneten Vorkämpfers wissenschaftlicher Forschung gegenüber traditionellem Scheinwissen. Er verherrlicht Deutschland als das Vaterland des grossen Landgrafen Wilhelm IV. von Hessen-Kassel (1567 bis 1592), der so mächtig für den Sieg des copernicanischen Weltsystems wirkt und die Einsicht verbreitet in den Unterschied zwischen den Fixsternen als Sonnen und den dieselben aus der eingeborenen Kraft ihrer Seele umkreisenden Planeten, deren einer unter den, den unendlichen Weltraum durchwandelnden, auch unsere Erde ist. Solche Einsicht verdankt Deutschland den Beobachtungen dieses ruhmvollen Fürsten [1]) Hier in Deutsch-

---

obige Stellen: *Alberto Magno, Suevo illi, quis eodem tempore similis? . . . Deus bone, ubi illi Cusano assimilandus, qui, quanto major est, tanto paucioribus est accessibilis? Hujus ingenium si presbyterialis amictus non interturbasset, non Pythagorico par, sed Pythagorico longe superius agnoscerem, profiterer. Copernicum etiam, qualem putatis esse nedum Mathematicum, sed (quod est mirum) obiter Physicum? plus ille invenitur intellexisse duobus capitibus, quam Aristoteles, et omnes Peripatetici in universa eorum naturali contemplatione . . . , Medico Paracelso, ad miraculum usque Medico, quis post Hippocratem similis?*

1) Ibid.: *veritatis erutores, qualem scimus magnum in Germania Lantgravium Gulielmum Hassiae, qui proprii magis quam alieni sensus et intelligentiae oculis non Peripateticae exorbitantis philosophiae caudatariam cum Ptolemaicis tantum callet astronomiam* u. s. w. . . . . *intelligamus discrimen inter fixos soles, et pluribus circumvagantes rationibus Tellures quae propriae animae virtute exagitante aerem penetrant immensum, nec non abhorreamus hanc Tellurem matrem nostram unam ex astris nihilo multis circumstantibus indignius intelligere, et ea quae mille irrefragabilibus argumentis physice novimus, et istius famosissimi principis observationibus, quae ab aliis relatae circumferuntur, etiam atque etiam confirmata vigebunt. Hic ergo sapientia aedificavit sibi domum. Adde, Jupiter, ut cognoscant proprias vires, et abstineant, adde ut studio rebus majoribus adpellant,*

land hat die Weisheit sich ihr Haus gebaut. Gib, o Jupiter, dass die Deutschen ihre eigenen Kräfte kennen lernen und ihren Fleiss höheren Zielen zuwenden und sie werden nicht mehr Menschen, sondern Götter sein. Göttlich, ja göttlich ist der Geist dieses Volkes, das nur in jenen Studien nicht schon den Vorrang einnimmt, an welchen es bis jetzt keinen Geschmack findet. So feiert Bruno Deutschland als den Wall und das Bollwerk der Geistesfreiheit gegenüber der Herrschsucht des römischen Aberglaubens. Er spricht mit Seherblick von der Bestimmung des deutschen Geistes. In seinen Augen ist Deutschland berufen, das Reich der Weisheit vorzubereiten, jener Weisheit, welcher die zukünftigen Jahrhunderte allein noch Tempel und Altäre errichten werden und für welche es ihm nicht gereue, Armuth, Neid, den Hass der Seinen und die Verwünschungen und den Undank derjenigen ertragen zu haben, welchen er habe nützen wollen und thatsächlich genützt habe. Auch schäme er sich nicht, zu allen Trübsalen der Verbannung auch noch den Spott und Hohn, die Verachtung und Anmassung der Schurken und Dummköpfe erfahren zu haben, denn durch das Erdulden von Qualen sei er geistig gewachsen und die Leiden der Verbannung hätten ihn gereift, weil er gelernt habe, in kurzer Mühsal langdauernde Ruhe, in leichtem Schmerz unermessliche Freude und in der Enge der Verbannung das hehrste Vaterland zu finden [1]). Sodann hält er eine begeisterte Lobrede auf Luther, als den Befreier der Geister, der, als ein zweiter

---

et non erunt homines, sed Dii. Divinum, certe divinissimum est illud gentis hujus ingenium, quod in illis tantum studiis non antecellit, in quibus non delectatur.

1) Ibid.: *Veni inter alios ego istius domus sapientiae visendae amore concitatus, flagrans spectandi Palladii istius ardore, pro quo me subisse non pudet paupertatem, invidiam et odium meorum, execrationes, ingratitudines eorum quibus prodesse volui, atque profui, extremae barbariei et avaritiae sordidissimae effectus: ab iis qui mihi amorem, servitium et honorem debebant, convitia, calumnias, injurias, etiam infamias. Neque pudet expertum esse irrisiones, contemptus ignobilium atque stultorum, quorundam qui plane bestiae cum sint, cultu atque fortuna sub imagine et similitudine hominum, temeraria superbiunt arrogantia. Pro quo incurrisse non piget labores, dolores, exilium: quia laborando profeci, dolendo sum expertus, exulando didici: quia inveni in brevi labore diuturnam requiem, in levi dolore immensum gaudium, in angusto exilio patriam amplissimam.*

Hercules, den dreiköpfigen Höllenhund mit der dreifachen Tiara, gebändigt und gezwungen habe, sein Gift auszuspeien. „Als jener Starke in voller Waffenrüstung, mit Keule und Schwert, mit Betrug und Uebermacht, mit List und Gewaltthat, mit Heuchelei und Frechheit, als Fuchs und als Löwe, kurz als Stellvertreter des Höllenfürsten, durch einen abergläubischen Cultus und eine mehr als stumpfsinnige Ignoranz, unter dem Deckmantel göttlicher Weisheit und Gott angenehmer Einfalt, die Menschheit vergiftete und Niemand da war, der es wagte, der gefrässigen Bestie entgegenzutreten und Widerstand zu bieten, um die entwürdigte und zu Grunde gerichtete Menschheit wieder besserer und glücklicherer Zustände froh werden zu lassen, — welcher andere Theil Europas und der Welt hätte da uns jenen Alciden hervorzubringen vermocht, ihn, der um soviel hervorragender als Hercules ist, als er mit leichterer Mühe und geringerem Kraftaufwand sogar noch grösseres vollbrachte? Oder soll ich etwa nicht sagen, es habe es derjenige auch schon vollbracht, der seine so herrliche Arbeit so ernst und nüchtern angegriffen hat? Wenn du nun siehst, wie jenes Monstrum, welches grösser war und weit verderblicher wirkte, als irgend ein anderes in sämmtlichen vorhergehenden Jahrhunderten, endlich am Boden liegt und du wunderst dich, mit welchen Mitteln diese That zu Stande gebracht worden ist, nun denn:

Frage der Keule nicht nach, war es ein Federkiel doch[1])!

---

1) Ibid.: *Hic triplici illa tiara insignem tricipitem illum Cerberum, ex tenebroso eductum orco vidistis vos, et ille solem. Hic Stygius ille canis coactus est aconitum evomere.... Cum fortis ille armatus, clavibus et ense, fraudibus et vi, astutia et violentia, hypocrisi et ferocitate, vulpes et leo, vicarius tyranni infernalis, superstitioso cultu et ignorantia plus quam brutali, sub titulo divinae sapientiae et simplicitatis Deo gratae, inficeret universum; et voracissimae bestiae non esset qui auderet adversari et obsistere contra, pro disponendo indigno et perditissimo seculo ad meliorem et feliciorem formam atque statum, quas reliqua Europae et mundi pars protulisse potuit nobis illum Alcidem, tanto ipso Hercule praestantiorem, quanto faciliore negotio et instrumento majora perfecit (an non enim etiam perfecisse dicam eum, qui tam strenue atque frugaliter negotium tam egregium est adorsus?). Si quippe majus et longe perniciosius monstrum omnibus, quae tot ante seculis extitere peremptum vides,*

De clava noli quaerere, penna fuit.

Und wenn du frägst, woher kam er nur? woher? So lautet die Antwort: Aus Deutschland, von den Ufern dieser Elbe, aus der Fülle dieses Borns! Hier an dieser Stätte hat euer Landsmann und Hercules über die ehernen Pforten der Hölle, über die mit einer dreifachen Mauer umzogene Zwingburg, die der Styx neunfach umwindet, den Sieg davon getragen. Du hast, o Luther, das Licht gesehen, das Licht erkannt, betrachtet, du hast die Stimme des göttlichen Geistes gehört, du hast seinem Befehl gehorcht, du bist dem, allen Fürsten und Königen Grauen erweckenden, Feinde unbewaffnet entgegengetreten, du hast ihn mit dem Worte bekämpft, zurückgeschlagen, niedergeschmettert, besiegt und mit den Trophäen des übermüthigen Feindes in den Himmel emporgefahren [1])."

Bruno begeisterte sich für Luther nicht wegen des positiven Theiles von dessen neuer Lehre; an dieser konnte der Dichterphilosoph von seinem kosmischen Standpunkt aus begreiflicherweise ebensowenig Geschmack finden, als an der Lehre Calvins, wie er denn ja auch wirklich die ätzendste Lauge seines Spottes über die alleinseligmachende Wirkung des Glaubens ohne Werke ausgiesst [2]). Bruno feierte in Luther den siegreichen Bekämpfer der römischen Hierarchie und des Papstthums, den hochsinnigen Begründer der freien Forschung, für welche ja gerade der Nolaner häufiger und enthusiastischer als irgend einer seiner Zeitgenossen das Wort ergriffen und endlich sein Leben eingesetzt

---

1) Ibid.: *Unde ille? unde? ex Germania, ex ripis istius Albis, ex ubertate fontis istius .... Hic vester et vestras Hercules de adamantinis inferni portis, de civitate illa triplici circumdata muro, et quam novies Styx interfusa coercet, triumphavit. Vidisti Luthere lucem, vidisti lucem, considerasti, excitantem divinum spiritum audisti, praecipienti illi obedisti, horrendo principibus atque regibus inimico inermis occurristi, verbo oppugnasti, repugnasti, obstitisti, restitisti, vicisti, et hostis superbissimi spolia atque trophaeum ad superos evexisti.*

2) Im Spaccio d. b. tr. (Wagner II, 167): ... *si pascano di quei cibi, che mediante la loro riformata legge li sono stati destinati, e novamente prodotti da questi personaggi pii, che fanno tanto poco stima de l'opere operate, e solamente per una importuna, vile e stolta fantasia si stimano regi del cielo e figli de li dei, e più credono et attribuiscono ad una vana, bovina et asinina fiducia, che ad un utile, reale et magnanimo effetto.* Mit Behagen übersetzt Clemens in seinem katholischen Schriftchen: Giordano Bruno und Nicolaus von Cusa, pag. 230—238 Bruno's sämmtliche Ausfälle gegen die protestantische Glaubenslehre.

hat. Bruno erwartete nur von diesem Schlage gegen die militärisch organisirte Weltmacht des päpstlichen Roms jene gewaltige Umwälzung in allen Lebensformen, die er, ein Seher ohne gleichen, seinen Zeitgenossen laut verkündete. Bruno hat sich nicht getäuscht. Trotz der Verknöcherung, welcher auch der Protestantismus nur zu bald wieder anheimfiel, ist derselbe gleichwohl, von der Reformation bis zur Gegenwart, der Hort der Geistesfreiheit gewesen und geblieben. Ohne den Protestantismus wäre die deutsche Poesie, Wissenschaft und Philosophie der Neuzeit gar nicht gedenkbar und Kepler, Leibnitz, Kant und Goethe schlummerten im Schoosse des Nichtseins [1]).

b) Bruno in Prag und Helmstädt. 1588—1590.

Von Wittenberg wandte sich Bruno nach Prag, das damals noch nicht in den Händen der Barbaren lag, sondern noch als unverfälscht deutsche Universität wirkte. Dort residirte Kaiser Rudolf II., bekannt durch die in der Geschichte der Astronomie berühmten Rudolphinischen Tafeln. Rudolf war ein jedes höheren Gedankens unfähiger Querkopf, dessen Hinneigung zu den Geheimwissenschaften, als Alchemie und Astrologie, schliesslich doch auch der wirklichen Wissenschaft, zumal der Astronomie, zu

---

1) Selbst Ed. v. Hartmann, der Verfasser der „Selbstzersetzung des Christenthums“, anerkennt pag. 13 jenes Werkes: „... durch die allmälige unvermerkte Ueberführung von der Heteronomie des äusserlich vorgeschriebenen und vom Beichtvater persönlich vertretenen Gesetzes zur Autonomie des eigenen sittlichen Bewusstseins wird der Protestantismus der grösste Wohlthäter des Volkes, der propädeutische Cursus von der Sclaverei des Gesetzes zur sittlichen Selbstbestimmung und Selbstbeherrschung, mit einem Wort der Erzieher des Volkes zum rechten Gebrauch der Freiheit.“ Und pag. 11: „Der Culturfortschritt seit der Reformation ruht in geistiger Hinsicht ausschliesslich auf den Schultern des Protestantismus und auf jenen Strömungen in katholischen Völkern, die sich mit mehr oder weniger Bewusstsein auf die Errungenschaften des Protestantismus stützen. Die katholischen Völker würden ein *caput mortuum* der Geschichte sein, etwa wie die Anhänger des Dalai Lama in Tibet, wenn sie nicht geographisch mit den protestantischen so durcheinander gewürfelt wären, dass sie für diese und ihre Culturentwickelung eine beständige Bedrohung bilden und sie desshalb zur energischeren Ausnutzung ihrer Kräfte anspornen.“

Gute kam. Hintereinander wirkten hier in Prag Tycho de Brahe, den Bruno den grössten Astronomen seiner Zeit nennt, dann Bruno selber und nach ihm Kepler, welcher sich der Verdienste Bruno's um die Erweiterung des astronomischen Ideenkreises selbst gegen Galilei, der Bruno zugleich ausbeutete und ignorirte, stets auf das wärmste annahm [1]). Bruno hoffte am kaiserlichen Hof in Prag Mäcenaten, wie König Heinrich III. und dessen Gesandten Castelnau wiederzufinden, wenigsten suchte er sich sofort dem spanischen Gesandten, Wilhelm von San Clemente, durch ein Lateinwerkchen [2]) über die Lullische Kunst zu empfehlen. Denselben Versuch wiederholte er bald nachher beim Kaiser selbst, dem er die Schrift: Hundertsechzig Artikel gegen die Mathematiker und Philosophen dieses Zeitalters [3]) widmete.

Die Widmung an Kaiser Rudolf athmet hohes Selbstbewusstsein und enthält so viele, Bruno's innerstes Gemüthsleben enthüllende, Bekenntnisse, dass dieselbe weiterreichende Berücksichtigung verdient, als ihr bis jetzt zu Theil geworden ist. Bruno beklagt es tief, dass unter dem Einfluss Zwietracht säender Furien, die sich, um die Völker gründlich unter einander zu verhetzen, das heuchlerische Ansehen gottgesandter Friedensboten gegeben, die Welt dermassen entzweit worden ist, dass nun der Mensch mit dem Menschen mehr in Zwiste liegt als mit den anderen Geschöpfen, dass der Mensch dem Menschen ärger zuwiderlebt als allen andern Lebewesen und jenes weit und breit verkündete Gesetz der Liebe in völliger Nichtbeachtung zu Boden liegt, jenes Gesetz, das nicht etwa vom Teufel einer Nation, sondern in Wahrheit von Gott, dem Vater aller Wesen, ausgegangen ist,

1) S. Berti, Vita di G. Br., pag. 8—9 und pag. 221.

2) De Specierum Scrutinio et Lampade Combinatoria Raymundi Lullii. *Ad excellentissimum Guil. de S. Clemente, regis Hispaniae in aula imperat. legatum. Pragae 1588.* Bei Gfrörer, pag. 601.

3) Jordani Bruni Nolani articuli Centum et Sexaginta adversus huius tempestatis mathematicos atque Philosophos. *Centum item et octoginta Praxes, ad totidem problemata, caeteris quaedam ardua, quaedem vero impossibilia, possibili et faciliore negotio persequenda. Ad Divum Rodolphum II Romanorum Imperatorem. 8°. Pragae, ex typographia Georgii Dacsiceni, 1588.* Auf der kgl. Bibliothek zu München.

da es im Einklang steht mit der Natur des Weltganzen, jenes Gesetz, welches die allgemeine Menschenliebe lehrt, mit welcher wir sogar unsere Feinde lieben sollen, auf dass wir nicht den wilden Thieren und den Barbaren ähnlich seien, sondern nach dem Bilde jenes umgeschaffen werden, welcher seine Sonne aufgehen lässt über Gute und Böse und den Regen seiner Gnade auf Gerechte und Ungerechte träufeln lässt. Das ist diejenige Religion, welche ich, weil sie keiner Gründe bedarf und über jeden Meinungsstreit erhaben ist, sowohl aus eigenem Gemüthsbedürfniss, als aus Rücksicht auf vaterländisches Herkommen befolge [1]).

Alsdann betheuert Bruno, wie er in Sachen der Philosophie niemals der Gewohnheit des Glaubens nachgegeben, sondern jederzeit es sich zum Princip gemacht habe, auch dasjenige zunächst in Zweifel zu ziehen, welches sonst für das Allergewisseste gelte [2]). Denn es verstosse gegen die Würde der menschlichen Freiheit [3]), sich in seinen Ueberzeugungen nach den Meinungen des grossen Haufens zu richten. Er würde sich desshalb des Undanks gegen das ihm von Gott verliehene Licht höherer Einsicht schuldig machen, wenn er anders, denn als Bekämpfer der

1) ... *suggestione misanthropon spirituum, ministerioque Erinnyum infernalium (quae ignem in gentibus accendentes pro pacis nunciis, et gladium discordiae etiam inter maximo junctas immitentes, se pro Mercuriis a coelo delapsis, praestigiis, imposturaque multiplici venditarunt) eo deventum sit, ut plus homo ab homine quam a caeteris dissideat, et plus homo homini quam caeteris adversetur animantibus, et lex illa Amoris longe lateque diffusa, nusquam servata jaceat, quae non ab unius gentis cacodemone, sed certe a Deo omnium patre profecta (utpote naturae universali consona) generalem edicit philanthropiam, qua et ipsos diligamus inimicos: ne brutis barbarisque similes consistamus, sed in illius transferamur imaginem, qui Solem suum oriri facit super bonos et malos, et gratiarum pluviam super justos instillat et injustos. Haec illa religio est, quam sine ulla controversia, et citra omnem disputationem, tum ex animi sententia, tum etiam ratione patriae consuetudinis atque gentis observo.*

2) Ibid.: *Quod vero ad liberas disciplinas attinet, tantum absit a me credendi consuetudo, institutioque magistrorum atque parentum, quin imo et communis ille sensus qui (ipsomet judice) multoties atque multifariam nos decipere et circumvenire convincitur: ut nunquam a me in philosophiae partibus temere quippiam et sine ratione proferatur, sed aeque mihi dubia sint, ut quae difficillima et absurda putantur, ea quae certissima habentur atque evidentissima, sicubi et quando in controversiam fuerint adducta.*

3) Ibid.: *contra humanae libertatis dignitatem.*

verrosteten Schulweisheit aufträte [1]). Da er die Gabe des Sehens besitze, wolle er nicht dergleichen thun, als sähe er nicht, sondern furchtlos seine Ansicht äussern, da ja doch einmal der Krieg zwischen Licht und Finsterniss, zwischen Wissenschaft und Unwissenheit ein ewiger sei, wie er denn den Hass, die Schmähungen, Verleumdungen und thätlichen, sich bis zur Lebensgefahr steigernden Angriffe der stumpfsinnigen, dummen Menge, die vom Senat der graduirten Väter der Ignoranz aufgewiegelt worden sei, erfahren, an der Hand der Wahrheit und unter der Leitung des höheren Lichtes aber überwunden habe [2]).

Kaiser Rudolf erwiederte die Dedication dieser Schrift mit einem Geschenk von 300 Thalern, die nun den Nolaner in den Stand setzten, Prag wieder zu verlassen. Denn trotz Bruno's sechsmonatlichem Aufenthalt in Prag hatte es ihm nicht glücken wollen, daselbst Unterkunft und Brod zu finden. Desshalb machte er sich gegen Ende des Jahres 1588 wieder auf die Reise und lenkte seine Schritte nach Helmstädt.

Die Universität Helmstädt, an welcher nun Bruno sein Glück versuchte, war damals die jüngste deutsche Hochschule. Von Herzog Julius von Braunschweig (reg. 1568—1589) am 15. October 1576 gegründet, um der Durchführung des Protestantismus in seinen Landen als fester Anhaltspunkt zu dienen, war es rasch zu grossem Ruf und einer zahlreichen Studentenschaft gelangt. Der freie Geist, der den Herzog beseelte, fand seinen Wiederhall in dem Kreise der Professoren, welche die neue Lehre wissenschaftlich zu vertreten hatten. Kein Wunder desshalb, wenn Bruno hoffte, an dieser neuen Heimstätte freier Forschung Privatunterricht und Auskommen finden zu können. Entsprach doch die souveraine Stellung, welche die Universität Helmstädt

---

1) Ibid.: *ingratissimus essem atque vesanus, eaque luminis participatione indignus, si alienus constituar actor atque pugil: alienis nempe videns, sentiens, judicansque luminibus.*

2) Ibid.: *Videntes ergo, videre non dissimulamus, et aperte profiteri non veremur: utque continuum bellum est inter lucem atque tenebras, doctrinam et ignorantiam, ita ubique odium, convitia, clamores et insultus (non sine etiam vitae periculo) a bruta, stupidaque multitudine, concitante senatu graduatorum patrum ignorantiae, sumus experti, manuque veritatis, diviniorque lumine duce superavimus.*

im Sinn und Geiste ihres Stifters gegenüber dem Gezänke der Theologen einnehmen sollte, so völlig dem Ideal wahrer Geistesfreiheit, wie es Bruno in seiner Dedicationsepistel an Kaiser Rudolf aufgestellt hatte, dass man zu der Annahme versucht werden könnte, Herzog Julius habe den Nolaner auf Grund dieses Werkes direkt von Prag berufen. Denn Bruno traf unmittelbar zu Anfang des Jahres 1589 in Helmstädt ein und wurde auch gleich am 13. Januar immatriculirt. Nun begannen für den Nolaner wieder schönere Zeiten. In Herzog Julius lernte er einen Fürsten kennen, „dessen Lob dauern wird, so lange es eine vaterländische Geschichte giebt und dessen Bild durch jede neue Entdeckung aus den Archiven seiner Zeit in ein glänzenderes Licht gesetzt wird [1]).“ Niemals noch hatte Bruno die Freundschaft eines Fürsten gewonnen, der so wie Herzog Julius bestrebt war, sich die herrschsüchtige Theologie vom Leibe zu halten. In einer Conferenz mit dem bekannten Theologen Timotheus Kirchner am 6. Juli 1582 hatte der Herzog erklärt: „Wir lassen uns von unseren Theologen nicht regieren, denn sie, ebensowohl als die Weltlichen, Gottes Wort unterworfen sind; Gott wird auch den Himmel mit Theologen allein nicht füllen, denn er für die Theologen allein nicht gelitten, sondern insgemein für alle Stände der Welt, sowohl für den Jüngsten als für den Aeltesten, den Aermsten als den Reichsten, ohne Unterschied der Person. Wir gedenken sobald in den Himmel zu kommen als die Theologen. Wir befinden auch, dass die Theologen selber noch so weit von einander sind, als Himmel und Erde, denn leider keiner mit dem andern in friedlicher Liebe und Einheit leben kann, sondern es einem Jeden um eine Handvoll menschlicher Ehre zu thun ist, wie sie denn allein ihren menschlichen Gedanken und Opinionen in Vielem nachhängen. Wir wollen uns aber den Theologen nicht unter die Füsse legen, die einen Fuss auf der Kanzel, und den andern auf der fürstlichen Rathsstube haben wollen. Jedoch werden auch die andern politischen Fürsten den hoffärtigen Theologen so weit nicht nach-

---

1) Bodemann in seiner Monographie über Herzog Julius von Braunschweig in Müllers Zeitschr. f. dtsche. Culturgesch., N. F., Bd. 1 (1872), pag. 197—238.

hängen, dass noch einmal (nämlich nach dem schmalkaldischen Kriege) ein protestirender Krieg und Blutbad über die Christenheit daraus werde. Denn mit hoffärtigen neidischen Köpfen kann man nicht Kirchen bauen und erhalten. Die Theologen wollen andern eine *Formulam concordiae* vorschreiben, da doch einer dem andern im Grunde und von Herzen spinnefeind ist [1]).“ „Wie denn,“ schreibt er an die drei Kurfürsten von Pfalz, Sachsen und Brandenburg, „unter dem Scheine eines christlichen Eifers meistens Privataffekte bei solchen Leuten viel mehr als bei andern prädominiren, und den Knüttel bei den Hund zu legen, ganz hochnöthig ist.“

Der genussreiche Umgang mit diesem geistvollen Fürsten sollte jedoch Bruno nicht lange beschieden sein. Denn schon nach wenigen Monaten, am 3. Mai 1589, starb Herzog Julius. Langdauernde Trauerfeierlichkeiten begannen. Die Academia Julia liess zu Ehren ihres Stifters vom 8.—11. Juni Leichenreden halten. Bruno's Stellung zum verstorbenen Herzog und sein offenbar günstiges Verhältniss zu den Professoren erklären es, wenn ihm gestattet wurde, nach den Vorträgen von Mitgliedern der Academie zum Schlusse noch eine Lobrede zu halten, die er dann unmittelbar nachher drucken liess [2]). Vor versammelter Universität pries Bruno am 1. Juli das günstige Geschick, das ihm nach so vielen Trübsalen und Enttäuschungen, die er für die Wahrheit erduldet, endlich in ein Land geführt habe, in welchem er, nicht mehr länger dem gefrässigen Rachen des römischen Wolfes ausgesetzt, in voller Freiheit leben könne [3]). Dort draussen an einen abergläubischen und überaus wahnwitzigen Cultus gebunden gewesen, athme er unter der Herrschaft reformirter Gebräuche wieder auf. Dort draussen der Gewalt-

1) Ibid.: Bd. 4 (1875), pag. 219.

2) Oratio consolatoria Jordani Bruni Nolani Itali D. *habita in illustri celeberrimaque Academia Julia. In fine solemnissimarum exequiarum in obitum Illustrissimi potentissimique Principes Julii, Ducis Brunsvicensium Luneburgensium Ac. Prima mensis Julii Anni 1589.* 4°. *Helmstadii.* Diese Broschüre in 4° ist sehr selten, sogar die Göttinger Universitätsbibliothek besitzt nur eine Abschrift.

3) Ibidem: *non casu, sed providentia quadam factum esse censeo, ut nescio quo ventu seu tempestate ad regionem hanc compulsus fuerim.*

thätigkeit der Tyrannen schier erlegen, lebe er hier unter den Wirkungen der Liebenswürdigkeit und Gerechtigkeit des ausgezeichnetsten Fürsten wieder auf, und soweit sich einer tüchtig und fähig erweise, werde er nach dem eigensten Wunsche und Willen desselben mit Ehren überhäuft. Die Musen, die nach dem Gesetze der Natur, nach dem Rechte der Völker und nach den Erfordernissen der Civilisation frei sein müssten, lebten hier unter der Obhut eines hochsinnigen Fürsten in Ruhe und Frieden, während sie in Italien und Spanien von feilen Priestern unter die Füsse gestampft würden, in Frankreich durch den Bürgerkrieg die ärgsten Unbilden erduldeten, in den Niederlanden in Folge häufiger Aufstände am Boden lägen und in gewissen Gegenden Deutschlands jammervoll dahinsiechten [1]).

Der Herzog Nachfolger, Heinrich Julius, an Bildung, Freimuth und fürstlichem Hochsinn seinem verstorbenen Vater ebenbürtig, verehrte Bruno für seine Trostrede 80 Thaler und erwies sich ihm auch in andern Beziehungen hülfreich. Die Huld des Herzogs vermochte jedoch Bruno nicht vor der Wuth der Theologen zu schützen, die seine Vertheidigung des copernicanischen Weltsystems verabscheuten! Und so musste es denn der Philosoph erleben, eines Sonntags von dem Superintendenten der Kirche zu Helmstädt, Boethius, in öffentlicher Predigt excommunicirt zu werden. Nach dem eigentlichen Sinne dieses Ausdrucks müsste Bruno in Helmstädt convertirt haben. Da er aber, trotz der Verherrlichung Luthers in Wittenberg, für die Dogmatik des Protestantismus stets und überall nichts als

---

1) Ibidem: *In mentem ergo, in mentem (Itale) revocato, te a tua patria honestis tuis rationibus atque studiis, pro veritate exulem, hic civem. Ibi gulae et voracitati lupi Romani expositum, hic liberum. Ibi superstitioso insanissimoque cultui adstrictum, hic ad reformatiores ritus adhortatum. Illic tyrannorum violentia mortuum, hic optimi Principis amoenitate atque justitia vivum, et quatenus te capacem efficis et ostendis, officiis etiam et honoribus, saltem pro ejusdem votis et intentione, cumulatum. Musae enim illae ordine naturae, jure gentium, civilibusque legibus non immerito liberae, quae in Italia et Hispania vilium presbyterorum pedibus conculcantur, in Gallia discrimina extrema civili bello patiuntur, crebris in Belgia concutiuntur fluctibus et in quibusdam Germaniae regionibus infoelicissime torpent. Hic solidantur, eriguntur, tranquillissime degunt atque cum suis studiosis optime pro Principis arbitrio vigescunt.*

Spott und Hohn in Bereitschaft hat, so ist die Annahme von Bruno's Uebertritt zum Protestantismus durchaus ungerechtfertigt, um so mehr, als auch die eigenen Bekenntnisse des Nolaners vor der Inquisition zu Venedig jede Gemeinschaft mit den Ketzern in bestimmteste Abrede stellen [1]). Der Ausdruck Excommunication bezog sich also nur auf Bruno's Ausschliessung vom Predigtbesuch und war vielleicht verbunden mit einer Verwarnung derjenigen Schüler, die seinen Privatunterricht genossen. Da der Angriff auf seine Existenz ganz unvorhergesehen und ohne jede vorgängige Untersuchung gekommen war, so beschwerte sich Bruno am 6. October in einer Zuschrift an Rektor und Senat der Universität und verlangte Genugthuung. Wie viel oder wie wenig bei diesem Schritte herausschaute, wissen wir noch nicht, doch ist es wahrscheinlich, dass Bruno noch einige Zeit in Helmstädt geblieben sei. Aber für die Folge war durch diesen Gewaltakt des Superintendenten Bruno's Schicksal an der Alma mater Julia besiegelt. Der Verstossene mochte gegen die Excommunication protestiren soviel er wollte, er mochte sich auch auf sein gutes Recht berufen, auf Grund einer gerichtlichen Untersuchung abgeurtheilt zu werden, — es half nichts, fort musste er, der Philosoph musste dem Herrn Hauptpastor weichen. Da ihm die Vorlesungen abgeschnitten wurden, entging ihm die Möglichkeit, sich seine Existenz zu fristen. Die Angriffe des Theologen und Rektors Dan. Hofmann gegen die Philosophie mögen obendrein das ihrige dazu beigetragen haben, um Bruno's Entschluss, Helmstädt zu verlassen, noch bälder zur Reife zu bringen. Denn die Bitterkeit, mit welcher Bruno sich im Commentar zu seinem eben damals im Abschlusse begriffenen Lateingedichtes De Immenso über Hofmann äussert, lässt einen Schluss zu über die Kampfweise, mit welcher man den verhassten Neuerer fortzudrängeln suchte. Die Stelle, in welcher Bruno seiner Verachtung gegen den von ihm als ebenso perfid wie unwissend geschilderten Rektor freien Lauf lässt, ist zu drastisch, als dass sie hier nicht zugleich als Probe der Keulensprache dienen sollte,

1) Bruno's gegen diesen Gewaltakt des Pastors Boethius beim Rektor Dan. Hofmann am 6. Oct. eingereichte Beschwerdeschrift hat aus einem Wolfenbüttler Manuscript abgedruckt Henke, Die Universität Helmstädt im 16. Jahrhundert (1833), pag. 69.

deren der Dichterphilosoph im geeigneten Momente fähig war. „Der Scholarch und ausnehmend wichtige Erzschulmeister, der Rhadamanthys der Knaben, der auch nur von gewöhnlicher Philosophie nicht eine Ahnung hat, wiewohl er, weil es eben einmal so hergebracht ist, versichert, man könne die peripatetische Philosophie nicht himmelhoch genug rühmen: — der urtheilt über Sinn und Geist göttlicher Männer, deren Staub und Asche allen Seelen dieser Gattung vorzuziehen sind, mit schnöder Wegwerfung. Zuerst verfälscht er das geschriebene Wort und kehrt dann aus frecher Ignoranz die Hypothese jenes Berühmten lügnerischerweise in ihr Gegentheil um, indem er behauptet, der Himmel stehe still, während zwar die Erde, nicht jedoch der Mond und die sämmtlichen Sterne sich bewegten. Was sollen wir nun aber einem Schulfuchs antworten, das er begreifen wollte oder könnte? Was sollen wir mit diesem abgeschmacktesten Lümmel anfangen? Vor welchen Vorkäuer sollen wir ihn rufen? Zu was sollen wir das Fell jenes Frechlings, der sich herausnimmt, über seine Staubtrockenheit und stinkenden Leisten hinauszugehen, verarbeiten[1])?" Wahrlich ein würdiges Vorspiel zu der zweihundert Jahre später erfolgenden Abschlachtung des Herrn Hauptpastors Goeze! Die fortgesetzten Nadelstiche des Herrn Superintendenten, verbunden mit den Wühlereien des Herrn Rektors, hatten aber schliesslich doch den Erfolg, dass der verhasste Herold der copernicanischen Weltanschauung es schliesslich vorzog, Helmstädt zu verlassen und nach Frankfurt überzusiedeln, um den Druck der Lateinwerke

1) De Immenso, Lib. IV, cap. 10, pag. 399: *Hic scholarcha eximiusque ludi Minervalis moderator, puerorum Rhadamanthus neque ordinarium philosophiam callens, quam pro more laudibus ad astra vehendam dicit peripateticam: perperam de divinorum hominum (quorum cineres omnibus hujus generis animabus sunt anteferendi), sensu judicat. Postquam literarum falsificationem et mendacissimam (ex fonte temerariae ignorantiae) illustris illius positionis eversionem (caelum quippe stare ille dixit, mota tellure, non autem lunam et omnes stellas, et omnia supera) nosti quomodo actum deinde expediat. Nos vero quid grammatico respondebimus quod ille capere velit vel possit? Quid pecorum omnium insulsissimo faciemus? ad quem promeritorem appellabimus? Quid de corio illius (qui ultra suam pulverulentiam stercoreamque crepidam tam temerarie audax adsurgit) faciendum existimabimus?*

die er den Winter über vorbereitet, persönlich überwachen zu können. Er wird um die Mitte des Jahres 1590 in Frankfurt angekommen sein [1]).

c) Bruno in Frankfurt und Zürich. 1590—1591.

Frankfurt a. M. war damals das Centrum des deutschen und europäischen Buchhandels, es hatte die jährliche Büchermesse, es war das Leipzig des sechszehnten Jahrhunderts. Dort unterhielten die grossen Buchhändler und Verlagsfirmen wie Aldus von Venedig, die Froben von Basel, die Stephanus von Lyon und die einheimischen Wechel auf eigene Kosten ihre Gelehrten. Bruno gewann für die Herausgabe seiner schon in Helmstädt vorbereiteten Werke die Druckerei von Joh. Wechel und Peter Fischer. Diese verpflichteten sich, ihn während des Druckes seiner Werke frei zu halten, wogegen er selber die Verpflichtung einging, die nöthigen Beweisfiguren selber zu schneiden und die Correctur zu lesen. Die Verleger brachten ihn, als es sich als unmöglich herausstellte, ihn in ihr eigenes Haus aufzunehmen — der Bürgermeister versagte ihm das Recht des Aufenthalts in Frankfurt — im Carmeliterkloster unter [2]). Der Prior desselben schätzte ihn als Mann von Geist und universeller Bildung, behauptete aber steif und fest, er habe keine Religion. Dagegen wollte er von Bruno gehört haben, er hätte sich nur daran zu machen gebraucht, so wollte er in wenigen Jahren die ganze Welt zu einer einzigen Religion bekehrt haben. Uebrigens war Bruno nach den spätern Aussagen des Priors, den ganzen Tag beschäftigt, zu schreiben und hin und her zu gehen, grübelnd und neuen Dingen nachbrütend [3]). Daneben hielt er, natürlicherweise ohne Erfolg, „häretischen

---

1) Nach den Angaben des Frankfurter Bürgermeisterbuches vom 2. Juli 1590 bei Sigwart, Kl. Schr., Erste Reihe, pag. 121.

2) Doc. IX (bei Berti, Vita di G. Bruno, pag. 348): *E in Francfort sono stato da sei mesi in circa alloggiando nel convento de' Carmelitani luogo assignatomi dal stampator, il qual era obbligato a darmi stantia.* Dazu noch Sigwart a. a. O.

3) Der venetianische Buchhändler Bertano im Zeugenverhör vor dem Inquisitionstribunal in Venedig berichtet im Doc. V bei Berti, Vita d

Doctoren" Vorträge über die lullische Gedächtnisskunst [1]) und machte Bekanntschaft mit den Buchhändlern, die jährlich zweimal die Frankfurter Büchermesse besuchten und mehrfach in demselben Kloster Quartier nahmen. Unter diesen sind namentlich hervorzuheben die Venetianer Ciotto und Bertano, welche später im Zeugenverhör zu Venedig eine Rolle spielten. Erstaunlicherweise fand der raschdenkende Mann neben allen diesen Beschäftigungen noch Zeit genug, um sich an den Disputationen zu betheiligen, welche alljährlich während der Messe gehalten wurden. Dann strömten in Frankfurt Gelehrte von allen deutschen Hochschulen, sowie von den Universitäten Padua, Oxford, Cambridge zusammen und hielten über die verschiedenartigsten Themen ihre Streitgespräche. Es lässt sich denken, dass ein allen Sätteln der Dialektik gerechter Ideenkämpe und Streithahn wie Bruno, bei solchen Gelegenheiten sein Licht nicht unter den Scheffel stellte.

Bruno's Aufenthalt in Frankfurt dauerte etwa ein halbes Jahr [2]), wurde aber durch einen mehrmonatlichen Abstecher nach Zürich unterbrochen. Während desselben hielt Bruno vor einem ausgewählten Kreise junger Männer Vorträge über Metaphysik [3]) und zwar in Form monographischer Charakteristiken von 62 Hauptbegriffen der Logik und Ontologie, welche Bruno, wie später Hegel, ineinanderschmolz. Unter seinen Zuhörern zeichneten sich vor allem zwei Jünglinge aus: ein reformirter Pfarrer von poetisch-philosophischer Geistesrichtung, Raphael

---

G. Bruno, pag. 337): *Il detto Giordano, per quanto mi disse il Prior de quel convento in Francforte, se occupava per il più in scriver e andar chimerizzando e strolegando cose nove.* Ferner: *Me disse ben quel Padre Prior del Carmine de Francoforte, domandandoli che huomo era il detto Giordano, che egli haveva bel ingegno, e delle littere, et era homo universale, ma che non haveva religione alcuna, per quanto lui credeva: soggiungendo, egli dice, che sà più che non sapevâno gli apostoli e che gli bastava l'animo de far se havesse voluto che tutto il mondo sarebbe stato de una religione.*

1) Ebendas., *Leggeva a dottori heretici perchè in quella città sono heretici.*

2) Nach Sigwart, Kl. Schr., Erste Reihe, pag. 122, Anm. 14.

3) Zeugenaussage des venetianischen Buchhändlers Bertano vor dem Inquisitionsgericht von Venedig, Doc. VI (bei Berti, Vita di G. Bruno, pag. 337): *in Surigo leggeva, per quanto lui mi disse, a certi dottori, non so che letioni, se fossero letioni di filosofia o d' altra scientia.*

Eglin, welchem der Magistrat von Zürich noch in demselben Jahre 1591 wegen seiner Verdienste um die städtischen Schulen das Bürgerrecht schenkte [1]), — dann aber ein junger Patrizier von Augsburg, Joh. Heinrich Hainzel, welcher in diesem Jahre das Schloss Elgg bei Winterthur käuflich erworben hatte. Dieser Hainzel und sein Bruder Hans Ludwig führten auf dem neuen Junkersitze ein lustiges Leben und empfingen Besuche von allen Seiten. Adelige, Bürgerliche, Gelehrte und Magistrate waren willkommene Gäste [2]). Auch Bruno scheint die Mäcenashuld des durch seine Schwiegermutter reich gewordenen Patriziers

1) Ueber Raphael Eglin (geb. 1559, gest. 1622) vgl. zunächst Wagemanns Artikel in der Allgem. Deutschen Biographie, Bd. 5 (1877), pag. 678 bis 679, sodann aber den dort fehlenden ältern und wichtigsten Lebensabriss in Leu's Allgem. Helvetischem Lexikon, Bd 6 (1752), pag. 224—229. Durch Bürgschaften für den Junker Hainzel im Betrag von 470 Kronen, wovon er am 24. November 1605 laut Schreiben an die Zürcher Obrigkeit 270 Kronen abbezahlt hatte, in schwere Geldbedrängniss versetzt, suchte er sich durch Mitbetheiligung an Hainzels Goldmacherversuchen aus der Klemme zu ziehen und rühmt in einem an Dr. (Pistorius) gerichteten Lateinbrief vom 28. November 1604: „*Est autem ea res ita certa et explorata, ut jam aliquoties specimina sint facta a me et meis in magna quantitate. Lucrum in singulas marcas singulis septimanis perficiendas est decem florenorum nostratium.*“ Eglin war eine geistreich unruhige Faustnatur, wie er denn auch nach Leu, als er 1607 vom Landgrafen Moritz zu Cassel die vierte theologische Professur an der Universität Marburg, vorher aber von dieser den Doctortitel der Theologie erhielt, den faustischen Ausspruch gethan haben soll: *Nunc sum Doctor, sed non doctior.* Seine 60 Schriften verzeichnet Leu's Lexikon, pag. 226—229. Einige 40 derselben besitzt die Zürcher Stadtbibliothek. Eglin versuchte sich auch als Dichter. In einem 6 Strophen haltenden Abschiedsgedicht an seine Frau (undatirt, etwa vom November 1605 von Konstanz aus?) äussert sich der Herr Pfarrer also über seine Kollegen:

Die geistlichen all zusamen
Sind all von einem stam̄en,
Unns nit mehr lyden wänd.
An statt erbermbde, mitlyden,
Bruchend sy zwifacht kryden,
Domit wir werdind gschänt.

2) Nach einer auf Notizen über die Geschichte des Schlosses Elgg gegründeten, freundlichen Mittheilung des ehemaligen, zürcherischen Staatsarchivars Dr. Joh. Strickler. Schloss Elgg ging an die Herren Tägerstein resp. die Brüder Hainzel am 5. (resp. 15.) Jan. 1590 käuflich über um 16,000 Gulden (laut Verbriefung vom 5. [resp. 15.] Merz 1590). Diese

genossen zu haben. Denn warum anders sollte sonst Bruno dem Junker Johann Heinrich Hainzel sein Werk DE IMAGINUM, SIGNORUM ET IDEARUM COMPOSITIONE gewidmet haben? Wahrscheinlich durch Hainzel war Bruno nach Zürich berufen worden und ebenfalls durch Hainzel kam nun Bruno in Berührung mit Eglin, welcher noch vier Jahre später mit grosser Begeisterung von den hervorragenden Geisteskräften seines Lehrers sprach. „Auf einem Fusse stehend, diktirte und dachte er so geschwind als ihm die Feder zu folgen vermochte, so raschen Geistes und von so grosser Denkkraft war er." Der fliessende Styl, in welchem diese, von Eglin zuerst in Zürich 1595, später in Marburg 1609 in zweiter Ausgabe als SUMMA TERMINORUM METAPHYSICORUM JORDANI BRUNI NOLANI [1]) herausgegebenen

Summe wurde grösstentheils von der beiden Hainzels Schwiegermutter bezahlt. In Folge des lustigen Lebens, welches sich auf dem gastfreundlichen Schlosse bald entwickelte, trat allmälig Erschöpfung der Geldmittel ein. Um dieser vorzubeugen, wurden Verbindungen mit Alchymisten angesponnen, die sich ihre Reisen in fremde Länder entweder zum Voraus gut bezahlen liessen oder nachträglich enorme Rechnungen stellten. Als solche Salzkünstler d. h. Goldmacher werden erwähnt Hauptmann Bäldi von Glarus, Freuler von Schaffhausen und einer Namens Wasserhuhn von unbekannter Herkunft. Alchymistische Bücher wurden zu hohen Preisen gesucht und gekauft, ja sogar oft vorausbezahlt, ohne dass die Bücher kamen. Geldverlegenheiten, die darüber eintraten, wurden mehrfach von der Schwiegermutter wieder gehoben, stellten sich aber immer wieder ein und Wuchergeschäfte, die der Noth abhelfen sollten, verschlimmerten dieselbe nur. So lief denn bis 1598 eine amtlich festgestellte Schuldenmasse von 80,000 Gulden auf, deren Bezahlung wieder die Schwiegermutter auf sich nahm. 1599 ging dann die Herrschaft Elgg käuflich an einen Herrn Bonaventura von Bodeck über. Ueber Hainzel vgl. noch SIGWART, Kl. Schr., Erste Reihe, pag. 123, Anm. 16. Ueber Bruno's Aufenthalt in Zürich ist bis jetzt aus Züricher Quellen nichts zu erfahren gewesen.

1) SUMMA TERMINORUM METAPHYSICORUM *ad capessendum Logicae et Philosophiae studium, ex Jordani Bruni Nolani Entis Descensu manuscr. excerpta: nunc primum luci commissa a Raphaele Eglino Iconio, Tigurino. 4°. Tiguri apud Jo. Wolphium 1595.* Auf der Züricher Stadtbibliothek. Die Marburger Ausgabe ist betitelt: *Summa t. met. J. Bruni Nolani. Accessit ejusdem* PRAXIS DESCENSUS, *seu* APPLICATIO ENTIS *ex Mso., per R. Eglinum, Iconium Tigurinum, in Acad. Marpurg. Prof. theol. Marburg 1609.* Bei GFRÖRER, pag. 413 bis 516. Die PRAXIS DESCENSUS, bei GFRÖRER pag. 472—516, zerfällt in die Abschnitte DE DEO SEU MENTE mit 51 Begriffsbestimmungen, ferner in INTELLECTUS SEU IDEA mit 44 nicht bezifferten Begriffsbestimmungen.

Vorlesungen gehalten sind, rechtfertigt allerdings Eglins Bewunderung der dialektischen Gewandtheit Bruno's. Sie sind wohl das klarste, was dieser geschrieben und verdanken diesen Vorzug nicht allein der schon von Eglin erkannten Thatsache, dass sie im Grunde den Begriffsbestimmungen der Peripatetiker entnommen sind. Merkwürdig ist der Gegensatz, welchen zu diesem Lexikon philosophischer Begriffe der erst in Marburg hinzugetretene Anhang bildet, den Bruno wahrscheinlich LAMPAS DE ENTIS DESCENSU betitelt hatte, Eglin aber PRAXIS DESCENSUS SEU APPLICATIO ENTIS benannte. Man könnte den ersten Theil der Summa die exoterische, den zweiten Theil, die PRAXIS DESCENSUS, die esoterische Philosophie Bruno's nennen. Wenn die Begriffsbestimmungen des exoterischen Theils auf Aristoteles' Kategorienlehre sich aufbauen, so lässt dagegen der esoterische Theil die Emanationstheorie der Neuplatoniker zum Durchbruch gelangen. Dieser letztere, bis jetzt noch wenig gewürdigte Tractat enthält ganze Sätze, welche, zum Theil wörtlich, in Spinoza's Ethik wiederkehren [1]).

Was nun Bruno nach verhältnissmässig kurzem Aufenthalt in Zürich sobald wieder nach Frankfurt zurücktrieb — war es die Sorge um die dort im Drucke befindlichen Bücher, deren Correctur Bruno lesen wollte, oder war es die begründete Einsicht, von seinen Schülern doch wohl missverstanden zu werden, — wir wissen es nicht. Bemerkenswerth bleibt jedenfalls die Thatsache, dass Hainzel und Eglin wenige Jahre später in einen für Beide gleich folgenschweren Alchemie- und Falschmünzerprocess verwickelt wurden. Bruno war aber ein Verächter der Alchemie, die er schon vor Jahren im CANDELAJO meisterlich

1) Vgl. z. B. den gewaltigen Satz von Spinoza's Ethik II, 7: *Ordo et connexio idearum idem est ac ordo et connexio rerum.* Bruno beginnt die Begriffsbestimmung von *Ordo* in dem Abschnitt *Intellectus seu idea* im Anhang zur zweiten Ausgabe der SUMMA TERMINORUM METAPHYSICORUM (GFRÖRER, pag. 505) mit folgenden Worten: *Est ordo atque series eorum quae intelligunt, sicut in numeris. Prima enim et suprema intelligentia est ipsa monas, cui gradatim succedunt secundae intelligentiae, quarum quae proximiores primae sunt, tanto simplicioribus et paucioribus speciebus omnia apprehendunt, quanto autem elongatiora, tanto pluribus. Itaque ordo cognoscentium est sicut ordo specierum in numeris.* Dieser Satz

persiflirt hatte [1]). Möglich also, dass er, als ihm von Seite Hainzels alchemistische Zumuthungen gemacht wurden, es vorzog, den für ihn unfruchtbaren und gefahrdrohenden Boden Zürichs schnell wieder zu verlassen. Es war das Vorspiel zu dem tragischen Geschicke, welches Bruno nun bald genug in Venedig ereilen sollte.

Wieder in Frankfurt angelangt — es war wohl im Sommer — widmete sich Bruno völlig der Drucklegung seiner grossen Lateinwerke, welche nun in rascher Aufeinanderfolge hintereinander erschienen, wiewohl ihr Verfasser nicht mehr so glücklich sein sollte, den Abschluss derselben zu erleben. Die Reihenfolge dieser in zwei sehr ungleich dicken Octavbänden gedruckten Werke, von welchen das erste selbständig, die drei andern zusammen und zwar die zwei letzten mit fortlaufender Seitenzahl herauskamen, ist nun aber folgende [2]):

1) Vom dreifach Kleinsten und dem Mass (De triplici Minimo et Mensura [3]).

2) Von der Einheit, der Zahl und der Figur (De monade, numero et Figura liber), ebenso vom Zahllosen, Unermesslichen und Unvorstellbaren oder vom All und den Welten acht Bücher (item De Innumerabilibus, Immenso et Infigurabili, seu de Universo et mundis) [4]).

---

kehrt bei Bruno auch in anderer, der Form von Spinoza's Satz nicht weniger ähnlichen Fassung wieder. Vgl. unten Thl. III, Bruno's Einwirkung auf Spinoza.

1) Candelajo, Akt I, Scene 11 (Wagner I, 28). Im Argumento (I, 6) übereinstimmend: *pone la sua speranza ne la vanità de le magiche superstizioni.*

2) Nach den Forschungen Sigwarts in dessen Tübinger Universitätsprogramm von 1880, pag. 23 und 28, sowie nach dessen Kl. Schr., Erste Reihe, pag. 122.

3) De triplici Minimo et Mensura *ad trium speculativarum scientiarum et multarum activarum artium principia, lib. V. Ad ill. et rever. principem Henricum Julium Brunsvicensium et Luneb. ducem, Halberstadtensium episcop.* 8°. *Francof. apud Jo. Wechel et Pe. Fischerum consortes, 1591.*

4) De Monade, Numero et Figura, *liber consequens (libros) quinque de* Minimo, Magno et Mensura. *Item de* Innumerabilibus, Immenso et Infigurabili, *seu* de Universo et Mundis, *libri VIII. Ad illustriss. et rever. princ.*

3) Von der Composition der Bilder, Zeichen und Vorstellungen (De Imaginum, Signorum et Idearum Compositione)[1]).

Wenn Bruno in seinen italienischen Londoner Werken das All vielleicht zu absolutistisch im Sinne der Einen und untheilbaren Substanz aufgefasst hatte, so macht sich nun in seinen Frankfurter Schriften gegen diesen einseitigen Standpunkt eine ausgleichende Tendenz zu Gunsten der individualistischen Weltanschauung fühlbar. Am schroffsten tritt dieselbe in dem Werke „Vom dreifach Kleinsten und dem Mass" zu Tage. Hier will er zur Grundlage jeder künftigen Philosophie, Mathematik und Naturwissenschaft die Betrachtung des Kleinsten machen[2]); er will die platonische Ideenlehre, die ihm nun als der Urquell aller Phantasterei und Unphilosophie erscheint[3]), ersetzt wissen durch die Lehre von den kleinsten Einheiten, den Monaden, mit welchen er die Kluft zwischen Ideal und Wirklichkeit, zwischen Denken und Sein zu überbrücken sucht[4]). Wohl ist ihm das All auch jetzt noch die an der unendlichen Bildsamkeit der Materie sich unendlich manifestirende Gestaltungskraft der Weltseele, aber sie ist ihm dieses jetzt nur noch als die letzte und höchste Einheit der dem Urquell alles Seins entsprudelnden und blitzartig entsprühenden Myriaden individuell gestalteter Schöpfungsgedanken, der Minima,

---

Henricum Julium, Brunsvicensium et Luneb. ducem, Halberstadt. episc. 8°. *Francof. apud. Jo. Wechelium et Pe. Ficherum consortes, 1591.*

1) De Imaginum, Signorum et Idearum Compositione, *ad omnia inventionum, dispositionum et memoriae genera, libri tres. Ad illustriss. et generosiss. Jo. Henr. Hainzellium, Elcoviae dominum.* Credite et intelligetis. 8°. *Francof. ap. Jo. Wechelium et Pe. Ficherum consortes, 1591.*

2) De Tripl. Minimo, Lib. I, cap. 5, pag. 20: *Ex praedictis necessario infertur minimi contemplationem tum necessarium, tum in primis ante naturalem, mathematicam atque metaphysicam scientiam constituendam.*

3) De Immenso, Lib. VIII, cap. 10, v. 34—38, pag. 650:

. . . . Quid praestant ergo Platonis
Archi illae technae archetypi ideae, ora, collossi,
Phantasiarum currus, naves quisquiliarum,
Extra corporeum sic consistentia mundum?

4) De Tripl. Min., Lib. I, cap. 4, pag. 10: . . . *minimum seu monas est omnia, seu maxima et totum.*

der Monaden. Wie es für das kosmologische Denken ein unendliches Weltall nur in dem Sinne giebt, dass der unendliche Raum von unendlich vielen Weltkörpern erfüllt ist, welche zusammen wieder ein unendlich abgestuftes [1]) System von einander anziehenden und abstossenden Organismen mit eigenen Bewegungsbedingungen darstellen, so auch erkennt das metaphysische Denken in dem das All durchdringenden Weltgeist nur die letzte und höchste Einheit der unendlichen Summe jener Einzelgeister, welche, jeder nach seiner besondern Anlage, durch gegenseitige Trennung und Verbindung das Allleben, d. h. eben, das Leben des Allgeistes, darstellen. Zwar ist jede Monade eine Welt für sich [2]), in jeder Monade spiegelt sich das ganze Weltall [3]), jede Monade ist das Centrum der ganzen Natur, und ebendeswegen giebt es gerade so viele Mittelpunkte des Universums, als es Welten, Gestirne, Lebewesen und Herzen giebt, nämlich an Zahl unendliche. Aber bei Licht betrachtet, ergiebt sich schliesslich für den Denker, dass der alle Monaden durchdringende Lebensgeist, die, alle Monaden in auf- und absteigender Linie bewegende Urkraft, eben doch nichts anderes ist als die Substanz der Substanzen [4]), die Monade der Monaden [5]), die Künstlerin Gottnatur (DEUS ET NATURA), deren unendlicher Ideenreichthum seines gleichen nur an der unendlichen Gestal-

---

1) EROICI FURORI (WAGNER II, 361): *infiniti gradi che son* ... Ebendort pag. 398: *innumerabili individui e specie di cose, ne le quale riluce il splendor de la beltade divina, secondo li gradi di quelle* ... Ferner SUMMA TERM. METAPHYS. (GFRÖRER, pag. 398): *Hinc ille rerum numerus, hinc illi rerum gradus, hinc pro numerorum rationibus variae variorum sunt compositiones, magnitudines atque figurae, unde singulae rerum species diversos magnitudinis et membrorum constitutionis gradus et qualitatum numeros sunt assequutae.*

2) SPACCIO DELLA BESTIA TRIONFANTE (WAGNER II, 113): *In ogni uomo, in ciascuno individuo, si contempla un mondo, un universo.*

3) DE IMAGINUM, SIGNORUM ET IDEARUM COMPOS., cap. II, pag. 3, Anfang: *Actum praesentis considerationis proponimus in universo juxta tertiam significationem, quod est veluti speculum quoddam vivens, in quo est imago rerum naturalium et umbra divinarum.*

4) DE TRIPL. MIN., pag. 10: *Hinc optimus maximus substantiarum substantia et entitas qua entia sunt monadis nomine celebratur.*

5) Ibid., pag. 17: *Deus est monadum monas, nempe entium entitas.*

tungskraft findet, womit sie in ununterbrochenem Flusse[1]) ewig neue Daseinsformen hervorzaubert[2]).

Das Werk über die „Composition der Bilder, Zeichen und Vorstellungen" ist eine Neubearbeitung der „Schatten der Ideen", wiewohl es als ein neues Werk aufgefasst sein will und unbestritten vieles Neue hat. Es geht wie jenes von der dogmatischen Voraussetzung aus, dass sich die Bilder der Aussenwelt, die Phänomene, mit den von unserer Seele, als dem Spiegel der Weltseele, entworfenen Bildern, den Vorstellungen, decken. Insofern alles Denken nur ein Widerschein und Abglanz ist der, der Allseele vorschwebenden Bilder und Gedanken, so beruht im letzten Hintergrunde all unser Seelenleben, all unsere Geistesthätigkeit, auf Anregungen der Phantasie. „Die Einen empfinden nun aber die Harmonie mehr durch die Augen, die Andern, wenn auch in geringerem Maasse, durch die Ohren. Es giebt desshalb eine wunderbare Seelenverwandtschaft zwischen wahren Dichtern, Musikern, Malern und Philosophen. Alle wahre Philosophie ist zugleich Musik oder Poesie und Malerei; wahre Malerei ist zugleich Musik und Philosophie. Wahre Poesie und Musik ist eine Art göttlicher Weisheit und Malerei[3])."

---

1) De tripl. Min., pag. 65: *Naturalia omnia ..... continue alterantur, trepidant, moventur, exagitantur.* So auch in De Immenso, pag. 558: *Omnia circuunt et Telluris partes et maria et flumina variant inflexo reflexoque quodam naturae ordine vicissitudines, sicut materia hinc inde influendo effluendoque vagatur, ita etiam circa materiam formae.*

2) Summa term. metaphys. (Gfrörer, pag. 498 in dem zum Anhang gehörenden Abschnitt Intellectus seu idea unter Materia): *Materiam quoque, quae ante vulgata elementa substernitur, unam et individuam secundum essentiam, innumerabilibus formis atque similitudinibus configurat, ut melius per universum et singulatim per omnes partes nequeat configurari, sicut et intellectus rationalis unam universalem intentionem atque speciem entis, ad innumerabilium conceptionum diversarum, utpote ad mundi rationalis constitutionem promovet et producit.*

3) De Imaginum, Signorum et Idearum Compositione, pag. 102: *Istis rerum harmonia satius per oculos, illis vero leviori quadam sorte per aures ingeritur. Alibi dixi de cognatione quadam mira quae est inter veros poetas, qui ad eandem speciem referuntur atque musici, veros pictores et veros philosophos: quandoquidem vera philosophia musica seu poesis et pictura est, vera pictura et est musica et philosophia. Vera poesis et musica est divina sophia quaedam et pictura.*

Nach solchen grossartigen Ansätzen zu einer Kunstphilosophie reitet dann Bruno sein lullisches Steckenpferd, indem er abstrakte Begriffe in Gedächtnissverse bringt und diesen durch wahrhaft künstlerisch entworfene, allegorische Bilder für das Erinnerungsvermögen eine Stütze zu geben versucht. Die griechischen Götter und Heroen stellen die Grundbegriffe dar, um welche sich dann die andern Begriffe nach dem Princip der innern Verwandtschaft, der Synonymität oder Gegensätzlichkeit mehr oder weniger ungezwungen herumgruppiren. Zu diesem Zwecke werden zunächst die Grundbegriffe nach den ihnen schon mythologisch entsprechenden Göttern in prachtvoll ausgeführten Bilderhallen aufgestellt und dann für die sich an dieselben anlehnenden Unterbegriffe wiederum eigene Hallen geschaffen, in welchen auch sie sich in einfach schönen Allegorien abheben. In der Halle der Schöpfung steht ein Landmann, der säet; in der Halle der Freude steht ein Mädchen, angethan mit einem grünen Kleide, in welches goldene Sterne eingewirkt sind, und streut aus einem Körbchen allerlei bunte Blumen. In der Halle der Intrigue steht der Papst, der seine Mitra darbietet; vor ihm stürzt ein Mann, der herangetreten war, sie zu empfangen, in den Abgrund. In der Halle der Gotteslästerung besprengt ein Priester in rothem Gewande den Altar mit dem Blute des Opferthieres[1]). Auf diese Weise hat Bruno einen wahren Schatz kunstsinnig entworfener Allegorien geschaffen, welcher nur der Hand des verständnissvollen Künstlers harrt, um Bruno auch den Ruhm eines selbst für die bildende Kunst fruchtbaren Schriftstellers einzutragen.

Wenn das nun folgende Werk „Ueber die Einheit, die Zahl und die Figur" geringen philosophischen Werth beanspruchen kann, da es sich meist in Spielereien mit pythagoräischer Zahlensymbolik bewegt, so birgt dagegen dessen Fortsetzung „Ueber das Unermessliche" einen unerschöpflichen Schatz poetischer Naturgemälde und grossartiger Ideen von weltweiter Perspective. Es giebt im Grossen und Ganzen den Inhalt des Londoner Dialogs „Ueber das Unendliche, das All und die Welten" wieder

1) De Imaginum, Signorum et Idearum Compositione, Sectio III, cap. 11, pag. 70—72.

und ist ein philosophisches Lehrgedicht im Style des Lucretius, dessen Formen sich Bruno ganz zu eigen gemacht hatte. Schade dass auch es, wie die übrigen Frankfurter Lateingedichte, den an classische Reinheit der Sprache Gewöhnten nicht selten durch italienisirende Flexionsformen [1]) und metrisch überfruchtete Hexameter verletzt [2]). Das grosse Lehrgedicht „DE IMMENSO“ ist, wie Berti sich treffend ausdrückt, „ein Epos der Metaphysik und Kosmologie“ von einigen tausend Lateinhexametern mit reichlich eingestreuten Prosaerklärungen. Mögen auch manche Deutungen physischer Vorgänge und kosmischer Verhältnisse dem Forscher der Gegenwart ein stilles Lächeln abnöthigen, wenn er sich erinnert, welche Fortschritte die Astrophysik und Kosmologie in den letzten zwei Jahrhunderten gemacht haben, — immer und immer wird er von dem unwiderstehlichen Reize dieses wunderbaren Gedichtes wieder aufs neue angezogen werden und sich gestehen müssen, dass die Einheit des Alls, die Wechselbeziehungen des siderischen und tellurischen Lebens und dann wieder die ineinandergreifenden Strömungen des physischen und des intellectuellen Processes, niemals noch einen so begeisterten und seiner erhabenen Aufgabe auch poetisch so gewachsenen Darsteller gefunden haben, wie Bruno. Die entzückende Schönheit des Weltganzen und die staunende Bewunderung vor dessen grandioser Gesetzmässigkeit reissen den Dichterphilosophen ins-

---

1) So in DE IMMENSO, Lib. IV, cap. 15, v. 25, pag. 423:

Cui minus haud debet compostum forte magisque.

Ebenso in DE MONADE, cap. 1, v. 183, pag. 7:

Nam quis belluinam speciem nisi bellua cupiret
Ad Venerem?

Eine andere Unart ist das Abbrechen eines Compositums am Schlusse des Verses, wie z. B. in DE IMMENSO, Lib. II, cap. 13, v. 19:

.... Quare proprium sibi sufficit Uni-
Versum ....

Noch ärger nimmt sich folgende Trennung aus. Ibid., pag. 377, v. 49:

Sub cinere arenti latitans aut calce ubi suspen-
Sum est retinens aestum quo splendeat atque colore.

2) DE IMMENSO, Lib. VIII, cap. 1, v. 90, pag. 627:

Nasus, frons rugosa, supercilium, propexaque barba.

Ibid., pag. 314, v. 2:

In proprios ingentis pollicitatio secli.

besondere gegen den Schluss des Gedichts hin stellenweise zu wahrhaft ergreifenden Episoden rein poetischer Naturschilderung mit sich fort. Ein glanzvolles Prachtstück solcher dichterischer Leistungen bildet z. B. die Schilderung des **Forscherlooses**[1]:

Muthig entreisst sich der Forscher dem sichern Gestade der Heimath,
Anvertraut sich dem Meer und lässt die Segel vom Wind bläh'n.
Auf gebrechlichem Kiel durchfurcht er mit Zagen die Salzfluth,
Bebenden Herzens, beständig gespannt, ob jetzt nicht des Nordsturms,
Jetzt nicht des Südwinds Zorn ihr Schifflein jählings bemeistre,
Oder es bohr' in den Grund die Wuth des scythischen Nordosts,
Welcher die See aufwühlt und zu wirbelnden Wogen emporpeitscht.
Aber auch die nicht geringern Gefahren zu Land zu bestehen
Treibt sie der Geist und so setzen sie kühn über Berge und Ströme,
Oder sie eilen mit zitterndem Fuss über Steppen und Wüsten.
Doch auch die Angst zieht mit: die Reisenden hemmt hier ein Kreuzweg,
Dorten ein Hinterhalt; und nimmt sie ein gastlicher Herd auf,
Ach, so entbehrt er des Brods; und deckt sie im Freien die Nacht zu,
Ach, so bricht sie herein mit allen Gewittergefahren.
Jetzo führt sie der Weg durch schrundige Thäler, verwachsne
Wälder, und feiles Geschick verdammt sie, ungastlichen Volkes
Aufenthalt zu erspäh'n und in Höhlen der Bären zu lagern.
Kaum nach Italien zurück, so drängt es sie **wieder**, zu reisen,
Wieder dem Tiber, dem Arno, dem Po ihren Rücken zu kehren.
Ueber die Alpen, die rauschende Rhon' und die stumme Garonne
Führt sie der Weg, durch die Pyrenä'n und die beiden Navarra
Bis an den prächtigen Strand, den der schwellende Tajo bespület.
Nun auf das Weltmeer! Zurück die Säulen des Hercules lassend,

1) Auch Berti, Vita di G. Bruno, pag. 237—238 kann nicht umhin, auf die poetische Schönheit dieser Episode hinzuweisen, die er selbst auszüglich in italienischer Prosa wiedergiebt. Sie erscheint ihm als das Spiegelbild von Bruno's eigenem Lebensgang.

Segeln sie über den Ocean hin, um an Küsten zu landen,
Wo der Polarstern bald nur noch im Süden zu schau'n ist.
Endlich gelangen sie gar zu Völkerschaften und Ländern,
Welchen die Leuchte des Tags am fernen Ebro emporsteigt,
Während das Abendgestirn im früheren Osten zur Ruh geht[1]).
All das wagen sie kühn, um vom Quell der Weisheit zu trinken
Und sich im Reiche der Geister das Bürgerrecht zu erwerben.
So verspenden sie denn ihr väterlich Erb' und die besten
Jahre des Lebens, sogar schlaflos die Nächte sich mühend,
Nur zu durchforschen bestrebt die Erinnerungsmäler der Vorzeit·
Haben sie solchergestalt mit poetischem Geist sich durchdrungen
Oder sich Namen und Glanz als gründliche Denker erworben,
Harrt dann ihrer vielleicht das Lob und der Beifall des Volkes
Und der gesuchte Erfolg? — O nein! Das besitzen zusammen
Die schon voraus, die das Volk, das verblendete, feiert und anstaunt,
Weil sie die pfiffigen Pächter des blinden Pöbelgeschmacks sind:
Aber Gemeinheit verräth's, so fadem Vergnügen zu fröhnen[2])!

---

1) Bruno denkt hier wohl an seinen italienischen Landsmann Pigafetta, den Begleiter Magelhaens auf dessen Weltumsegelung 1519—1522.

2) De Immenso, Lib. VIII, cap. 1, v. 1—42, pag. 623—625:

Solvunt pro studiis patrio de littore puppim,
Se credunt pelago, levibus dant carbasa ventis,
Vastaque tam fragili sulcant miseri aequora ligno,
Et suspensa ferunt pallenti corda timore,
Ne Boreae fortasse iram patiantur et Euri,
Aut Scythici veniat rabies Aquilonis ut undas
Misceat ac pontum violento turbine quasset.
Nec non terrarum graviora pericla subire
Est animus; superant montes fluviosque rapaces,
Infigunt trepidas deserta per aequora plantas;
Objicit insidias timor insultusque latronum,
Haerent ancipiti in bivio, moxque excipit illos
Aut sine pane focus, vel non tempesta facit nox
Hoc minus esse malum.
Nunc via praecipites per valles carpitur atque
Avia silvarum, sors vilis inhospita gentis
Quaerere tecta jubet, ursorumque antra subiri.
Italiam repetunt itiner meliusque retentant.
Hinc Tiberim Arnum atque Padum post terga relinquunt,

8. Bruno's Rückkehr in sein Vaterland und sein Verhängniss in Venedig.

1591—1593.

In Frankfurt erschienen alljährlich auf der Pfingstmesse auch die venetianischen Buchhändler, unter andern auch Ciotto und Bertano. Diese hatten 1591 irgend ein lullisches Werkchen Bruno's über die Gedächtnisskunst nach Venedig gebracht. In dem Verkaufsladen Ciotto's bemerkte dasselbe ein junger venetia-

Transcendunt Alpes, Rhodanum, surdumque Garumnam,
Perque Navarreos carpunt iter, atque Pyrenes,
Atque superba Tagus qua proluit ora tumescens.
Scandunt Oceanum Herculeas post terga columnas
Linquentes, pontumque secant, advertere ad oras
Ut possint quibus est polus inquirendus ad Austrum.
Ac tandem gentem valeant mundumque videre,
Cui rota Luciferi de cardine surgit Ibero,
Occidit Eoo cui lux ex orbe diurna.
Omnia. Dum cupiunt sophiae de fonte potare,
Ut sibi doctores adsciscant atque magistros.
Hinc et opes fundunt patrias melioraque vitae
Tempora, sollicitis noctes producere curis
Insomnes, lustrando hominum monumenta priorum,
Concipere ut vatum studiosa mente furorem
Certorum reddi celebres ex luce sophorum
Ac fama possint: inde illis gloria vulgi
Aura favor plausus succedat et utilitatis
Quaesitae species — . . . .
. . . . *Nequicquam. Namque favorem*
Vulgi auram, plausum quantumlibet adsequutatos
Esse putent illos ubi mundus caecus adoret,
Stulta animum mulgent nimirum gaudia vilem.

Dieses Gedicht ist stellenweise wörtliche Uebersetzung eines kleinen Abschnittes aus dem Spaccio della Bestia trionfante (Wagner II, 193): *Se vuoi (Fatica) esser là, dove il polo sublime de la verità ti vegna verticale, passa questo Apennino, monta questi Alpi, varca questo scoglioso Oceano, supera questi rigorosi Rifei, trapassa questo sterile e gelato Caucaso, penetra le inaccessibili erture, e subintra quel felice circolo, dove il lume è continuo, e non si veggon mai tenebre nè freddo, ma è perpetua temperie di caldo, e dove eterna ti fia l'aurora o giorno.*

nischer Edelmann aus dem berühmten Geschlechte der Mocenigo[1]), der sich beim Durchblättern des Büchelchens eine so hohe Meinung von dessen Verfasser bildete, dass er Lust bezeigte, sich durch denselben persönlich in den vermeinten Geheimlehren unterrichten zu lassen. Durch Vermittelung Ciotto's oder eines andern venetianischen Buchhändlers wurde Bruno gewonnen, den jungen Patricier, der ihn gut zu halten versprach, in der Gedächtnisskunst, sowie in der Kunst, neue Ideen zu finden (Invention oder Heuristik), zu unterrichten.

Wohl hätte sich der Unvorsichtige erinnern sollen, welch' düstere Ahnung er einst in London, im Schoosse des Glückes, in einem jener Augenblicke, wo man nach des Dichters Wort „dem Weltgeist näher ist als sonst", ausgesprochen hatte: „Wenn der Nolaner bei dunklem Himmel nach seinem Hause zurückkehren muss, und ihr wollt ihn nicht mit fünfzig oder hundert Fackeln begleiten lassen, die, wenn er auch mitten am Tag einherschreiten müsste, ihm doch nicht fehlen werden, falls es ihm begegnen sollte, auf römischkatholischer Erde zu sterben, — so lasst ihn doch von einer heimgeleiten, oder wenn auch das zu viel scheint, leihet ihm eine Laterne mit einem Seifenlichtlein darin[2])." Aber Bruno lebte der Ueberzeugung, dass der wissbegierige Edelmann ihn mit dem Ansehen und der Macht seines Geschlechts gegen alle Nachstellungen sichern würde. Dazu kam dann Bruno's glühende Vaterlandsliebe, die ihn den heimischen

1) Nicht weniger als sieben Dogen dieses Namens haben den Glanz ihres Hauses und den Ruhm Venedigs gemehrt. Der junge Giovanni, dem es gefiel, den Namen seines Geschlechts in der Geschichte der Philosophie mit dem Brandmal schwarzen Verraths an seinem Lehrer zu stempeln, zählte schon vier Dogen seines Namens. Danach ist zu berichtigen, wenn Sigwart, Kl. Schr., Erste Reihe, pag. 77 von vier Dogen spricht, welche die Mocenigos ihrer Vaterstadt überhaupt gegeben hätten.

2) Cena delle Ceneri (Wagner, I, 199): *se per sorte un altra volta avviene, che il Nolano, per farvi servizio, o piacere, o favore, venghi a pernottar in vostre case, facciate di modo, che da voi sii difeso da simili rincontri, e dovendo per l'oscuro cielo ritornar a la sua stanza, se non lo volete accompagnar con cinquanta, o cento torchi, i quali, anchor che debba marciar di mezzo giorno, non gli mancaranno, se gli avverrà di morir in terra cattolica romana, fatelo almeno accompagnar con un di quelli, o pur, se questo vi parrà troppo, improntategli una lanterna con un candelotto di sevo dentro.*

Boden auch um den höchsten Preis wieder betreten liess[1]). Im Uebermuthe des Glückes hatte er sich zwar einst in England als Weltbürger bezeichnet, dessen Vater Sol (die Sonne) und dessen Mutter Terra (die Erde) sei[2]). Allein Bruno hatte sich damit selbst verkannt. Wenn auch seinem philosophischem Seherblicke die Unendlichkeit des ganzen Weltalls mit allen seinen Milchstrassen, Sonnensystemen, Planeten und Kometen nicht zu weit erschien, so brannte doch sein Herz von einer Vaterlandsliebe, der auch die kleinste Heimath nicht zu eng dünkte. Wo immer in seinen Schriften sich die Gelegenheit bietet, verherrlicht er in dem Dreiklang: Italien, Neapel, Nola[3]), das Eden der Welt. Wie rührend ist es, wenn er mitten unter allem Luxus und Comfort der grossen Welt sich plötzlich der Gamander erinnert, die sein Vater Giovanni daheim in seinem Hause am Berge Cicala pflanzt, oder der köstlichen Melonen, die dort Nachbar Fränzchen so gut zu ziehen versteht[4]). Und vollends bessern Wein als den Asprinier von Nola giebt es in ganz Italien und Griechenland nicht[5]). Ja, Bruno begeht einmal die Naivetät, seinem Gastfreund, dem Gesandten Castelnau, das Bekenntniss abzulegen, der edle Freund lasse ihn den Aufenthalt in der Fremde ganz vergessen, denn er mache ihm London zu einem wahren Nola[6]).

---

1) Am schönsten hat dieses Heimweh Bruno's nach dem schmerzlich vermissten Vaterlande bisher dargestellt Bartholmess, Vie de Bruno, T. I, pag. 184—188.

2) Spaccio d. b. tr. (Wagner II, 109): *Orsù, orsù, questa come cittadino e domestico del mondo, figlio del padre Sole e de la Terra madre,* . . .

3) Spaccio d. b. tr. (Wagner II, 153): *Nola,* . . . *Napoli,* . . . *Italia,* . . . *Europa,* . . . *il globo terrestre,* . . . *ogni altro globo in infinito.* Vgl. unten Anmerkung 6, pag. 93.

4) Spaccio d. b. tr. (Wagner, II, 152): *Mercurio. Ha ordinato, che oggi a mezzo giorno doi meloni tra gli altri nel melonajo di Franzino siano perfettamente maturi; ma che non siano colti, se non tre giorni a presso, quando non saran giudicati buoni a mangiare. Vuole, ch' al medesimo tempo da la iviuma, che sta a le radici del monte Cicala, in casa di Gioan Bruno trenta iviomi* (Wagner vermuthet darin *Teucrium chamaedrys*) *perfetti colti,* . . .

5) Spaccio d. b. tr. (Wagner II, 209): . . . *di miglior carne e vino, che non possa esser il Greco di Somma, Malvagia di Candia e Asprinio di Nola.*

6) In der Dedication zu der Schrift Explicatia triginta sigilorum bei Berti, Vita di G. Bruno, pag. 156, Anm. 2: *Vale illumque satis tibi alli-*

Volle anderthalb Jahrzehnte hatte der Ordensflüchtige sein heissgeliebtes Vaterland aus Furcht vor dem römischen Wolfe meiden müssen; nun wähnte er, seiner Sehnsucht, den heimathlichen Boden wieder zu betreten, um so weniger widerstehen zu dürfen, als ihm die freien Institutionen Venedigs Schutz und Schirm zu bieten schienen.

Freilich erscheint Bruno's Waghalsigkeit um so unbegreiflicher, als er doch sehr wohl wusste, dass ihm sein Process nicht geschenkt werden würde. Der unaufhörlichen Anfeindungen, in welche ihn seine Stellung zur Kirche gebracht hatte, müde, scheint er allerdings den Versuch geplant zu haben, sich mit dem Papst persönlich auseinanderzusetzen und auf diese Weise sich die zu philosphischen Studien so unerlässliche Ruhe, nach welcher sich mit der Zunahme seines Alters das Bedürfniss immer heftiger einstellte, endlich zu verschaffen. Schon in Toulouse hatte er sich einmal einem Jesuitenpater zur Beichte gestellt und dann wieder in Paris bei dem apostolischen Nuntius, Bischof von Bergamo, welchem er durch den spanischen Gesandten Bernardin di Mendoza empfohlen worden war, um Fürsprache bei dem Papst gebeten, der ihm gestatten sollte, wieder in die Kirche zurückzukehren, ohne doch zugleich wieder in den Orden eintreten zu müssen. Der Nuntius hatte sich jedoch auf dieses Gesuch nicht einlassen wollen, da vom Papste Sixtus V. (1585—1590) doch keine Gnade zu erhoffen sei und hatte ihm aufgegeben, sich mit einem spanischen Jesuitenpater, Namens Alonso, zu besprechen. Dieser hatte ihm erklärt, er könne nicht absolvirt werden, weil er ein Apostat sei, nur der Papst selber könne ihn von dem Fluche der Kirche wieder erlösen und eben dieses Fluches wegen dürfe er auch an keiner Messe theilnehmen. Auf diesen Bescheid hin hatte dann Bruno jeden weitern Versuch, sich mit der Kirche wieder zu versöhnen, unter-

---

gatum scias cui Angliam in Italiam, Londinum in Nolam, totoque orbe sejunctam domum in domesticos lares convertisti. Vgl. damit die prächtige Stelle in Bruno's Dialog De la Causa (Wagner I, 222): *Italia, Napoli, Nola; quella regione gradita dal Cielo, e posta insieme talvolta capo e destra di questo globo, governatrice e domitrice de l'altre generazioni, e sempre da noi et altri stata stimata maestra e madre di tutte le virtudi, discipline et umanitadi, modestie e cortesie.*

lassen und alle seine Hoffnung auf den zukünftigen Papst gesetzt, dem er sich durch Widmung einer Schrift nähern wollte [1]).

Aber wenn ihn diese Hoffnung täuschen sollte? „Nun denn," so sagte er sich, eingedenk, der Sohn eines Kriegers zu sein, „derjenige, welchem die stetsbehelmte Göttin der Weisheit zur Seite steht, ist niemals wehrlos, wenn es gilt, das, was das Schicksal bringt, entweder durch Klugheit zu hintertreiben oder mit Geduld zu überwinden. Ist doch das Leben des Menschen auf Erden nichts anderes als ein Kriegsstand! Und dieser ist es, welcher die Niedertracht der Hallunken zu Falle bringt, die Frechheit dämmt und die Anschläge vereitelt [2])." Tief von dem Bewusstsein durchdrungen, einen hohen, einen heiligen Beruf zu erfüllen, wenn er allerorten seine neue Weltanschauung verkündigte, lebte der Todesmuthige der ihn über allen Kummer seines Daseins erhebenden Ueberzeugung, dass, komme auch, was da wolle, er einen Tempel des Geistes errichtet habe, dessen

---

1) Doc. XVII (bei Berti, Vita di Bruno, pag. 382): *Jo già ho detto nelli miei constituti che del caso mio ne raggionai con Monsignor Vescovo di Bergamo Nuntio in Francia, al qual fui introdotto da Don Bernardin Mendoza Ambasciator Catholico conosciuto da me nella corte d'Inghilterra e non solamente ragionai con Monsignor Nuntio del caso mio ma soggiungo hora che l'ho pregato e ricercato instántemente che ne scrivesse a Roma sua Beatitudine e impetrarmi gratia, che fosse ricevuto nel gremio della Chiesa Catholica e che non fosse astretto a ritornar nella Religione e vivendo all' hora Sixto V, il nuntio diffidava di ottenere questa gratia e non volse scrivere offerendose però che volendo io tornar nella Religione haveria scritto, e aiutatomi e poi m' indiriciò ad un padre gesuita che mi son ricordato che ha nome il padre Alonso Spagnuolo il quale vivendo ve ne potra far fede e con esso trattare il caso mio e lui me ressolse che era necessario che la procurasse l'assolutione dalle censure del Papa e che non si poteva far di meno che io non tornasse nella religione e fui ancora avertito da lui che essendo scommunicato non potevo assister alli divini Offitii, ma che potevo bene andar a udir le prediche e dir le mie Orationi in Chiesa.* Vgl. auch Doc. XII a. á. O., pag. 361.

2) Bei Heumann, *Acta philosophica*, 9. Stück (Halle 1718), pag. 414 aus Bruno's *Oratio valedictoria: Casside horribili quodam aspectu praefulgida erat illa ornata, quae vultum virginalem usque adeo suavissime inumbrabat. Sic enim nunquam inermis est ille, cui ipsam obtigerit adsistere, ad eventus fortunae vel consilio retundendos, vel patientia superandos. Dum enim nihil aliud est, quam militia vita hominis super terram, haec est illa quae sceleratorum evertit improbitatem, audaciam comprimit et consilia dissipat.*

demantene Mauern allen zukünftigen Jahrhunderten Trotz bieten würden [1]). Und wenn ihm dafür auch die Anerkennung seines Zeitalters fehle, so mache der Tod während eines Jahrhunderts lebendig in allen andern [2])!

Venedig war im sechszehnten Jahrhundert neben Florenz die für die Bildung Italiens wichtigste Stadt. Seine Buchdruckereien hatten Weltruf. Seine Universität in Padua war die erste Italiens und ein Zielpunkt deutscher Studenten. Alles das war für einen Wanderprofessor und Schriftsteller, wie Bruno, verlockend genug. Hätte er sich nur vorerst über Charakter und Geistesrichtung des jungen Mannes erkundigt, der nun sein Schüler, aber auch sein Verräther werden sollte. Unglücklicherweise war Mocenigo das volle Gegentheil Bruno's. War dieser offen, vertrauensvoll, kühn, so dagegen jener versteckt, misstrauisch und feige. Im Anfang ging alles gut. Bruno bezog eine Miethwohnung [3]) und ertheilte dem jungen Mocenigo den gewünschten Privatunterricht, woneben er für seinen Schüler auch ein Manuscript ausarbeitete. Bald aber benutzte er die Gelegenheit, welche ihm die Nähe der Universität Padua bot, um deutschen Studenten Privatvorlesungen zu halten [4]). Zu bestimmten Zeiten kam er

---

1) De tripl. Min., II, pag. 8:

At mihi sufficiat rerum pro pondere lucem
Adpetere, et templum solido a adamante futurum
Erigere in seclum usque meliora professo.

Ebenso in De' Immenso (die Stelle ist mir nicht mehr zur Hand):

Altum, difficilem, rarum perferre laborem
Mens me sacra jubet . . .

Ebendas., Lib. II, cap. 9, v. 15—18, pag. 328:

. . . . nam me Deus altus
Vertentis secli melioris non mediocrem
Destinat (haud veluti media de plebe) ministrum.

2) Eroici furori (Wagner II, 316): *La morte di un secolo fa vivo in tutti gli altri.*

3) Mocenigo in seinem zweiten Denunciationsschreiben, Doc. II bei Berti, Vita di G. Bruno, pag. 381: *è stato parte a camera locanda in questa città, ma per la maggior parte a Padoa.*

4) Bertano sagt als Zeuge im Inquisitionsverhör Doc. VI a. a. O., pag. 337: *a Padoa . . leggeva a certi scholari Todeschi non so manco che lesioni.*

dann jeweilen nach Venedig herüber[1]). Ein junger Nürnberger, Hieronymus Bisler, war sein Secretär und copirte für ihn ein altes Manuscript DE SIGILLIS HERMETIS, PTOLEMAEI ET ALIORUM[2]). Es war das im Herbst 1591. Im März 1592 siedelte aber Bruno nach Venedig zurück und beging die vertrauensselige Unklugheit, in dem Hause seines Schülers Wohnung zu nehmen. Da er als Mann von Wissen, sowie als lebhafter Gesellschafter bekannt war, kam er bald in Verkehr mit Geschäftsleuten, Gelehrten und Prälaten, welche er entweder in Buchhandlungen oder in dem Hause des vornehmen Venetianers Andreas Morosini, bei welchem er häufig eingeladen war, kennen gelernt hatte. In Morosini's Hause zumal, wo sich ein literarischer Kreis zu versammeln pflegte, hatte Bruno Gelegenheit, sich über wissenschaftliche und philosophische Fragen zu unterhalten[3]).

Während sich in dieser Weise Bruno's Beziehungen zu den geistigen Kreisen Venedigs immer enger knüpften, lockerte sich sein Verhältniss zu Mocenigo immer mehr. Mocenigo's Aberglaube wurde Bruno's Schicksal. Kurze Zeit, nachdem der Privatunterricht begonnen hatte, fing der damals vierunddreissigjährige Nobile an sich zu beklagen, dass Bruno ihn nicht Alles lehre, was er versprochen habe. Aber versprochen hatte ihm

---

1) Zeugenaussage des Buchhändlers Ciotto in Doc. V a. a. O., pag. 334: . . *venendo spesso da Padoa a qui* . .

2) Doc. XI a. a. O., pag. 352: DE SIGILLIS HERMETIS PTOLOMEI E ALIORUM, *non e mia dottrina, ma io l'ho fatto trascrivere da un altro libro scritto a mano che era appresso de un mio scolaro Alemanno de Norimberga che si chiama Hieronimo Bislero che stava poco fa in Padoa e m' ha servito per scrittor forse due mesi.*

3) Doc. XVII a. a. O., pag. 384: *Jo ho ragionato di lettere nell' Academia che si fà in casa del Clariss. Sig. Andrea Morosini, che credo sta a S. Luca sopra Canal Grande nel qual convenivano molti gentiluomini e literati, e ho ragionato ancora ad alcune librarie, ma non ho conosciuto le persone particolari, perchè non ho conosciuto chi fossero.* Uebereinstimmend berichtet Morosini im Zeugenverhör Doc. XV a. a. O., pag. 379: *Gio Batista Ciotti libraro disse a diversi gentilhuomini e a me in particolare che quest' uomo era qui e che se volevimo lo haverebbe fatto venire a casa nostra dove spesso sono soliti ridursi diversi gentilhuomini ed anche prelati a trattenersi in raggionamenti di lettere e principalmente di filosofia; e li dissi che lo facesse venire, onde vi fu diverse volte dove che raggionò di varie cose, come si costuma, però di lettere.*

Bruno nur die Einführung in die Elemente der Gedächtnisskunst (Mnemonik) und der Auffindung der Begriffe (Invention)[1]. Wenn der Schüler sich in seinem Gedächtniss oder in seiner Geisteskraft nicht rasch genug gefördert fand, weil er in seiner abergläubischen Beschränktheit sich unter Bruno's Kunst noch etwas ganz anderes Magisches, vielleicht, wie Hainzel, die Goldmacherkunst eingebildet hatte, so war das nicht des Lehrers Schuld. Aber freilich, wie Bruno einmal bemerkt: „Ignoranz und Arroganz sind zwo leibliche Schwestern in Einem Leib und Einer Seele[2]."

Bruno's Enttäuschung war inzwischen durch Mocenigo's ärgerliche Klagen so stark gewachsen, dass, nachdem er dem unzufriedenen Schüler rundweg erklärt, er habe ihn Alles gelehrt, was er versprochen und für das was er als Honorar von ihm erhalten, genug, er den Entschluss fasste, so bald als möglich wieder nach Frankfurt zurückzureisen[3]. Er wollte dort weitere Werke drucken lassen, namentlich setzte er grosse Hoffnungen auf eine Schrift über die sieben freien Künste, die er dem Papste, damals Clemens VIII., zu widmen gedachte, um von demselben Absolution und die Erlaubniss zu erhalten, ausserhalb des Ordens zu leben[4]. Allein Bruno's Schicksal war be-

---

1) Bruno's Zeugniss Doc. VII a. a. O., pag. 340: *cominciò prima a dolersi che non li havevo insegnato quanto li havevo promesso . . .*

2) Cena delle Ceneri (Wagner I, 175): *Ignoranza et arroganza son due sorelle individue in un corpo et in un anima.* Ebendas. (pag. 131): *. . . la temeraria e sciocca ignoranza insieme con la presunzione et incivilità, la quale è sua perpetua e fida compagna.*

3) Doc. VII (bei Berti, Vita di G. Br., pag. 340): *io rispondendogli* (dem Schüler) *sempre che me pareva de averli insegnato abbastanza e più de quello che io dovevo . . . . .*

4) Doc. XVII a. a. O., pag. 383: *non era però lontano dalla dispositione, che ho sempre havuto di ritornare alla Chiesa Catholica, ma dissegnava di ritornare in Francfort per stampar alcune mie opere delle 7 arti liberali et 7 altre arti inventive e dedicar queste opere al Papa e così gratificarmi e operar che con qualche modo straordinario fosse riccevuto nel grembio di S. Chiesa in modo che potesse ancor viver nel secolo religiosamente extra claustra, acciò ritornando tra Regolari nella mia Provincia, non mi fosse rinfacciato che io fossi stato Apostata e così disprezzato tra tutti.*

siegelt. Die Knoten des Netzes, in welches sich der freimüthige Nolaner mit seinem offenen Herzen immer enger verstrickte, waren durch die Inquisition von langer Hand her allmälig so fest geschürzt worden, dass, gingen dem Arglosen schliesslich auch die Augen auf, an ein Entrinnen nicht mehr zu denken war.

Mocenigo stand unter der unbeschränkten Herrschaft seines Beichtvaters, an dessen Gängelband er sich willig, wenn vielleicht auch unbewusst, leiten liess [1]). Sein Benehmen gegenüber seinem Lehrer beweist, dass er keinen Schritt that, über welchen er nicht vorher die Einwilligung oder den Befehl seines Beichtvaters eingeholt hätte. Sicherlich hatte er auch nur unter Mitwissen seines geistlichen Lenkers an Bruno die Einladung ergehen lassen, nach Venedig zu kommen, hatte ihm doch derselbe Beichtiger von vornherein den nicht zu verkennenden Auftrag ertheilt, über Bruno's Aeusserungen gewissenhaft Buch zu führen. Dass der Plan, Bruno zu verderben, jedenfalls schon längst entworfen worden war, geht mit Evidenz auch aus dem Bekenntniss Mocenigo's hervor, dass, als der Buchhändler Ciotto 1592 Anstalten traf, die Frankfurter Büchermesse zu besuchen, er diesen um die Gefälligkeit bat, sich dort zu erkundigen, ob Bruno ein Mann sei, auf den man sich verlassen könne und ob man auf das etwas geben dürfe, was er versprochen. Als ihm nun Ciotto nach seiner Zurückkunft berichtete, Bruno's sämmtliche Frankfurter Schüler seien mit ihres Lehrers Unterricht in der Gedächtnisskunst ebenfalls unzufrieden [2]), da liess sich der heimtückische Nobile sogar das Wort entwischen: „er traue zwar seinem Lehrer auch

---

1) Gleich die erste Denunciationsschrift Mocenigo's beginnt mit den Worten: *Jo, Zuane Mocenigo . . . dinuntio a V. Paternità Molto Reverenda, per obbligo della mia conscientia*, *e t p e r o r d i n e d e l m i o C o n f e s s o r*, etc. Doc. I bei Berti, Vita di G. Bruno, pag. 327.

2) Der Buchhändler Bertano berichtet im Zeugenverhör Doc. V (bei Berti, Vita di G. Br., pag. 335): *quando fui a Francfort, parlai con diversi scholari che erano andati alla sua letione in quella città mentre è stato la è che avevano avuto sua pratica e conversatione, da' quali mi fu detto in summa che il detto Giordano faceva ben professione de memoria et d' haver altri secreti simili, ma che non si era mai visto ch' egli havesse fatto opera con alcuno, anzi che tutti coloro che havevano havuto a far seco per simili cose erano restati mal satisfatti.*

nicht, nur wolle er vorläufig aus ihm noch herauszupressen suchen, soviel er könne, um sich einigermassen für die an ihn verschwendeten Kosten schadlos zu halten; dann aber gedenke er ihn dem hl. Officium der Inquisition zu überliefern [1])!" Ebenso unzweideutig ist das Versprechen, welches der Verräther seinem Opfer abgenommen hatte, unter keinen Umständen zu verreisen, ohne nicht vorher noch von ihm Abschied genommen zu haben [2]).

Als ihm nun Bruno am 21. Mai wirklich einen Abschiedsbesuch machte und den Nobile ersuchte, ihn zu entlassen, lag ihm dieser mit dringlichen Worten an, doch noch zu bleiben, und als Bruno durchaus darauf bestand, hielt ihm der junge Fant zuerst vor, er hätte ihn nicht alles gelehrt, was er versprochen. Dann aber ging er zu Drohungen über und eröffnete ihm mit dürren Worten, dass, falls er nicht gutwillig bleiben wolle, er die Mittel besitze, ihn zum Bleiben zu zwingen. Bruno wiederholte am andern Tage, Freitags den 22. Mai, seinen Abschiedsbesuch. Da, in der Nacht vor dem Morgen, als er wieder nach Frankfurt verreisen wollte, wohin er sein Gepäck schon aufgegeben hatte, drang Mocenigo unter dem Vorwand, seinen Lehrer noch sprechen zu müssen, in dessen Zimmer, in welches nun auch sofort des Nobile Diener Bartolo mit fünf oder sechs andern Männern nachfolgten, die Bruno für Gondolieri aus der Nachbarschaft hielt. Diese zwangen ihn, aufzustehen, führten ihn in einen Söller hinauf und schlossen ihn da ein. Mocenigo bestürmte ihn nochmals, bleiben zu wollen. Wenn er sich dazu entschliessen könne und ihn die Geheimnisse der Gedächtnisskunst, der Redekunst und der Geometrie lehren wolle, alles Dinge, um die er ihn

1) Doc. V (bei Berti, Vita di G. Bruno, pag. 335). Der Buchhändler Ciotto als Zeuge vor dem Inquisitionsgericht von Venedig: *(Mocenigo) mi rispose: anch' io vo dubitando di questo, ma voglio vedere che cosa posso cavar delle cose che egli mi ha promesso per non perdere in tutto quello che gli ho dato, e poi lo voglio remettere alla censura del S. Uffitio.*

2) Doc. II (a. a. O. pag. 331): Mocenigo in seiner zweiten Denunciationsschrift: *e poi io desideravo di levargli il buono, et per il procieder che tenevo seco mi potevo anco assicurare che non sarebbe partito da mi senza prima farmine motto, intantochè mi ho promesso sempre di poterlo far capitare alla censura di quel santo Offitio.*

schon früher ersucht habe, so wolle er ihn wieder in Freiheit setzen, ansonst es ihm schlimm ergehen sollte [1]). Als ihm nun Bruno erwiederte, es schiene ihm, er hätte ihn so schon genug und mehr als es in seiner Pflicht gelegen, gelehrt, und er verdiene nicht, auf diese Weise behandelt zu werden, schloss Mocenigo ohne weiteres den Söller hinter sich ab. Er versuchte nun noch einmal, Bruno zur Mittheilung der vermeintlichen Geheimlehren zu bewegen, indem er drohte, im Falle der Weigerung die gotteslästerlichen Aeusserungen, die Bruno sich gegen Christus und die hl. katholische Kirche habe zu Schulden kommen lassen, an die hl. Inquisition gelangen zu lassen. Darauf erwiederte ihm jedoch Bruno unerschrocken: er fürchte sich vor der Inquisition nicht, da er keinen Menschen je daran gehindert hätte, nach seiner Weise zu leben und er sich im übrigen nicht erinnern könne, irgend etwas schlechtes gesagt zu haben, und selbst wenn dieses der Fall sei, so habe er es zu ihm allein gesagt und könne desshalb nicht befürchten, dass er ihm auf diesem Wege zu schaden trachte, ja und selbst, wenn er in die Hände der Inquisition fiele, so könne man ihn höchstens zwingen, das abgelegte Ordenskleid wieder anzuziehen [2]). Am folgenden Tage,

1) Doc. VII (a. a. O., pag. 339—340): *pigliai, giovedì passato, licentia da lui per partirmi, il quale intendendo questo, e dubitando che io volesse partir fuori di casa più tosto per insegnar ad altre persone le istesse scientie che havevo insegnato a lui e altre, che andar a Francoforte, secondo che io diceva, mi fu attorno con molta instantia per fermarmi, e io instando tuttavia di voler partir, cominciò prima a dolersi che non li havevo insegnato quanto li havevo promesso e poi a minacciarmi con dirmi che se non fussi voluto restar de bona volontà, che haverebbe trovato il modo che sarei restato. E la notte del giorno seguente, che fu il venerdì, vedendo detto ser Giovanni, che io persistevo nella resolutione di partirmi, e che io havevo dato già ordine alle cose mie e fatto pratica di mandar le robe a Francfort, venne, che io era in letto, sotto pretesto di volermi parlar, e dopo che fu entrato lui sopraggionsero il suo servitore chiamato Bortolo, con cinque o sei altri, salvo il vero, che erano, secondo io credo e al mio giuditio, gondolieri di quelli che stanno vicino, e mi fecero levar di letto e me condussero sopra un solaro e me serrarono nel detto solaro, dicendo esso ser Giovanni, che se volevo fermarmi e insegnarli li termini della memoria, delle parole, et il termine della geometria, che me haveva ricercato prima, che me haverebbe fatto metter in libertà, altrimenti me sarebbe successa cosa dispiacevole.*

2) Doc. II (Berti, Vita di G. Bruno, pag. 329): *In quel giorno chi io tenni serrato Jordano Bruno, dimandandogli io, se quello che non havea voluto inseg-*

am 23. Mai, erschien ein Inquisitionsbeamter in Begleitung mehrerer Gendarmen, welche Bruno aus Mocenigo's Hause in ein Magazin zu ebener Erde führten. Noch an demselben Tage reichte nun Mocenigo beim Pater Inquisitor eine Denunciation gegen Bruno ein und so kam denn in der nächsten Nacht ein anderer Polizeihauptmann des hl. Officiums mit seinen Sbirren, welche den so schmählich Ueberrumpelten in das Gefängniss der Inquisition verbrachten [1]). Am 25. Mai schickte Mocenigo ein das erste ergänzendes, Denunciationsschreiben ein und leistete dem Pater Inquisitor den erforderlichen Eid auf die Wahrheit seiner Angaben [2]). Sofort begann nun der Process. Als dieser bereits in vollem Gange war, reichte Mocenigo auf Befehl des Inquisitors am 29. Mai noch eine zweite Ergänzung des Denunciationsberichts ein [3]).

Das venetianische Inquisitionsgericht setzte sich zusammen aus dem Pater Inquisitor, damals Johann Gabrielli aus Saluzzo, ferner aus dem apostolischen Nuntius in Venedig, damals Ludovico Taberna, weiter aus dem Patriarchen von Venedig, damals Lorenz Priuli, und endlich aus einem der drei adeligen Mitglieder, der „Savii all' Eresia", welche abwechselnd dem Verhöre beiwohnten, um dem Rathe der Zehn über die Vorgänge vor dem Inquisitionsgericht regelmässig Bericht zu erstatten. Die drei, abwechselnd als Assistenten fungirenden Mitglieder des Dreiercomité's waren damals Alois Foscari, Sebastian Barbadico und Thomas Morosini.

narmi, sicome m' havea promesso, a forza di dante cortesie e di tanti doni che l'havevo fatti, gli parevo di farlo almeno, perchè io non lo accusassi di tante scelerate parole che mi haveva detto et contra nostro N. Signor Giesù Cristo et contra la Santa Chiesa Catholica; mi rispose che non temeva dell' inquisitione perchè non offendeva alcuno a viver a suo modo e poi che non si ricordava d'havermi detto cosa alcuna cattiva, et che se pur l'havea detta, l'haveva detto a me solo, et che però non poteva termere che io gli nocessi per questa via; et che anco quando fosse andato in mano della inquisitione, al più l'haveria potuto astringere a vestir l'abito dismesso.

1) Doc. I (Berti, Vita di Bruno, pag. 327).

2) Doc. II. (Berti, Vita di Bruno, pag. 329). Ueber Mocenigo's Eid vgl. Doc. III. Ebendas., pag. 331.

3) Doc. VIII. Ebendas., pag. 342—344.

Zuerst erfolgte das Verhör der Zeugen. Zwei derselben, der Buchhändler Ciotto, der am 26. Mai, und der Buchhändler Bertano, der am 29. Mai vernommen wurde, sprachen sich für Bruno's weise Zurückhaltung in Gesprächen über religiöse Gegenstände gleich günstig aus: er habe niemals ein Wort über seine Lippen gelassen, aus welchem hätte der Schluss gezogen werden können, er sei kein Katholik oder guter Christ[1]). Beide hatten ihn schon in Frankfurt kennen gelernt und also Gelegenheit gehabt, seine sonstige Offenheit in einem Lande zu beobachten, welches doch eben gerade der Polemik gegen Rom keine Schranken setzte. Nun kamen aber die Zeugnisse der Fama! Und da will nun Bertano vom Pater Prior des Carmeliterklosters in Frankfurt gehört haben: Bruno sei ein Mann von Wissen und Geschmack, ein universeller Mensch, der aber, so viel er glaube, gar keine Religion habe; so hätte er einmal gesagt, er wisse mehr als die Apostel wüssten und wenn es ihm darauf ankäme, so wollte er es wohl zu Stande bringen, dass die ganze Welt nur einer Religion anhinge[2]).

Nun kam die Reihe an Bruno. Es war ebenfalls am 29. Mai 1592. Er wurde zunächst über seine bisherigen Lebensumstände vernommen und damit im zweiten Verhör am gleich darauffolgenden Tage fortgefahren. Was Bruno, — „ein Mann von mittelgrosser Statur, mit etwas kastanienbraunem Vollbart, von Ansehen etwa ein Vierziger“ [3]) — in diesen beiden Verhören

---

1) Doc. V (bei Berti, Vita di G. Br., pag. 335). Ciotto bezeugt: *egli non è mai uscito a dir cosa per la quale habbi potuto dubitare che non sia catholico e buon christiano.* Dem entsprechend bezeugt Bertano im Doc. VI (bei Berti a. a. O., pag. 337): *non ha detto, ne mi son accorto de cosa alcuna, che non sia da christiano.*

2) Doc. VI a. a. O., pag. 337: *Me disse ben quel Padre Prior del Carmine di Francoforte, domandandoli che huomo era il detto Giordano, che egli haveva bel ingegno, e delle littere, et era homo universale, ma che non haveva religione alcuna, per quanto lui credeva; soggiungendo, egli dice, che sa più che non sapevano gli Apostoli e che gli bastava l'animo de far se havesse voluto che tutto il mondo sarebbe stato de una religione.*

3) Doc. V a. a. O., pag. 333 sagt Ciotto: *è un uomo piccolo scarmo, con un poco di barba nera, di età de circa 40 anni.* Uebereinstimmend der Secretär des Inquisitionsgerichts in der Einleitung zu Bruno's erstem Verhör in Doc. VII a. a. O., pag. 339: *vir comunis staturae, cum barba castaneea,*

erzählt, bildet die einzig authentische und desshalb so werthvolle Grundlage des Lebensabrisses, dessen Darstellung sich diese Blätter zur Aufgabe gesetzt haben. Das Hauptverhör, welches Bruno's Ketzereien ins Klare stellen sollte, fand erst Dienstags 2. Juni 1592 statt.

Und nun ist es hohe Zeit, die Anklagen, welche der verrätherische Nobile gegen seinen Lehrer erhob, ihrer Wichtigkeit gemäss ins Auge zu fassen. Bruno, so betheuerte der junge Mocenigo, hätte gesprächsweise mehrfach zu ihm geäussert: es sei eine grosse Gotteslästerung der Katholiken, wenn sie sagten, das Brod verwandle sich während der hl. Handlung in Fleisch; er sei ein Feind der Messe; keine Religion gefalle ihm; Christus sei ein Betrüger gewesen und habe, wenn er Lug und Trug geübt, um die Völker zu verführen, es wohl voraussagen können, er werde gehenkt werden; es gebe keine Unterschiede der Personen in Gott, solche Unterschiede schlössen die Unvollkommenheit Gottes in sich; die Welt sei ewig und es gebe unendliche Welten, auch erschaffe Gott deren unausgesetzt in unendlicher Anzahl, denn sein Wille reiche soweit als seine Kraft; Christus habe nur scheinbare Wunder verrichtet und sei ein Zauberer gewesen, gerade wie seine Apostel, er wolle seine Seele dafür einsetzen, deren ebenso grosse und noch zahlreichere zu thun; Christus habe gezeigt, dass er sehr ungern starb und den Tod so viel floh als er nur konnte; es gebe keine Vergeltung der Sünden und die Seelen, die durch die Thätigkeit der Natur erschaffen wären, gingen aus einem Lebewesen in das andere über, und wie die Thiere aus der Verwesung hervorgingen, so wüchsen auch die Menschen, wann sie nach den Sintfluten wieder geboren würden [1]). Ferner hat er die Absicht kund-

aetatis et aspectu annorum quadraginta circiter. In der Wittenberger Abschiedsrede nennt er sich selbst: *corpore pusillus.*

1) Doc. I (bei Berti, Vita di G. Bruno, pag. 327—328): *Jo, Zuane Mocenigo, fo' del Clarissimo messer Marcantonio, dinuntio a V. Paternità Molto Reverenda, per obbligo della mia conscientia, et per ordine del mio Confessor, haver sentito a dire a Giordano Bruno Nolano, alcune volte che ha raggionato meco in casa mia, che è biastemia grande quella de cattolici il dire che il Pane si transustantii in carne; che lui è nemico della Messa; che niuna religione gli piace; che Christo fu un tristo, et che se faceva opere triste di sedur popoli, poteva molto*

gegeben, sich zum Urheber einer neuen Sekte unter dem Namen einer neuen Philosophie zu machen; er hat erklärt, die hl. Jungfrau könne nicht geboren haben und dass unser katholischer Glaube voller Lästerungen gegen die Majestät Gottes sei; man müsse den Mönchen die Streitsucht legen und die Einkünfte entziehen, weil sie die Welt ja doch nur mit Gestank erfüllten; sie seien allzumal Esel und unsere Lehren Eselslehren; wir hätten keine Gewähr, dass unser Glaube bei Gott Verdienst erwerbe und es genüge zu einem tugendhaften Lebenswandel, wenn man das nicht thue, was man selbst nicht wolle, dass einem die Leute thun sollen; er moquire sich über die andern Sünden und wundere sich, dass Gott so grosse Ketzereien der Katholiken ertrage; er wolle sich auf die Wahrsagerkunst werfen und dann möge man sehen, ob ihm nicht die ganze Welt nachlaufen werde; der hl. Thomas und alle Kirchenlehrer hätten im Vergleich mit ihm gar nichts gewusst, und er wollte den ersten Gottesgelehrten der Welt ein Licht aufstecken, dass sie nichts zu antworten wüssten [1]). Das jetzige Verfahren der Kirche sei nicht dasjenige, welches die Apostel befolgt hätten; diese hätten das Volk durch

ben predire di dover essere impicato; che non vi è distintioni in Dio di persone et che quello sarebbe imperfection in Dio; che il mondo è eterno et che sono infiniti mondi; et che Dio ne fa infiniti continuamente, perchè dice che vuole quanto che può; che Christo faceva miracoli apparenti et che era un mago et così gli apostoli e che a lui daria l'anima di far tanto et più di loro; che Christo mostrò di morir mal volentieri et che la fuggì quanto che puotè; che non vi è punitione di peccati et che le anime, create per opera della natura, passano d'un animal in un altro et che como nascono gli animali bruti di corrutione, così nascono anche gli huomini, quando doppo i diluvii ritornano a nasser.

1) Ebendas., pag. 327 Fortsetzung: *Ha mostrato dissegnar di voler farsi autor di nuova setta sotto nome di nuova filosofia, ha detto che la Vergine non può aver partorito; et che la nostra fede catholica è piena tutta di biastemie contro la maestà di Dio; che bisognerebbe levar la disputa et le entrate alli frati, perchè imbratano il mondo, che sono tutti asini, che non habbiamo prova, che la nostra fede meriti con Dio, et che il non far ad altri quello che non voressimo che fosse fatto a noi basta per ben vivere, et che se ne aride di tutti gli altri peccati, et che se meraviglia come Dio supporti tante heresie di catholici, dice di voler attendere all' arte divinatoria et che si vuol far correre dietro tutto il mondo; che S. Tommaso et tutti gli dottori non hanno saputo niente a par di lui; et che chiariria tutti i primi teologhi del mondo che non sapriano rispondere.*

Predigten und gute Beispiele bekehrt, wer aber jetzt nicht Katholik sein wolle, müsse Züchtigung und Strafe erleiden, weil man die Gewalt und nicht die Liebe anwende. Diese Welt könne nicht so bleiben, weil in derselben nur Unwissenheit und keine Religion herrsche, welche gut sei; die katholische gefalle ihm zwar bei weitem besser als die andern, aber auch diese bedürfe grosser Verbesserungen; es stehe so nicht gut, aber die Welt werde sehr bald und in der allernächsten Zukunft eine Generalreform ihrer selbst erleben, da unmöglich so viele Verderbnisse länger andauern könnten; er hoffe grosse Dinge unter dem Könige von Navarra, desshalb beeile er sich, seine Werke ans Licht zu geben und sich auf diesem Wege Achtung zu verschaffen, um, wenn es Zeit sein werde, alsdann an die Spitze der Bewegung zu treten [1]). Er könne nicht begreifen, wie eine so weise Republik wie die venetianische, die Klöster im Besitze so grosser Reichthümer belasse, man solle es doch mit denselben halten, wie in Frankreich, wo der Adel die Einkünfte der Klöster geniesse, während die Mönche sich mit ein wenig Fleischbrühe begnügen müssten. Es sei letzteres ganz in der Ordnung, denn diejenigen Mönche, welche heutzutage ins Kloster einträten, seien alle Esel und es sei geradezu eine Hauptsünde, solchen so grosse Güter zum Niessbrauch zu überlassen. Mocenigo beschloss seine Denunciation mit einer Verdrehung des Schlussverses des Gedichtes DE IMMENSO: Bruno hätte ihm einst gesagt, dass ihm die Frauen sehr gut gefielen, er sei jedoch noch

1) Doc. VIII (bei BERTI, Vita di G. Br., pag. 342—343). Zweites Supplement zur Denunciation vom 29. Mai 1592: *che il proceder che usa adesso la Chiesa non è quello che usavano gli Apostoli; perchè quelli con le predicationi et con gli esempi di buona vita convertivano la gente, ma che hora chi non vuol esser Cattholico, bisogna che provi il castigo et la pena; perchè si usa la forza et non l'amore; che questo mondo non poteva durar così perchè non v' era se non ignoranza et niuna religione che fosse buona; che la Cattolica gli piaceva ben più delle altre, ma che questa ancor haver bisogna di gran regole, et che non stava bene così, ma che presto presto il mondo haverebbe veduta una riforma generale di se stesso, perchè era impossibile che durassero tante corruttele: et che sperava gran cose su il Re di Navarra, et che però voleva affrettarsi a metter in luce le sue opere et farsi credito per questa via, perchè quando fosse stato tempo, voleva essere Capitano.*

nicht bei der Zahl Salomons angelangt und die Kirche begehe eine grosse Sünde, wenn sie dasjenige zur Sünde mache, womit man so schön der Natur diene und er für ein sehr hohes Verdienst halte [1]).

Mit diesem Denunciationsschreiben reichte Mocenigo zugleich drei Bücher Bruno's ein, ausserdem aber ein Manuscript, von dessen eigner Hand geschrieben, welches von Gottes allgemeinen Prädicaten handelte und worin wir wohl nur das in Zürich geschriebene, später durch Raphael Eglin in der zweiten Ausgabe der SUMMA TERMINORUM METAPHYSICORUM als Anhang veröffentlichte Werkchen DE ENTIS DESCENSU, von welchem ein Abschnitt DE DEO SEU MENTE betitelt ist, zu suchen haben werden.

Mocenigo's Denunciation beruhte auf einer bunten Verballhornung von missverstandenen Sätzen aus Bruno's Schriften mit boshaft entstellten Aeusserungen, welche sich Bruno, wie er gleich selbst zugestand, im Taumel gesellschaftlicher Weinlaune erlaubt haben mochte [2]). Welche Leistung nach dieser Richtung gerade der

---

1) Doc. VIII a. a. O., pag. 343: *Et in altro proposito mi disse: che sicome reputava per altro saviissima questa repubblica così non poteva fare che non la dovesse a lasciar così ricchi i frati, et che doveriano fare come hanno fatto in Francia, che le entrate de' monasterii se le godono i nobili, et li frati mangiano un poco di brodo et che così sta bene, perchè quelli che entrano frati il dì d' oggi sono tutti asini; ai quali lasciar goder tanto bene è grandissimo peccato. Oltre di che mi disse che gli piacevano assai le donne et che non haveva arrivato ancora al numero di quelle di Salomone et che la Chiesa faceva un gran peccato nel far peccato quello con che si serve così bene alla natura; et che lui lo haveva per grandissimo merito.* Es wird einem sehr schwer oder vielmehr rein unmöglich, Bruno solch lächerlich absurder, eines grossen Philosophen wie Bruno's völlig unwürdiger, dagegen allerdings eines Buben wie Mocenigo's würdiger Aeusserungen für fähig zu halten. Die Quelle zu dieser Verleumdung Bruno's bildet offenbar das Missverständniss des oben erwähnten Schlussverses: *Peramarunt me quoque Nymphae.* Die Nymphen sind hier, wie schon BERTI, Vita di G. Bruno, pag. 96 erkannt, nicht im Sinne von Liebschaften, sondern als die Musen zu nehmen.

2) Im Verhör vom 2. Juni 1592 erklärt Bruno nach Doc. XII bei BERTI, Vita di G. Bruno, pag. 367: *se ho detto che la fornicatione si può paragonare al peccato veniale per vicinanza e ho alleggerito questo peccato più di quel che dovevo, è stato come ho detto per leggerezza e per trastullo della compagnia che perchè non habbi creduto e credi, che non sii peccato mortale.*

römische Katholicismus selbst noch heute gestattet, ist jedem mit katholischem Leben Vertrauten wohl bekannt. Wie sehr sich Bruno hütete, im Ernst auch nur gesprächsweise die katholische Kirchenlehre anzutasten, ergiebt sich aus den übereinstimmenden Zeugenaussagen zweier Männer wie der Buchhändler Ciotto und Bertano. Und dieser selbe Bruno, der sich so gemessen gegen Männer zu benehmen wusste, sollte sich einem, zehn Jahre jüngeren, Fant gegenüber so würdelos geäussert haben? einem Schüler, dessen Incapacität ja doch offenbar gleich bei der ersten Begegnung vom Lehrer hatte erkannt worden sein müssen, sollte dieser Lehrer sein Innerstes geöffnet haben? *Credat Judaeus Apella!* Auch der Eid, den Mocenigo zur Bekräftigung der Wahrheit seiner Denunciation schwor, vermag die Wahrhaftigkeit derselben nicht über jeden Zweifel zu erheben. Ein venetianischer Nobile, ein geborener Republikaner, der gleich von Anfang an erklärt, immer die Absicht gehabt zu haben, seinen Lehrer, den er aus der weiten Ferne über die Alpen hatte kommen lassen, an die Inquisition auszuliefern; ein Schüler, der sich schon desshalb für berechtigt hält, seinen Lehrer dem Henker zu überantworten, weil er ihn angeblich nicht Alles gelehrt habe, was er versprochen oder vielleicht gar andere lehren könnte, was er ihm selbst versagt, ein solcher Ausbund von Heimtücke und Perfidie verdiente noch Glauben an seine lautere Wahrheitsliebe[1]?

Bruno hat von dem wirren Knäuel der von Mocenigo ihm heimlich entgegengeschleuderten Anklagen niemals Kenntniss erhalten. Es scheint sogar, dass selbst die Inquisition einen grossen Theil der dem Nolaner zur Last gelegten Ketzereien keiner Beachtung gewürdigt habe. Wenigstens hielten sich die Verhörrichter fast ausschliesslich an Bruno's Abirrungen vom Kirchendogma. Dieser scheint anfänglich die Gefahr, in welcher er schwebte, unterschätzt zu haben, denn die Zuversicht, mit welcher

1) Sigwart in seinem Aufsatze: Giordano Bruno vor dem Inquisitionsgerichte (Kl. Schr., Erste Reihe, 1881, pag. 49—124) scheint pag. 98 von der Wahrhaftigkeit Mocenigo's überzeugt zu sein, ebenso, dass Bruno sich wirklich so weit vergessen hätte, einem Imbécille, wie sein Schüler einer war, seine innersten Seelenfalten geöffnet, das Allerheiligste seiner philosophischen Ueberzeugungen preisgegeben zu haben.

er anfänglich vor Gericht auftritt, sticht gewaltig ab von der Demuth, mit welcher er bald genug um sein Leben bat. Bruno erklärte unaufgefordert gleich von vorn herein: „Ich werde die Wahrheit sagen. Man hat mir früher schon mehrfach gedroht, mich diesem hl. Officium auszuliefern, allein ich habe das immer für einen Scherz gehalten, weil ich bereit bin, Rechenschaft von mir zu geben [1]).“

In den ersten zwei Verhören am 26. und am 30. Mai hatte Bruno zunächst seine Lebensgeschichte zu erzählen. Er unterzog sich dieser Aufgabe mit der grössten Offenheit, vergass aber zum Schlusse nicht, dem hl. Officium zu erklären, wie er die Absicht hege, dem hl. Vater einige seiner Werke und besonders eins von den sieben freien Künsten vorzulegen und ihn um die Gnade zu bitten, ihm zu gestatten, sein Ordenskleid wieder anlegen zu dürfen, ohne doch gezwungen zu sein, im Kloster zu leben [2]). Dann aber, noch bevor ihn die Verhörrichter nur angefragt haben, versucht er dieselben durch eine Unterscheidung seiner Werke in solche, die er jetzt noch billige, und in solche, die er jetzt nicht mehr billige, zu gewinnen. Er bekennt, in den von ihm nicht mehr gebilligten „zu philosophisch, unehrerbietig, und nicht allzu christlich“ gesprochen zu haben. Er habe mehrfach Dinge gelehrt und vertreten [3]), welche man nach dem christlichen

---

1) Doc. VII (bei Berti, Vita di G. Br., pag. 339): *Jo dirò la verità. Più volte mi e stato minacciato de farmi venire a questo Santo Uffiio, et sempre l'ho tenuto per burla, perchè io sono pronto a dar conto di me*

2) Doc. IX a. a. O., pag. 348: *andavo a Francfort di novo partendomi de qui per far stampare altre mie opere e nua in particolare delle 7 arti liberali con intentione de pigliar queste e alcune mie opere altre stampate e che io approbo, che alcune non approbo, e andarmi a presentar alli piedi di Sua Beatitudine, la qual ho inteso che ama li virtuosi, et esporli il caso mio et veder di ottener l'absolutione de excessi et gratia di poter viver in habito clericale fuori della Religione.*

3) Doc. IX a. a. O., pag. 349: *ho detto che me volevo presentar alli piedi di sua Beatitudine con alcune mie opere approbate, havendone alcune altre che non approbo, havendo voluto dir che ho alcune mie opere composte da me e date alla stampa, le quali non approbo perchè in esse ho parlato e discorso troppo filosoficamente, disonestamente, non troppo da buon cristiano e in particolar so che in alcune di queste opere ho insegnato e tenuto filosoficamente le cose che se doveriano attribuir alla potentia, sapientia e bontà de Dio secondo la fede Christiana fondando la mia dottrina sopra il senso e la ragione e non sopra la fede.*

Glauben der Allmacht, Weisheit und Güte Gottes zuschreiben müsse, aber er stütze sein Leben nicht auf den Glauben, sondern auf Sinn und Vernunft.

Erst am 2. und 3. Juni beginnen nun die Verhöre über Bruno's Lehre. Auf den Wunsch seiner Richter übergiebt er zunächst eine eigenhändige Liste seiner sämmtlichen gedruckten und noch nicht gedruckten Werke [1]). Er gesteht wieder, in denselben nicht vom christlichen, sondern vom philosophischen Standpunkt aus geschrieben und gelehrt zu haben und will desshalb auch nur als Philosoph und nicht als Kirchenlehrer beurtheilt werden. Direkt habe er gegen die katholisch christliche Religion nichts gelehrt, wiewohl allerdings indirekt, indem er dem natürlichen Lichte der Weltbetrachtung gefolgt sei, gerade wie die von der Kirche ja doch anerkannten Philosophen Aristoteles und Plato, deren Artikel dem christlichen Glauben indirekt noch weit mehr entgegenständen, als seine Philosophie [2]). Und nun geht er zu einer kurzen Darstellung seiner Weltansicht über, wobei er sich merkwürdigerweise nur auf seine Frankfurter Lateinwerke, unter den italienischen Schriften aber nur vorübergehend auf seinen Dialog De la Causa beruft.

„Ich lehre ein unendliches All, als die Wirkung der unendlichen göttlichen Macht, weil ich es für der göttlichen Güte und Allmacht unwürdig hielte, eine endliche Welt hervorzubringen, wenn sie doch ausser dieser gegenwärtigen Welt eine andere und wieder andere unendliche Welten hervorzubringen die Kraft hatte.

---

1) Doc. XI (bei Berti, Vita di G. Br., pag. 351): *Jo ho fatto una lista de tutti li libri che io ho fatti stampare e di quelli che ho composti e che non sono ancora stampati . . . . la qual nota e lista è questa; et illam exhibuit manu ejusdem.*

2) Doc. XI a. a. O., pag. 352—353: *Direttamente non ho insegnato cosa contra la Religione Cattolica Cristiana benchè indirettamente com' è stato giudicato in Parisi, dove pur me fu permesso trattare certe disputationi sotto il titolo de centovinti articoli contra li Peripatetici e altri volgari filosofi stampati con permissione de superiori, come fusse lecito trattarne secondo la via de principii naturali, non pregiudicando alla verità secondo il lume della fede, nel qual modo si possono leggere et insegnare li libri d' Aristotele e di Platone che nel medesimo modo indirettamente sono contrarii alla fede anzi molto più contrarii che li articuli da me filosoficamente proposti e diffesi.*

So habe ich denn erklärt, dass es unendlich viele Welten giebt, ähnlich dieser unserer Erde, unter welcher ich mit Pythagoras ein Gestirn verstehe, gleich dem Monde, den übrigen Planeten und anderen Sternen. Alle diese Körper sind bewohnte Welten, deren unendliche Zahl im unendlichen Raume das unendliche All bildet. In dieses Universum setze ich eine allgemeine Vorsehung, in Kraft welcher jedes Ding lebt, wächst, sich bewegt und in seiner Vollkommenheit besteht; und diese verstehe ich in doppelter Weise, einmal in der Art, in welcher die Seele im Körper gegenwärtig ist, ganz im Ganzen und ganz in jedem einzelnen Theile, und dieses nenne ich Natur, Schatten und Spur der Gottheit; dann aber in der unaussprechlichen Art, in welcher Gott durch Wesen, Gegenwart und Macht in Allem und über Allem ist, nicht als Theil, nicht als Seele, sondern auf unerklärliche Weise[1]).

In der Gottheit begreife ich mit den Theologen und den grössten Philosophen alle Attribute als Eins, ich nehme aber drei Attribute: Macht, Weisheit und Güte, oder Geist, Verstand und Liebe. Vermöge des Geistes haben die Dinge zunächst das Sein, vermöge des Verstandes das geordnete und unterschiedene Sein, vermöge der Liebe die Harmonie und Symmetrie; denn Gott ist in Allem und über Allem, da nichts ist, was nicht am Sein theilnimmt und das Sein nicht ohne die Wesenheit ist. Wie nichts schön ist ohne die Existenz der Schönheit, so auch kann

---

1) Doc. XI a. a. O., pag. 353: *io tengo un infinito universo, cioè effetto della infinita divina potentia perchè io stimavo cosa indegna della divina bontà e potentia che possendo produr oltra questo mondo un altro e altri infiniti, producesse un mondo finito sì che io ho dichiarato infiniti mondi particolari simili a questo della terra la quale con Pitagora intendo uno Astro simile al quale e la luna altri Pianeti et altre stelle, le qual sono infinite, e che tutti questi corpi sono mondi e senza numero, li quali costituiscono poi la università infinita in uno spazio infinito e questo si chiama universo infinito, nel qual sono mondi innumerabili .... Di più in questo universo metto una provvidenza universale in virtù della quale ogni cosa vive, vegeta e si move e stà nella sua perfeiione, e la intendo in due maniere, l'una nel modo con cui presente è l'anima ne corpo tutta in tutto e tutta in qualsivoglia parte e questo chiamo natura, ombra e vestigio della divinità; l'altro nel modo ineffabile col quale Iddio per essentia, presentia e potentia è in tutto e sopratutto, non come parte, non come Anima, ma in modo inesplicabile.*

nichts sein, was von Gottes Allgegenwart ausgeschlossen wäre. In dieser Weise verstehe ich auf rein verstandesmässigem Wege und nicht im Sinne substanzieller Wirklichkeit unterschiedene Attribute in Gott [1]).“

Alsdann erörtert Bruno, was er als Philosoph unter der Dreieinigkeit verstehe. Er bekennt frei und frank, die Fleischwerdung des Sohnes Gottes, an welche man glauben müsse, nicht verstanden zu haben, wiewohl er sich nicht erinnern könne, von seinem Zweifel weder jemals schriftlich, noch mündlich auch nur eine Andeutung sich erlaubt zu haben. Ebenso sei ihm auch der Heilige Geist nicht in dem Sinne, in welchem man an ihn glauben müsse, verständlich geworden, sondern er habe ihn auf pythagoräische Weise als Weltseele aufgefasst. „Aus diesem Geiste, der auch das Allleben genannt wird, fliesst in meiner Philosophie jedem beseelten und belebten Wesen die Seele und das Leben zu. Desshalb ist die Seele unsterblich, wie auch die Körper ihrer Substanz nach unvergänglich sind, denn der Tod ist nichts anderes als Trennung und Wiedervereinigung. Dieses scheint auch des Predigers Salomon Ansicht, wenn er sagt: Nichts Neues unter der Sonne [2]).“

---

1) *Da poi nella Divinità intendo tutti li attributi esser una medesma cosa, insieme con teologhi e più grandi filosofi, capisco tre attributi, potentia, sapientia et bontà, o veramente mente, intelletto, amore, col quale le cose hanno prima l'essere, ragion della mente, da poi l'ordinato essere, e distinto per ragione dell' intelletto, terzo la concordia et simmitria per ragione dell' amore, questo intendo essere in tutto e sopratutto, come nessuna cosa è senza partecipatione de l'essere e l'essere non è senza l'essentia, come nessuna cosa è bella senza la beltà presente, cusì della divina presentia niuna cosa può esser esenta, e in questo modo per via di ragione e non per via di substanziale verità intendo distintione nella divinità.*

2) Doc. XI a. a. O., pag. 354—355: *Quanto poi a quel che appartiene alla fede, ... all' individuo circa le divine persone, ... Jo stando nelli termini della filosofia, non l'ho inteso, ma dubitato, e con incostante fede tenuto, non già che mi ricordi de haverne mostrato segno in scritto, nè in ditto . . . . così quanto allo spirito divino per una terza persona non ho possuto capire secondo il modo, che si deve credere, ma secondo il modo Pittagorico, conforme a quel modo che mostra Salomone, ho inteso come anima dell' universo . . . .*

Da questo spirito poi, che è detto vita dell' universo, intendo nella mia filosofia provenire la Vita e l'anima a ciascuna cosa che have anima e vita, la qual poi intendo essere immortale come anco alli corpi quanto alla loro substantia tutti

Bis hierher stellt Bruno keinen seiner Zweifel an den Glaubenslehren der Kirche in Abrede, sondern bekennt sich mit männlicher Offenheit zu den Ueberzeugungen seiner Philosophie. Und nun mit Einem Male machen wir die Wahrnehmung, wie er von jetzt an jeder Anschuldigung, über welche er sich zu verantworten hat, in Sprache und Ton positiv kirchlicher Rechtgläubigkeit entgegentritt. So glaubt er jetzt an die Gottheit Christi, an die Göttlichkeit, Wahrheit und Realität von dessen Wundern, an die wirkliche und substanzielle Umwandlung von Brod und Wein in Leib und Blut Christi, wie sie die Kirche lehrt; an die unbefleckte Empfängniss der Jungfrau Maria; an Paradies, Fegfeuer und Hölle! Mit besonderm Nachdruck versucht Bruno die Anklage zu entkräften, dass er geflissentlich gegen die Lehre der heiligen Mutter Kirche zu wirken gesucht habe [1]). Er habe deren Theologen von jeher als die einzigen Gottesgelehrten betrachtet, während die Theologen der Ketzer, Melanchthon, Luther, Calvin und andere ultramontane (!) Ketzer, die er sammt ihren Lehren verachte, nicht ihren Namen verdienten, sondern Pedanten wären. Dagegen vor den grossen Kirchenlehrern des Katholicismus habe er alle schuldige Achtung und insbesondere sei es der hl. Thomas von Aquino, den er immer wie seine eigene Seele geliebt habe. Dessen sei Zeugniss, dass er pag. 89 seines Buches De Monade zum Lobe des hl. Thomas wörtlich sage: er sei die Ehre und die Leuchte aller Kirchenlehrer und Peripatetiker [2]). Und nun führt Bruno in

sono immortali, non essendo altro morte che divisione e congregatione, la qual dottrina pare espressa nell' Ecclesiaste dove dice nihil sub sole novum.

1) Doc. XII a. a. O., pag. 357: *Jo credo che nelle mie opere si troveranno scritte molte cose, quali saranno contrarie alla Fede Catholica, e che parimente nelli ragionamenti haverò dette cose ch' averanno potuto apportar scandalo ma però io non ho detto nè scritte queste cose, ex professo ne per impugnar direttamente fede Catholica, ma fondandomi solamente nelle ragioni filosofiche o recitando e opinioni de heretici.*

2) Doc. XII a. a. O., pag. 364: *Jo ho letto libri di Melanthone, di Luthero, di Calvino, e de altri heretici oltramontani*, . . . (pag. 365): *Jo dispresso li sopradetti heretici e dottrine loro; perchè non meritano nome di theologhi ma di pedanti, ma di Dottori Ecclesiastici Catholici, io ne ho quella stima che devo e particolarmente di S. Thomaso che ho sempre come ho detto di sopra stimato e amato da me come l'anima mia* etc.

der That die auf Seite 89 jenes Lateinwerkes vorkommenden Worte textgetreu auf! Dasselbe wiederholt er ganz unmittelbar hernach, wo er auf die Frage des Verhörrichters, ob er die guten Werke als zum Seelenheil nothwendig erachte, antwortet: er habe dieselben stets und zu jeder Zeit als für das Seelenheil unerlässlich gehalten, wie er denn in seinem Buche De la Causa, Principio et Uno oder in seinem andern Werke De l'Infinito, Universo e Mondi, auf Blatt 19 im ersten Dialog, sage: diejenigen Geistlichen, welche die Völker lehrten, sich einfach an den Glauben und nicht an die Werke zu halten, verdienten eher von der Erde vertilgt zu werden gleichwie Schlangen, Drachen und anderes der Menschheit schädliches Gezücht; denn die barbarischen Völker würden durch solchen Glauben noch barbarischer, diejenigen aber, die von Hause aus gut wären, würden dadurch schlecht [1]. Und merkwürdigerweise stimmt auch dieses Citat wieder sinngetreu mit dem Textlaut bei Wagner II, 26 überein [2])!

In grosse Bestürzung, Aufregung und Entrüstung gerieth Bruno, als ihm die Denunciation vorgelesen wurde, nach welcher er gesagt haben sollte: Die Wunder Jesu Christi und der Apostel seien nur Schein und pure Zauberei gewesen und wenn ihn gerade die Lust angewandelt hätte, so hätte er noch ganz andere verrichten und es zu Stande bringen wollen, dass ihm die ganze Welt nachliefe. Auf diese Anklagen schlug Bruno die Hände

---

1) Doc. XII a. a. O., pag. 364: *questa spesie di Religiosi, li quali insegnano li popoli a confidare senza l'opera, la quale è fine di tutte le religioni, esser più degna di esser estirpata dalla terra che serpi draghi e altri animali pernitiosi alla natura humana, perchè li popoli barbari per tal confidenza divengono più barbari e quelli che sono naturalmente buoni divengono cattivi.*

2) Diese Uebereinstimmung ist höchst auffällig, insbesondere diejenige Stelle, die aus dem erst während Bruno's Aufenthalt in Venedig gedruckten Frankfurter Werk De Monade stammt. Hatte Bruno ein so wunderbares Gedächtniss, dass er sich nach Jahr und Tag jede beliebige Stelle aus seinen Werken entweder wort- oder sinngetreu wieder ins Gedächtniss zurückzurufen und zugleich die pagina dazu anzugeben vermochte? Oder wie soll man sich diese Uebereinstimmung sonst erklären, da doch dem Gefangenen sofort alle seine Bücher von Mocenigo abgenommen und gewiss nicht wieder ausgeliefert worden waren?

über dem Kopf zusammen und rief aus: „Was ist das? Wer hat diese Teufeleien erfunden? Ich habe niemals so etwas gesagt, noch ist mir je dergleichen in den Sinn gekommen. O Gott, was ist das? ich wollte lieber todt sein, als dass man mir dergleichen zum Vorwurf gemacht hätte!"

Zum Schlusse des langen Verhörs vom 2. Juni hielt ihm der Pater Inquisitor noch eine eindringliche Ansprache, welche Bruno zu Gemüthe führte, dass seine so rasch vollzogene Schwenkung dem Gerichtshof noch nicht sonderlich einleuchten wollte. Es wurde ihm verdeutet, dass, wofern er hartnäckig fortfahren würde, Dinge zu leugnen, in welchen er nachher würde überführt werden, Dinge nämlich, welche den katholischen Glauben und die Satzungen der heiligen Mutter Kirche beträfen, er sich alsdann nicht zu wundern hätte, wenn das hl. Officium mit denjenigen Rechtsmitteln gegen ihn verfahren würde, welche es gegen die Verstockten anzuwenden die Gepflogenheit und die Macht habe, insonderheit aber gegen diejenigen, welche die Gnade Gottes nicht erkennen wollten und all das Wohlwollen und die christliche Liebe, mit welcher das hl. Officium es sich angelegen sein lasse, die in der Finsterniss Taumelnden zum Lichte und die vom rechten Weg Abirrenden auf den Pfad des ewigen Lebens zurückzuführen [1]). Bruno verstand den Sinn dieser Sprache und versicherte, die volle Wahrheit gesagt zu haben [2]); doch gab er das Versprechen, sich noch einmal zu prüfen und zu seiner eigenen Genugthuung alles das in sein Gedächtniss zurückrufen zu wollen, was er etwa noch gegen den christlichen Glauben

---

1) Doc. XII (bei Berti a. a. O., pag. 366): *Extollendo ambas manus et dicendo; Che cosa è questo? Chi è stato che ha trovato queste Diavolerie. Jo non ho mai detto tal cosa nè mai mi passò per l'imaginatione tal cosa: oh Dio! che cosa è questo; io vorria esser più tosto morto che mai fosse stato proposto questa cosa.*

2) Doc. XII a. a. O., pag. 368: *se persevererà ostinatamente in negar cosa nella quale siate poi convento pertinente alla fede catholica, e contra la determinatione de Santa Madre Chiesa non ve haverete da maravigliare se il S. Uffitio procedera contro di voi con quelli termini di iustitia che suol e può usare contra li impenitenti e che non vogliono riconoscer la misericordia del Sig. Iddio e quanto questo S. Uffitio ha a caro di ridur con pietà e charità Christiana quelli che si ritrovano nelle tenebre alla luce e fuori della via retta al cammino de vita eterna.*

und die katholische Kirchenlehre gesagt oder gethan haben könnte.

Als ihm nun am folgenden Tage, den 3. Juni, nach verschiedenen Einzelfragen über weitere Ketzereien, welche ihm zur Last gelegt wurden und die er ebenfalls alle im Sinne positiver Rechtgläubigkeit beantwortete, schliesslich die Hauptfrage gestellt wurde, ob er seine Irrthümer und Ketzereien noch festhalte oder sie verabscheue, da sprach Bruno: „Alle Irrthümer, Ketzereien und Zweifel, welche ich bis auf diesen Tag gegen Leben, Lehre und Satzung der hl. katholischen Kirche genährt, begangen und gehegt habe, verwerfe und verabscheue ich, auch bereue ich, irgend etwas gethan, gesprochen und geglaubt zu haben, was nicht katholisch ist. Ich bitte den hl. Gerichtshof, mich, meine Schwachheiten erkennend, in den Schooss der hl. Kirche wieder aufzunehmen und mich, Erbarmen übend, mit den für mein Seelenheil geeigneten Mitteln zu versehen [1].“

Tags darauf, den 4. Juni, wurde er nach ganz kurzem Verhör über seine Stellung zur Wahrsagerei und Beschwörungskunst, mit welcher Bruno niemals etwas zu schaffen gehabt hatte, gefragt, ob er in Venedig vielleicht einen Feind oder übelwollenden Widersacher habe und zwar wen und warum? Darauf erwiederte Bruno: „Ich glaube nicht, hierzulande irgendwen anders zum Feinde zu haben, als den Herrn Johannes Mocenigo mit seinem Anhang, der mich bis zu diesem Augenblick schwerer beleidigt, als irgend ein anderer Mensch, indem er mir nach dem Leben getrachtet, meiner Ehre nachgestellt, mein Gepäck geraubt, mich in seinem eigenen Hause eingekerkert und auf alle meine Schriften, Bücher und Werthsachen Beschlag gelegt hat und zwar einzig desshalb, weil er nicht allein wollte, dass ich ihn alles lehren sollte, was ich wüsste, sondern auch ver-

---

1) Doc. XIII a. a. O., pag. 375: *Tutti li errori che io ho commessi sino al presente giorno pertinenti alla vita catholica e professione regolare come io sono e tutte le heresie che io ho tenute e li dubii che ho havuti intorno alla fede catholica, et alle cose determinate della Santa Chiesa hora io le detesto et abborisco et ne sono pentito d' haver fatto, tenuto, detto, creduto o dubitato di cosa che non fosse catholica et prego questo sacro tribunale, che conoscendo le mie infermità vogli abbracciarmi nel grembo di S. Chiesa provedendomi de' rimedii opportuni alla mia salute, usandomi misericordia.*

hindern wollte, dass ich dasselbe irgend jemand anders lehrte. Er hat mir immer gedroht, mir an Leben und Ehre zu schaden, wenn ich ihm nicht dasjenige lehren wollte, was ich wüsste [1])."

Volle acht Wochen vergingen nun, ohne dass es den Anschein hatte, als ob Bruno's Process vorwärtsrücken wollte. Nur einmal, am 23. Juni, wurden zwei Zeugen über ihn verhört, Andreas Morosini, an dessen literarischen Abendunterhaltungen er theilgenommen, sowie der Buchhändler Ciotto, in dessen Laden Bruno viel verkehrt hatte. Beide Zeugen sprachen sich wieder sehr günstig über des Eingekerkerten rücksichtsvolles Schweigen in Glaubenssachen aus. Erst der 30. Juli brachte Bruno wieder ins Verhör, es war zugleich das letzte, das er in Venedig zu bestehen hatte. Wieder wurde der Gefangene ermahnt, die rückhaltslose Wahrheit zu bekennen und wieder betheuerte Bruno, Alles gesagt zu haben, was ihm auf dem Herzen liege. Vielleicht könne er sich noch in andere Irrthümer verstrickt haben und auf noch andere Abwege gerathen sein, allein er wisse sich derselben nicht mehr zu erinnern. Die erlauchten Herren wüssten aus seinen früheren Bekenntnissen, wie schmerzlich er seine Uebelthaten bereue und wie sehnlich er wünsche, von ihnen der Gnadenmittel theilhaftig zu werden, welche geeignet seien, ihn auf den Pfad des Heils zurückzubringen. Dann sank der bereits am Leben Verzweifelnde in die Kniee und sprach flehentlich diese Worte: „Ich bitte demüthig Gott und Eure Herrlichkeiten um Verzeihung für alle von mir begangenen Irrthümer. Und ebenso bitte ich Euch, mir baldigst diejenige Busse aufzuerlegen, welche der Höhe der Strafe entspricht, die ich um die Ehrverletzung des geistlichen Kleides verdient habe. Und wenn mir Gott und Eure Herrlichkeiten die Gnade gewähren und mir das Leben schenken, so verspreche ich, mein Leben sichtbarlich

---

1) Doc. XIV a. a. O., pag. 378: *Jo non tengo per Nimico in queste parti alcun altro se non il ser Giovanni Mocenigo et altri suoi seguaci e servitori dal quale son stxto fin qui (più) gravemente offeso, che da homo vivente perchè egli mi ha assassinato nella vita, nell' onore e nelle robe, havendomi egli carcerato nella sua casa propria e occupandomi tutte le mie scritture, libri et robe altre; e questo ha fatto perchè non solamente voleva che io non potessi insegnarlo ad alcun altro e mi ha sempre minacciato nella vita e nell' honore se io non li insegnavo quello che io sapevo.*

zu ändern und das Aergerniss, das ich gegeben, wieder gut zu machen[1]." Aber diese Weichheit gereichte Bruno zu keinem Vortheil. Ihre Herrlichkeiten liessen ihn wieder weitere sieben Wochen im Kerker schmachten.

9. Bruno's Auslieferung an Rom, seine Kerkerhaft und sein Martyrium.
1593—1600.

Bruno's Widerruf seiner kirchlichen Ketzereien hätte vielleicht seines Zweckes, den auf der Höhe seiner philosophischen Entwickelung stehenden Nolaner dem Leben und der schriftstellerischen Wirksamkeit zurückzugeben, nicht verfehlt, wenn das venetianische Inquisitionsgericht den angehobenen Process von sich aus erledigt hätte. Allein die Bedeutung des Angeklagten, sowie die Menge und der Charakter der ihm zur Last gelegten Ketzereien erschien zu gross, als dass es Venedig wagen wollte, die Sache von sich aus zu entscheiden. Und da der Ordensflüchtige ohnediess sich schon zwei Processen in Neapel und Rom durch heimliche Entweichung entzogen hatte, so musste, mochte Venedig urtheilen wie es wollte, der Nolaner schliesslich doch wieder in die Hände der römischen oder der neapolitanischen Inquisition zurückfallen. Um die Verantwortung für ein

---

1) Doc. XVII a. a. O., pag. 384: *Può esser ch' io in tanto corso di tempo habbia ancor errato e deviato dalla S. Chiesa in altre maniere di quelle che ho esposto e che me trovi ancora illaqueato in altre censure, ma se bene io et ho pensato molto sopra non però le riconosco, ho confessato e confesso hora li errori miei prontamente, e son qui nelle mani delle Signorie Vostre Illustrissime per ricever rimedio alla mia salute del pentimento de' miei misfatti, non potrei dir tanto quanto è, ne esprimere efficacemente come desiderarei l'animo mio.*

Postquam genuflexus dixit. — Domando humilmente perdono al Sig. Iddio e alle Signorie Vostre Illu.me di tutti li errori da me commessi e son qui pronto per eseguire quanto dalla loro prudentia sarà deliberato e si giudicherà espediente all' anima mia.

E di più supplico che mi diano, più tosto castigo che ecceda più tosto nella gravità del castigo che in far dimostrazione tale publicamente dalla quale potesse ridondare alcun disonore al sacro abito della religione che ho portato e se dalla Misericordia d' Iddio e delle vostre Sig. Illus.me mi sarà concessa la vita, prometto far riforma notabile della mia vita, che ricompensino il scandalo che ho dato con altro et tanta edificatione.

Urtheil von sich abzulenken, hatte desshalb das venetianische Inquisitionsgericht die sämmtlichen Aktenstücke im Processe Bruno's an die Oberinquisition nach Rom eingesandt und es ist wahrscheinlich, dass unter denselben sich auch sämmtliche Bücher und Manuscripte Bruno's befanden.

Das römische Inquisitionsgericht setzte sich zusammen aus einer Congregation von Cardinälen unter der persönlichen Leitung des Papstes. Der Oberinquisitor im Processe Bruno's war der Cardinal Madrucci; ihm an Einfluss stand zunächst der Cardinal Sanseverina, jener furchtbare, wenn auch almosenspendende, Prälat, der die entsetzliche Bartholomäusnacht, in welcher auf Anstiften des Papstes Gregor XIII. Tausende und aber Tausende französischer Protestanten auf grauenhafte Weise nächtlich überfallen und abgeschlachtet worden waren, „einen herrlichen und den Katholischen höchst angenehmen Tag" zu nennen pflegte[1]). Als der eigentliche Rechtskundige wirkte in Bruno's Process der Cardinal Bellarmin, der gelehrte Streithahn des damaligen Roms, der Verfasser zahlloser Vertheidigungsschriften für den Katholicismus, der Compilator riesiger Foliowerke über die Ketzereien seiner Zeit[2]).

Nicht sobald hatte Rom vernommen, dass der berüchtigte Haeresiarch in Venedig endlich festgenommen worden sei, als es sich auch sofort mit jener tigerhaften Behendigkeit, welche die römische Curie in der Verfolgung ihrer klarerkannten Zwecke kennzeichnet, auf ihr Opfer warf. Am 12. Sept. schrieb nämlich der Cardinal Sanseverina an das hl. Inquisitionsgericht von Venedig, es solle den Jordanus Brunus unverweilt an den päpstlichen Gouverneur von Ancona mit der Bestimmung nach Rom ausliefern[3]). Allein der hl. Gerichtshof von Venedig getraute sich nicht, dem Begehren von Rom ohne weiteres zu willfahren. Desshalb begaben sich der Vicar des Patriarchen mit dem Pater Inquisitor

1) Ranke, Die römischen Päpste, Bd. 2 (Berti pag. 270, fälschlich 3), pag. 309.

2) Während Bruno's Process in Venedig und Rom erschienen Bellarmins Disputationes de controversiis Christianae fidei adversus hujus temporis haereticos in einer Reihe von Auflagen bald als drei, bald als vier Foliobände. Leider forscht man in denselben umsonst nach Bruno's Namen.

3) Doc. XVII (bei Berti, Vita di G. Br., pag. 385).

und dem Beisitzer des hl. Tribunals, Thomas Morosini, vor den Rath von Venedig und suchten dem Auslieferungsbegehren der Oberinquisition Nachdruck zu verschaffen. Der Verlangte sei eben nicht nur ein gewöhnlicher Ketzer, sondern ein Ketzer**fürst**, der, wenn auch als Philosoph, dennoch Dinge geschrieben habe, welche man nicht ungestraft hingehen lassen könne [1]). Er bittet seine Durchlaucht, den Dogen, und ihre Excellenzen, die Herren vom Rath, um eine baldige Entscheidung in der Sache, damit man dem hl. Obergerichtshof in Rom Bescheid geben könne: schon liege im Hafen von Ancona eine Barke bereit, den Schuldigen rasch und sicher nach Rom überzuführen.

Seine Durchlaucht, der Doge, erwiederten: Ihre Excellenzen würden die Sache in Berathung ziehen und dem hl. Officium das Resultat derselben mittheilen.

Denselben Nachmittag noch erschien der Pater Inquisitor vor den Savii, um zu erfahren, welcher Beschluss gefasst worden sei. Er erhielt jedoch den Bescheid, dass, da die Sache von Bedeutung sei und reiflich erwogen werden müsse, zudem aber die Herren Savii mit vielen ernsten Staatsgeschäften überhäuft gewesen seien, so hätte man noch keinen Beschluss fassen können. Seine Hochwürden könnten die Barke zur Stunde auslaufen lassen [2]).

Die Barke lief denn auch wirklich ab. Am 3. October aber schreibt der Senat dem venetianischen Gesandten nach Rom, dass er die Auslieferung „eines Giordano Bruno“ habe verweigern müssen, weil eine solche ein schweres Präjudiz für die Autorität des venetianischen Tribunals in sich schlösse und ein schlimmes Beispiel für alle ähnlichen Fälle dieser Art in der Zukunft bilden, namentlich aber die venetianischen Unterthanen schädigen könnte. Der Gesandte solle nur immer und überall, wann und wo in

1) Doc. XIX a. a. O., pag. 386: *imputato non solo di heretico, ma anco di heresiarca .... scriveva alcune cose concernenti il particolare della religione che non convenivano, se ben egli parlava filosoficamente.*

2) Doc. XX a. a. O., pag. 388: *Fu soggionto dalli Eccell^{mi} Sig^{ri} Savii che essendo la cosa di momento et consideratione, et le occupationi di questo Stato molte et gravi non si haveva per ancora potuto farne risolutione et che Sua Reverentia poteva per hora licentiar la barca.*

Rom die Sprache auf diesen Gegenstand kommen würde, die Jurisdiction des venetianischen Gerichtshofes vertheidigen [1]).

Inzwischen hatte man sich in Rom offenbar immer mehr überzeugt, welchen wichtigen Fang man soeben zu machen im Begriffe war. Dem entsprechend erschien denn auch am 22. Dec. 1592 im Auftrage Seiner Heiligkeit der päpstliche Nuntius vor Doge und Rath, um dieselben aufs neue zur Herausgabe des Bruders Giordano Bruno zu bestimmen, gegen welchen schon früher in Rom ein Process angestrengt worden sei, der nun endlich ausgetragen werden müsse [2]). Darauf erwiederte ihm im Namen des Senates der Procurator Donato, es sei von jeher Uebung des venetianischen Gerichtshofes gewesen, Schuldige selber abzuurtheilen, übrigens geschehe auch dieses im Namen Seiner Heiligkeit, deren Nuntius ja ein Mitglied des hl. Tribunals von Venedig sei [3]). Nun aber wendete der Nuntius seinerseits wieder gegen Bruno ein: Derselbe sei kein venetianischer Unterthan, sondern ein sowohl in Rom, als in Neapel dem hl. Officium entlaufener Neapolitaner. Schon mehr als zwei Dutzend Male seien in ausserordentlichen Fällen wie in diesem die Schuldigen an den hl. Gerichtshof nach Rom, dem Haupt und Obern aller Gerichtshöfe, ausgeliefert worden. Schon wenn der Betreffende ein einfacher Mönch wäre und der Papst verlangte ihn nach Rom, so dürfte man ihm die Auslieferung desselben nicht verweigern, nun aber um soviel weniger, als derselbe offenkundig als Sektenstifter überführt sei und auch mit andern sehr schlechten Eigenschaften sich

---

1) Doc. XXI a. a. O., pag. 388: *apporterebbe molto pregiudizio all' autorità del medesimo Tribunale con un cattivo esempio di dover continuar nell' istesso in tutti li casi del tempo avenire, et con danno grande de' sudditi nostri . . . Del che tutto habbiamo voluto informarvi affinchè se ve ne fusse parlato possiate risponder opportunemente nella istessa sostanza, difendendo la giurisditione del Tribunale di questa città conforme a quanto è sopra detto.*

2) Doc. XXIII a. a. O., pag. 390: *che costui sia condotto a Roma, acciò la giustitia habbia suo luogo, si come anco S. Santità haveva detto alli Signori Ambasciatori.*

3) Ibid., pag. 390: *Disse il Clariss*mo *Sig*r *Procurator Donato che hebbe ordine dall' Eccellentissimo Senato di parlarne con Sua Santità, come fece, adducendole la osservantia di questo Santo Tribunale, che è stata sempre di giudicar di qua i rei, amministrando buona giustitia, il che si fa con l'autorità di S. Santità medesima, poichè si trova presente a questi giudicii l'Illust*mo *suo Nontio . . . .*

besudelt habe, von welchen er jetzt aber nicht sprechen möge, weil es sich zunächst einzig und allein um Glaubenssachen handle [1]).

Der Senat gab schliesslich dem Nuntius den Bescheid, man wolle darüber noch ferner berathen, sei übrigens jederzeit gerne bereit, Seiner Heiligkeit jede mögliche Befriedigung zu gewähren.

Daraufhin beschied der Doge den Procurator Contarini zu sich und ertheilte ihm den Auftrag, über die Angelegenheit des Bruders Giordano Bruno ein Gutachten abzufassen und Contarini eröffnete darauf am Morgen des 7. Januar 1593 Seiner Durchlaucht dem Dogen folgende, von diesem gewiss zum Voraus erwartete, Ansicht: Der Gefangene sei schon in Neapel und Rom, wo ihm wegen greulicher Ketzerei der Process gemacht worden sei, durchgegangen, gehöre also vor das Forum jener Städte. Wenn er auch einer der ausgezeichnetsten und seltensten Geister sei, die man sich nur wünschen könne, ein Mann von hervorstechender Gelehrsamkeit und Wissenschaft [2]), so habe derselbe dennoch in England und Genf ein so ausgelassenes und teuflisches Leben [3]) geführt, dass, da er ohnedies kein venetianischer Unterthan, sondern ein Fremder sei, man Seiner Heiligkeit wohl den Gefallen thun und ihr denselben ausliefern könne, wie man das auch schon in andern ähnlichen Fällen gemacht habe [4]). Uebrigens sei es des Gefangenen eigener Wunsch, der Gerechtigkeit in Rom überliefert zu werden, da derselbe beab-

---

1) Ibid., pag. 391: *Rispose il Nontio che costui è Napolitano et non suddito di questo Stato; che fu processato prima in Napoli et poi in Roma per le gravissime sopra detto colpe. Che più di doi dozene di volte in casi estraordinarii come questo si erano mandati li rei al Santo Tribunal di Roma, capo et superior a tutti li altri. Che se costui fosse semplice frate et che 'lPapa lo volesse a Roma, non si dovrebbe negarglielo et tanto meno essendo pubblico heresiarca convinto et imbrattato anco di altre pessime qualità, delli quali però non parlava, perchè parlava solo delle cose concernenti la fede.*

2) Doc. XXIV a. a. O., pag. 392: *se bene per altro uno de più eccellenti et rari ingegni che si possino desiderare et di esquisita dottrina et sapere.*

3) Ibid.: *tenendo quella vita licentiosa et diabolica per qualche tempo.*

4) Ibid., pag. 392—393: *Che per esser questo caso principiato a Napoli et in Roma, onde par più spettante a quel foro, che a questo, et per la gravità estraordinaria delle colpe, aggiunto anco, che egli è forestiero et non suddito, crederia che fosse conveniente satisfare a Sua Santità, come anco altre volte s' è fatto in casi simiglianti.*

sichtige, dort eine Schrift einzureichen [1]). Nichtsdestoweniger sei er, der Procurator, stets bereit, ohne jeden Einwand sich dem Befehl Seiner Durchlaucht und dem Dienst des Vaterlandes zu widmen und dieselben Allen Andern in der Welt voranzustellen. Darauf verabschiedete sich der Procurator, nicht ohne vom Dogen wegen seiner Sorgfalt und Gewandtheit im öffentlichen Dienste belobt worden zu sein.

Der Senat war natürlich der nämlichen Ansicht und so liess man denn am 9. Januar Seiner Heiligkeit dem Papste nach Rom melden, man habe aus ehrfurchtsvollem und kindlichem Gehorsam gegen ihn [2]) beschlossen, den Bruder Giordano Bruno auszuliefern und es könne derselbe auf die Weise, wie sie Seiner Seligkeit am sichersten dünke, abgeholt werden. Am 16. meldet dann der venetianische Gesandte, Seine Heiligkeit habe ihn äusserst huldvoll empfangen und ihm für den Beschluss des Senates und Seiner Durchlaucht, des Dogen, mit zuvorkommenden und verbindlichen Worten gedankt [3]).

Hiermit schliesst der Process von Venedig und es beginnt nun die noch so überaus räthselvolle Kerkerhaft Bruno's in Rom. Wesshalb Bruno die Auslieferung nach Rom selber herbeisehnte, wäre, da er doch wusste, dass er vom römischen Wolfe nicht anders denn als erwünschte Beute würde betrachtet werden, ganz unverständlich, wenn wir nicht wüssten, wie er der kindlich naiven Ueberzeugung lebte, Seine Heiligkeit den Papst durch seine Schrift über die sieben freien Künste für sich gewinnen zu können.

Und doch hat es den Anschein, dass Bruno sich von dem Erfolge seines Werkes keine trügerischen Hoffnungen machte. Denn wie anders fände sich sonst eine Erklärung für die sonst beispiellos lange sich hinausziehende Verurtheilung Bruno's?

---

1) Ibid., pag. 393: *egli è per dire, che gli sarà caro esser rimesso alla giustizia di Roma.*

2) Doc. XXVI a. a. O., pag. 395: *come effetto proceduto dal riverente et filiale ossequio nostro verso di Sua Beatitudine.*

3) Doc. XXVII a. a. O., pag. 395: *come veramente ha riputato questa cosa gratissima, et ha corrisposto con parole molto cortesi et uffitiose, dicendomi, che grandemente desidera di star sempre unita con quella Repubblica.*

Vom 27. Februar 1593 ab bis Anfang 1599 sind wir über das fernere Schicksal Bruno's völlig im Dunkeln. Welchen Werth musste der Papst und die Inquisition auf die Aussicht legen, den gefürchteten Ketzerfürsten am Ende doch noch auf die Seite der Rechtgläubigkeit herüberzubringen! Hat Bruno wirklich die Hand zu dieser Vermählung von Kirche und freier Forschung, von Glauben und Wissen geboten? War oder ist Bruno's Schrift von den sieben freien Künsten so eine Art Urahnin zu Leibnitzens-Theodicee? Liess man Bruno so unverhältnissmässig lange Frist, um ihn inzwischen theils durch Güte und alle Künste der Ueberredung, theils durch Strenge und deren, Körper und Geist lähmende Mittel, zum bedingungslosen Uebertritt zu zwingen [1])?

Was aber diese Mittel zu bedeuten hatten, beweist Campanella's, Bruno's jüngeren Landsmanns, Schicksal in den Kerkern zu Neapel. Campanella lag siebenundzwanzig Jahre lang in Gefangenschaft, er war der Reihe nach in fünfzig Kerker eingeschlossen und wurde siebenmal auf der Folter verhört. „Das letzte Mal," erzählt er selbst, „dauerte es vierzig Stunden, ich war mit Stricken geknebelt, die mir bis auf die Knochen einschnitten, ich hing mit rückwärts gebundenen Händen auf einem äusserst scharfen Holz, das mir anderthalb Pfund meines Fleisches am Gesäss zerstörte, und zehn Pfund meines Blutes trank die Erde [2])."

---

1) Bartholmess in seiner Vie de Bruno, T. I, pag. 209 macht zu Scioppius' Mittheilung in seinem Bericht über die Hinrichtung Bruno's: „*Saepius est examinatus*" folgende Bemerkung: *Rien n' autorise à supposer que Bruno fut soumis à ce qu'on appelait le „rigoureux examen", c'est à dire la torture. Ce moyen de procédure était inutile, puisqu'il n'y avait nul doute sur „l'intention."* Stände diese zuvorkommende Ansicht nur nicht in grellem Widerspruch mit der Drohung des venetianischen Inquisitionsgerichts, im Nothfall auch straffere Saiten anziehen zu wollen!

2) Campanella in der Vorrede zu seinem Atheismus triumphatus bei Berti, Vita di Bruno, pag. 300: *Vide quaeso sim ne asinus ipsorum, qui quidem jam in quinquaginta carceribus hucusque clausus afflictusque fui septies tormento durissimo examinatus. Postremumque perduravi horis quadraginta funiculis arctissimis ossa usque secantibus ligatus, pendens manibus retro contortis de fune super acutissimum lignum, qui carnis sextertium in posterioribus mihi devoravit et decem sanguinis libras tellus ebibit.*

Aber weit davon entfernt, dass sich Bruno durch die Länge seiner Kerkerhaft hätte mürbe machen lassen, hat er sich vielmehr, im Angesichte des weltgeschichtlichen Todes, der ihm seit Jahren vor Augen geschwebt, aus sterblicher Schwäche zu unsterblichem Heroismus, aus der Angst vor dem allzufrühen Abschlusse seines Daseins zu der beseligenden Ueberzeugung unvergänglicher Fortdauer im Reiche des Geistes erhoben. Wie häufig mag ihn, den sonst so Lebensfrohen, nun aber in der Blüthe seiner geistigen Kraft von aller Wirksamkeit Ausgeschlossenen, der verrätherische Gedanke beschlichen haben, um wie viel vortheilhafter es doch für ihn und die Fortentwickelung der von ihm verkündeten neuen Philosophie gewesen wäre und vielleicht noch immer sein würde, wenn er scheinbar zu Gunsten der Kirche von seiner Philosophie abfiele und sich damit am Leben erhielte. Aber mächtiger als die Schlange des Selbsterhaltungstriebes sprach die Mannestreue, mit welcher er sein Leben schon als Jüngling für die freie Forschung eingesetzt hatte.

Wir besitzen noch eines der Selbstgespräche, welche Bruno in seiner vorrömischen Zeit häufig mit sich geführt haben mochte, um die bangen Vorahnungen seines Märtyrertodes zu beschwichtigen. Indem er sich die Philosophen des Alterthums und den hl. Laurentius, den die Legende auf einem Rost langsam gebraten werden lässt, ins Gedächtniss ruft, frägt er sich, was es wohl gewesen sei, was diese Männer inmitten der furchtbarsten Todesqualen zu Helden gemacht habe. Und da antwortet er sich: „Es gab Menschen, in welchen die Liebe zum göttlichen Willen so mächtig wirkte, dass sie sich durch keine Drohungen und Einschüchterungen ins Schwanken bringen liessen. Derjenige, der noch für seinen Leib fürchtet, kann sich niemals mit Gott eins gefühlt haben. Nur der wahrhaft weise und tugendhafte ist, da er den Schmerz gar nicht mehr fühlt, vollkommen glückselig [1]).“

---

1) Sigillus sigillorum im Abschnitt *De multiplici contractione, de decima quinta contractionis specie* (bei Gfrörer, pag. 578—579): *Ea tandem laudabilissima vere philosophis propria animi contractio est, qua crudelis Anaxarchus, patiens ictus, plus Nicreonta tyrannum affligebat, quam ipse torqueretur, qua et Polemon a rabidissimis canum morsibus ne expalluisse quidem dicitur, qua Laurentius de prunis ardentibus, velut e roseo strato, hostibus viriliter insultabat!*

Am 14. Januar 1599 legte die Commission, welche Bruno's Haeresie zu prüfen hatte, der Congregation acht ketzerische Sätze vor, welche aus den Processakten, sowie aus den Schriften Bruno's ausgezogen worden waren. Man beschloss, dieselben dem Angeklagten vorzulegen und ihn anzufragen, ob er sie als ketzerisch anerkenne und abschwören wolle oder nicht. Nun ruhte wieder Alles bis am 4. Februar. Offenbar hatte Bruno inzwischen keine Anzeichen gegeben, dass er dem Verlangen der Congregation entsprechen werde. Denn nun wurde neuerdings über des Angeklagten „verworfene Ketzerei, sowie über andere Dinge, die in den Akten ausführlicher dargestellt sind", Rath gepflogen und nachdem man Alles reiflich und sorgfältig erwogen, gelangte der Papst zu dem Entschlusse und ordnete an, dass dem Angeklagten jene acht Sätze von den Patres Theologi, nämlich von Bellarmin und dem Commissarius, als durch und durch ketzerisch bezeichnet werden sollten und zwar als ketzerisch namentlich mit Rücksicht auf die Ansichten der ältesten Kirchenväter und die Bestimmungen des apostolischen Stuhles, und wenn er sie als solche anerkenne, gut, wenn nicht, so solle ihm eine weitere Frist von vierzig Tagen gewährt werden [1]). Aber auch diese Frist verstrich, ohne dass Bruno sich zum Widerruf seiner Ueberzeugungen hätte bestimmen lassen. Endlich aber, so scheint es, ist ihm das ewige Verhören, Drohen und Drängeln verhasster und unerträglicher geworden, als der Tod auf dem Scheiterhaufen, der ihm, wie er wohl weiss, sicher bevorsteht, wenn er sich der Kirche mit seinem ganzen Wissen und Glauben

---

Quid enim? nonne vehementior delectatio, timor, spes, fides, indignatio, reique contemptus a praesente passione sevocat? .... Quidam cum maxime ab amore divinae voluntatis (quam firmiter existimabant) exequendae traherentur, nullis minis nullaque eos aliunde sollicitante formidine movebantur .... Ego eum, qui timet a corporeis, nunquam divinis fuisse conjunctum facile crediderim; vere enim sapiens et virtuosus, cum dolorem non sentiat, est perfecte (ut praesentis vitae conditio ferre potest) beatus, si rem rationis oculo velis aspicere.

1) Sigwart, Tübinger Programm 1880, pag. 37: *Smus D. N. decrevit et ordinavit quod ei intimentur a Patribus Theologis, videlicet a Patre Bellarmino et Commissario propositiones istae tantum haereticae, et non tantum haereticae ita modo declaratae, sed ab antiquissimis Patribus ab Ecclesia et Sede apostolica; et si tanquam tales agnoscerit, bene, sin minus, prefigatur sibi terminus 40 dierum.*

nicht blindlings zu Füssen wirft. Und er wirft sich ihr nicht zu Füssen, sondern erklärt am 21. Dec. 1599, nachdem man ihn nochmals über seinen Process sowie über seine etwaigen Lebensbedürfnisse verhört hat, fest und bündig: „weder dürfe noch wolle er widerrufen, er habe nichts zu widerrufen, sehe keinen Grund ein, zu widerrufen und wisse überhaupt nicht, worüber er widerrufen solle“ [1]). Nun endlich schwindet auch der Congregation die Hoffnung, den störrischen Apostaten wieder zurückzugewinnen und dem Orden, dem jener entsprungen, die Schande zu ersparen, dass ein Dominicaner abtrünnig geworden und auf dem Scheiterhaufen gebüsst habe. Man schickt ihm noch einmal und zwar zum Schlusse den General des Dominicaner-Ordens, Hippolytus Maria, und dessen Vicar, Paulus von Mirandula, um mit ihm zu verhandeln, ihn von seinen Irrthümern abzubringen und zu bewegen, dass er dieselben abschwöre [2]). Aber Bruno, nunmehr zum herrlichsten Einklang mit sich selber gelangt, weist alle diese Zumuthungen standhaft zurück.

Wiederum einen Monat später, am 20. Januar 1600, hielt das Inquisitionsgericht in Sachen Bruno's eine weitere Sitzung. Es war diesmal die letzte, über des Dichterphilosophen Schicksal endgültig entscheidende. Ein von Bruno an den Papst gerichtetes Denkschreiben wurde geöffnet, aber nicht gelesen. Der Dominicanergeneral, Hippolytus Maria, erstattete Bericht über den letzten Bekehrungsversuch bei dem Angeklagten: derselbe habe sich geweigert, die ihm aus seinen Schriften und Bekenntnissen vorgelegten Sätze als ketzerhaft anzuerkennen und abzuschwören, versichernd, er habe niemals ketzerische Sätze vorgetragen, sondern die Sätze, die man ihm als ketzerisch anrechne, seien von den Dienern der hl. Inquisition falsch aufgefasst worden. Nachdem der Papst die Gutachten der Congregation angehört, befahl er alsdann, den Process nunmehr auszutragen, das Urtheil zu fällen und den Bruder Jordanus der weltlichen Gewalt zu überantworten [3]).

---

1) Ibid., pag. 37: *Dixit quod non debet nec vult rescipiscere et non habet quid rescipiscat, nec habet materiam rescipiscendi, et nescit nuper quo debet rescipisci.*

2) Ibid., pag. 37.

3) Ibid, pag. 38: *in causa ejusdem Fris Jordani de Nola ordinis frum Praedicatorum, et ab eo apostatae, facta relatione per R. P. Prem, Hyppolitum*

So wurde denn wirklich Dienstag den 8. Febr. das Urtheil über Bruno als unbussfertigen und hartnäckigen Apostaten gefällt und Mittwoch den 9. Febr. das Erkenntniss feierlich eröffnet. Bruno wurde in den Sitzungssaal im Palaste des Oberinquisitors Cardinals Madrucci vorgeführt und hörte knieend inmitten der Cardinäle, der Inquisitionsbeamten, des Magistrats und des Gouverneurs der Stadt Rom das Todesurtheil über sich fällen. Nachdem man ihm sein vergangenes Leben noch einmal vor Augen gehalten und seine Ketzereien aufgezählt hatte, wurde ihm in Erinnerung gerufen, wie sehr es sich die hl. Inquisition habe angelegen sein lassen, ihn zu bekehren und brüderlich zu ermahnen und welche Hartnäckigkeit und Gottlosigkeit er alledem entgegengesetzt habe. Dann wurden ihm die Weihen abgenommen, die Excommunication über ihn ausgesprochen und die weltliche Obrigkeit, der er nunmehr anheimgefallen war, gebeten, „sie möchte ihn so milde als möglich und ohne Blutvergiessen" bestrafen. Kein Blutvergiessen bedeutete aber in der Räubersprache der Inquisition den Feuertod! Als das Gericht gesprochen hatte, erhob sich Bruno und sprach, mit drohender Geberde gegen seine Richter gewendet, die welthistorischen Worte: „Es verursacht euch vielleicht grössere Furcht, das Urtheil auszusprechen, als mir, es zu empfangen [1])!"

Mariam, Generalem dicti ordinis: quod de mandato Ill^morum etc. *una cum Procuratore Gen^li dicti ordinis alloquutus fuit eundem Fr^em Jordanum, quatenus vellet propositiones haereticas in suis scriptis et constitutis prolatas agnoscere et abjurare, quodque consentire noluit, asserens se nunquam propositiones haereticas protulisse, sed male exceptas fuisse a Ministris S. Officii, et SS^mus D^nus noster auditis votis eorundem Ill^morum decrevit ut procedatur in causa ad ulteriora, servatis servandis, ac proferatur sententia, et dictus F^r Jordanus tradatur Curiae Saeculari.*

1) Scioppius an Rittershausen bei Berti, Vita di G. Bruno, pag. 401: *nupera die nona Februarii in supremi Inquisitoris Palatio praesentibus illustrissimis Cardinalibus S. Officii Inquisitionis (qui et senio et rerum usu et Theologiae Jurisque scientia reliquis praestant), et consultoribus Theologis, et seculari Magistratu, Urbis Gubernatore: fuit Brunus ille in locum Inquisitionis introductus, ibique genibus flexis sententiam contra se pronunciari audiit. Ea autem fuit hujusmodi: Narrata fuit eius vita, studia et dogmata, et qualem Inquisitio diligentiam in convertendo illo et fraterne monendo adhibuerit, qualemque ille pertinaciam et impietatem ostenderit: inde eum degradarunt, ut dicimus, prorsusque excommunicarunt,*

Nun wurde Bruno von den Sbirren des Gouverneurs in das weltliche Gefängniss abgeführt, um am 12. Febr. hingerichtet zu werden. Aber selbst jetzt noch hoffte die Inquisition, den wunderbaren Apostaten durch die Nähe des furchtbaren Todes noch ganz zuletzt erweichen und als reuigen Renegaten seiner eigenen Philosophie in den Schooss der hl. Mutter Kirche herüberziehen zu können. Allein die Hoffnung der Richter ging auch diesmal fehl [1]). Bruno widerrief nicht, sondern erklärte vielmehr, er sterbe als Märtyrer und gehe gern in den Tod und seine Seele werde mit dem Rauch ins Paradies emporsteigen [2]). So verstrich denn die ihm nochmals gewährte Frist unbenutzt und am Freitag Morgen den 17. Februar 1600, auf dem Platze der Flora, gegenüber dem Theater des Pompejus, bestieg Bruno den Scheiterhaufen.

Rom wimmelte damals von Millionen von Pilgern aus aller Herren Ländern, denn Clemens VIII., jener kirchenfromme und staatskluge Papst, dem es gelungen war, Heinrich IV. von Frankreich wieder zum Katholicismus zurückzubringen, feierte ein Jubiläum. Wohl fünfzig Cardinäle mochten in Rom anwesend sein, die ganze katholische Kirche in ihren höchsten Würdenträgern um ihr Oberhaupt versammelt, wohnte dem Schauspiel der Verbrennung Bruno's bei und weidete sich, wie einst Nero und sein Hof an den als Fackeln brennenden Christen, so nun sie, die Häupter der Religion der Liebe, am langsamen Todeskampfe des sterbenden Philosophen. Bruno starb, wie er gelebt, als Held. Kein Schrei, ja nicht einmal ein Seufzer kam über seine Lippen [3]). Man hielt ihm noch ganz zuletzt, als er schon

---

et seculari Magistratui eum tradiderunt puniendum, rogantes, ut quam clementissime et sine sanguinis effusione puniretur. Haec cum ita essent peracta, nihil ille respondit aliud, nisi minabundus: Maiori forsan cum timore sententiam in me fertis, quam ego accipiam.

1) Ibid., pag. 401: *Sic a lictoribus Gubernatoris in carcerem deductus, ibique assiduo asservatus fuit, si vel nunc errores suos revocare vellet, sed frustra.*

2) In den Avvisi di Roma, 19. Febr. 1600 *sabato* (bei Sigwart im Tübinger Programm 1880, pag. 40): *diceva che moriva martire et volentieri et che se ne sarebbe la sua anima ascesa con quel fumo in paradiso.*

3) Hieronymus von Prag, Johann Huss und Michael Serveto vermochten nicht den ungeheuren Schmerz zu unterdrücken und brachen in Geschrei aus.

mit dem Tode rang, ein Crucifix vor die Augen, er aber wandte sich schweigend mit Geberden der Verachtung von demselben ab[1]). „So ist er denn, langsam gebraten, elendiglich umgekommen," schreibt der deutsche Convertit Caspar Schopp als Augenzeuge und fügt dann mit wahrhaft satanischer Ironie hinzu — „und mag nun in jenen andern Welten, die er sich einbildete, verkünden, auf welche Weise Gotteslästerer und Frevler von den Römern behandelt zu werden pflegen[2])."

So frech die Aeusserung dieses geckenhaften Ueberläufers[3]) klingt, so beweist sie doch, aus welchem Grunde Bruno schliesslich verbrannt wurde. Alle seine Ketzereien verblassten in den Augen der Kirche vor der erzketzerischen Verkündung der unendlichen Zahl der Welten. Denn vor dem Gesichtspunkt der kosmischen Unendlichkeit zerfliessen die einträglichen Vorstellungsgebilde von räumlich fixirten Himmel, Hölle und Fegfeuer zu wesenlosen Schemen und ziehen den Stuhl Petri mit sich in den Abgrund zukunftsloser Vergangenheit.

---

1) Scioppius an Rittershausen bei Berti, Vita di G. Bruno, pag. 401: *Hodie igitur ad rogum sive piram deductus, cum Salvatoris cruxifixi imago ei jam morituro ostenderetur, torvo eam vultu aspernatus rejecit.* Trotz dieser doch überaus deutlichen Geberdensprache eines Mannes, der im vollen Bewusstsein lebte, einen weltgeschichtlichen Tod zu sterben, bringt es Carriere in seinem sonst trefflichen Buche: Die Weltanschauung der Reformationszeit, pag. 410 über sich, Bruno zum specifischen Christen zu stempeln. Es gemahnt dies an Abälards Bemühungen, in Plato einen Christen nachzuweisen, worüber der hl. Bernhard von Clairvaux spöttelt: *Multum sudat quomodo Platonem faciat christianum.* Vgl. Bartholmess, Vie de Bruno, T. II, pag. 323.

2) Scioppius an Rittershausen bei Berti, Vita di G. Bruno, pag. 401: *sicque ustulatus misere periit, renunciaturus credo in reliquis illis, quos finxit, mundis, quonam pacto homines blasphemi et impii a Romanis tractari solent.*

3) Die vortrefflichste quellengemässeste Biographie und Bibliographie von Scioppius gab bis jetzt Kowallek in den Forschungen zur deutschen Geschichte, Bd. 11 (1871), pag. 403—483. Wer sich für das Bildniss des sehr gelehrten und unglaublich schreibseligen „Canis grammaticus" interessirt, findet dasselbe zu Anfang des Bd. 19 von Niceron's Nachrichten von den Begebenheiten und Schriften berühmter Gelehrten, hrsgeg. von Rambach.

10. Schlussbetrachtung.

Bruno starb, alle seine Werke kamen 1603 auf den Index [1]), aber mit ihm starb nicht zugleich auch seine neue Weltanschauung. Bruno ist die noch unerschlossene Knospe, aus welcher sich die Blume der ganzen neuern Philosophie entfaltet hat [2]). In Bruno hat das Italien der Renaissance seinen ebenso vollendeten Propheten der neuern Philosophie gefunden, wie in Michel Angelo seinen Herold der neuern Kunst. Bruno's Philosophie enthält die Grundzüge zu den ausgebildeteren Systemen des Cartesius, Spinoza, Leibnitz und in der neueren Zeit Schellings und Hegels. Bruno überholt aber alle seine Nachfolger *in deo et natura* durch die wahrhaft poetische Jugendfrische seines Naturbegriffs. Die Natur ist für Bruno keineswegs nur ein System blindwirkender Kräfte, sondern das all-eine, sich ewig zur Vielheit gestaltende, aber diese unter sich widerspruchsvolle Vielheit in unbewusster Zweckmässigkeit harmonisch in sich zusammenschliessende Weltsubjekt, mit einem Worte: Goethe's Künstlerin Gottnatur. Bruno's Begriff von der beseelten Materie, welche alle Formen aus sich selbst erzeugt, steht im schroffsten Gegensatz zu jenem Materialismus, der im Gedanken weiter nichts als ein Gehirnsecret und im Universum nur eine zufällig zusammenhängende Reihe von Atomveränderungen erblickt, welche sich nach den Gesetzen der Mechanik vollziehen. Bruno's Weltanschauung schliesst zwar den Mechanismus in der Bewegung der kleinsten Stofftheilchen nicht aus. Seine Auffassung des Lebensprocesses bleibt nur nicht wie diejenige Descartes', bei dem Mechanismus stehen, sondern erhebt sich über den-

1) Laut Decret vom 7. August 1603. S. Index Librorum Prohibitorum (Mechliniae 1838), pag. 48.

2) Vgl. Carriere, Die Weltanschauung der Reformationszeit, pag. 473: „Wie bei Spinoza die Einheit, so ist bei Leibnitz der Unterschied weiter, umfassender durchgeführt und entwickelt, aber auch in principieller Einseitigkeit geltend gemacht, sodass wir nun Bruno als die ursprüngliche Harmonie dieser Gegensätze und damit doch wieder gegen beide im Vortheil erkennen.“ Vgl. übrigens a. a. O. Carriere's ganzen Abschnitt über Bruno's Einwirkung auf Descartes, Spinoza, Leibnitz, Jacobi, Kant, Fichte, Schelling, Hegel, pag. 365—494.

selben hinaus zur Ahnung eines allumfassenden Weltorganismus, dessen gestaltendes Centrum in jedem Gliede lebt, weil es von Ewigkeit her in jedem Atome wirkt [1]).

Der Werth von Bruno's Weltanschauung beruht auf der von ihm zuerst durchgeführten Ueberwindung des uralten Gegensatzes in der Auffassung von Gott und Natur, von Geist und Materie, von Denken und Sein. Bruno's Philosophie ist der vollendetste Monismus. „So oft daher,“ sagt ein neuerer Geschichtsschreiber der italienischen Literatur, der ehemalige Unterrichtsminister De Sanctis, „so oft die Menschheit, müde, sich mit der unendlichen Mannigfaltigkeit der Forschungsresultate herumzuschlagen, das Bedürfniss empfindet, sich wieder nach dem Ganzen und der Einheit zum Absoluten zurückzuwenden, und dort Gott zu suchen, begegnet ihr auf der Schwelle der neuen Weltanschauung die Colossalstatue Bruno's [2]).“

Der grösste Philosoph Italiens und der Renaissance hat es aber bis zu dieser Stunde noch zu keiner Statue gebracht, die einen öffentlichen Platz seines Vaterlandes schmückte [3]). Nur

---

1) Bruno, De Immenso, Lib. V, cap. 12, v. 1, pag. 495:

Est animal sanctum, sacrum et venerabile mundus,
Quoque animante animans est quidquid vivit in ipso.

Man braucht *animal* nur nach Lasson's glücklichem Vorgang in seiner deutschen Ausgabe des Dialogs De la Causa mit Organismus zu übersetzen, so ist das zuerst Frappirende, vielleicht Entsetzende des Ausdrucks überwunden. Die neueste Naturphilosophie kehrt übrigens mit vollen Segeln zur Weltanschauung Bruno's zurück. So erklärt Du Prel in seinem Aufsatze über „Das zweite Gesicht“ in Lindau's „Nord und Süd“ Sept. 1881, pag. 322—323: „Die Natur ist kein sinnloser Haufen von Chemikalien und Scherben — wie es die Materialisten meinen — sondern ein grosser Organismus; und so wird eine künftige Philosophie es noch beweisen, dass auch der Mensch mit diesem Organismus in einem Verbande steht, der nur zum Theil von unserm Bewusstsein erhellt wird.“

2) De Sanctis, *Storia della letteratura italiana*, T. 2, pag. 264: *Quante volte l'umanità, stanca di aggirarsi nell' infinita varietà, sente il bisogno di risalire al tutto ed uno, all' Assoluto, e cercarvi Dio, le si affaccia sull' ingresso del mondo moderno la statua colossale di Bruno.*

3) Wie lange wird es wohl noch dauern, bis Draper, Geschichte des Conflicts zwischen Religion und Wissenschaft (Internat. Bibliothek, Bd. XIII,

das Universitätsgebäude Neapels macht mit seinem innern Hofraum eine Ausnahme, die neapolitanische Sapienza hat es bis jetzt allein gewagt, ihrem grossen Landsmann eine Bildsäule zu errichten und vor dieser geschah es, dass am 7. Januar 1865 Studenten die päpstliche Encyclica vom 8. Dec. 1864 verbrannten. Aber wenn dereinst Bruno's Standbild neben dem von einer herrlichen Palme überschatteten Denkmal Giambattista Vico's, des grossen Geschichtsphilosophen, prangen wird, dann darf den Sockel, welcher den in der Villa Nationale lustwandelnden Fremden von seinem Heros Bruno Kunde geben soll, keine andere Inschrift zieren, als die Grabschrift, die sich der Naturphilosoph von Nola voreinst in einem seiner zu Frankfurt a. M. erschienenen Werke selbst gestiftet hat:

Tapfer hab' ich gekämpft, überzeugt, der Sieg sei erringbar,
Ob auch dem Körper die Kraft, die dem Geist inwohnte, versagt blieb
Und so Geschick wie Natur mein innigstes Streben nur lähmten.
Dahin gebracht es zu haben, ist immer etwas! Denn ich sehe,
Dass es nur Sache des Schicksals ist, ob wir siegen. Doch das war
Wenigstens stets an mir, was nur immer die Möglichkeit zuliess,
Und der entferntesten Zeit Wahrspruch wird dahin entscheiden:
Todesfurcht war ihm fremd, Charakterstärke besass er
Wie nur einer und hoch über allen Genüssen des Daseins
Stand ihm ein muthiger Kampf auf Tod und Leben, dem Nachruhm
War sein Ringen geweiht. Ich wollt' als Hahn es dem Hahne
Gleichthun, aber niemals als Rabe mit Schwänen mich messen

1875), pag. 184 Recht bekommt? —: „Vielleicht kommt noch der Tag, wo die Epigonen die (an Bruno begangene) kirchliche Missethat sühnen und unter der Kuppel der Peterskirche in Rom die Statue Bruno's enthüllen."

Oder als Frosch mit dem Stier, als Huhn mit dem Adler, als Kukuk
Mit der Nachtigal, sei's in Gesang, Flug, Kraft oder Schönheit [1]).

---

1) De monade, cap. VIII, pag. 99:

Pugnavi, multum est; me vincere posse putavi
(Quando animo virtus fuit illa negata laertis)
Et studium et nixus sors et natura repressit.
Est aliquid prodisse tenus: quia vincere fati
In manibus video esse situm. Fuit hoc tamen in me
Quod potuit, quod et esse meum non ulla negabunt
Secla futura, suum potuit quod victor habere,
Non timuisse mori, simili cessisse nec ulli
Constanti forma, praelatam mortem animosam
Imbelli vitae. Virtus fuit aemula laudis
Possibilis. Volui siquidem concurrere gallus
Cum gallo, haud ausus corvus contendere cygnis,
Rana bovi, perdix aquilae, cuculus philomelae,
Cantu, praepetibus pennis, mole atque colore.

Zweiter Theil.

Giordano Bruno's Lehre.

„Welche reine, welche himmlische Ideen treffen wir in einem Zeitgenossen Calvins und Beza's, in dem italienischen Philosophen Giordano Bruno."

Feuerbach, Bayle pag. 287.

Einleitung.

Bruno's Ideenreichthum ist so gross, seine Philosophie ist an allerlei Edelmetallen von neuen Gesichtspunkten so ergiebig, dass nur eine systematische Ausbeutung der einzelnen Schächte und Gänge sich schmeicheln darf, dem riesigen Gedankenvermögen des Nolaners gerecht zu werden. Es scheint jedoch nicht überflüssig, der speciellen Darstellung der grossen Ideenkreise Bruno's eine orientirende Gesammtübersicht über dessen Lehre vorauszuschicken.

Das All ist unendlich. Zahllose Sonnen mit ihren Planeten, sichtbare und unsichtbare Weltkörper verfolgen ihre Bahnen durch den unermesslichen Weltraum. Alle Gestirne sind Organismen, Lebewesen (Animalia), die in der unendlichen Abstufung ihrer Grösse und Beschaffenheit selbst wieder eine unendlich abgestufte Mannigfaltigkeit grösserer und kleinerer Organismen von verschiedenster Art beherbergen. Diese Lebewesen sind im letzten Hintergrund nichts als unendlich zusammengesetzte Einheiten, deren Grundeinheit und letztes Substrat mathematisch der Punkt, physisch das Atom und metaphysisch die Monade ist. Die Zahl und Verschiedenheit dieser Monaden ist unbegrenzt, unbegrenzt aber auch die Zahl der aus ihnen sich aufbauenden Individuen. Jede Monade ist an und für sich ein lebendiger Spiegel des Weltalls, es schlummert demnach in der Gesammtheit aller Monaden auch die Gesammtheit aller Formen, deren die Materie fähig ist. Die Form aber ist die der Materie inwohnende Seele, die in die Erscheinung tritt. Alle Thätigkeit der Natur besteht nun in nichts anderm, als dass sie, die zugleich die Gesammtheit aller Monaden, sich nach Kräften bestrebt, alle dem Vermögen nach in ihr liegenden Formen zur Erscheinung zu bringen. Der Abschluss dieser unendlichen Formenentwicklung wäre zugleich das Endziel der

Welt. Nun ist aber dieses Vermögen unendlich, folglich muss auch die Entwickelung aller in der Materie latent liegenden Formen unendlich sein. Mit andern Worten: Nichts in der Welt ist unbeseelt, es giebt überhaupt nichts Lebloses, Todtes, schlechthin Unorganisches, sondern Alles, selbst der Stein, ist von Ewigkeit zu Ewigkeit in ununterbrochener Bewegung und Veränderung begriffen, bald in aufsteigender, bald in absteigender Linie. In allen wirkt derselbe Geist, dieselbe der Materie innewohnende Vernunft. Aber sie wirkt nicht in allen auf dieselbe Weise, in demselben Maasse und Grade. Dieser ist abhängig von der Stufe der Organisation. Die untersten Organismen bedürfen zur geringsten Aeusserung ihrer Vernunftthätigkeit einer ganzen Reihe von Operationen, höher stehende vermögen mit wenigen Mitteln der Sinnes- und Geistesthätigkeit weite Anschauungen und grosse Gedanken zu fassen. Die Vernunft des höchsten Organismus, des Kosmos, die Natur der Natur, Gott, umfasst in einem einzigen Denk- und Willensakt zugleich das ganze Universum, d. h. die begreifende Vernunft, die in der unendlichen Stufenfolge der Organismen die Bewegungen, Veränderungen und Neugestaltungen empfindende Vernunft ist eins und dasselbe mit der schaffenden Vernunft, welche in der unendlichen Zahl der Monaden die Bewegungen, Veränderungen und Neugestaltungen bewirkt. Wenn nun Gott nichts anderes ist, als die in der Natur sich unendlich offenbarende Vernunft, die Natur der Natur, so können wir ihn nicht höher und würdiger verehren, als indem wir die das Universum erhaltenden und umgestaltenden Gesetze erforschen und darleben. In jedem, auch dem kleinsten Organismus ist die allgemeine Weltvernunft vorhanden, aber in keinem ganz. Wenn nun das Individuum die Beschränktheit seines Gesichtskreises über die aus der Erkenntniss des Weltganzen fliessende Vernunft stellt, wenn das Einzelne seine Begierden und Strebungen nicht der Wohlfahrt des Ganzen unterordnet, so entsteht das Böse. Das Gute ist dagegen die Folge der einsichtigen Unterordnung des Einzelwillens unter die Gesetzmässigkeit, Vernunft und Wohlfahrt des Ganzen. Jede gewonnene Erkenntniss eines Naturgesetzes ist desshalb eine sittliche That, denn sie erhöht die Fähigkeit, uns vernunftgemäss einzurichten. Aus diesem Grunde soll stets die Natur für unsere

Menschenvernunft, nicht aber unsere beschränkte Menschenvernunft für die Natur massgebend sein. Die Naturgesetze erkennen wir aber nur dadurch, dass wir bis zu den Elementen der Dinge herniedersteigen und dieses sind die Atome, die Monaden, die Minima. In der Erkenntniss der Minima liegt die Erkenntniss der Natur, die ganze Wissenschaft beruht auf dem Verständniss des Kleinsten, denn auch das denkbar Kleinste ist ein lebendiger Spiegel des ganzen Weltalls.

„Wenn wir einer solchen Weltanschauung huldigen, dann wird uns kein fremder Zufall mehr in Schmerz oder Furcht versetzen und kein Glück macht uns dann mehr durch Vergnügen oder Hoffnung übermüthig, wir befinden uns dann auf der wahren Bahn zur wahren Sittlichkeit, wir sind alsdann hochsinnige Verächter dessen, was nur kindische Gedanken schätzen und werden in Wahrheit grösser als jene Götter, welche der blinde Pöbel verehrt, denn wir werden alsdann wahrhafte Betrachter der Geschichte der Natur, die in uns selbst geschrieben ist, wir werden dann regelmässige Vollbringer der göttlichen Gesetze, die im innersten unseres Herzens eingegraben sind. Das ist die Philosophie, welche die Sinne öffnet, den Geist befriedigt, den Verstand erhöht und den Menschen zur wahren Glückseligkeit hinleitet, weil sie ihn von der aufreibenden Sorge für das Vergnügen und vom blinden Gefühl des Schmerzes befreit, ihn die Gegenwart geniessen und von der Zukunft nicht weniger hoffen als fürchten lässt [1])."

---

1) De l'Infinito (Wagner II, 12): *Da la qual contemplazione, se vi saremo attenti, avverrà, che nullo strano accidente ne dismetta per doglia o timore, e nessuna fortuna per piacere o speranza n' estoglia; onde aremo la via vera a la vera moralità, saremo magnanimi spregiatori di quel che fanciulleschi pensieri stimano, e verremo certamente più grandi che que' dei, che il cieco volgo adora, per che diverremo veri contemplatori de l'istoria de la natura, la qual è scritta in noi medesimi, e regolati essecutori de le divini leggi, che nel centro del nostro core son inscolpite ... Questa è quella filosofia, che apre li sensi, contenta il spirto, magnifica l'intelletto, e riduce l'uomo a la vera beatitudine, che può aver come uomo, e consistente in questa e tale composizione; per che lo libera da la sollecita cura di piaceri e cieco sentimento di dolori; lo fa godere de l'essere presente, e non più temere che sperare del futuro.*

I.

Bruno's Methode.

Bruno ist vielleicht der einzige Philosoph, der nicht den Anspruch erhebt, die unfehlbare Methode zu besitzen. Der Nolaner erklärt: „Das müsste ein ehrgeiziger und hochmüthiger, eiteler und neidischer Geselle sein, wer andere überreden wollte, es gebe nur einen einzigen Weg zu forschen und zu der Erkenntniss der Natur zu gelangen; und nur ein Narr und ein Mensch ohne Urtheil kann von sich selber zu verstehen geben, dass er ihn besitze [1]." Denn „es giebt nicht eine, von verständigem Sinne durchwehte Art von Philosophie, welche nicht irgend etwas gutes eigenthümliches für sich hätte, was in den andern nicht enthalten ist [2]." „Desshalb betrachten wir die Geheimlehren der Pythagoräer nicht als werthlos; wir unterschätzen die Beweise der Platoniker nicht, und insoweit als die Peripatetiker mit ihren Vernunftschlüssen auf realen Boden gelangten, sind uns auch diese recht [3]."

Bruno's eigenes Denken ist dem Skepticimus abhold, er glaubt an die Möglichkeit, die Dinge zu erkennen, weil die Organisation des menschlichen Intellects der Organisation des Alls parallel läuft. „Es ist eine und dieselbe Stufenleiter, auf welcher die Natur zur Hervorbringung der Dinge herabsteigt und auf welcher die Vernunft zur Erkenntniss derselben emporsteigt [4]."

---

1) De la Causa (Wagner II, 258; Lasson pag. 84): *Per che è cosa da ambizioso e cervello presuntuoso, vano et invitioso, voler persuadere ad altri, che non sia che una sola via d'investigare e venire a la cognizione de la natura; è et cosa da pazzo et uomo senza discorso donarlo ad intendere a se medesimo.*

2) Ebendas. (Wagner I, 259; Lasson pag. 86): *Eccovi dunque, come non è sorte di filosofia, che sia stata ordinata da regolato sentimento, la quale non contegna in sè qualche buona proprietà, che non è contenuta da le altre.*

3) De Umbris Idearum (Gfrörer, pag. 299): *Non abolemus Pythagoricorum mysteria. Non parvifacimus Platonicorum fides et quatenus reale sunt nacta fundamentum, Peripateticorum ratiocinia non despicimus.*

4) De la Causa (Wagner I, 285; Lasson pag. 128). S. oben pag. 41, Anm. 2.

Es frägt sich nun aber eben, auf welchem Wege die Forschung den Dingen beikommt. Zunächst bildet die Grundlage aller wissenschaftlichen Erkenntniss die Evidenz. „Was der Evidenz entbehrt, verliert für den Philosophen das Recht der Annahme, wie allerdings auch umgekehrt dasjenige nicht so mir nichts dir nichts verworfen werden darf, was nicht mit gutem Grund angefochten werden kann [1]."

Nun ist aber das Streben nach der Evidenz einer Sache nur unter der Voraussetzung gedenkbar, dass man vorher auch an die Möglichkeit von deren Nichtevidenz gedacht habe, mit andern Worten: bevor wir eine Sache für wahr halten und sie zum Glied einer Gedankenkette verwenden, müssen wir dieselbe zuerst bezweifeln, um erst nach Wegräumung der über dieselbe entscheidenden Fragen und Gegenfragen sie des Vertrauens auf die Evidenz zu würdigen.

Nichts ist elender als die Gewohnheit zu glauben [2]). Wer also Lust hat, zu philosophiren, möge zuerst aus Princip an allem zweifeln und nicht eher den Standpunkt der Einen Streitpartei einnehmen, als bis er auch die andere Partei gehört hat [3]).

So lange es noch angeht, eine Sache frei und frank zu erwägen, so thun wir gut, dieselbe in Zweifel und nochmals in Zweifel zu ziehen [4]). Hat man nun sämmtliche über einer Sache schwebende Zweifel durchbedacht und das die Betrachtung hemmende Falsche erkannt, so geht es alsdann an die Beseitigung des Irrthums:

---

1) De Immenso, Lib. III, cap. 1, Anfang, pag. 263: *Ut philosopho ea credenda non sunt, quae nequeunt evidentius probari, ita neque temere sunt reprobanda quae certa non possunt incusari ratione.*

2) Acrotismus, *Excubitor* (Gfrörer, pag. 7, Anfang): *vilissima credendi consuetudo.*

3) De tripl. Min., pag. 8: *Qui philosophari concupiscit, de omnibus principio dubitans non prius de altera contradictionis parte definiat, quam altercantes audierit.*

4) Ebendas., pag. 135: *De singulis dubitare et controversas rationes audire non inutile. Dubitemus inquam, dubitemus interim, quoad liberius atque sincerius causam agere liceat.*

Nöthig sind also zunächst die Stufenfolge und Ordnung,
Dann erübriget noch, die ersten Grundlagen des Falschen
Wegzuräumen, die sonst das Licht der Natur zu verlöschen
Und den glatten Verlauf der Betrachtung zu hemmen pflegen [1]).

„Ist nun die Bahn der Forschung frei, so braucht man sich, um zur Wahrheit zu gelangen, nur an den Lauf der Natur zu halten [2]). Wer den Lauf der Natur behindert, der ist ein beschränkter Kopf, ein ruchloser Barbar [3])." Bruno setzt seine ganze Kraft daran, diejenigen, welche ihre Augen vom Spiegel der Natur und ihre Ohren den Worten der gemeinsamen Mutter verschliessen, um unter Mühe und Noth ein paar heitern Narreteien nachzujagen, zu besseren Erfolgen zurückzurufen [4]). Diese aber winken dem, der von den niederern Geschöpfen allmälig zu den höheren forschend emporsteigt [5]). „Denn Alles, was in den niedrigeren Geschöpfen auf deren Vervollkommnung hindeutet, soll um so schärfer in den höheren erkannt werden und was in diesen auf einen Mangel hinweist, soll um so energischer

---

1) Ebendas., Lib. I, cap. 5, v. 26—30, pag. 19:

Quapropter gradibus certis atque ordine certo
Est opus: ac primum falsi fundamina prima
Tollantur quae naturai extinguere lucem
Suerunt et clarum rationis rumpere cursum.

Dazu noch der Commentar pag. 20: *Ut autem ad veritatis receptionem melius ingenia disponantur, a demolitione fundamentorum falsitatis est progrediendum.*

2) De Immenso, Lib. II, cap. 10, pag. 605: *Age ergo, respice naturae vultum.*

3) Ebendas., Lib. I, cap. 9, v. 26—28, pag. 181:

Naturae cursum quicunque ergo impedit, ille est
Excors, insanus, calomastix, impius, exlex.

4) Ebendas., Lib. III. cap. 6, pag. 309: *eos qui a naturae speculo oculos avertunt et communis matris vocibus occludunt aures, dum laboriose ad quasdam haud scio quam jocundas ineptias aspirant, ad meliores fruges revocare contendimus.*

5) Summa terminor. metaphysicor. (Gfrörer, pag. 481, Intentio): *Ad ipsius (Dei) cognitionem ascendimus per creaturarum et effectuum ipsius vestigia contendentes; propterea speciem illius magnitudinis nulla intentione comprehendere possumus, qua pro rei dignitate informemur, sed solum quasi ad illam lucem progredientes et adnitentes, amplius atque amplius possumus ab inferioribus recedendo condescendere.*

in den niedrigeren erforscht werden[1])." Ebenso soll man vom Aeussern auf das Innere schliessen. „Denn Alles ist so beschaffen, dass es allem entspricht. Denn da die Dinge nicht durch den Zufall, sondern von einem bestimmenden Geiste eingerichtet worden sind, so folgt daraus, dass von einem contemplativen und speculativen Geiste aus dem, was äusserlich zur Erscheinung kommt, auf das Innere geschlossen werden darf[2]). Das soll die stramme Richtschnur aller Forschung sein, dass wir immer von der Bewegung und Vielheit zum Zustand und der Einheit zu streben suchen und zwar durch Vermittelung von Geistesoperationen, die in das Innere und in die Tiefe trachten[3])."

„Nun geht aber das Subjekt und das Objekt sowohl der Natur als der Kunst: die Zusammensetzung und die Auflösung, im Handeln und im Betrachten hervor aus dem Kleinsten, besteht im Kleinsten und lässt sich auf das Kleinste zurückführen[4]). Wenn also die Betrachtung den Spuren der Natur nachgeht, so möge sie vom Kleinsten ausgehen, in der Erforschung des Kleinsten bestehen und in der Betrachtung mit dem Kleinsten aufhören[5]). Daraus geht denn mit Nothwendigkeit hervor, dass die Philo-

---

1) Ebendas. (Gfrörer, pag. 515, Comprehensio): *Omnia ergo quae sunt in inferioribus eorum notantia perfectionem, vehementius intelligere oportet in superioribus, et quaecunque in istis defectum dicunt, fortius in inferioribus intelligere oportet.*

2) Summa terminor. metaphys. (Gfrörer, pag. 498, Qualitas): *Hinc sequitur ex variorum numerorum conditione qualitatis dispositionum naturalium et habituum tum internorum tum externorum conditio atque gradus, ut etiam externae figurae internarum virtutum efficaciam repraesentent. Ita quippe omnia sunt comparata, ut omnibus respondeant. Neque enim casu sed ab intellectu definiente rebus constitutis sequitur ut a regulato intellectu contemplativo et speculativo per ea, quae forinsecus apparent, de interioribus judicium ferri possit.*

3) De Umbris Idearum (Gfrörer, pag. 304): *illud obnixe nobis est intentandum, ut pro egregiis animi operationibus naturae scholam ante oculos habentes, semper a motu et multitudine ad statum et unitatem per intrinsecas operationes pergere contendamus.*

4) De tripl. Min., pag. 10: *Naturae et artis subjectum et objectum, compositio et resolutio agendo et contemplando ex minimo oritur, in minimo consistit et ad minimum reducitur.*

5) Ebendas., pag. 16: *Si ergo contemplatio naturae vestigia persequitur, a minimo incipiat, et in minimo speculando consistat, et in minimum contemplando desinat oportet.*

sophie des Kleinsten nicht nur eine Nothwendigkeit ist, sondern auch aller Naturwissenschaft, Mathematik und Metaphysik vorausgehen muss [1]). Denn der Ursprung und die Grundlage aller Irrthümer, sowohl in der Naturwissenschaft, als in der Mathematik, ist die Auflösung des Continuums ins Unendliche [2])." Was Bruno hier anstrebt, ist nichts geringeres als die Theorie vom Grenzbegriff gegenüber der Lehre vom Absoluten. Bruno anticipirt hier eine Errungenschaft unserer neuesten, auf die Philosophie der Mathematik gegründeten Metaphysik. Er will von der Natur ausgehen [3]), allein nur von der Mathematik verspricht er sich eine erfolgreiche Ergründung der Naturgeheimnisse und einer Gotteserkenntniss [4]). Bruno ist sich jedoch darüber klar, dass alle theoretische Naturforschung ohne die controllirende Begleitung der Empirie fruchtlos ist. Desshalb lässt er keine Gelegenheit vorübergehen, wo er nicht laut die Erfahrung als den Prüfstein aller wissenschaftlichen Wahrheit priese. „Wozu sollen wir uns auf eitle Phantasien stützen, wo uns die Erfahrung selbst unterweist [5])?" „Auf denn, lasst uns sehen, wie wir uns durch Versuchen, Experimentiren, Vergleichen, Theilen, Zusammensetzen, Beobachten und Abstrahiren zu unzähligen Erfindungen zu befähigen vermögen! Denn was? Begegnet es uns nicht häufig, dass, wenn wir uns ein bestimmtes Ziel vorsetzen, uns alsdann ein anderes zu Theil wird, welches viel edler ist, als das gesuchte? Denn dass dieses gerade bei alchimistischen Experimenten sehr häufig zu begegnen pflegt, ist allgemein bekannt. Wie häufig ist es den Alchimisten passirt, dass sie weit besseres

---

1) Ebendas., pag. 20: *Ex praedictis necessario infertur minimi contemplationem tum necessariam, tum in primis ante naturalem, mathematicam atque metaphysicam scientiam constituendam.*

2) Ebendas., pag. 23: *Principium et fundamentum errorum omnium tum in physica, tum in mathesi, est resolutio continui in infinitum.*

3) Bartholmess, Vie de Bruno II, 320, Anm. 5: *Son goût pour les connaissances physiques, goût qui se prononce surtout par son attachement pour Copernic, est chose incontestable.*

4) De tripl. Min., pag. 134: *Sic e mathematicis ad profundiorum naturalium speculationem et diviniorum contemplationem adspicimus.*

5) De l'Infinito (Wagner II, 56): *Per che vogliamo appoggiarsi a vane fantasie, dove l'esperienza istessa ne ammaestra?*

als das gesuchte Gold oder doch wenigstens ebenso Wünschenswerthes gefunden haben [1])!"

II.

Bruno's Naturphilosophie.

1.

Bruno's Lehre von der Gott-Natur.

A.

Bruno's reiner Naturbegriff.

Der Begriff der Natur deckt sich für Bruno mit dem Begriff der Ewigkeit und Nothwendigkeit. „Wir müssen immer wiederholen, erklärt der Nolaner, dass wir nur Dasjenige als Natur betrachten, was immer war und ist und nicht anders sein kann [2])." Die ewige Nothwendigkeit offenbart sich aber in der Welt der Erscheinungen als Zahl, Grösse und Begriff. „Die Natur, sagt Bruno, ist eine zählbare Zahl, eine messbare Grösse, ein gedanklich fassbarer Begriff. Die Vernunft dagegen ist eine zählende Zahl, eine messende Grösse, ein denkender Begriff [3])." Die Natur, weil sie nach dem Gesetze der Nothwendigkeit han-

---

1) RECENS ET COMPLETA ARS REMINISCENDI (GFRÖRER, pag. 525): *Videatur ergo, modo tentando, experiendo, conferendo, dividendo, componendo, concernendo, abstrahendo, ad innumerabiles accingi valeamus inventiones. Quid enim? nonne multoties nobis certum scopum praefigentibus aliud quaesito nobilius occurrit? ipsum sane frequentissime alchimicis accidere experimentis non est quem lateat, quibus multoties auro perquisito longe meliora vel ex aequo desiderabilia adinvenisse accidit?* —

2) DE IMMENSO, Lib. V, cap. 11, pag. 494: *Nos iterum naturale illud tantum cognoscimus, et cum illa seria arbitramur quod semper fuit et est, et non potest aliter esse.* Vgl. Ebendas. pag. 492, v. 5—9 dasselbe poetisch ausgedrückt:

> *Nam cur natura possunt hoc esse putare*
> *Quod non aeternum est, quod non est tempore multo*
> *Non praesens, non praeteritum est, non est pote deinceps*
> *Quandoquidem haud tales patitur natura recessus.*

3) DE TRIPLICE MINIMO, pag. 7, § 1: *Natura est numerus numerabilis, magnitudo mensurabilis, momentum attingibile. Ratio est numerus numerans, magnitudo mensurans, momentum aestimans.*

delt, irrt niemals, und wenn sie nicht zuweilen Ungeheuer hervorbrächte, so würde sie irren[1]).

Aus derselben Nothwendigkeit folgt, dass jeder Zufall vom Wesen und Wirken der Natur ausgeschlossen bleibt[2]). Denn sie handelt als Künstlerin und ist selbst Quelle und Substanz aller Kunst. Die Natur ist an und für sich die lebendige Kunst und eine Art intellectueller Kraft der Seele[3]).

Man hat desshalb mit Recht gesagt, das Werk der Natur sei das Werk der Intelligenz[4]). Als Inbegriff aller Intelligenz ist die Natur zugleich im Besitz einer Allfähigkeit: „die Natur kann (innerhalb ihrer Schranken) aus Allem Alles machen, gleichwie der Intellekt Alles aus Allem zu erkennen vermag[5]).“ Als Offenbarung der Vernunft ist die Natur der Ausdruck der Wahrheit, denn die Wahrheit ist nur das in den Dingen beobachtete Gesetz der Vernunft. „Die Wahrheit ist desshalb nicht allein physisch in den Dingen, sondern sie ist die schaffende Lebenskraft und Natur an und für sich[6]).“

„Die Natur ist die grösste Offenbarerin tiefer Geheimnisse: durch die äussere sichtbare Gestalt deutet uns die Natur die Vernünftigkeit der Ideen an. Sie ist jenes Feuer, welches Prometheus heimlich den Göttern stahl und den Menschen verlieh; sie ist der Baum der Erkenntniss des Guten und Bösen, denn sie ist selbst das Ebenbild der Idee[7]).“

---

1) Acrotismus (Gfrörer, pag. 49): *Articulus XIII: Numquam natura errat: sique interdum monstra non produceret, erraret.*

2) Acrotismus (Gfrörer, pag. 49): *Articulus XIV: Natura fortuitum nihil esse potest.*

3) Die Belegstellen s. zu Anfang des Abschnittes: Kunstphilosophie.

4) Sigillus Sigillorum, Pars II (Gfrörer, pag. 585): *Hinc bene dixerunt (licet non bene omnes intelligant): opus naturae esse opus intelligentiae.*

5) De Umbris Idearum, Intentio IX (Gfrörer, pag. 305): *Hinc accidit ut (infra suos limites) natura facere possit omnia ex omnibus, et intellectus, seu ratio, cognoscere omnia ex omnibus.*

6) Summa terminor. metaphysicor. (Gfrörer, pag. 497): *(Veritas) est inquam ipsa lex intelligentiae observata in rebus ... Haec veritas ... in rebus non solum est physica, sed et ipsa physis et natura ipsa.*

7) Sigillus Sigillorum (Gfrörer, pag 588): .... *maxima profundorum arcanorumque natura est revelatrix, per figuram inquam visibilem formarum nobis rationes indicat natura. Haec est ignis ille quem Prometheus a diis clam*

B.

Bruno's reiner Gottesbegriff.

Wer Bruno's Schriften auf seinen Gottesbegriff hin durchforscht, den wird zunächst die Beobachtung befremden, dass dieselben vielleicht ebensoviele Stellen für Gottes Identität mit der Natur, als für Gottes Herrschaft über die Natur enthalten. Es gewinnt so den Anschein, als ob Bruno sich niemals aus einem schwächlichen Schwanken zwischen pantheistisch-immanenter und theistisch-transcendenter Auffassung Gottes herausgearbeitet habe [1]). Bald heisst es bei Bruno: „Die Natur ist die herrlichste Gottheit“ [2]); bald wieder in ganz scholastischem Tone: „Gott befiehlt und ordnet an, die Natur führt aus und vollzieht [3]).“

Es lohnt sich wohl der Mühe, diesem scheinbaren Widerspruch nachzuspüren und das Band zu finden, welches in Bruno's Geiste die zwei diametralsten Gegensätze des Gottesbegriffs zu jener Harmonie verknüpft, welche poetisch gestimmte Geister von jeher so mächtig an Bruno gefesselt hat. Dieses Band ist nichts anderes als Bruno's Dichtergeist, des Dichterphilosophen Fähigkeit, die erschreckende Unzahl scheinbar widerspruchsvollster Erscheinungsformen als den harmonischen Ausdruck eines im Sonnenglanze der Schönheit sich offenbarenden Allwesens zu erkennen.

Zuweilen spricht Bruno von der Materie als dem das All durchdringenden Lebensgeist, dass man sich versucht fühlen möchte, den Nolaner unter die Materialisten einzureihen, wie es denn

---

surreptum tribuit hominibus, haec est arbor scientiae boni atque mali, ipsa enim est similitudo formae.

1) Schon Bartholmess, Vie de Bruno II, 388, Anm. 1, bemerkt: ... *on rencontre à peu-près autant de passages en faveur du théisme qu'en faveur du panthéisme.*

2) De Immenso, Lib. II, cap. 12, v. 76, pag. 251: ... *Physis optima Deitas.*

3) De Tripl. Min., pag. 7: *Mens super omnia Deus est. Mens insita omnibus Natura. Mens omnia pervadens ratio. Deus dictat et ordinat: natura exequitur atque facit; ratio contemplatur et discurrit.*

auch seit den wüthenden Angriffen des Orientalisten LA CROZE [1]) bis auf LANGE's Geschichte des Materialismus nicht an Versuchen gefehlt hat, Bruno's Lehre atomistisch zu deuten. Denn in seinem Werke DE IMMENSO erklärt er: „Ich halte die gottlosen Elemente Demokrit's für den das All lenkenden Vatergeist [2]).“ Es will wenig bedeuten, wenn Bruno in einem andern Satze desselben Werkes an Stelle der demokritischen Atome das unendliche Licht setzt [3]). Es macht auch keinen Unterschied aus, wenn Bruno den Substanzbegriff mathematisch wendend, sagt: „Gott ist die Monade der Monaden“ [4]) oder, metaphysisch: „Gott ist die Substanz der Substanzen [5]).“

Den ersten Schritt vom Substanzbegriff zum Gottesbegriff thut Bruno, indem er sagt: „Die Substanz selbst ist das erste Subjekt, welches unsere Physiker auch die Urmaterie nennen [6]).“ „Dieses All-Subjekt, die Ur-Intelligenz, versteht das Ganze aufs vollkommenste in Einer Anschauung; der göttliche Verstand und die absolute Einheit ist ohne eine Vorstellung das was versteht und das was verstanden wird, in Einem zugleich [7]). Gott macht Alles nicht in einer bestimmten Reihenfolge, sondern im Nu und miteinander, er macht die Dinge nicht in der Weise, dass er durch einzelne Wirkungen nach und nach zu einem Gesammt-

1) VEYSSIÈRE DE LA CROZE, *Mathurin, Entretiens sur divers Sujets d'Histoire et de Litterature de Religion et de Critique. 12°. Cologne (Amst.) 1711.* Ueber LA CROZE vgl. übrigens *Nouvelle Biographie Générale*, T. 46 (1866), pag. 72—74.

2) DE IMMENSO, Lib. V, cap. 3, v. 37—40, pag. 467:

Sed non propterea rationis carpo elementa
Impia Democriti adstipulatus sensibus, atqui haec
Mentem alta agnosco moderantem cuncta paternam.

3) Ebendas., Lib. XII, cap. 6, v. 57—60, pag. 641:

Mitte infinitam spacio sine dicere lucem
Illamque esse Deum, lumen qui accendat in isto
Sole, jubar tantum varie qui peraeulando
Perficiat varias species ....

4) DE TRIPL. MIN., pag. 17: *Deus est monadum monas.*

5) Ebendas., pag. 10: ... *optimus maximus substantiarum substantia.*

6) DE UMBRIS IDEARUM (GFRÖRER, pag. 302): *Ipsa (substantia) est primum subjectum quod et materiam primam appellant physici nostri.*

7) DE LA CAUSA (WAGNER I, 287) bei LASSON, pag. 130. Vgl. auch DE UMBRIS IDEARUM (GFRÖRER, pag. 314): *Caeterum idea in mente divina est in actu toto simulte, unico* (GFRÖRER corrigirt: *simultaneo).*

resultat käme, durch eine Reihe von Handlungen, so zwar, dass er durch eine unendliche Zahl von solchen zu unendlichen Schöpfungsakten gelangte, sondern er schafft alles Vergangene, Gegenwärtige und Zukünftige mit einem einfachen und einzigen Schöpfungakte [1]). Der Urgeist schaut alles ohne Verwirrung in Einem Blick, Einem Akt und Einer Vorstellung, gerade als ob Alles in seiner Sehkraft läge und er selbst das Alles sei, nämlich das Sehende, die Erscheinung und das Sehbare [2]). Der Akt der göttlichen Erkenntniss ist überhaupt die Substanz des Seins aller Dinge [3]). Folglich ist Gott Alles in Allem oder das All selbst. Ein Licht erleuchtet Alles, Ein Leben belebt Alles, in gewissen Graden vom Oberen zum Unteren hernieder- und vom Unteren zum Höchsten emporsteigend, und wie es im Universum ist, so verhält es sich auch mit den Einzelbildern des Universums. Den tiefer Blickenden wird aber nicht nur in Allem Ein Leben, in Allem Ein Licht, Eine Güte sichtbar sein, und dass alle Sinne ein einziger Sinn, alle Wahrnehmungen eine einzige Wahrnehmung sind, sondern auch, dass schliesslich Alles, nämlich Wahrnehmung, Sinn, Licht, Leben Eine Wesenheit, Eine Fähigkeit und eine Thätigkeit sind. Wesenheit, Macht, Handlung, Sein, Können und Handeln, das Seiende, das Vermögende und das Handelnde, ist Eines, sodass Alles Eins ist, wie Parmenides wohl wusste, Ein All und Sein [4]).

---

1) Spaccio della Bestia trionf. (Wagner II, 154): *Sai Sofia, se sei Sofia, che Giove fa tutto .... non con certo ordine successivo, ma subito subito et insieme insieme, e non fa le cose a modo de li particolari efficienti ad una et una, con molte azioni, e con quelle infinite viene ad atti infiniti, ma tutto il passato, presente e futuro fa con un atto semplice e singolare.*

2) Summa term. metaphysicor. (Gfrörer, pag. 507): *(mens prima) ... in una specie, uno actu et objectu simul omnia citra confusionem intuetur, ac si in acie visus sit omnia, et ipsa sit omnia, nempe videns, visio et visibile.* Aehnlich Ebendas., pag. 502 (Medium).

3) Spaccio della Bestia trionf. (Wagner II, 156): *L'atto de la cognizion divina è la sostanza dell' essere di tutte cose.*

4) Sigillus Sigillorum (Gfrörer, pag. 568): *Una lux illuminat omnia, una vita vivificat omnia, certis gradibus a superioribus ad inferna descendens, et ab infernis ad suprema condescendens et sicut est in universo, ita est et in universi simulacris. Atque altius condescentibus non solum conspicua erit una omnium vita, unum in omnibus lumen, una bonitas, et quod omnes sensus sunt unus sensus, omnes notitiae sunt una notitia, sed et quod omnia tandem, utpote notitia, sensus*

Den vollendetsten Ausdruck der All-Einheit gewährt Bruno's Weltanschauung in folgender Reihe von Sätzen, welche, was die zwingende Consequenz ihrer Logik betrifft, ebensogut bei Spinoza stehen könnten: I. Das göttliche Sein ist unendlich. II. Die Consequenz des Modus des Seins ist der Modus des Könnens. III. Die Consequenz des Modus des Könnens ist der Modus des Wirkens. IV. Gott ist das einfachste Sein, in welchem es weder Zusammensetzung noch Verschiedenheit geben kann. V. Die Consequenz davon ist, dass in ihm das Sein, das Können, das Handeln, das Wollen, die Wesenheit, das Vermögen, die Thätigkeit, der Wille und was immer von ihm wahrhaft ausgesagt werden kann, Alles Dasselbe ist, weil es eben die Wahrheit an und für sich selber ist. VI. Die Consequenz davon ist, dass der göttliche Wille nicht nur nothwendig, sondern die Nothwendigkeit selbst ist, deren Gegensatz nicht nur unmöglich, sondern die Unmöglichkeit selbst ist. VIII. Im einfachen Sein kann es keine Gegensätzlichkeit, noch Ungleichheit geben, d. h. der Wille und das Vermögen sind einander weder entgegengesetzt, noch ungleich. IX. Nothwendigkeit und Freiheit sind dasselbe; daher ist nicht zu befürchten, dass, weil er aus der Naturnothwendigkeit handelt, er desshalb nicht frei handle, sondern er würde vielmehr naturnothwendigerweise nicht frei handeln, w e n n er anders handelte, als die Nothwendigkeit[1]).

---

lumen, vita, sunt una essentia, una virtus et una operatio. Essentia, potentia, actio, esse, posse et agere, ens, potens et agens, est unum, ita ut omnia sint unum, ut bene novit Parmenides, unum omne et ens.

1) De Immenso, Lib. I, cap. 11, pag. 189: *I. Divina essentia est infinita. II. Modum essendi modus possendi sequitur. III. Modum possendi consequitur operandi modus. IV. Deus est simplicissima essentia in qua nulla compositio potest esse vel diversitas intrinsece. V. Consequenter in eodem idem est esse, posse, agere, velle, essentia, potentia, actio, voluntas et quidquid de eo vere dici potest, quia ipse ipsa est veritas. VI. Consequenter voluntas divina est non modo necessaria, sed ipsa necessitas, cujus oppositum non est impossibile modo sed etiam ipsa impossibilitas. VIII. In simplici essentia non potest esse contrarietas ullo modo, neque inaequalitas: voluntas inquam non est contraria et inaequalis potentiae. IX. Necessitas et libertas sunt unum, unde non est formidandum quod cum agat cum necessitate naturae, non libere agat: sed potius immo omnino non libere ageret aliter agendo quam necessitas et naturae necessitas requirit.*

Gott wählt frei, was er will, was er giebt, was er weiss, was er ausführt,
Weder sich selbst zu wandeln im Stand, noch sich selbst zu verneinen.
Das was er will und vermag, ist schlechthin Eins und Dasselbe.
Und er vermag nicht zu thun, was er nicht will, dass es geschehe,
Denn das Schicksal ist nichts, als der göttliche Will' an sich selber;
Desshalb kann er auch nicht ein Anderer sein als er selbst ist,
Wie auch nichts könnte geschehen, als was wirklich geschieht durch ihn selber[1]).

C.

Bruno's Identificirung Gottes mit der Natur.

Bruno's Begriff der Gott-Natur ist neuplatonischen Ursprungs. Plotins Emanationslehre kehrt bei Bruno ebenso häufig wieder als dessen Lehre von Gottes Immanenz. In beiden Fällen ist es die absolute Alleinheitslehre. Nur gewinnt in Bruno's zwischen Transcendenz und Immanenz, zwischen Theismus und Pantheismus schillerndem Gottesbewusstsein bald die eine, bald die andere Strömung die Oberhand, ohne dass die Transcendenz die Immanenz oder die Immanenz die Transcendenz aufzuheben im Stande wäre. In Folge dessen tritt der dichterphilosophische, echt Goethesche Begriff der Gott-Natur bald in seiner mehr transcendenten Formulirung: *Deus et Natura,* bald in seiner mehr immanenten Fassung: *Natura et Deus* auf. Doch giebt Bruno offenbar der Formel von Gottes Immanenz den Vorzug. Es ist, insbesondere bezüglich Spinoza's Verhältniss zu Bruno, wichtig, beide Formeln statistisch-chronologisch zu sammeln. Zuerst

---

1) De Immenso, Lib. I, cap. 12, v. 7—13, pag. 191:

Eligit ergo Deus quod vult, dat, scitque facitque,
Non variare potens ipsum non seque negare:
Quod vult atque potest est unum prorsus idemque,
Nec potis est facere quod non vult esseque factum,
Nempe ipsum fatum divina est ipsa voluntas.
Ergo alius quam sit veluti non est potis esse,
Sic aliud fieri quam fit non posset ab illo.

a. Die Formel *Deus et Natura.*

Noch etwas schüchtern und verschämt tritt diese Formel zuerst auf im Dialog DEGLI EROICI FURORI (WAGNER II, 388): „Die Körperwelt und die Materie ist der Gottheit und der Natur unterthan [1]).“ Dann kehrt die Formel wieder im ACROTISMUS (Excubitor. GFRÖRER, pag. 13): „Undankbar gegen den gütigen Gott und die Natur [2]).“ Wieder in der ORATIO CONSOLATORIA zu Helmstädt: „Lästerzungen gegen Gott, die Natur und die Menschen [3]).“ Zu einer ständigen, mit Bruno's vollem Bewusstsein recht häufig wiederkehrenden Formel wird *Deus et Natura* erst in den Frankfurter Lateingedichten. Da begegnet uns in DE TRIPL. MINIMO, pag. 9, v. 16: *Et Deus et natura parens.* Am häufigsten kehrt die Formel im Gedicht DE IMMENSO wieder. Vgl. Lib. I, cap. 1, pag. 151 unten: „Wir erforschen den Glanz der Gottheit und der Natur [4]).“ Ebendas., cap. 9, pag. 181 finden wir den wichtigen Satz: „Gott und die Natur sind ein und dieselbe Materie, ein und dasselbe Vermögen, ein und derselbe Raum, die eine und dieselbe bewirkende Ursache [5]).“

Dieselbe Formel unmittelbar nachher pag. 182 unten: *Deus et Natura.* Ebenso pag. 183. Ebendas., pag. 193 die interessante Nuance: *Deus ut natura.* Ebendas., Lib. II, cap. 12, pag. 253 der prächtige Satz: „Gott und die Allnatur, deren vollkommenes Ebenbild und Gleichniss nur das Unendliche sein kann [6]).“ Ebendas., pag. 313 spricht Bruno, gleichsam Spinoza's Methode vorahnend und auch schon verurtheilend: „Gegen alle Vernunft will man zuweilen Gott und die Natur den

---

1) A. a. O.: *il mondo corporeo e materia è suggetta a la divinitade e a la natura.*

2) A. a. O.: *inque beneficum Deum et naturam ingrati.*

3) A. a. O.: *universae contra Deum, naturam et homines blasphemas linguae.*

4) A. a. O.: *divinitatis naturaeque splendorem . . . perquirimus.*

5) A. a. O.: *Eadem materia, eadem potentia, idem spacium, idem efficiens aeque ubique potens Deus et natura.*

6) A. a. O.: *Deus naturaque universalis, cujus perfecta imago et simulacrum nullum esse potest nisi infinitum.*

Regeln der Geometrie unterwerfen [1]).“ Ebendas., pag. 497: „Aber Gott und Natur sind beide Zwillingsgeschwister [2]).“

b. Die Formel
Natura et Deus.

„Die Natur ist die herrlichste Gottheit [3]). Die Natur ist nichts anderes als die, die Materie bewegende Macht Gottes, als die allen Dingen eingeprägte ewige Ordnung [4]). Die Natur ist nichts anderes als Gott in den Dingen [5]). Die Natur ist entweder Gott selbst, oder eine in den Dingen geoffenbarte göttliche Kraft [6]). Auch das unendliche Licht mag Gott genannt werden [7]).

Nur im Glauben des dummen Pöbels bilden Gott und die Natur einen Gegensatz [8]). Es ist thöricht und anmassend, das, was weder in der Wirklichkeit, noch in der Möglichkeit der Dinge nachgewiesen werden kann, Natur zu nennen, die Ordnung der Dinge dagegen göttlich, als ob die Natur und Gott zwei einander widersprechende Principien wären, von welchen das eine das andere unterdrückt. Wenn dem so wäre, so wäre doch sicherlich das eine von beiden nicht Princip [9]). Die Formel *natura et deus* begegnet in diesem Sinne als einheitlicher Doppel-

1) A. a. O.: *Invito enim deo volunt et deum et naturam aliquando ad geometricas disciplinae regulas revocare.*

2) A. a. O.: *Sed Deus et natura parens gemini efficientes.*

3) De Immenso, Lib. II, cap. 12, v. 76, pag. 251: *Physis optima Deitas.*

4) Ebendas., Lib. VI, cap. 9, v. 23—25, pag. 532:

Vel nihil est natura, vel est divina potestas
Materiem exagitans, impressusque omnibus ordo.

5) Spaccio della Bestia trionf. (Wagner II, 225): *gli animali e piante son vivi effetti di natura, la qual natura . . . non è altro che dio ne le cose.*

6) Summa term. metaph. (Gfrörer, pag. 495): *natura aut est Deus ipse aut divina virtus in rebus ipsis manifestata.*

7) De Immenso, Lib. VIII, cap. 6, v. 57—59, pag. 641:

Mitte infinitam spacio sine dicere lucem
Illamque esse Deum.

8) Ebendas., Lib. V, cap. 10, v. 15–16, pag. 491:

Ingenium duplex studia in contraria tendit
Natura atque deus stupidi per dogmata vulgi.

9) Ebendas., Lib. VI, cap. 1, pag. 533: *Stulte et arroganter dicitur natura esse, quod neque in actu neque in potentia rerum possis ostendere, et or-*

begriff an folgenden Stellen: SPACCIO D. B. FR. (WAGNER II, 288 [1]), DEGLI EROICI FURORI (WAGNER II, 302 unten [2]), ferner im Gedicht DE TRIPLICE MINIMO, pag. 8 [3]), im Gedicht DE IMMENSO, Lib. III, cap. 7, v. 66, pag. 316 [4]), und Ebendas., Lib. VIII, cap. 10, v. 1, pag. 649 [5]).

2.

Bruno's Begriff der Materie.

„Man kann sich nichts Trockneres vorstellen, als jene Urmaterie des Aristoteles, die für ihn den Urgrund der Naturgegenstände bildet [6]). Und in der That, wenn man erwägt, dass die Peripatetiker bis auf Bruno's Tage der Materie nichts als die Eigenschaft zugestanden, Substrat der Formen zu sein, ein für die Formen der Natur empfängliches Vermögen ohne Namen, ohne Bestimmtheit, ohne irgend welche Begrenzung, weil ohne alle Actualität [7]), jenes *prope nihil* ohne Kraft und Energie [8]), alsdann begreift man, mit welchem Abscheu der Prophet der Allbeseeltheit sich von dieser Begriffsbestimmung der Materie wegwenden musste. Gegenüber dieser Todtgeburt einer zu hülfsloser Bestimmbarkeit verurtheilten Materie lehrt nun Bruno Folgendes.

Es giebt im Universum zwei Hauptprincipien, die beide constant und ewig sind, das eine ist das Materialprincip, das andere das Formalprincip.

---

dinem rerum dicere divinum, quasi natura et Deus sint duo contraria principia, quorum alterum est repressum. Quod si ita, alterum certe non est principium.

1) *la natura e divinità.*

2) *la natura e dio.*

3) A. a. O.: *modus natura atque Deo praescriptus.*

4) A. a. O.: .... *naturae et cunctipotentis vocibus.*

5) A. a. O.: *Ergo age comprendas ubi sit Natura Deusque.*

6) ACROTISMUS (GFRÖRER, pag. 44): *Nihil jejunius fingi potest quam materia illa prima Aristoteli rerum naturalium principium.*

7) DE LA CAUSA (WAGNER I, 275; LASSON, pag. 112): *la più volgare filosofia .... al fine non le dona altro, che la ragione de l'esser soggetto di forme, e di potenza recettiva di forme naturali, senza nome, senza definizione, senza termino alcuno, perchè senza ogni attualità.*

8) Ebendas. (WAGNER I, 274; LASSON 110): .... *quel prope nihil, quella potenza pura, nuda, senza atto, senza virtù e perfezione.*

„Denn es muss ein höchstes durchaus substantiell Wirkendes geben, in welchem aller Dinge wirkendes Vermögen, und ein höchstes Vermögen, ein Substrat, in welchem gerade ebenso aller Dinge leidendes Vermögen enthalten ist; in jenem die Anlage zu wirken, in diesem die Anlage gewirkt zu werden [1]). Diese beiden Principien sind schlechthin constant und verbürgen desshalb sowohl dem Körper als der Seele die Unsterblichkeit [2]). Es ist nun aber wohl zu beachten, dass alle Formen aus der Materie hervor- und auch wieder in die Materie zurückgehen; daher scheint denn in Wirklichkeit nichts beständig, fest, ewig und werth der Geltung eines Princips, als die Materie. Die Formen haben ohne die Materie gar kein Sein, nur an ihr entstehen und vergehen sie, nur aus ihrem Schoosse entspringen sie und werden wieder in ihren Schooss zurückgenommen [3]). Die Materie entlässt gleichsam die Formen aus sich, sie nimmt sie nicht von aussen auf [4])." Sie ist also die Trägerin und Inhaberin aller Formen, mit einem Wort: „Die Materie ist also die Quelle der Actualität [5])."

„Wenn nun aber die Materie alle Form und Wirklichkeit aus ihrem Schoosse hervortreiben soll, muss man sie ihr auch alle zuschreiben [6]). Nun hat diese Materie, um in Wirklichkeit

1) De la Causa (Wagner I, 251; Lasson pag. 74): *Per che è necessario che sia un' atto sustanzialissimo, nel qual è la potenza attiva di tutto, et ancora una potenza et un soggetto, nel quale non sia minor potenza passiva di tutto: in quello è potestà di fare, in questo è potestà di esser fatto.*

2) Ebendas. (Wagner, I, 243; Lasson, pag. 62): . . . *non li corpi, nè l'anima deve temer la morte, per che tanto la materia, quanto la forma, sono principÿ constantissimi.*

3) Ebendas. (Wagner I, 256; Lasson, pag. 83): *Noi veggiamo che tutte le forme naturali cessano da la materia, e novamente vegnono ne la materia; onde par realmente, nessuna cosa esser costante, ferma, eterna e degna di aver esistimazione di principio, eccetto che la materia, oltre che le forme non hanno l'essere senza la materia, in quella si generano e corrompono, dal seno di quella escono, et in quello si accogliono.*

4) Ebendas. (Wagner I, 274; Lasson, pag. 110): . . . *si vede che la materia le (forme) manda come da se, e non le riceve come di fuora.*

5) Ebendas. (Wagner I, 278; Lasson, pag. 116): *Ella (la materia) è fonte de l'attualità.*

6) Ebendas. (Wagner I, 276; Lasson, pag. 112): *mi par, che convegna dire, che (la materia) l'abbia tutte, quando si dice cacciarle tutte dal suo seno.*

Alles zu sein, was sie sein kann, alle Maasse, alle Arten von Gestalten und räumlichen Richtungen, und weil sie sie alle hat, so hat sie keine von allen; denn das, was so viel verschiedenes zugleich ist, kann unmöglich eines von jenen besonderen sein. Es kommt dem, was alles ist, zu, jedes particuläre Sein auszuschliessen [1]." Alle Form ist aber nichts anderes, als die dem Ding innewohnende Seele, welche in die Erscheinung tritt. „Insofern also die Weltseele die Materie belebt und gestaltet, so ist sie der inwendige und formale Theil der Welt [2]." Die Weltseele durchdringt aber selbst das denkbar Kleinste, daher denn auch in Wahrheit alles beseelt ist. Freilich ist hier gehörig zu unterscheiden. „Denn der Tisch als Tisch, das Kleid als Kleid, das Leder als Leder, das Glas als Glas, ist allerdings nicht belebt. Aber als natürliche und zusammengesetzte Dinge haben sie in sich Materie und Form. Das Ding sei nun so klein und winzig als es wolle, es hat in sich einen Theil von geistiger Substanz, welche, wenn sie das Substrat dazu angethan findet, sich darnach streckt, eine Pflanze, ein Thier zu werden und sich zu einem beliebigen Körper organisirt, welcher gemeinhin beseelt genannt wird. Denn Geist findet sich in allen Dingen und es ist auch nicht das kleinste Körperchen, welches nicht einen solchen Antheil in sich fasste, dass er sich nicht belebte [3]."

---

1) De la Causa (Wagner I, 272; Lasson, pag. 107): *Quella materia, per essere attualmente tutto quel, che può essere, ha tutte le misure, ha tutte le specie di figure e di dimensioni, e per che le have tutte, non ne ha nessuna; per che quello ch' è tante cose diverse, bisogna che non sia alcuna di quelle particolari. Conviene a quello, ch' è tutto, ch' escluda ogni essere particolare.*

2) Ebendas. (Wagner I, 238; Lasson, pag. 55): *l'anima de l'universo, in quanto che anima et informa, viene ad esser intrinseca e formale di quello.*

3) Ebendas. (Wagner I, 238; Lasson, pag. 55): *Così l'anima del universo, in quanto che anima et informa, viene ad esser parte intrinseca e formale di quello* ... Und weiter (pag. 241, resp. 59): *Dico dunque, che la tavola come tavola non è animata, nè la veste, nè il cuojo come cuojo, nè il vetro come vetro, ma come cose naturali e composte hanno in se la materia e la forma. Sia pur cosa quanto piccola e minima si voglia, ha in sè parte di sustanza spirituale, la quale, se trova il soggetto disposto, si stende ad esser pianta, ad esser animale, e riceve membri di qual si voglia corpo, che comunemente si dice animato; per che spirto si trova in tutte le cose, e non è minimo corpusculo, che non contegna cotal porzione in se, che non inanimi.*

„Wenn also Geist, Seele, Leben sich in allen Dingen vorfindet und in gewissen Abstufungen die ganze Materie erfüllt, so ist der Geist offenbar die wahre Wirklichkeit und die wahre Form aller Dinge. Die Weltseele ist also das constitutive Formalprincip des Universums und dessen was es enthält; d. h. wenn das Leben sich in allen Dingen findet, so ist die Seele Form aller Dinge; sie ist überall die ordnende Macht für die Materie und herrscht in dem Zusammengesetzten; sie bewirkt die Zusammensetzung und den Zusammenhalt der Dinge [1])."

Die Materie ist also nicht allein die Quelle aller Möglichkeit, sondern, insofern sie auch die Form, die Seele, die gestaltungsfreudige Bildkraft in sich hat, so ist sie zugleich auch die Quelle aller Wirklichkeit [2]). „Die Materie muss in Folge dessen, dass sie allein immer dieselbe und immer fruchtbar bleibt, das bedeutende Vorrecht haben, als einziges substantielles Princip und als das, was ist und immer bleibt, anerkannt zu werden, während alle Formen zusammen nur als verschiedene Bestimmungen der Materie anzuerkennen sind, welche gehen und kommen, aufhören und sich erneuern und desshalb nicht alle das Ansehen eines Princips haben können [3])." Diese Bestimmung, zugleich die Wirklichkeit von Allem und das Vermögen von Allem, überhaupt Alles in Allem zu sein, gilt nun aber zugleich von der Weltseele, als der Substanz der Substanzen [4]). Erinnern wir uns nun des grossartigen Satzes: „Der Akt des göttlichen

---

1) De la Causa (Wagner I, 242; Lasson, pag. 61): *Se dunque il spirto, l'anima, la vita si ritrova in tutte le cose, e secondo certi gradi empie tutta la materia, viene certamente ad essere il vero atto e la vera forma di tutte le cose. L'anima dunque del mondo è il principio formale costitutivo de l'universo e di ciò, che in quello si contiene; dico che, se la vita si trova in tutte le cose, l'anima viene ad esser forma di tutte le cose; quella per tutto è presidente a la materia, e signoreggia ne li composti, effettua la composizione e consistenzia de le parti.*

2) S. oben pag. 155, Anm. 5.

3) Ebendas. (Wagner I, 257; Lasson, pag. 83): *Però la materia, la qual sempre rimane medesima e feconda, deve aver la principal prerogativa d'essere conosciuta sol principio sustanziale, e quello ch' è, e che sempre rimane, e le forme tutte insieme non intenderle, se non come che sono disposizioni varie de la materia, che sen vanno e vegnono, altre cessano e si rinovano, onde non hanno riputazione tutte di principio.*

4) Ebendas. (Wagner I, 275; Lasson, pag. 111): *l'anima del mondo,*

Denkens ist die Substanz des Seins aller Dinge", so ergiebt sich die Natur der Materie im Sinne Bruno's als reiner Geist[1]).

3.
Bruno's Kosmologie.

A.
Bruno's Allgemeines Weltbild.

Wenn man sich Bruno's ungeheures Verdienst um die Ausbildung des kosmologischen Theiles der modernen Weltanschauung vergegenwärtigen will, so erinnere man sich nur an das beschränkte Weltbild, welches Copernicus, „ein grösserer Mathematiker als Philosoph", hinterlassen hatte[2]) und selbst Kepler noch nicht los werden konnte[3]). Copernicus hatte das Sonnensystem, dem wir angehören, aus den Schalen, in welchen es sich nach ptolemäisch-kirchlicher Ansicht hatte bewegen müssen, erlöst und zu einem System freischwebender Bälle erhoben. Aber ausserhalb des Sonnensystems schloss die Fixsternsphäre nach

---

come è atto di tutto, e potenza di tutto, et è tutta in tutto. Vgl. De Tripl. Minimo, pag. 10: *Hinc optimus maximus substantiarum substantia.*

1) Spaccio della bestia trionf. (Wagner II, 156): *L'atto de la cognizion divina è la sustanza de l'essere di tutte cose.* Vgl. darüber noch insbesondere Lasson, Anm. 52, pag. 168 seiner Uebersetzung des Dialogs De la Causa. Vgl. auch Cena de le Ceneri: *la sustanza ch' è la materia.*

2) De Immenso, pag. 343: *Aliud quod desiderasse a Copernico haud quidem mathematico sed philosopho: est ne octavam illam sibi confinxisset sphaeram tamquam unum omnium stellarum a centro aequidistantium conceptaculum.*

3) Vgl. Sigwart, Johannes Kepler (Kl. Schr., Erste Reihe, pag. 194): Mit einem Fusse stand er doch noch auf dem alten Boden. Die Welt als Ganzes war ihm nach wie vor eine Kugel; die Fixsternsphäre war ihm stehen geblieben, wie die Umfassungsmauern eines Gebäudes, dessen innere Einrichtung nur geändert worden ist. Wenn er hörte, dass Bruno die Unendlichkeit der Welt lehre, die Fixsterne für Sonnen und die Sonne für einen unter den unzähligen, in unermesslichen Entfernungen zerstreuten Fixsternen erkläre, deren jeder eine ähnliche Planetenwelt um sich habe, so wurde ihm schwindlig, ein geheimer Schauer ergreift ihn, dass er in einem unendlichen Raume irren soll, der keine Mitte, der gar keinen bestimmten Ort mehr hat. Nein, die Fixsterne bilden, dicht aneinander gedrängt, eine Art von Schale, die einen ungeheuren, mit Aether erfüllten Hohlraum umschliesst, in dessen Mitte die Sonne als der feste Mittelpunkt der Welt ruht. Kepler, Opp. I, 688. VI, 136.

wie vor das All hermetisch ab und liess insofern die alte, theoretisch überwundene Weltanschauung der Kirche fortbestehen. Daher denn auch das oft als unerklärlich dargestellte Schauspiel, dass sich Papst und Kirche mit Copernicus' Weltrevolution anfänglich recht wohl vertrugen und der Ausbreitung der neuen Lehre kein Hinderniss in den Weg legten. Es war Bruno's, vor keiner Consequenz zurückschreckendem Prophetenberuf vorbehalten, die immer noch engen Schranken des copernicanischen Weltsystems zu durchbrechen, wegzuräumen und an die Stelle der altersgeheiligten, zwiebelähnlich ineinander geschachtelten Sphären, die völlig schrankenlose Unermesslichkeit des Weltraums zu setzen. Bruno's Grösse beruht hier wieder, wie in seinen metaphysischen Leistungen, auf dem geistigen Muth, mit welchem er die aus der neugewonnenen Grundlage positiver Entdeckungen folgenden Schlüsse zog und dieselben mit wahrhaft heroischer Begeisterung sein Leben lang, der abweichenden Meinung der ganzen Mitwelt zum Trotz, festhielt und selbst mit seinem Tode verfocht. Bruno verglich das starre Sichanklammern an die platonisch-aristotelische Traumwelt des Sphärenhimmels mit der Bornirtheit jenes aesopischen Hundes, der das Stück Fleisch, das er im Maule hat, gegen das Stück Fleisch, das er im Wasser sich abspiegeln sieht, fahren lässt und, dem Schatten nachjagend, sich in den Fluss stürzt [1]). Während Copernicus mit der Beibehaltung der Fixsternsphäre noch die aristotelische Endlichkeit des Weltgebäudes gelehrt hatte, erklärte nun Bruno: „Für uns ist die Universalsphäre ein einziges überall hin sich ausdehnendes, unendliches, unbewegliches Continuum, in welchem an Zahl unendliche Sphären oder Particularwelten bestehen [2]). Es giebt nur e i n e n Himmel, nur e i n e n unermesslichen Weltraum, nur e i n e n Schooss, nur e i n universell Zusammenhängendes, nur e i n e Aetherregion, durch welche das

---

1) De Immenso, pag. 459: *quo relinquimus veras rerum species umbris quae nullam omnino habent subsistentiam, non aliter alienati quam canis ille Aesopicus, qui relicta carne quam habebat in ore, per aviditatem majoris umbras praecipitem se jecit in fluvium?*

2) CLX Articuli contra Mathematicos etc. *Articulus 134: Nobis sphaera universalis est unum continuum universum infinitum immobile, seu in quo consistentia sunt numero infinitae sphaerae seu particulares mundi.*

Ganze sich regt und bewegt. In dieser gelangen unzählige Sterne, Gestirne, Weltkugeln, Sonnen und Erden sichtbar zur Erscheinung und berechtigen zu dem Vernunftschlusse auf zahllose andere. Das unermessliche und unendliche All ist das Product der Zusammensetzung des unendlichen Raumes und der unendlichen Erfüllung desselben durch zahllose Weltkörper [1]). Dieser unermessliche Raum und die unermessliche Menge der in demselben sich bewegenden Weltkörper sind nun aber nichts anderes als die nothwendigen Vermittelungsformen, durch welche sich die unkörperliche Herrlichkeit Gottes auf körperliche Weise zu manifestiren sucht. Da diese Manifestation unzählige Grade der Vollkommenheit bedarf, um an denselben Gottes Herrlichkeit darzustellen, so giebt es in Folge dessen mit Nothwendigkeit zahllose Individuen, in welchen sich diese Stufenfolge widerspiegelt. Diese zahllosen Individuen sind die Gestirne, jene Colossalorganismen und gigantischen Lebewesen, deren eines diese unsere Erde ist. Zur Aufnahme dieser zahllosen Organismen ist nun aber ein unendlicher Raum erforderlich [2])."

„Von diesen Gestirnen ist keines in der Mitte (wie nach der ptolemäisch-kirchlichen Weltansicht die Erde den Mittelpunkt des Alls gebildet hatte), denn das Universum ist nach allen Seiten gleich unermesslich [3]). Denn weder die Sonne, noch in der Sonne, weder die Erde, noch in der Erde, weder irgend eine Gegend, noch in irgend einer Gegend, ist der Mittelpunkt des Weltalls [4]). Wenn wir z. B. in der Gegend des Auges des

---

1) De l'Infinito (Wagner II, 50): *Uno dunque è il cielo, il spazio immenso, il seno, il continente universale, l'eterea regione, per la quale il tutto discorre e si muove. Ivi innumerabili stelle, astri, globi, soli e terre sensibilmente si veggono et infiniti ragionevolmente si argumentano. L'universo immenso et infinito è il composto che resulta da tal spazio e tanti compresi corpi.*

2) De l'Infinito (Wagner II, 22): *Però per la ragione d'innumerabili gradi di perfezione, che denno esplicare l'eccellenza divina incorporea per modo corporeo, denno essere innumerabili individui, che son questi grandi animali, de' quali uno è questa terra .... Per la continenza di questi innumerabili si richiede un spazio infinito.*

3) Acrotismus, *Catalogus articulor.*, 97 (pag. 25): *Nullum astrorum est in medio, quia universum undique aequale.*

4) CLX Articuli, Art. 160: *Neque sol neque in sole, neque Tellus neque in tellure, neque aliqua neque in aliqua alia regione est definite centrum universi*

Sternbildes Taurus wären, so wäre uns jenes Sternbild die Sonne [1]), denn jedem Wesen ist die Mitte, um die es sich bewegt, das Centrum [2]). In Folge dessen giebt es soviele Mittelpunkte der Welt, als es Welten, als es Gestirne giebt, nämlich an Zahl unendliche, nämlich so viele als es Herzen, als es Lebewesen giebt [3]). Diese Riesenorganismen bestehen nun aber alle aus denselben Elementen [4]). Es wirken folglich in denselben auch die nämlichen, uns bekannten Kräfte, je nach der diesen Lebewesen eigenen Composition [5]). Durch ihr eigenes Gewicht geschleudert, schweben sie frei im Weltraum [6]), indem sie einander anziehen, gerade wie die Ambra und der Magnet kleine Stückchen anziehen und durch die ihnen innewohnende geistige Kraft in Bewegung setzen [7]). Denn es sind das platonische Possen und Flausen [8]) als ob die Gestirne ihre bewegenden Ursachen ausser sich und nicht in sich hätten, vielmehr bewegen sich alle Gestirne mit nicht geringerer Leichtigkeit als wir unsere Glieder bewegen und den ganzen Körper in Thätigkeit setzen, ja sie bewegen sich sogar mit der grössten Freiheit, weil der Körper jedes

---

1) De Immenso, pag. 283: *si quippe in regione oculi Tauri essemus, ille esset nobis sol.*

2) Ebendas., Lib. VII, cap. 9, v. 12, pag. 600:

Si centrum cuique est medium, eique infima sedes.

3) Ebendas., Schluss der Anmerkung, pag. 602: *Totque esse mundi centra, quot sunt mundi, quot astra, infinita nempe numero, quot corda, quot animalia.*

4) Ebendas., pag. 263: *Heic de astrorum natura illud itidem colligere licet, quod omnia ex iisdem constant elementis.*

5) De Monade, pag. 167: *Sed causa motus et quietis non erit a loco et spacio cujus est tantum continere capere, sed ab aliis quas compositionis eorum natura dictat rationibus.*

6) Acrotismus (Gfrörer, pag. 14): *propriis consistunt librata ponderibus.* Ebenso De Immenso, Lib. I, cap. 3, pag. 159: *Omnia in uno eodemque aethereo spacio, caelo, campo, firmamento non aliter quam Tellurem consistere videmus et ponderibus librata propriis consistunt.*

7) Ebendas., *Catalogus Articulorum*, Art. 91 (Gfrörer, pag. 25): *Maxime sollicitos atque vanos oportet eos esse motores qui adeo vasta corpora, utpote tantos mundos, in substantia adeo rarissima, subtilissima, nulla et veluti spinaria illius quintae essentiae infixos, ab extrinseco et alieno mediante circumversent, cum tamen minuscula et fragmenta quaedam ad ambram et magnetem per vim spiritualem formamque insitam moveantur.*

8) S. oben pag. 83, Anm. 3.

Gestirns schon an und für sich frei und von den andern losgelöst ist[1]). Die Erde und alle andern Gestirne haben vielmehr ihr eigenes Lebensprincip in sich und dieses Lebensprincip ist nichts anderes, als die eigene Seele, die doch nur wieder ein Theil der Weltseele ist.

Bestehen die Weltkörper aus denselben Elementen wie unsere Erde, sind es dieselben Kräfte. die das ganze Weltall in Bewegung setzen, ist es dieselbe Universalsubstanz, welche auch das Kleinste beseelt, so erscheint der Analogieschluss gestattet, ja nothwendig, dass alle Weltkörper höher oder niedriger angelegte Organismen, menschenähnliche Bewohner beherbergen. „Erhebe deinen Geist von dieser Erde zu den andern Sternen, nein: Welten und lerne begreifen, dass überall auch ähnliche, ja dieselben Gattungen (des organischen Lebens) vorkommen, wo dieselben stofflichen Grundlagen, dieselbe active und passive Productionsfähigkeit, dieselbe Ordnung, dieselbe Gestalt, dieselbe Bewegung und alles andere, was auch nicht umsonst sein wird, vorhanden sind. Nur ein ganz Verrückter könnte glauben, im unendlichen Weltraum, auf den so colossalen und überaus herrlichen Riesenwelten, von welchen gewiss die meisten mit einem bessern Loose als wir begabt sind, gäbe es nichts Anderes als das Licht, das wir auf ihnen wahrnehmen und die Helle, durch welche sie uns wahrnehmen werden[2]). Der Glaube, es sei irgend ein Theil der Welt ohne Seele, Leben, Empfindung und also organische Ausstattung, ist unberechtigt: ja, es ist geradezu albern und

---

1) De Immenso, Lib. VI, cap. 15, pag. 429: *Si ergo astra ab anima tamquam motionis omnis fonte aguntur non minore facilitate quam qua nos nostra membra totumque corpus agimus: immo summa libertate quia corpus astrorum est liberum per se, et absolutum ab aliis, qualia non sunt corpora animantum et eorum quae obligantur animae et universitati mundi hujus et illius.*

2) Ebendas., Lib. VII, cap. 18, pag. 622: *Hinc ad stellas alias, alios inquam mundos effer animum ut similes easdemque ubique species intelligas ubi eadem constant principia materialia, idem efficiens, eadem producendi activa passivaque facultas, idem ordo, vultus, motus et reliqua quae non debent esse frustra. Amentis omnino est in infinito spacio, in tam vastis eadem mole assurgentibus clarissimisque mundis quorum plurimos meliori sorte praeditos possumus argumentari, credere nihil esse praeter illam sensibilem lucem et eam qua nobis sensibiles fiant claritatem.*

pöbelhaft, zu glauben, es gebe keine andern Lebewesen, keine andern Sinne, keine andern Denkvermögen als gerade sich unsern Sinnen darbieten [1]."

Nun erhebt sich die Frage: ist es denkbar, dass sich organisches Leben nicht nur auf Gestirnen feuchter Constitution, sondern auch auf solchen von feuriger Masse vorfinde? Und da antwortet denn Bruno: Allerdings und zwar nicht um ein Haar weniger [2])! Die Fixsterne, diese prächtigen Gestirne und flammenden Körper, sind ebensoviele bewohnte Welten, gewaltige Organismen, herrliche Gottheiten, ganz ähnlich derjenigen Welt, welche uns umschliesst [3]. Die Sonne, der uns nächste Fixstern, hat ohne Zweifel göttlichere Organismen, als unsere Erde; welcher Art sie aber seien, das zu wissen, ist uns nach Gebühr versagt; aber jedenfalls ist ihre Lebensweise eine ganz andere, als die unserige. Unter keinen Umständen dürfen wir aber meinen, die Materie unserer organischen Substanz müsse nur diese eine und keine andere Art des Lebens ermöglichen [4]. Die Vernunft gebietet die Annahme, dass die Sonne uns (organisch) überlegen, überhaupt ein göttlicher Aufenthaltsort sei und ausgezeichnetere Lebewesen umfasse [5].

---

1) De Immenso, Lib. IV, cap. 7, pag. 384: *Non est tamen conveniens credere ullam partem mundi esse sine anima, vita, sensu et consequenter animali: stultum quippe et hoc vulgare est quod non alia credantur animalia, non alii sensus, non alias intelligentias quam quae nostris objiciuntur sensibus.*

2) De l'Infinito (Wagner II, 54). *Elpenor. Volete, che li mondi ignei sieno così abitati, come gli aquei. Filoteo. Niente peggio e niente manco.*

3) De la Causa (Wagner I, 234; Lasson pag. 49): *questi magnifici astri e lampeggianti corpi, che son tanti abitati mondi e grandi animali, et eccellentissimi numi, che sembrano e sono innumerabili mondi non molto dissimili a questo che ne contiene.*

4) De Immenso, Lib. IV, cap. 7, pag. 379: *Qualia in sphaera solis animantia vivant, pro dignitate nescimus; diviniora tamen omnino esse oportet siquidem illis licet conspicua nobis fieri et se quodammodo nobis communicare, quibus segne est corpus et ingenium nutriri tamen ea oportet ut ignem, et aliam omnino esse vitae eorum rationem atque nostrae: idem enim ignis (vel ut melius dicam lux) potest melius per se consistere quam nos per ignis participationem quandamque in spiritu est, consistimus quibus non ita licet materiam substantiae nostrae animalis ad unam numero vitam obligare.*

5) Ebendas., Lib. IV, cap. 7, pag. 384: *Ratio dictat illum (Solem) prae-*

Wenn das All seine Unendlichkeit daraus schöpft, dass der unendliche Raum sich mit unendlich zahlreichen Weltkörpern erfüllt, welche, weil aus denselben Stoffen bestehend, wie unser Erdball, sich mit einer unendlichen Vielheit von, den unsern ähnlichen, Organismen beleben, so resultirt daraus eine Unendlichkeit zahlloser Individuen und Gattungen von Organismen und Gegenständen [1]), in deren unendlicher Abstufung [2]) sich nur wieder der Glanz der göttlichen Schönheit wiederspiegelt [3]). Und dieser Glanz muss um so wundervoller sein, als eine ganze Unendlichkeit von Gattungen in dieser, unsern Sinnen zugänglichen Welt, gar nicht in die Erscheinung tritt [4]).

In der unendlichen Vermehrung der unendlich abgestuften Lebensformen findet die schaffende Weltseele ihre unendliche Befriedigung. Der Zweck und die Endursache, welche sich das Bewirkende vorsetzt, ist die Vollkommenheit des Universums und diese besteht darin, dass in den verschiedenen Theilen der Materie alle Formen actuelle Existenz haben. An diesem Ziele ergötzt und erfreut sich die Vernunft so sehr, dass sie niemals müde wird, alle Arten von Formen aus der Materie hervorzulocken [5]).

---

cipuum esse et diviniorem locum et animalia excellentiora complecti, quandoquidem illa in nos possunt, minime vero nos in illa.

1) De l'Infinito (Wagner II, 22): *innumerabili, individui che son questi grandi animali, de' quali uno è questa terra.* Vgl. Summa term. metaph. (Gfrörer pag. 475): *juxta innumerabilium individuorum vicissitudinem.* Ferner Degli Eroici Furori (Wagner II, 361): *innumerabili e diversissimi oggetti.*

2) Degli Eroici Furori (Wagner II, 361): *infiniti gradi che son.*

3) Ebendas. (Wagner II, 398). Zu Sonett 51: *Quà la moltitudine di strali, che hanno ferito e feriscono il core, significa gl'innumerabili individui e specie di cose, ne le quali riluce il splendor de la divina beltade, secondo li gradi di quelle, et onde ne scalda l'affetto del proposto et appresso bene.*

4) De Immenso, Lib. VIII, cap. 4, v. 74—76, pag. 635:

Innumeras addas species, vestigia quorum
Corporeo in mundo non sunt impressa.

5) De la Causa (Wagner I, 237; Lasson pag. 54): *Il scopo e la causa finale, la qual si propone l'efficiente, è la perfezion de l'universo, la quale è, che in diverse parti de la materia tutte le forme abbiano attuale esistenza; nel qual fine tanto si diletta e si compiace l'intelletto, che mai si stanca suscitando tutte sorte di forme da la materia, come par, che voglia ancora Empedocle.*

Der Universalzweck der Vernunft besteht lediglich in dem rastlosen Bestreben, die Unzahl der verschiedenen Gattungsbegriffe ins Dasein treten zu lassen, um die Welt der Vernunft zu verwirklichen [1]). Denn wo Mannigfaltigkeit und Verschiedenheit, da ist auch Rangstufe, Ordnung, System, Harmonie und Eintracht und im Einklang der Gegensätze beruht die Schönheit des Ganzen [2]). Von diesem Gesichtspunkte aus erscheint denn auch Alles so vortrefflich eingerichtet, dass es unmöglich ist, sich dasselbe besser eingerichtet und geordnet zu denken [3]). Freilich giebt es eine Harmonie der Theile nur im Hinblick auf das Ganze, da das Einzelne nur darnach strebt, in seiner gegenwärtigen Gattung und Zahl verewigt zu werden [4]). Nur der Hinblick auf das Universum befähigt uns, auch das Einzelne als Kettenglied der allgemeinen Harmonie aufzufassen. Auch das denkbar Kleinste hat im Universum die höchste Bestimmung, die Aufgabe nämlich, sich als Theil ins Ganze zu fügen, sich dem Ganzen unterzuordnen, den allgemeinen Weltzusammenhang zu fördern. Nichts ist im Universum so gering, das nicht zur Erhaltung und Vervollkommnung des Hervorragenden beitragen könnte. Auch giebt es für Niemanden und nirgends etwas Böses, das nicht für Irgendjemand und irgendwo gut, ja das Beste wäre. Desshalb wird dem Blicke desjenigen, der nur immer das All ins Auge fasst, nichts hässlich, böse, unharmonisch vorkommen, auch ist die Mannigfaltigkeit und der Contrast kein Hinderniss, dass nicht doch Alles vortrefflich sei, es kommt eben nur d a r a u f an, wie der Contrast von der Natur im Zaume gehalten werde. Denn die Natur ist gleichsam ein Musikdirektor, der die contrastirenden Stimmen von höherer und tieferer Tonlage zu einer einzigen und zwar denkbar herrlichsten Symphonie zu-

---

1) Summa term. met. (Gfrörer, pag. 498): *intellectus rationalis unam universalem intentionem atque speciem entis, ad innumerabilium conceptionum diversarum, utpote ad mundi rationalis constitutionem promovet et perducit.*

2) Vgl. den Abschnitt: Bruno's Kunstphilosophie.

3) Summa term. metaph. (Gfrörer, pag. 476): *Quae omnia ita sunt constituta, ut melius non ullo pacto constitui possint et ordinari.*

4) Ebendas. (Gfrörer, pag. 476): *omnia esse valde bona, haud quidem si ad singulorum votum et appetitum spectemus, quandoquidem singula in praesenti specie et numero desiderant perpetuari, sed si ad ipsius universi ordinem spectemus.*

sammenzudirigiren und durchzuführen versteht [1]). Diese Weltharmonie kann ebensowenig jemals zu Grabe gehen, als die ewige Reproductionsfähigkeit der in der Materie wirkenden Natur. Denn

Wenn auch irgend ein Schicksal
Eine Welt oder mehrere gleich oder alle zerstörte
(Welches jedoch ohne Zweifel niemals gestattet die endlos
Wirkende Kraft in den Dingen, die räumlich verschiedenen Loose,
Die nach keinerlei Art von Schicksalsschablone sich richten),
Wird sich das Leben erneuern, es giebt die Natur, durch den eignen
Rückgang nur noch gestärkt, der Materie Alles in Fülle [2]).

B.

Bruno's specielle Lehre vom Weltgebäude.

a. Der Kreislauf der Gestirne.

„Die Umläufe oder Umwälzungen geschehen unregelmässig, folglich kann es keine Kreisbewegung um einen Mittelpunkt geben.

---

1) De tripl. Min., pag. 133: *Nihil item in universo adeo est exiguum quod ad eximii integritatem atque perfectionem non conducat. Nihil item malum est quibusdam et alicubi, quod et quibusdam et alibi non sit bonum et optimum. Hinc ad universum respicienti nihil occurret turpe, malum, incongruum: neque etenim varietas atque contrarietas efficit quominus omnia sint optima prout videlicet a natura gubernatur, quae veluti phonascus contrarias voces extremas atque medias ad unam omni (quam possimus imaginari) optimam symphoniam dirigit et perducit.* Ebenso in De Immenso, Lib. VII, cap. 8, pag. 599: *Movet autem anima corpus, intelligentia suam sphaeram, natura proprium subjectum non illa geometrica uniformitate, regularitate, circuitione, rectitudine, non peripatetico illo praescripto, sed proprio quodam ingenio ad contrariorum tantorum tantum contemperamentum et symphoniam symmetriamque disponendam componendam servandam.*

2) De Immenso, Lib. V, cap. 3, v. 26—36, pag. 467:

Ergo si quae sors destruat unum
E mundis plureisve simul, vel si lubet omneis
(Quod sane haud rerum patitur sine fine potestas,
Extensusque vigor, sors non eademque locorum,
Qui ad fatum innumeri nequeunt tractarier unum),
Vita recursabit, naturaque materiei
Hoc ipso instaurata suo dat cuncta recessu

Denn wenn auch nur eine Bewegung auf der Erde unregelmässig ist, so müssen alle andern Bewegungen, selbst wenn sie noch so regelmässig wären, von Grund aus gestört werden [1]).“ Bei der unabsehbar mannigfaltig ineinandergreifenden Anziehung und Abstossung der Weltkörper [2]) kann es nicht ausbleiben, dass auch die scheinbar festesten Punkte im All nach und nach ihre gegenseitige Lage verschieben. „Die Erde wird also ihren Schwerpunkt und ihre Stellung zum Pol verändern, aber ihm die Regel seiner Bewegung geometrisch vorschreiben zu wollen, könnte nur die Sache eines schlechtgeregelten Geistes sein. Nur das bleibt den Astronomen noch zu thun, dass, wenn in der Stellung des Pols eine bemerkenswerthe Veränderung vor sich gegangen ist, sie alsdann ihre Rechnungstabellen revidiren, in der Ueberzeugung, dass dieselben nicht für die Ewigkeit, sondern nur bis zu einem unbestimmten, wenn auch allerdings nicht gerade nahen, Zeitpunkt, Geltung haben werden [3]).“

b. Die Sonne.

Unsere Sonne, als der Mittelpunkt des Planetensystems, welchem der Planet Erde angehört, ist nur eines der zahllosen Sonnenexemplare [4]), welche, umgeben von ihren Planetensyste-

1) De Immenso, Lib. III, Capitelüberschrift zu cap. 6, pag. 307: *Irregulariter recursus seu revolutiones fieri, nullum consequenter circulum circa medium esse posse. Nam si unus in Tellure motus est irregularis, oportet motus omnes alios quantumlibet regulares perturbari.*

2) Ebendas., Lib. IV, cap. 13, pag. 411: *cum motus in omnibus, in omnia et ad omnia et omnium dominetur.*

3) Ebendas., Lib. III, cap. 5, Prosacommentars Schlusssatz, pag. 307 (verdruckt 306): *Variabitur ergo terrae centrum et respectus ad polum, cujus motus regulam geometrice velle praescribere, male regulati ingenii est: sed hoc tantum astronomis faciendum restat, ut notabili poli facta mutatione, rationes tabularum suarum renovent tamquam non in aeternum, sed ad incertum (non breve tamen) usque aliquod tempus duraturas.*

4) Ebendas., Lib. I, cap. 3, v. 24—30, pag. 157:

Et sol ita corpore major
Sic unus tantum siet, ut spectabilis unus
Sensu coram inope ac bruta ratione represso,
Qui solem ex astris fixis non concipit unum
Sideraque totidem soles quae fixa videntur,
Quaeque ut scintillent species rutili efficit ignis.

men, den unermesslichen Weltraum erfüllen. Man hat seit BARTHOLMESS'. Vie de Bruno, auf welchen sich Alexander v. Humboldt, Kosmos, Bd. III, pag. 397, Anm. 25, pag. 418 bis 419 beruft, Bruno die Entdeckung der Sonnenflecken zugeschrieben und selbst BERTI in seinem Werke über Copernicus, pag. 82 stimmt seinen, soeben erwähnten Vorgängern bei, das Wunderbare von dieser Entdeckung Bruno's hervorzuheben. Der Nolaner selbst versäumt jedoch in seiner Wahrheitsliebe nicht, das ihm fälschlich zugeschriebene Verdienst demjenigen zuzuertheilen, der dasselbe als der wirkliche Entdecker verdient und das ist niemand anders, als der Cardinal von Cusa! In der CENA DELLE CENERI berichtet nämlich SMITH: „Ich erinnere mich, den Cusaner gesehen zu haben, dessen Urtheil ihr zwar, wie ich wohl weiss, nicht anerkennet und dieser will, dass auch die Sonne ungleiche Stellen habe, wie der Mond und die Erde; denn er sagt, dass, wenn wir aufmerksam das Auge auf den Körper der Sonne heften, so sähen wir inmitten jenes hier stärker als sonst auftretenden Rundglanzes eine ganz beträchtliche Schattenpartie [1]).“

Dem Nolaner gebührt dagegen das Verdienst, die Rotation der Sonne um ihre eigene Axe zuerst aufgestellt zu haben [2]). Höchst merkwürdig, ja phantastisch ist dagegen Bruno's Ansicht, dass es ungeachtet der grossen Sonnenhitze auf dem gewaltigen Sonnenkörper nicht nur temperirte, sondern sogar kalte Landschaften gebe [3]).

---

1) CENA DELLE CENERI (WAGNER I, 162): *mi ricordo d'aver visto il Cusano, di cui il giudizio so che non riprovate, il quale vuole, che anco il sole abbia parti dissimilari, come la luna e la terra; per il che dice, che, se attentamente fissaremo l'occhio al corpo di quello, vedremo in mezzo di quel splendore più circonferenziale, che altrimenti, aver notabilissima opacità.* Vgl. dazu noch BERTI, *Copernico* pag. 82.

2) DE IMMENSO, Lib. III, cap. 5, pag. 305: *Quod si ita est ut sol medius maneat et solum (quod necessarium esse monstrabimus) motum rotationis astri circa proprium centrum recipit* etc. Ebendas., Lib. IV, cap. 8, pag. 388: *Certum est Solis machinam ita circa proprium centrum converti, sicut et Tellurem converti nobis est certissimum.*

3) Ebendas., Lib. IV, cap. 7, Schlussverse 89—94, pag. 378:

Sic igitur quia se circum convertitur ille
Quas rapidi ex facie tenuarat viribus ignis

c. Die Erde und der Mond.

Die Erde, „dieses grosse Individuum“ [1]), ist ein beseeltes Wesen (Animal) mit eigenem Lebensgeist, ohne dessen fortdauernde, aus dem Innern hervorwirkende Lenkung der gewaltige Organismus dieses Gestirns sich nicht so harmonisch bewegen könnte [2]). Wir müssen zu dem colossalen Ball, den die Erde bildet, nothwendig auch die denselben ringsumgebende Luft, die Atmosphäre, als integrirenden Bestandtheil des Planeten rechnen. Alsdann aber, wenn wir die Erde in diesem Sinne als ungeheure Kugel betrachten, so müssen wir wissen, dass wir nicht deren Oberfläche, sondern vielmehr das Innere der Erde bewohnen [3]). An und für sich aber, als der feste Ball betrachtet, ist die Erde keineswegs eine Kugel im geometrischen Sinne [4]), sondern hat vielmehr nur eine sich der Kugelgestalt **n ä h e r n d e** Form [5]), auf

---

Constringi patitur facis quae subvenit olli
Frigida, vel neutro fortassis robore linquens
Nativo, ut semet redimat pro sufficiente
Principio, ut satis est absens contraria virtus.

1) Cena delle Ceneri (Wagner I, 191): *questo grande individuo, ch', è la nostra perpetua nutrice e madre.*

2) Acrotismus (Gfrörer, pag. 29): *Interim (mundus) animal est, a mente dependens, perfectissimum, propriam, sicut et nos, animam habens.* Und so in De Immenso, Lib. IV, cap. 18, pag. 450: *si quippe anima spiritusque ille vitalis non esset, minime tanto ordine (qui in toto est corpore), tantarumque venarum ordinatissima non minus quam cujuscunque animantis serie, symmetricaque contextura consistere posset.*

3) De Immenso, Lib. IV, cap. 16, Schluss, pag. 433: *Nosque si ad universum Telluris globum respiciamus, qui aerem nubigenum inter proprias partes adnumerar, sciemus nos non superficiem, sed interiora mundi hujus incolere.*

Wie nahe sich Goethe's Ansicht von der Erde als einem lebendigen Organismus, von einem aus- und einathmenden Wesen, mit Bruno's hier entwickelter Auffassung berührt, beweist die Aufzeichnung eines goethe'schen Gesprächs bei Eckermann, Mittwoch, 11. April 1827: „Ich denke mir die Erde mit ihrem Dunstkreise gleichnissweise als ein grosses, lebendiges Wesen, das im ewigen Ein- und Ausathmen begriffen ist u. s. w. Vgl. übrigens noch weiter unten den Abschnitt: Bruno's Einwirkung auf Goethe.

4) Ebendas., Lib. IV, cap. 16, pag. 432 Schluss des Capitels: ... *globosam machinam (minime tamen ad geometricam normam).*

5) Ebendas., Lib. IV, cap. 18, pag. 442:

Atque vide ut Tellus formam non usque globosam
Concipiat.

welche jedoch selbst die höchsten Gebirge nicht den geringsten Einfluss ausüben [1]).

Bezüglich des Mondes hat Bruno die Ansicht, die Flecken in dessen Scheibe seien das feste Land, das Licht derselben aber sei das Meer [2]).

d. Die Fixsterne.

Alle Gestirne, die über den Saturn hinaus von uns gesehen werden können, sind Sonnen [3]). Solcher Sonnen giebt es zahllose und ebenso zahllos ist die Schaar der Planeten, welche, je als ein besonderes System, um je eine dieser Sonnen in regelmässigen Bahnen kreisen, gerade wie um unsere Sonne die Erde, der Mercur, die Venus, der Mars, der Jupiter und der Saturn. Diese Sonnen heissen Fixsterne, weil sie scheinbar bewegungslos, niemals ihre Stelle am Himmelsgewölbe verändern. Dieser Stillstand ist aber allerdings ein nur scheinbarer. Auch die Fixsterne haben ihre eigene Bewegung, indem beobachtet werden kann, dass die Sterne, selbst diejenigen erster Grösse, nicht zu allen Zeiten die gleiche Distanz voneinander haben. Bruno

---

1) Vgl. oben pag. 34. Dazu gehört auch die Stelle aus De Immenso, Lib. IV, cap. 16, v. 48—57, pag. 431—432:

Excusant cum se adtollunt versum aethera montes,
Hos nihil ad magnam Telluris ducere molem,
Plus quam et exigui, repolito in corpore sulci
In porri passim asperitas tuberesque figuram
Non hilo variant pumicoso corpore sphaeram
Confabricat quisquam, cujus licet ardua vallis
Et tumidi adsurgant sublimi corpore montes.
Hi satis ad sensum formicae ascendere possunt
Quod tamen integro vix esse notabile quicquam
Comperias.

2) De Immenso, Lib. III, cap. 4, v. 55—60, pag. 289:

Consimili Lunae specie Tellusque refulget
Spicla reflectendo vitreo de corpore ponti
Oppositam ad partem conspecto a Sole recepta,
Ut quoque nocturno Telluri Luna favore.
Ergo quod et tanto spectas in corpore opacum
Ne credas aliud quam quod Telluris opacum est.

3) Acrotismus, *Catalogus articulorum: 87* (Gfrörer, pag. 24): *Astra ultra Saturnum continue sensibilia soles sunt.*

rühmt sich, diese Entdeckung mehrere Lustra früher (vom Zeitpunkt der Abfassung von DE IMMENSO, Lib. I, cap. 5 ab gerechnet) auf dem Wege physicalischer Berechnung gemacht zu haben und freut sich, dieselbe nun durch „den grössten Astronomen seines Zeitalters“ [1]) bestätigt zu finden [2]).

e. Die Planeten.

Wie es unzählige Sonnen giebt, so ist auch die Zahl der Planeten unermesslich [3]). Wie um unsere Sonne die sieben grossen Planeten, so kreisen um die andern Sonnen andere Planetensysteme, deren einzelne Glieder um so zahlreicher sind, als sehr viele derselben gar nicht sichtbar werden [4]). Es ist nicht gegen die Vernunft, dass es noch andere Erden giebt, die um diese Sonne kreisen, die uns aber nicht erscheinen, sei es, dass sie von uns allzuweit entfernt oder dann allzuklein sind oder auch, weil sie nicht viel Wasseroberfläche haben oder diese ihre Oberfläche nicht uns zu- und der Sonne entgegen kehren, sodass sie durch diese Wasseroberfläche gleichsam wie durch einen Krystallspiegel die Lichtstrahlen sammeln und sich uns sichtbar machen könnten [5]).

---

1) DE IMMENSO, Lib. I, cap. 5, pag. 167: *Astronomi nostri temporis (quorum Tycho Danus nobilissimus atque princeps)* ....

2) Ebendas., Lib. I, cap. 5, v. 22—30, pag. 166:

Confer enim e minimis spica cum Virginis unam
Qualibet aut magna quae plus distabit ab illa
Temporibus variis varie distare videbis.
Ista fuere mihi physica ratione reperta
Pluribu ab hinc lustris, sensu interiore probata
Sed tandem et docti accipio firmata Tychonis
Servatis Dani, ingenio qui multa sagaci
Invenit atque aperit conformia sensibus hisce.

Dazu der Commentar pag. 167.

3) S. oben pag. 160.

4) DE IMMENSO, Lib. I, cap. 3 Anfang, v. 1—6, pag. 156:

Ut solem hunc circa Tellus, Luna, aliger Hermes
Saturnus, Venus et Mavors et Juppiter errant,
Et numerus fasso major, nam cetera turba
Partim pro visibus partim non cernitur unquam,
Sic circum fit quemque alium.

5) DE L'INFINITO (WAGNER II, 52): *non è contra ragione, che sieno di altre terre ancora, che versano circa questo sole, e non sono a noi manifeste, o*

f. Die Kometen.

Alle Kometen sind nur eine besondere Gattung der Planeten. Der Substanz nach gleicherweise wie die Erde zusammengesetzt, ziehen sie ihre Kreisbahn um die Sonne und unterscheiden sich relativ nur dadurch von den eigentlichen Planeten, dass sie selten erscheinen, und zwar desshalb, weil ihre Bahn nicht in diejenige unsern Augen und der Sonne entgegengesetzte Lage tritt, dass sie ihr Licht reflectirt, ausgenommen nur dann, wann nämlich beide Gestirne, der Komet und die Sonne, einander so gegenüber zu stehen kommen, dass der von der Sonne auf den Körper des Kometen geworfene Lichtglanz sich für unsere Augen reflectirt. Zeitweise können desshalb auch die Erde, der Mond und die übrigen Wandelsterne die ungewohnte Gestalt eines Kometen annehmen [2]). Aus diesem Grunde, weil zuletzt die Kometen nur selten oder vielleicht auch gar nie für uns er-

---

per lontananza maggiore, o per quantità minore, o per non aver molta superficie d'acqua, o per non aver detta superficie rivolta a noi et opposta al sole, per la quale, come un cristallino specchio, concipendo i luminosi raggi, si rende visibile. CLX Articuli: *Astra omnia scintillantia sunt ignes seu soles circa quae singula necessario planetae circumferuntur plurimi, sicut et circa istum solem plures quam videantur.* Vgl. auch De Monade, pag. 159—160. *Ii quibus absque ingenio atque ratione largiti sunt oculi ita negabunt circa alia astra fixa nempe soles discurrere planetas sicut et non apparent: cum et omnis ratio dictet quod tum propter corporum parvitatem tum maxime propter vim luminis remissiorem quae est in speculo quod lucis umbram atque imaginem non ipsam lucem objectat, a fixorum astrorum quocunque alio tellures quae sint circa hoc fixum astrum non apparere possunt.*

1) De Immenso, Lib. VI, cap. 19, pag. 564 oben: *Cometae apparentia est lux Solis reflexa in aqueam ad oculosque nostros oppositam astri superficiem, in qua scilicet radius noster visualis cum solari radio angulum efficient. Subjectum cometae est planeta Solem circumcursans non minus atque aliter quam Tellus substantia quaedam composita est; ab istis vero famosis planetis sola relatione differens: quoniam ea de caussa raro apparent, quia eorum circulus non venit ad eam oculorum nostrorum et Solis oppositionem ut specularem reddat lucem; nisi raro, quando scilicet ita devenerit utrumque astrum, ut splendor ille excitatus in corpore astri habet ad oculos nostros reflexionem.*

2) Ebendas., Lib. IV, cap. 8, pag. 388: *Astra praeter planetas (inter quos cometas numeramus, quibus certis etiam temporibus insolitus cometa potest esse Tellus et lunae et reliquae planetae)* etc.

scheinende Planeten sind, ist die Zahl der Planeten, die um unsere Sonne kreisen, noch nicht festgesetzt. Denn da man an die Zahllosigkeit dieser Planeten nicht glaubt, so wird auch nicht darnach geforscht. Dieselbe zu entdecken, bietet der Forschung keine Schwierigkeiten dar. Es kommt nur darauf an, dass man diejenigen Planeten, welche immer erscheinen, mit denjenigen, welche dann und wann erscheinen, zusammenhält. Denn es kann solche geben, welche uns überhaupt niemals erscheinen [1]). In diesem Zusammenhange erscheint es begreiflich, wenn Bruno auch das bekannte Gestirn, das anfangs November 1572 plötzlich in der Cassiopeia auftauchte und bis zum April 1574 darin sichtbar blieb, für einen Kometen hielt, obschon selbst der berühmte niederländische Astronom Cornelius Gemma diese Ansicht auf das energischste bekämpfte, weil er meint, dass das, was über die peripatetische Natur hinausgeht, einfach ausserhalb der Natur stehe [2]).

g. Die Meteore.

„Ausser den Fixsternen und grossen Planeten sind durch den Aetherraum auch noch kleinere Organismen verbreitet, die, in Gestalt kleiner Kugeln, mit grösster Schnelligkeit feurig einherfahren und vom Pöbel für feurige Balken gehalten werden, da dieselben in unserer Erdnähe unterhalb der Wolken einherschiessen. Ich selbst habe einmal ein solches Meteor beobachtet,

---

1) CLX Articuli contra Mathematicos etc., Schluss, *N*: *Cometae sunt planetae omnino, qui etiam regulariter moventur, ut Tellus, Luna Mercurius etc. Ideo planetarum numerus circa hunc solem non est adhuc definitus: neque enim inquisitus, quia neque creditus. Hunc autem invenire non est inquirenti difficile: non quidem omnino, sed cum iis qui semper eos qui aliquando apparent connumerando: stare enim potest ut tales sint, qui nobis nunquam apparent.*

2) De Immenso, Lib. VI, cap. 19, pag. 566: *Cornelius, Gemma qui ea quae sunt extra naturam Peripateticam, putat esse simpliciter extra naturam.* Bruno bezieht sich auf Gemma's Abhandlung: De Stella peregrina quae superiori anno apparere coepit. 4°. Antwerpen, 1573. Wenn übrigens selbst Mathematiker und Astronomen solchen Ranges wie ein Gemma den übernatürlichen Ursprung des neuen Sternes behaupten konnten, so ist die Zähigkeit zu begreifen, mit welcher sich die gebildete Welt Europa's noch bis auf Boyle (1680) der brunonischen Ansicht von den Kometen entgegenstemmte. Vgl. darüber Feuerbach, Leibnitz pag. 258.

das beinahe die Dächer der Häuser berührte; aber es schien wie der Abschuss eines Körpers, so gross ist die Schnelligkeit der Bewegung, mit welcher wir diese Meteore gleichsam vermittelst eines geschwungenen Feuerbrands eine lange gerade oder krumme Linie in der Luft beschreiben sehen. Es war aber jene Kugel oder nach volksthümlichem Ausdruck, jener Balken, den ich selbst einmal sah, in Wahrheit ein beseelter Organismus. Denn als er in gerader Richtung gleichsam die Dächer der Stadt Nola wegschabte, hätte er auf dem Berge Cicada aufstossen müssen, schwang sich aber hoch über denselben weg [1])."

C.

Bruno's Entwickelungslehre.

Schon Lasson hat in Anm. 69 seiner musterhaften Uebersetzung des Dialogs De la Causa auf Bruno als einen Vorgänger Darwins hingewiesen: „Dem Empedokles ähnlich, und wenn man will, an Darwins Lehre erinnernd, ist Bruno's Ansicht von der Vervollkommnungsfähigkeit und der einheitlichen Entwickelungsreihe aller organischen Wesen auf dem Wege der Zeugung." Allein Ernst Krause in seiner Biographie von Erasmus Darwin (pag. 204, Anm. 57) hat gegen die Beweiskraft der aus der Cabala del Cavallo Pegaseo (Wagner II, 277) angeführten Stelle mit Recht den Einwand erhoben: „Sie enthält blos Speculationen über die Identität der Natur der Seele bei Menschen und Thieren, ohne thatsächliche Folgerungen einer gemeinsamen Abstammung."

Gleichwohl ist Lasson's Andeutung, dass Bruno's Sehergeist Darwins Entwickelungslehre vorgeahnt habe, nicht unbegründet.

---

1) De Immenso, Lib. V, cap. 1, pag. 461: *Praeter astra magnosque mundos sunt et animantia lata per aethereum spatium minora in formam parvae sphaeras quae vivacissimi toto corpore ignis prae se feret speciem et trabs ignea judicatur a vulgo cum prope nos infra nubes etiam fertur qualis a me notata est quasi attingens tecta domorum: sed projectus corporis ille videbatur propter motus velocitatem qua longam rectam vel curvam lineam titione vibrato possumus designare in aere ut ignis illius appareat figura. Erat autem illa sphaera seu (ut dicunt) trabs, vere animal, quam ego semel vidi, recto enim motu cum quasi abraderet tecta Nolae urbis, debuisset in montem Cicadae impingere, quem sublato corpore superavit.*

Es bedarf nur einer systematischen Ausbeutung von Bruno's Werken, um dessen Verdienst um die Erkenntniss einer stufenweisen Entwickelungskette aller Wesen klar zu legen.

Alle Entwickelungslehre und diejenige Bruno's zumal, geht aus von der ununterbrochenen Bewegung, in welcher sich die Materie befindet. „Die Materie, sagt Bruno, ist beständig im Fliessen begriffen und kein Körper ist heute, was er gestern war[1]).“

Diese Bewegung ist aber nichts anderes als die äussere Erscheinung der Beseeltheit aller Dinge. „In Allem, selbst im Kleinsten, dem äussern Auge Verschwindenden und Unvollkommensten, ist Erkenntniss, ... nämlich ein Antheil an der universellen Denkkraft. ... In den gemischten Wesenreihen, als Pflanzen und Steinen, finden wir keinen Ausdruck der Intelligenz oder Denkkraft, wohl aber der Empfindung .... Wenn man desshalb auch nicht Alles beseelte Lebewesen nennt, so zweifeln wir doch keinen Augenblick daran, dass allen eine Seele innewohne und mit der Seele die hier schärfer dort schwächer hervortretende Intelligenz oder universelle Denkkraft[2]). Die Vernunft ist gewissermassen eine göttliche Kraft, welche allen Dingen als Denkfähigkeit innewohnt, vermöge welcher Alles wahrnimmt, fühlt und gewissermassen erkennt. Denn ohne Erkenntniss und zwar die höchste und die tiefste, den Gegenständen nicht ferne und nicht fremde, könnten nicht überall Thiere, Pflanzen und andere Körper von so wunderbarem Bau entstehen, welche alle in ihren Gliedern und in so wunderbarer Mannigfaltigkeit das Abbild des Weltalls sowohl im Ganzen als in einzelnen Theilen darstellen, und welche Alle ihr Sein zu erhalten trachten, ihren Gegensatz fliehen und dem ihnen nützlichen nachstreben. Denn

---

1) De triplice Minimo: *Semper fluit materia, nec hodie corpus est quod heri fuit.*

2) Summa term. metaphys., *Potentia* (Gfrörer, pag. 499): *In omnibus vel minimis vel ad oculum externum mutilis et imperfectissimis cognitionem esse, ... utpote intelligentiae quandam participationem. .... In mixtis vero qualia sunt plantae, lapides, intelligentiae seu cognitionis actum non habemus expressum, at sensus .... Licet ergo animalia non omnia appellemus, animam tamen in omnibus esse non dubitemus, et cum anima intelligentiae seu universalis cognitionis sensum hic quidem vehementiorem, hic vero remissiorem.*

ohne einen gewissen Grad von Empfindung oder Erkenntniss (welchen roher Philosophirende allerdings nicht wahrnehmen), ballen sich nicht einmal Wassertropfen kugelig zusammen, um sich durch die Kugelform nach Kräften zu erhalten, und springen auch Laub, Häute und Stauden nicht vor dem Feuer auf und davon und ziehen sich zusammen, gleichsam als wollten sie ihrem Gegensatz entfliehen. Das alles ist gewissermassen eine Theilnahme an der Empfindung, eine Aeusserungsweise der durch das All verbreiteten Universalvernunft, eine Aeusserungsweise, deren Ausdruck sich in allen Dingen, welche da sind, erkennen und lieben, entweder als Anhänglichkeit und Zuneigung, oder als Widerwille und Abneigung, kurzum als Freundschaft und Streit offenbart, so dass die Gottheit durch jenen dreifachen Begriff gewissermassen zu allen herniedersteigt [1]).“

Diese alles durchdringende und beseelende Intelligenz tritt nun in der Natur in dreifacher Stufenfolge auf. „Auf der untersten Stufe wird noch nicht die Natur eines Dinges oder irgendwelche Eigenschaft unterschieden, sondern höchstens ein unbestimmtes Gefühl von körperlichen Eigenschaften empfunden. Auf der höheren Stufe dagegen wird die natürliche Beschaffenheit, der Charakter eines Dinges deutlich wahrgenommen. Die erste Stufe ist blöde und gleichsam schlaftrunken und kommt auch noch den Pflanzen zu. Die obere Stufe erweist sich als

---

1) Summa term. metaphys. (Gfrörer, pag. 496): *Intelligentia est divina quaedam vis, insita rebus omnibus cum actu cognitionis, qua omnia intelligunt, sentiunt et quomodocunque cognoscunt. Neque enim sine cognitione eaque altissima atque profundissima a subjectis istis non remota, ubique usque adeo mirabili architectura nascuntur animalia, plantae et alia heterogenea corpora, ita ut omnia in suis membris atque adeo mirabili varietate mundi universi multitudinem tum in toto, tum in partibus referant, ac omnia suum esse conservare studeant, contrarium fugiant, utile persequantur. Neque enim sine aliquo sensu vel cognitione (quam rudius philosophantes non percipiunt) vel ipsae aquae guttae in rotundum et in sphaeram, quo pro viribus conserventur, conglobantur, frondes, membranae et festucae ab igne exsiliunt et contrahuntur, quasi contrarium effugientia. Haec est sensus quaedam participatio et universalis intelligentiae per universum propagatae effectus, quem consequitur affectio et inclinatio, defectio et declinatio, amicitia et lis in rebus omnibus, quibus sunt, cognoscunt et amant omnia, ut trina illa praedicatione divinitas quodammodo ad omnia descendat.*

nur den Thieren eigen. Es giebt dann aber noch eine dritte Stufe der Intelligenz, nämlich die Vernunftwahrnehmung [1]."

Dieser Stufenfolge der angeborenen Vernunft entspricht nun in der Welt der Organisation eine Stufenfolge verschiedengestalteter Wesen, welche die Scala der Entwickelungsstandpunkte repräsentiren [2]). Denn „es hindert nichts, anzunehmen, dass nach dem Klange der Leier des universalen Apollo (des Weltgeistes) die untern Organisationen stufenweise zu den höhern berufen werden resp. die untern Stufen durch Mittelglieder hindurch in die höheren übergehen [3]). In der Natur herrscht die Cirkelbewegung, infolge welcher vermöge abwechselnder Vervollkommnung die höheren Dinge sich zu den niedrigeren herabneigen und die niedrigeren sich vermöge ihrer eigenen glücklichen Anlage zu den höheren erheben [4])." Jede höhere Stufe, bevor sie in die Erscheinung tritt, giebt sich vorher in verhüllter Form andeutungsweise zu erkennen. „Die Natur deutet jede Species zuerst an, bevor sie dieselbe ins Leben treten lässt [5]). So bildet immer die Eine Gattung den Ausgangspunkt der andern, wie denn von der Gestalt eines Embryo aus ein ununterbrochener Uebergang sowohl zu der Gattung Mensch als zu der Gattung

1) Sigillus sigillorum (Gfrörer, pag. 563): *At illud hic non est dissimulandum, quod dupliciter dici sensus consuevit: inferior videlicet, hicque est, quo non natura rei vel qualitas ulla decernitur, sed affectio quaedam duntaxat a corporeis qualitatibus illata sentitur; et superior qui naturam qualitatemque persentit. Primus stupidus est et veluti dormiens, plantis quoque conveniens, secundus animalium tantummodo proprius perhibetur. Est porro et tertius quidam modus quo sensus significat. Epicurus enim cognitionem omnem appellat sensum, Democritus et Empedocles intellectum, Pythagorici mentem et spiritum altorem, ipsumque intelligunt esse in omnibus pro sua ratione.*

2) De l'Infinito (Wagner II, 22): *innumerabili gradi di perfezione.*

3) De Umbris Idearum, *Intentio VII*, G (Gfrörer, pag. 303): *nihil impedit quominus ad sonum cytharae universalis Apollinis ad superna gradatim revocentur inferna, et inferiora per media superiorum subeant naturam.*

4) Degli Eroici furori (Wagner II, 338): *Ne la natura è una rivoluzione et un circolo, per cui per l'altrui perfezione e soccorso le cose superiori s'inchinano a l'inferiori e per la propria eccellenza e felicitade le cose inferiori s'inalzano a le superiori.*

5) De Umbris Idearum, *Intentio XVI*, Q. (Gfrörer, pag. 309): *Natura dat involutas species, antequam tradat easdem explicatas.*

Thier gegeben ist [1])." Alles in der Natur ist eben durch Vermittelungsstufen vorgebildet und angekündigt. „In den Gattungen sämmtlicher Bäume magst du schon die Gattungen sämmtlicher Thiere angedeutet finden, in den Gattungen sämmtlicher Steine schon die Gattungen sämmtlicher Pflanzen, in den Individuen Einer Gattung schon die Gattungen und entsprechenden Individuen aller andern [2]). In der Species Mensch aber wiederholen sich, nur klarer und deutlicher, die Gattungen sämmtlicher Lebewesen, was nicht anders in allen andern Species (nur etwas weniger augenfällig) der Fall sein wird [3])."

Es ergiebt sich aus diesen Sätzen Bruno's Entwickelungslehre als durch den Platonismus gemässigter Heraklitismus. Bruno vergisst niemals, der auch von ihm anerkannten Lehre von relativ bleibenden Urtypen gegenüber die ewige und ununterbrochen fortfliessende Veränderung alles Seienden zu betonen

---

1) De Triplice Minimo, pag. 71: *una species alterius est principium, sicut ab embryonis specie sine resolutione ad animalis hominisve speciem datur accessus.*

2) Ars reminiscendi (Gfrörer, pag. 528): *In arborum omnium speciebus omnium animalium species inquiras et invenias, in omnium lapidum speciebus plantarum species, in unius speciei individuis omnium aliorum species individuaque similia.*

3) De triplice Minimo, pag. 72: *Unde et in humana specie omnium animalium species perspicaciores ad oculos referuntur, quod non secus in aliis omnibus (licet latentius) speciebus esse existimandum.* Wie wunderbar stimmt der Ausdruck dieser rein philosophischen Ahnungen zu den auf ein riesiges Beobachtungsmaterial gegründeten Sätzen Häckel's, des kühnsten Vertreters der darwinistischen Entwickelungslehre, in seinem Vortrage: „Ueber den Stammbaum des Menschengeschlechts": „Die Reihenfolge von verschiedenartigen Formen, welches jedes Individuum irgend einer Thierart von Beginn seiner Existenz an, vom Eie bis zum Grabe durchläuft, ist eine kurze und gedrängte Wiederholung derjenigen Reihe von verschiedenen Arten-Formen, durch welche die Voreltern und Ur-Ahnen dieser Thier-Art während der ungeheuer langen geologischen Geschichtsperioden hindurchgegangen sind." Ferner: „Die Entwickelungsgeschichte des menschlichen Individuums ist ihrem eigentlichen Wesen nach eine kurze, gedrungene Wiederholung, eine Recapitulation gewissermassen, von der Entwickelungsgeschichte des zugehörigen, blutsverwandten Thier-Stammes, also des Wirbelthier-Stammes." Häckel, Ges. Populäre Vorträge aus dem Gebiete der Entwickelungslehre, Heft 1 (Bonn, Strauss, 1878), pag. 56 und 54. Vgl. dazu die Anm. 10, pag. 97.

und sich zur Transmutationstheorie zu bekennen. „Alle Gestirne, sagt er, wie die Erde und der Mond, welche für uns die hauptsächlichsten Weltkörper sind, bewegen sich nicht einen Augenblick, in welchem sie sich nicht zugleich veränderten. Aehnlich verhält es sich mit den auf diesen Weltkörpern vorkommenden Gegenständen. An diesen ist es unmöglich, auch nur eine einzige Gattung von Bewegung wahrzunehmen, welche nicht zugleich auch eine Veränderung darstellte. Die Bewegung ist immer zugleich auch eine Veränderung und Umwandlung [1])."

„Diese Veränderungen gehen nun aber sehr allmälig vor sich. Die Oberfläche der Erde verändert sich zwar ununterbrochen, sodass bald ein Meer ist, wo vorher ein Fluss war, bald sich Berge erheben, wo vorher Thäler sich vertieft hatten (was häufiger zu geschehen pflegt), bald Dämpfe aufsteigen, bald Regengüsse niedergehen, bald Dickflüssiges sich zu Stein verhärtet, bald harte Steine sich in Pulver auflösen. Aber in dem Allem möchte ich nichts Gewaltsames zugeben, sondern ganz und gar nur einen natürlichen Verlauf erkennen. Denn ich nenne nur dasjenige gewaltsam, was ausserhalb der Schranken der Natur oder gar gegen dieselben geschieht [2])."

Unendlich kleine Veränderungen in unendlich langen Zeiträumen, das ist für die Entwickelungslehre der Zauberschlüssel, welcher den Uebergang einer Gattung in die andere erklärt. Unendlich lange Zeiträume widersprechen jedoch dem die Entwickelung der Welt auf die kurze Spanne von sechs Jahrtausenden einschränkenden Kirchenglauben so stark, dass Bruno dem-

---

1) Acrotismus (Gfrörer, pag. 88): *Astra enim omnia, ut tellus et luna, quae praecipua mundana sunt corpora, ne instans quidem praetereunt, in quo non etiam alterentur; similiter et particularia, quae in ipsis reperiuntur subjecta, in quibus non est quod unam certamque motionis, alterationisve speciem spectes, sed communiter alterationem et mutationem.*

2) Ebendas. (Gfrörer, pag. 108): *Hinc continue facies telluris variatur, ut modo mare sit, ubi undae fuerant, modo montes appareant, ubi valles subsederant (quodque frequentius apparet), modo vaporum exaltatio, modo pluviarum casus eveniat, modo lutosum aliquid in lapides inspissetur, modo spissi lapides in pulverem resolvantur; in quibus omnibus nullum violentum concesserim, sed naturalem prorsus omnem motum: illud enim violentum tantummodo appello, quod extra vel contra naturae opus atque finem contigerint.*

selben nicht unmittelbar mit seiner persönlichen Ansicht entgegenzutreten wagt. Er verschanzt sich desshalb, um seine Ueberzeugung dennoch zum Ausdruck zu bringen, hinter die Missionsberichte der Jesuiten aus China. Bruno führt aus denselben an: die Religion der Chinesen kenne drei verschiedennamige Weltschöpfer und versetze dieselben in eine Vergangenheit von zwanzigtausend Jahren [1]).

Zwanzigtausend Jahre sind nun zwar ein gewaltiger Fortschritt über den Kirchenglauben hinaus, aber immerhin noch ein unendlich kleiner Zeitraum gegenüber den relativ unendlichen Zeiträumen, mit welchen die moderne Entwickelungslehre rechnet. Doch Bruno steht, wenn er auch nicht, um mit Albrecht von Haller zu sprechen, Gebirge von Millionen Jahren aufeinander häuft, um die für die allmälige Entwickelung erforderlichen Zeiträume zu erhalten, gleichwohl schon auf dem Boden des fortgeschrittensten Darwinismus, indem er für seine Urtypen selbst den Begriff der unendlichen Entwickelungsfähigkeit postulirt. „Es liegt in der Macht der Natur, den Menschen unendlich zu machen, ja sie **hat** den Menschen unendlich gemacht, ja der Mensch **ist** unendlich und unendlich jede beliebige Gattung. Aber wo ist sie denn, wirst du fragen, jemals erschienen? Ich antworte darauf: Es ist gar nicht nothwendig, dass sie erscheine, weil das Unendliche weder ein Begrenztes, noch ein Gestaltetes ist. Nun wirst du fragen, ist also der Mensch unendlich, der Esel unendlich, der Feigenbaum unendlich? Ja wohl, sage ich, weil unendlich sein heisst: das Eine und nur Dieses sein, ein sich in seiner Einen Substanz gleichbleibendes Ganzes, ein einziges Sein, in welchem der Mensch wahrhaft Mensch, der Esel wahrhaft Esel, das Gold wahrhaft Gold und Jegliches wahrhaft das **ist**, **was** es ist. Was aber nicht eins und unendlich, unveränderlich, sondern gestaltet, endlich, veränderlich ist, das ist nicht wahrhaftig, sondern ein nicht Seiendes, auf Einbildung Beruhendes. Wenn daher die Einbildungskraft etwas bis ins Unendliche verfolgt, so geht sie nicht irre, sondern ahmt die Natur in einem höhern Sinne nach und drängt in höherm Sinne zur

---

1) De Immenso, Lib. VII, cap. 18, pag. 622: *Echinensium religio* [illegible] *compertorum tres alius nominis protoplastes numerat ab annis viginti milli;* 97. [illegible]

Wahrheit, als die Sinnesempfindung, ich sage: zur Wahrheit der Urvernunft, welche nichts zu begreifen vermag, als das Eine und nur das Unendliche zu begreifen vermag [1])."

Also nicht das Individuum, sondern nur die Gattung, nicht das Einzelne, sondern nur das Ganze trägt den Keim der unendlichen Vervollkommnungsfähigkeit in sich. „Wir können nicht Alle Alles als Einzelne, wohl aber können wir Alle Alles als Gesammtheit. Die Vervollkommnung der Intelligenz beruht nicht auf Einem, auf dem Andern oder auf Mehreren, sondern auf der Gesammtheit [2])."

III.
Bruno's Psychologie.

Da eine umfassende Darstellung von Bruno's Seelenlehre sich kaum der Gefahr entziehen könnte, neben Wichtigem, Neuem, auch sehr viel Belangloses, Traditionelles zu bringen, so erscheint es zweckmässiger, nur an diejenigen Leistungen Bruno's auf dem Felde der Psychologie zu erinnern, welche auch heute noch werthvoll und fruchtbar genannt werden müssen. Es sind dies: die Einsicht in den rein phänomenalen Werth unserer Sinneseindrücke, und dann die Erhebung des Instincts in die Sphäre der Vernunft.

---

1) Acrotismus (Gfrörer, pag. 57): *Quia igitur non est pars materiae, ex qua non possit esse homo, est sane in potentia naturae, ut infinitum hominem faciat, impo ut fecerit infinitum hominem, imo ut sit infinitus homo, et infinita quaelibet species. Sed ubi (inquies) unquam apparuit? Non est opus (inquam) ut appareat, quia infinitum neque terminatum est, neque figuratum. Ergo (inquies) infinitus homo, infinitus asinus, infinita ficus? Ita, inquam, quia infinitum est unum idemque esse, totum indifferens in una substantia, unum ens, in quo homo est vere, asinus est vere, aurum vere, et vere est quidquid est: quod vero non est infinitum unum; immobile, sed figuratum, finitum, mutabile, non est verum, sed non ens, sensibile, opinabile. Quod igitur imaginatio quidlibet infinitam ad molem persequitur, non fallitur, sed altius naturam imitatur, et ad veritatem adpellit, quam sensus, ad veritatem inquam primi intellectus, qui non potest intelligere, nisi unum, neque potest intelligere nisi infinitum.*

2) Summa terminor. metaph. (Gfrörer, pag. 500): *Perfectio: non omnia possumus omnes sigillatim, sed bene omnia possumus omnes summatim. Intelligentiae ergo perfectio non est in uno, in altero, vel in pluribus, sed in omnibus, non etiam in omnibus suppositaliter, sed sub formali conditione quae perficit omnia.*

1.

Bruno's Lehre von Raum und Zeit.

A.

Bruno's Lehre vom Raume.

Bruno's bedeutendes Verdienst um die Begründung der modernen Lehre vom Raume beruht auf der Energie, mit welcher er die metaphysischen Consequenzen aus Copernicus' Entdeckung des Kreislaufs der Planeten um die Sonne zog. Die Weltansicht des Aristoteles und der auf ihn schwörenden Kirche hatte zwei Jahrtausende lang die Endlichkeit des Raumes verfochten. Die achte Sphäre, die Fixsternsphäre des Aristoteles und der Scholastik, galt als die letzte jener Hülsen, aus welchen sich das zwiebelförmig ineinandergeschachtelte Weltgebäude zusammensetzte. Die krystallene Fixsternsphäre schloss den gesammten Kosmos hermetisch ab und bildete das Siegel seiner Endlichkeit.

Gegen diese Schrankenhaftigkeit des Raumes erhob sich nun Bruno und lehrte zum Entsetzen der Kirche, deren Heilslehre an die Endlichkeit gebunden ist: „Nicht der Raum ist im Himmel, sondern vielmehr ist der Himmel im Raume [1]). Der Raum ist ein einziges unendliches Continuum [2]).“ All die künstlichen Unterschiede, welche Aristoteles und die Scholastik gemacht hatten zwischen Ort, Raum, erfülltem Raum und der Leere sind nichts als verschiedene Bezeichnungen der Einen räumlichen Unendlichkeit [3]), innerhalb welcher zwischen Raum und Ort nur etwa in dem Sinne unterschieden werden mag, dass der Raum die absolute, der Ort aber die relative Ausdehnung des Unendlichen bezeichnet [4]). War der Raum bei Aristoteles

1) Acrotismus, Art. XXXI (Gfrörer, pag. 65): *Non coelum est locus, nec coeli quiddam, sed spatium, in quo coelum est.*

2) Ebendas., Art. XXXIV (Gfrörer, pag. 74): *Vacuum vero spatium, in quo corpora continentur, est unum infinitum. ...... Vacuum in universo unum continuum.*

3) Ebendas., Art. XXXIII (Gfrörer, pag. 68): *Ex iis omnibus manifestum est tandem: idem esse locum, spatium, plenum, vacuum.*

4) Acrotismus, Art. XXIX (Gfrörer, pag. 62): *Differentia quidem inter locum et spatium haec est, quod spatium est nomen absoluti, locus nomen respectivi.* Vgl. pag. 64: *pars spatii universi dicitur locus.*

und der Scholastik als die Grenze des umschliessenden Körpers gegen den umschlossenen bezeichnet worden [1]), so erklärte nun Bruno: „Wir fürchten uns nicht zu behaupten, der Raum sei sowohl etwas von den Körpern Getrenntes, als das dieselben durch und durch Erfüllende, ein einziges Continuum. Das ist einfache Nothwendigkeit [2]). Der Raum ist weder Substanz, noch Accidens [3]). Er ist nur das Correlativ der Dinge. Der Raum ist keine Eigenschaft der Körper, sondern eine Denknothwendigkeit des Verstandes [4]).

B.

Bruno's Lehre von der Zeit.

Im schroffsten Gegensatz gegen die Aristotelische Physik, welche die Zeit als das Mass der Bewegung genommen hatte [5]), lehrte Bruno in jener, speciell der Bekämpfung des Aristoteles gewidmeten Lateinschrift: Acrotismus, Articulus XXXVIII. Ubi de Tempore: „Die Zeit, welche nach Aristoteles das Mass der Bewegung ist, ist nicht im sich drehenden Himmelsgewölbe, sondern in den Gestirnen, und jene erste Bewegung, welche wir uns vorstellen, ist nirgends anders als subjectiv auf der Erde [6]). Wenn nun aber die Bewegung, in Folge welcher Alles sich in

---

1) Aristoteles, Physik, Lib. IV, cap. 3 (Bekker, Bd. I., pag. 212a): *Τὸ πέρας τὸν περιέχοντο; σώματος.*

2) Acrotismus, Art. XXXVII (Gfrörer, pag. 74): *Vacuum cum separatum quid a corporibus, tum ipsis imbibitum, tum unum continuum dicere non formidamus: id enim necesse est.*

3) Ebendas., Art. XXXVI (Gfrörer, pag. 74): *Vacui (quod neque substantia est, neque accidens, si peripatetici significent haec nomina).*

4) Ebendas., Art. XXXVII (Gfrörer, pag. 75): *oportet ut spatii dimensiones cum corporis dimensionibus sibi ita respondeant, et se invicem adaequent, ut harum continuitas cum illarum continuitate quasi correlative mutuo se ponant. Vacuum igitur licet physice vere realiterque sit separatum, tamen a corporibus non est, sed ratione dictitante concipitur.*

5) Aristoteles, Physik IV, 11 (ed. Bekker T. I, pag. 219): *Τοῦτο γάρ ἐστιν ὁ χρόνος, ἀριθμὸς κινήσεως κατὰ τὸ πρότερον καὶ ὕστερον οὐκ ἄρα κίνησις ὁ χρόνος ἀλλ' ᾗ ἀριθμὸν ἔχει ἡ κίνησις.*

6) Ebendas. (Gfrörer, pag. 76): *Tempus quod est mensura motus, non est in coelo, sed in astris, et primus ille motus, quem concipimus, non est alibi, quam in terra subjective.*

schnellstem Laufe um die Erde zu drehen scheint, thatsächlich nur subjectiv auf der Erde erfahren wird, so wird es im All eben soviele Zeiten geben, als es Gestirne giebt [1]). Auch kann es etwas so Einheitliches, wie das Mass aller Bewegungen, im Universum nicht geben, da, wenn wir auf einem andern Gestirn wären, es sich klar herausstellen würde, dass selbst dessen allerkürzeste Bewegung eine von derjenigen auf diesem unserm Gestirn Erde verschiedene sei. So ist z. B. schon die Mondzeit und die Erdenzeit erheblich verschieden, denn während der Mond zu seinem Umlauf um die Erde 28 Tage braucht, dreht sich die Erde schon in 24 Stunden um sich selbst [2]). Wenn nun zudem die Umläufe der Gestirne keine geometrisch regelmässigen Kreisfiguren beschreiben, sondern nur in annähernd kreisrunden Umläufen, die aber fortwährend durch andere Umläufe beeinträchtigt werden, sich bewegen [3]), so ergiebt sich daraus der Schluss, dass nicht die Zeit das Mass der Bewegung, sondern umgekehrt die Bewegung das Mass der Zeit ist [4]). Aristoteles war auf die Ansicht, die Zeit sei das Mass der Bewegung, dadurch gekommen, dass er in der Umdrehung der achten Sphäre die regelmässigste aller Bewegungen erblickte und daraus den Massstab der Zeitdauer entnahm.

---

1) Acrotismus (Gfrörer, pag. 76): *si quippe motus ille, quo omnia velocissimo raptu circa terram exagitari videntur, in terra subjective re vera comperiatur, tot sane erunt in universo tempora, quod sunt et astra.*

2) Ebendas. (Gfrörer, pag. 76): *Neque enim potest esse tale unum in universo, ut omnium motuum mensura existato: quandoquidem si nos essemus in alio astro, apertissime constaret brevissimum motum omnium esse alium ab isto, sicut in luna constat alium esse motum diurnum, ubi octo et viginti dierum spatio in sua superficie recipit, quod hoc astrum, tellus, spatio viginti quatuor horarum.*

3) Ebendas. (Gfrörer, pag. 77): *Porro revera omnes circuli, qui videntur et verificantur in coelo per nostros astronomos, non sunt nisi usurpato nomine circuli, neque fideliter per circuli canones judicari possunt. Regula igitur motus diurni, sive a sole capitur solo, sive a terrae tantum motu, sive ab utroque, sive ab his sive ab aliis circuitibus, nulla est prorsus, neque esse potest geometrica: si quippe regulariter dividere lineam helicam non est possibile, et motus supra ea aequalis omnino et exacte ad rationem non est naturalis; quonam igitur pacto se commetiri poterunt motus atque tempus? ubi enim est ista temporalis mensura? ubi est illud sibi aequum, quod aliorum aequalitatem et inaequalitatem judicet?*

4) Ebendas., Art. XXXIX (Gfrörer, pag. 78): *Potius motus est mensura temporis, quam tempus mensura motus.* So schon Plotin, Enneade III, 7, 10.

Aber was würde er gegenwärtig sagen, wenn er die Erfahrung anderer Bewegungen machte, wenn er sähe, wie das Mass der täglichen Bewegung der Erde um die Sonne durch tausendfältige und unregelmässige Ablenkungen gestört wird? Wo ist denn da jenes Zeitmass? Wo bleibt da jenes sich selbst Gleiche, das sich dazu eignete, über Anderer Gleichheit oder Ungleichheit zu Gericht zu sitzen [1])? Es ist demnach vielmehr die Bewegung das Mass der Zeit, als die Zeit das Mass der Bewegung. Ist doch die Zeit immer die Quantität einer Umwälzung [2]). Das hätte auch Aristoteles aus jener von ihm erzählten Sage von den Sieben, die zu Sardes bei den Heroen schliefen, ableiten können. Denn daraus, dass, wie bei Jenen, keine Wahrnehmung der Zeit stattfindet, wo keine Bewegung wahrgenommen wird, hätte er schliessen müssen und können, die Bewegung sei eher das Mass der Zeit, als die Zeit das Mass der Bewegung [3])."

„Nichtsdestoweniger (behauptet nun Bruno) sagen wir, es gebe eine Zeit, selbst wenn auch Alles ruhete. Desshalb hätte Aristoteles nicht die Zeit, sondern die Wahrnehmung der Zeit an die Bewegung knüpfen müssen. Denn das ist sicher, dass, wenn keine Bewegung und Veränderung wäre, nichts zeitlich genannt würde, Dasselbe und Eine wäre die Zeit Aller, die Eine und Dieselbe Dauer, welche Ewigkeit genannt wird: ja die Zeit, die jedes Dinges Lebensmass ist, wäre gar nicht. Daher hängt

1) Acrotismus (Gfrörer, pag. 77): *Quia primus motus Aristoteli habebatur omnium regulatissimus, ut pote cui motus octavae sphaerae hic regularis esset primus, ideo ex ipso capta est ratio temporis et mensurae durationis omnium: at quid nunc diceret, si alios motus comperiret, diurnique motus mensuram millegeminis irregulatisque commotionibus turbari videret?* S. ferner oben pag. 184, Anm. 4.

2) Acrotismus (Gfrörer, pag. 79): *Immo semper tempus alicujus revolutionis quantitas est, et propterea magis, atque per se, motus est temporis mensura.*

3) Ebendas. (Gfrörer, pag. 79): *Ex quo constat, nos certe cognoscere de tempore per motum potius, quam de motu per tempus. Et certe, ubi videt Aristoteles eorum septem, qui Sardibus apud heroas dormierunt, quod nulla est perceptio temporis, ob id quia nulla est perceptio motus, debebat poteratve concludere, motum esse temporis mensuram potius, quam tempus motus.* Vgl. Aristoteles, Physik IV, 11 (Bekker Bd. I. pag. 218 b).

das Sein der Zeit nach ihren Vorstellungsarten von der Bewegung ab [1]). Wenn es nun aber zufällig geschähe, dass Alles ruhete, würde es desswegen nicht etwa auch geschehen, dass Alles dauerte? Ja wohl dauert es, das Eine und Dasselbe dauert Alles dauerhaft. Wenn aber keine Bewegung ist, so wird auch kein Mass der Dauer sein. Demnach wird die Bewegung das Mass der Zeit, resp. überhaupt der Dauer alles Desjenigen sein, was eine gewisse und bestimmte Dauer zulässt [2]). Wir behaupten, dass auch die Ruhe, die Dauer, durch die Bewegung gemessen wird, gerade wie die Zeit, dass, wenn Alles ruhete, desswegen die Zeit nicht aufhören würde, Mass der Dauer zu sein, weil es für alle nur Eine Dauer, Eine Ruhe geben würde. Wie wir nämlich bei den bewegten Dingen über die Bewegung Eines Dinges nach der Bewegung eines andern urtheilen, so würde alsdann die Zeit die Ruhedauer Eines Dinges durch die Ruhedauer Aller und die Ruhedauer Aller durch die Ruhedauer Eines Dinges messen, vorausgesetzt, man halte die Zeit für ein sich gleichbleibendes Mass [3]). Wir nämlich halten die Zeit nicht für eine Gattung der Dauer, sondern für die Dauer selbst. Desshalb ist die fortdauernde Zeit die Ewigkeit, die endliche ist die Lebensdauer, je nach den unzähligen Gattungen (der Lebewesen). Wenn es nun aber einem belieben wollte, die Zeit für die Dauer des Beweglichen zu usur-

1) Acrotismus (Gfrörer, pag. 79): *Articulus XL: Nihilominus tempus esse dicimus, si omnia quieverint. Propterea non tempus, sed temporis cognitionem motui alligare debuit Aristoteles. Ratio: Certe si motus non esset et mutatio, nihil temporale diceretur, idem unumque esset omnium tempus, una eademque duratio, quae aeternitas dicitur: immo tempus quod est cujusque rei aetas, nullum esset. Esse igitur temporis juxta suas species pendet a motu.*

2) Ebendas. (Gfrörer, pag. 79): *Jam si accidat omnia quiescere, accidetne propterea haec non durare? immo durant, una eademque omnia duratione durant! Sed nullo existente motu, nulla durationis ejus erit mensura. Erit igitur motus mensura temporis, seu durationis omnino in iis, quae certam definitamque durationem admittunt.*

3) Ebendas. (Gfrörer, pag. 80): *Quod autem ad quietem attinet, et hanc per motum mensurari dicimus; atque quod si omnia quieverint, non propterea desinet tempus esse durationis mensura, quia una erit omnium duratio, una quies. Unde sicut rebus motis, unius motum per alterius motum judicamus, ita tunc unius quietem per omnium quietem (nisi inaequalitatem de ratione temporis esse velis atque mensurae) tempus judicabit.*

piren, wohl, so haben dagegen wir nichts einzuwenden[1]). Wie sehr aber die Wahrnehmung der Zeit an die Bewegung geknüpft ist und wie glücklich, das ergiebt sich daraus, dass die Zeit, die das gleichmässige und allgemeine Mass der Bewegung ist, nicht anders wahrgenommen und vorgestellt werden kann, als durch die Bewegung, sei es nun in der natürlichen Weise am Umlaufe der Sonne oder des Mondes oder eines andern Gestirns, sei es auf künstliche Weise am Abflusse von Wasser oder von Sand oder am Umlauf von Punkten, deren keiner für unsere Wahrnehmung je vom andern oder sich selbst verschieden ist. Da halten wir es denn für erfahrungsmässig ausgemacht, dass niemals einer bestimmten Quantität und geometrisch ebenmässigen Figur einer Bewegung nun auch in der Natur eine ebenso gleichmässige Bewegung, Masse und Figur entspreche[2]).

Aus der Succession dieser Sätze, die wir Bruno's lebhafter Polemik gegen Aristoteles enthoben haben, ergiebt sich das für die Geschichte der Auffassung von Raum und Zeit höchst bedeutsame Resultat:

Wie Aristoteles durch die Aufstellung eines sich ewig gleichmässig drehenden Himmelsgewölbes zu dem Schlusse gelangt war, es gebe ein ewig unveränderliches Zeitmass, nach welchem alle Bewegung gemessen werden müsse, so kam umgekehrt Bruno durch seine Setzung des unendlichen Raumes mit unendlich vielen Weltkörpern von allerverschiedensten Bewegungsbedingungen zu dem Ergebniss:

1) Alle Wahrnehmung der Zeit ist an die Wahrnehmung von Bewegung gebunden. Ob wir nun die Bewegung der

---

1) Acrotismus (Gfrörer, pag. 81): *Haec omnia ita definita de tempore, ubi ipsum non durationis speciem, sed ipsum durationem credimus; unde tempus perpetuum aeternitas est, finitum aetas est, secundum species innumerabiles. Si cui vero libeat, tempus pro mobilium duratione usurpare, non infitiabimur.*

2) Ebendas. (Gfrörer, pag. 81): *Quam bene etiam temporis cognito motui alligata sit, et quam feliciter, inde constare potest — hic enim sufficit nobis, monstrasse locum — quia tempus quod aequalis et catholica mensura motus est; non potest aliter percipi, fingive, quam per motum, sive naturaliter a circuitione solis, vel lunae, vel alterius astri, sive artificialiter a fluxu aquae, vel pulveris, vel conversione punctorum, de quibus nullum non sensibiliter ab alio et a se ipso varium non concipimus. Et pro satis comperto habemus, nusquam motus quantitati et figurae geometrice aequali, physice aequalem motum, molem atque figuram respondere.*

Erde um sich selbst oder die Bewegung des Mondes um die Erde zum Grundmaasse der Zeit nehmen, so ist diese Zeit, als etwas rein Irdisches, Terrestrisches, nur für den Planeten Erde Gültiges, d. h. nur vom Lebewesen Mensch Aufgestelltes, im Hinblick auf die zahllosen andern Maasstäbe, welche andere Lebewesen auf andern Gestirnen mit andern Umlaufszeiten haben werden, etwas ganz Relatives, ja rein Subjectives.

2) Vergleicht man nun diese zahllose Menge der auf zahllosen Gestirnen von zahllosen Arten von Lebewesen producirten Gattungen von Zeit wechselweise unter sich und mit dem in ewigem Entwickelungsflusse begriffenen Weltganzen, so resultirt daraus ein von aller Bewegung der Gestirne und der Lebewesen losgelöstes Substrat der subjectiven Zeitvorstellungen, es ist dieses die absolute Zeit.

3) „Da in Wahrheit alle Kreisläufe, die von uns gesehen und durch unsere Astronomen am Himmel verificirt werden, nur mit Usurpirung dieses Namens Kreisläufe genannt und nach den mathematischen Grundgesetzen in Treuen nicht für Kreise gehalten werden können, so giebt es für die tägliche Bewegung, werde dieselbe nun allein nach der Sonne, oder auch nur nach der Bewegung der Erde, oder nach beiden zugleich, oder nach diesen oder jenen Umläufen bemessen, schlechterdings keine feste Regel, noch kann eine solche gar geometrisch sein [1]." So etwas wie objective Zeit kommt demnach in der Natur gar nicht vor.

2.
Bruno's Kritik der Sinnesthätigkeit.

Kein Philosoph vor Berkeley oder Kant hat die Unzulänglichkeit der menschlichen Sinne, uns ein volles Abbild der Welt zu vermitteln, schärfer erkannt und öfter betont, als Bruno.

„Als ich noch ein Knabe war," erzählt Bruno im Jahre 1591, „da glaubte auch ich, es gebe jenseits des Vesuvs nichts mehr, wie mir denn eben Alles, was sich unsern Sinnen ent-

1) S. die Stelle oben pag. 184, Anm. 4.

zieht, für ein Nichts galt [1])." Noch deutlicher spricht sich Bruno über die Phänomenalität der Gesichtsempfindung aus, wenn er, ganz kantisch, erklärt: „Wir sehen mit dem Auge das Licht, die Farbe und die Bewegung, das Wahre hingegen vermögen wir mit dem Auge nicht zu sehen; es wohnt auch dem Auge überhaupt nicht die Kraft inne, vermöge welcher wir urtheilen könnten: dieses sei die wahre Farbe und das wahre Licht, und im Stande wären, dieselben von Erscheinungen derselben Art zu unterscheiden [2])."

Diese Einsicht hat nun aber Bruno nicht verführt, die ganze Fülle der Erscheinungswelt in wesenlose Phantome des weltdichtenden Geistes aufzulösen oder zu unzuverlässigen Schattenbildern eines über alle Sinneswahrnehmung erhabenen „Dinges an sich" zu entwerthen. Bruno erklärt: „Die Sinne belügen uns nicht, sie sagen uns nicht das Gegentheil der Wahrheit, sie sagen uns nur nicht die volle Wahrheit. Wir sehen in Wahrheit nicht die Wirkungen und die wahren Gattungen der Dinge oder die Substanz der Ideen, sondern die Schattenbilder, die Spuren und die Gleichnisse jener [3]). Nun wäre es aber eine Thorheit und desshalb gemein, zu glauben, es gebe keine andern Lebewesen, keine andern Vernunftarten, als diejenigen, welche sich unsern Sinnen darbieten [4]). Wir müssen uns stets erinnern, dass das Princip der Bewegung in Allem die Seele ist und dass es bei weitem mehr Gattungen der Sinnesthätigkeit, der Bewegung und der Apperception giebt, als der Mensch in sich selber erfährt [5])."

---

1) De Immenso, Lib. II, cap. 8, pag. 232: *ita et ego puer sic nihil ultra Vesuvium montem esse credidi, ut nihil quod sub sensum caderet, habebatur.*

2) De Tripl. Minimo, pag. 60: *Oculo lucem, colorem atque motum videmus, verum autem oculo videre non possumus; neque et enim in oculo vis ea sita est, qua hunc esse verum colorem lucemque veram dijudicemus et ab apparentibus ejusmodi distinguamus.*

3) Degli Eroici Furori (Wagner II, 426): . . . *veggiamo non gli effetti veramente, e le vere specie de le cose, o la sustanza de le idee, ma le ombre, vestigi e simulacri di quelle.*

4) De Immenso, Lib. IV, cap. 7, pag. 384: *stultum quippe et hoc vulgare est quod non alia credantur animalia, non alii sensus, non aliae intelligentiae quam quae nostris objiciantur sensibus.*

5) Ebendas., Lib. V, cap. 1, pag. 462: *Hic etiam meminisse debemus*

Am ausführlichsten legt Bruno seinen transcendental-realistischen Standpunkt dar in seinem Lexicon metaphysischer Begriffe. Der ganze Artikel „Unterschied" handelt nur von der unendlichen Verschiedenheit der Sinnesorganisation. „Wie es unter den einzelnen Arten der Lebewesen eigenthümliche Verschiedenheiten giebt, so sind auch die Arten der Sinnesthätigkeit und des Denkens verschieden. So empfinden und denken im Reiche der vernunftbegabten Lebewesen die verschiedenen Gattungen der Geister auf eine je nach der Verschiedenheit ihrer Organisation verschiedene Weise; so sind auch die Formen der Sinnesempfindung und der Erkenntniss je nach der Verschiedenheit der Sinne verschieden; so freilich vermögen wir auch andere Gattungen der Sinne, als diejenigen sind, mit welchen wir uns begabt wissen, begrifflich nicht zu bestimmen. Denn es ist eine Thorheit, wenn Manche den Menschen als mit sämmtlichen Sinnen begabt darstellen. Denn wenn der Maulwurf [1]) über die Anzahl der Sinne urtheilen wollte, wie könnte er sich irgendwelchen Begriff vom Gesichtssinne verschaffen, wie vermöchte er denselben als einen von den übrigen Sinnen verschiedenen Sinn zu bestimmen? Wie durch Leibesgrösse und Körpergewicht, so kann der Mensch auch durch Reichthum an Sinnen von der Mehrzahl der andern Lebewesen übertroffen werden. Denn vermöge welches Sinnes lagert die Ameise Waizen ab, ohne dass derselbe in der unterirdischen Höhle Keime treibt? Man antwortet thörichterweise: aus dem natürlichen Instinct! Wir halten jenen Instinct für eine Sinnesgattung, oder, was dasselbe ist, für einen bestimmten Grad oder Zweig der Intelligenz, dessen wir verlustig gehen und welchen die Ameisen in der Verwaltung ihres Staates und in der Beschaffung des zu ihrem Leben Nothwendigen klüger und nach bestimmten, in ihrer Art vorzüglichsten Einrichtungen weit besser handhaben, als es der Gattung Mensch in ihrer Art jemals gelingt [2])."

---

animam esse in omnibus motus principium, et plures omnino esse sensus atque motionis et adtactus species quam homo experiatur in se ipso.

1) In seiner nach alter Vorstellung vermeintlichen Blindheit.

2) SUMMA TERMINOR. METAPHYS. in der 2. Ausgabe von Marburg, 1609 (GFRÖRER, pag. 508—509). Differentia:

Bruno erklärt: jedes Weltbild ist nur das bestimmte Produkt einer bestimmten Sinnesorganisation und hat desshalb nur relativen Anspruch auf absolute Wahrheit. „Desshalb werden denn auch Menschen von weiterem Horizonte im Gespräch nie sagen: dieses riecht gut, dieses schmeckt gut, tönt gut, hat ein schönes Aussehen, sondern werden hinzufügen: mir, jetzt, zuweilen [1]).“ Aus der reinen Phänomenalität unserer Vorstellungsbilder folgert dann Bruno die Unanwendbarkeit der Zahlen- und Massverhältnisse unserer irdischen Natur auf diejenigen Kreise der kosmischen Natur, die über den Horizont unserer Sinne hinausragen. „Denn nichts kann für den Weisen sicherer sein, als dass die Zahlenverhältnisse, sowie die Zählmethoden ebenso verschieden sind, als der Zählenden Finger, Köpfe und Ziele nicht dieselben sind. Desshalb wird dasjenige, was auf die Zahlenverhältnisse der allgebärenden (kosmischen) Natur passt, nie und nimmer auf unsere Zahlen- und Massverhältnisse Anwendung finden können. Desshalb werden denn auch die Unterschiede der Gleichheit und Ungleichheit, welche uns spärlich, geringfügig, äusserlich und verschwindend vorkommen, kaum und in irgend einer Beziehung etwas mit jenen Un-

In singulis vero generibus sicut propriae sunt differentiae, ita et differentes sunt percipiendi seu intelligendi modi, sicut in genere animalium rationalium diversae daemonum species differenter pro complexionum differentia cognoscunt, sicut et pro sensuum diversitate differentes sunt sensibiles cognitiones, sicut alias sensuum species ab his, quibus nos praeditos esse cognoscimus, definire non possumus. Stulte enim hominem sensibus omnibus praeditum definiunt nonnulli. Talpa enim si de sensuum numero judicet, qui fieri potest, ut de sensu visus aliquid apprehendat, ut alium a reliquis sensum esse possit definire. Homo ergo sicut magnitudine et momento, ita et multitudine sensuum ab aliorum animantium plurimis potest superari. Quo enim sensu castrat formica triticum, ne in cavea subterrestri germina emittat? Respondent stupide: instinctu naturae! Nos illum instinctum esse sensus speciem, vel (quod idem est) intelligentiae quendam (quo nos orbati sumus) gradum seu ramum colligimus, quo in suae reipublicae administratione inque comparandis vitae necessariis prudentius et definitis quibusdam iisque optimis in suo genere ordinibus aguntur quales humana species in suo genere nunquam adsequitur, dum individuorum singula palantia optimum illud perquirendo nunquam vel raro pro suo genere contigerunt.

1) De tripl. min., Lib. II, cap. 3, pag. 58: *circumspectius enim loquentes non dicent: hoc bene olet, hoc bene sapit, bene sonat, pulchrum habet specimen, sed addet: mihi, nunc, aliquando.*

begreiflichkeiten gemeinschaftlich haben können [1]). Denn zwischen dem Endlichen und dem Unendlichen giebt es kein Verhältniss [2]).“

Wo bleibt nun aber nach alledem die Wahrheit? „Die Wahrheit, antwortet zum Schlusse Bruno, ist allerdings, wenn auch nur zu einem geringen Theile, auf Seite der Sinne, aber nicht in den Sinnen. Aber, frägt dieser Versicherung des Philotheus gegenüber Elpenor: Wo ist denn schliesslich die Wahrheit? Und Philotheus (Bruno) antwortet darauf: Im Sinnesobject als in einem Spiegel, im Verstand in der Form der Argumentation und der Dialektik, im Intellect in Form des Princips und der Schlussfolgerung, im Geiste als in der ihr eigenen und lebendigen Form [3]).“

Mit solchen Aussprüchen von weitreichender Tragweite eröffnet Bruno die Weltanschauung des transcendentalen Realismus. Wie mächtig der Nolaner der modernen Sinneskritik vorgegriffen hat, ergiebt sich aus folgender Stelle aus Du Prel's neuester Schrift: Die Planetenbewohner (Leipzig, Günther, 1880), pag. 113:

„Da uns unsere Sinne nachweisbar nur über einen vielleicht sehr geringen Theil der Aussenwelt orientiren, und durchaus

---

1) De tripl. Min., pag. 72: *Et plane insensatissimi capitis est putare ita naturam numerorum habere differentias sicut et nos ..... Sapientibus enim illud certissimum esse debet, quod tum numeri tum numerandi rationes ita sunt diversi, sicut et numerantium digiti, capita et intentionum conditio non est eadem. Ex igitur quae ad naturae omniparentis numeros conveniunt, ad nostros non unquam poterunt numeros convenire. Aequalitatis porro inaequalitatisque differentiae quae nobis paucae, tenues, extraneae atque nullae sunt conspicuae, vix quippiam cum incomprehensibilibus illis poterunt habere commune.*

2) Summa terminor. metaphysicor. im Anhang: De Deo seu Mente (Gfrörer, pag. 492): *Comparatio: Mitto quod inter finitum et infinitum nulla est proportio.*

3) De l'Infinito (Wagner II, 18):

Filoteo. Onde la verità, come da un debile principio, è da li sensi in picciola parte, ma non è ne li sensi.

Elpenor. Dove dunque.

Filoteo. Ne l'oggetto sensibile, come in un specchio; ne la ragione per modo di argumentazione e discorso; ne l'intelletto per modo di principio o di conclusione; ne la mente in propria o viva forma.

nicht für alle irdischen Kräfte die correspondirenden Sinne organisch gegeben sind, so ist auch die Annahme solcher materieller Wesen logisch zulässig, welche von unsern Sinnen nicht wahrgenommen werden könnten, weil sie in einem Medium leben, das gerade von den für uns unerkennbaren Kräften erfüllt ist. Wenn wir Sinnesorgane haben für jene Bewegungsarten des Aethers, auf welchen Wärme und Licht beruhen, warum sollte es nicht Wesen geben, welche auch für die andern, nur von unsern wissenschaftlichen Apparaten nachweisbaren Bewegungsarten des Aethers Sinnesorgane hätten, für Electricität, Magnetismus und chemische Verwandtschaft? Solche ätherische und doch materielle Wesen, deren Medium die unsern Sinnen verschlossene Welt wäre, müssten für uns unsichtbar sein. Die Möglichkeit solcher Wesen zu negiren, käme der Behauptung gleich, dass in der Natur nur solche Bewegungsarten denkbar wären, die Wärme, Schall und Licht erzeugen oder auf unsern Tastsinn wirken, — eine Behauptung, welche durch wissenschaftliche Apparate längst widerlegt ist."

3.
Bruno's Lehre vom Instinkt.

Bruno's Lehre von der Immanenz Gottes führte consequenterweise zu der Lehre von der Allgegenwart der Vernunft. „Die Vernunft und alles Denkvermögen ist nicht irgendwo, gleichsam an einem Orte, sondern als die Form im Subjekt. Die Vernunft aber, welche die Universalsubstanz und die Ursache jeglicher Erkenntniss in allem und jedem ist, ist die eine, überall ganze Substanz oder Wesenheit, ganz wie die Seele im Körper [1])." Infolge dessen giebt es keinen qualitativen, sondern nur einen quantitativen Unterschied zwischen der Pflanzen-, Thier- und Menschenseele [2]). Und da nur die höhere Organisation über

1) Summa term. metaph. (Gfrörer, pag. 513): *Intellectus et omnis potentia cognoscitiva non est alicubi, tamquam in loco, sed tamquam forma in subjecto. Intellectus vero, qui est universalis substantia et causa universae cognitionis in omnibus et singulis, est una substantia seu essentia ubique tota, sicut anima in corpore.*

2) Cabala del Caballo Pegaseo (Wagner II, 277). Vgl. oben pag. 31.

das quantitative Verhältniss zwischen der Thier- und Menschenseele den Ausschlag giebt [1]), „so kann man unter Pferden, Elephanten und Hunden einzelne Individuen beobachten, welche beinahe Menschenverstand zu haben scheinen und auch sicherlich vielen Menschen an Verstandes- und Urtheilskraft voraus sind [2]).“ Oder „mit welchem Verstande sammelt die Ameise Waizen auf Lager, damit derselbe nicht in der unterirdischen Höhle auskeime? Die dumme Antwort lautet: aus angeborenem Instinkt! Wir aber halten diesen Instinkt für eine Gattung des Verstandes oder, was dasselbe, für einen Grad oder Zweig der Vernunft, dessen wir verlustig gehen [3]). Natürliche Instinkte sind wie andere derartige Bezeichnungen Wörter ohne Sinn [4]). Mit Ausdrücken wie Instinkt der Natur wollen die Dummköpfe nur ihren eigenen überaus crassen Blödsinn decken [5]). Wenn sogar die Steine allerlei wunderbare Kräfte äussern, wenn sie sich zusammenziehen, ausdehnen, zusammenballen, so kann das nur der Pöbel sophistischer Ignoranten Instinkt nennen [6]).“

Wie hoch steht Bruno mit dieser Einsicht über der beschränkten Behauptung eines Descartes und Leibnitz, welche jeden Zusammenhang der Thier- und Menschenvernunft leugneten! „Wenn Leibnitz die „*consecutiones bestiarum*“ für blosse

---

1) Vgl. oben pag. 32.

2) De Immenso, Lib. IV, cap. 11, pag. 404: *Inter equos, elephantos et canes enim videre est eos qui ad sapientiam humanam propius accedere videntur, et prae multis hominibus certe sunt vegetioris sensus et argumenti.*

3) Summa term. metaph. (Gfrörer, pag. 509): *Quo enim sensu formica castrat triticum, ne in cavea subterrestri germina emittat? Respondent stupide, instinctu naturae! Nos illum instinctum esse sensus speciem, vel (quod idem est) intelligentiae quendam (quo nos orbati sumus) gradum seu ramum colligimus.*

4) Cena de le ceneri (Wagner I, 187): *instinti naturali et altre cose significate per voci senza sentimento.*

5) De Immenso, Lib. V, cap. 12, pag. 501: *persequendo convenientia et conservando praesentia contrahuntur (lapides), extenduntur, conglobantur, vires exercent admirabilis, quas stupidorum vox naturae instinctum appellando, nihil plus sub hoc comprehendi nomine volunt, quam quod ipsorum amentia crassissima definiat.*

6) Ebendas., Lib. V, cap. 1, v. 100—102, pag. 456:

Cum et quidam lapides sensu, ac virtute vigescant
(Quam instinctum vocitat talparum turba sophantum) . . .

Gedächtnisssache, d. h. Associationsproduct, erklärt, den Thieren den Verstand, also die Erkenntniss der Identität, Nichtidentität und des Causalnexus, abspricht, so scheint mir dies einer Widerlegung ebenso unwürdig, als wenn Descartes sie für blosse Maschinen erklärt, während der Mensch unter allen Erdenbewohnern allein eine „*substantia cogitans*" in seiner Zirbeldrüse herumtragen soll. Dergleichen offenbar tendenciös erfundene, widernatürliche Dogmen richten sich selbst. Die Thiere haben Verstand [1])." Vgl. jetzt über den Instinkt auch Häckel, Populäre Vorträge aus dem Gebiete der Entwickelungslehre, Heft 1 (1878), pag. 110—113; 163—165. Die mit Bruno's und der modernen Auffassung übereinstimmenden Ansichten des griechischen Alterthums stellt zusammen Schopenhauer, Ueber die vierfache Wurzel des Satzes vom zureichenden Grunde (Ges. Werke, Bd. 1, pag. 76).

IV.

Bruno's Kunstphilosophie.

„Die Bildnerin Natur ist die Quelle und Substanz aller Künste [2]). Denn die Natur ist selbst eine lebendige Kunst und gewissermaassen eine lebendige Kraft der Seele [3]). Die Kunst ist die Nachahmerin der Natur [4]), sie folgt der Natur auf dem Fusse nach [5])."

---

1) Liebmann, Zur Analysis der Wirklichkeit,[2] pag. 501. Vgl. dort auch die in der Anmerkung reichlich gespendeten Belege aus Leibnitz' Werken.

2) De Umbris Idearum. *Ars Memoriae* (Gfrörer, pag. 328): . . . *daedalam naturam artium omnium fontem atque substantiam.*

3) Acrotismus. *De Natura* (Gfrörer, pag. 28): *Ipsa est ars vivens et quaedam intellectualis animae potestas.* Vgl. auch De Immenso, Lib. XII, cap. 10, v. 11—12, pag. 649:

Atqui materies proprio e gremio omnia fundit:
Interior siquidem natura est ipsa fabrefactor,
Ars vivens, virtus mira quae praedita mente etc.

4) De Umbris Idearum. *Ars Memoriae* (Gfrörer, pag. 331): *et universaliter ars aemulatrix a natura.* Ebenso De Monade, pag. 71 unten: *Ars naturae aemulatrix.*

5) Ebendas. (Gfrörer, pag. 333): *ars quae ejusdem (naturae) pedisequa.*

Das Ziel aller Kunst ist nun aber das Schöne. Worin besteht dasselbe? Wie und wodurch entsteht Schönes? Bruno antwortet: Durch den Einklang der Gegensätze! „Denn wenn du genauer zusiehst, so hätte diese Körperwelt, bestände sie aus lauter einander ähnlichen Dingen, niemals schön sein können. Nur in der Verbindung von Mannigfaltigem und Verschiedenem offenbart sich die Schönheit und gerade in der Mannigfaltigkeit des Ganzen besteht die Schönheit [1]). Die absolute Einförmigkeit erzeugt Ekel [2]). Es ist nun aber eben die Eigenthümlichkeit der Natur, sich in Gegensätzen zu bewegen [3]). Wo aber Gegensatz herrscht, da ist Aktion und Reaktion, ist Bewegung, ist Verschiedenheit, ist Vielheit, ist Ordnung, sind Grade, ist Stufenfolge [4])" und, können wir nach den vorhergehenden Sätzen hinzufügen, ist Harmonie, ist Schönheit.

Die Schönheit wird nun aber in verschiedener Weise empfunden. „Die Einen empfinden die Harmonie mehr durch die Augen, die anderen im geringeren Maasse durch die Ohren [5])." Diese Verschiedenheit der Empfindungsweise bedingt auch eine Verschiedenheit des Schaffens. Trotz der grössten Wahlverwandtschaft zwischen Malern, Dichtern und Philosophen produciren dieselben doch nicht auf dieselbe Weise. „Der erste und hervorragendste Maler ist die Einbildungskraft, der erste und her-

1) Ebendas. (Gfrörer, pag. 305): *Considera mundum istum corporeum partibus ejus omnino similibus existentibus, formosum esse non potuisse. In variorum ergo connexione partium pulchritudo manifestatur et in ipsa varietate totius pulchritudo consistit.* Vgl. auch Eroici furori (Wagner II, 348): *Non è armonia e concordia, dov' è unità, dov' un essere vuol assorbir tutto l'essere, ma dov' è ordine et analogia di cose diverse; dov' ogni cosa serva la sua natura.*

2) Ebendas. *Ars Memoriae* (Gfrörer, pag. 341): *Sensibus omnibus uniformitas nauseam parit.*

3) De Immenso, Lib. VII, cap. 10, pag. 605: *Age ergo, respice naturae vultum. Vide ut ubique et undique contraria conspirent, concordent, uniantur. Comprende ut nusquam contrariorum unum sine altro consistere possit.* Vgl. auch De la Causa (Wagner I, 291; Lasson, pag. 135—136).

4) Spaccio della Bestia trionfante (Wagner II, 122): *dove è la contrarietà, è l'azione e reazione, è il moto, è la diversità, è la moltitudine, è l'ordine, son li gradi, è la successione.*

5) De Compositione Imaginum, pag. 102: *Istis rerum harmonia satius per oculos, illis vero leviori quadam sorte per aures ingeritur.*

vorragendste Dichter ist ein Antrieb der Denkkraft oder ein entweder angeborner oder nachher eingepflanzter Enthusiasmus, durch welchen sie als von einem göttlichen oder einem diesem ähnlichen Anhauch dazu gereizt werden, etwas Ausgedachtes passend darzustellen. Das Princip ist bei allen ganz das nämliche, desshalb sind die Philosophen gewissermaassen Maler, die Dichter gewissermaassen Maler und Philosophen, und die Maler gewissermaassen Philosophen und Dichter; auch lieben und bewundern sich wahre Dichter, wahre Maler und wahre Philosophen gegenseitig. Denn es giebt keinen Philosophen, der nicht dichtete und malte, wesshalb denn jenes Wort (des Aristoteles) nicht verwegen ist: „„Denken heisst: Bilder der Einbildungskraft entwerfen und das Denken ist entweder Einbildungskraft oder nicht ohne dieselbe.““ Es giebt keinen Maler, der nicht gewissermaassen dichtete und philosophirte, auch giebt es ohne ein gewisses Philosophiren und Malen keinen Dichter. Desshalb richte der Maler sein Hauptaugenmerk auf die Einbildungskraft, der Dichter auf die Denkkraft und der Philosoph auf die Vernunft. Diese Kräfte sind aber so ineinander verschlungen, dass die Thätigkeit der einen nicht von der Thätigkeit der andern abgelöst werden kann. Wie nun diese Betrachtung zu neuen Forschungen, Entdeckungen, Eintheilungen und Auffassungen Raum gebe, erwäge selbst [1].“

---

1) Recens et completa ars reminiscendi (Gfrörer, pag. 529): *Primus praecipuusque pictor est phantastica virtus, praecipuus primusque poeta est in cogitativae virtutis adpulsu vel connatus vel inditus noviter quidem enthusiasmus quo vel divino vel huic simili quodam afflatu ad convenienter aliquid praesentandum, excogitatum concitantur. Idem ad utrunque proximum est principium, ideoque philosophi sunt quodammodo pictores atque poëtae pictores et philosophi, pictores philosophi et poëtae, mutuoque veri poëtae, veri pictores et veri philosophi se diligunt et admirantur; non est enim philosophus, nisi qui fingit et pingit, unde non temere illud: „intelligere est phantasmata speculari et intellectus est vel phantasia, vel non sine ipsa.“ Non est pictor nisi quodammodo fingat et meditetur, et sine quadam meditatione atque pictura poëta non est. Phantasiam ergo pictorem, cogitativam poëtam, rationem philosophum primum intelligito, qui quidem ita ordinantur et copulantur, ut actus consequentis ab acta procedentis non absolvatur. Quomodo haec contemplatio ad inquirendum, inveniendum, disponendum et judicandum faciat, ipse considera.* Die Stelle aus Aristoteles ist wohl De Memoria (ed. Bekker,

Höchst merkwürdig, weil seinem Zeitalter auch darin um zwei Jahrhunderte überlegen, ist Bruno's im Kampf gegen Aristoteles gewonnene Einsicht, dass die Beobachtung aller Poetiken und Regeln keinen Dichter hervorzubringen vermag, wohl aber aus den Werken der echten Dichter die Poetiken und Regeln abstrahirt werden. Die Entwickelung dieser, erst wieder im Kampf der Schweizer Bodmer und Breitinger gegen Gottsched zurückeroberten Grundlage aller naturgemässen Poetik ist in Bruno's Dialog vom „Heroischen Enthusiasmus" so meisterlich durchgeführt, dass es schade wäre, davon nur einen abstrakten Auszug zu geben. Es folge desshalb das Gespräch in seiner ganzen Fülle.

Cicada. Sagt, was versteht er unter denjenigen, die sich der Myrthen und Lorbeeren rühmen?

Tansillo. Es rühmen sich und können sich der Myrthen diejenigen berühmen, welche von Liebe singen; diesen winkt, wenn sie sich anständig benehmen, der Kranz von jener der Venus geweihten Pflanze, jener Göttin, deren Leidenschaft sie kennen. Der Lorbeeren mögen sich diejenigen berühmen, welche Heldenthaten dadurch würdig besingen, dass sie die heroischen Gemüther durch speculative und Moralphilosophie erziehen, oder dadurch, dass sie dieselben wahrhaft verherrlichen und gleichsam als Musterbeispiele aller politischen und bürgerlichen Thätigkeit hinstellen.

Cic. Also giebt es mehr Gattungen von Dichtern als von Kränzen?

Tans. Nicht allein so viele, als es Musen giebt, sondern noch bei weitem viel mehr; weil, wenn es auch bestimmte Genres giebt, es desshalb noch keineswegs bestimmte feste Gattungen und Arten menschlicher Geister zu geben braucht.

Cic. Es giebt gewisse Regelkrämer der Poesie, die nur zur Noth den Homer als Dichter gelten lassen, während sie den Virgil, Ovid, Martial, Hesiod, Lucrez und viele andere unter die Versemacher rechnen, indem sie dieselben nach den Regeln der Poetik des Aristoteles prüfen.

Bd. I, pag. 449b unten), cap. 1: νοεῖν οὐκ ἔστιν ἄνευ φαντάσματος. Vgl. dazu SCHOPENHAUER, Ueber die vierfache Wurzel des Satzes vom zureichenden Grunde, § 28 (Werke, Bd. I, pag. 104).

Tans. Du weisst doch, mein Bruder, dass das wahre Kröten sind. Denn sie achten nicht darauf, dass jene Regeln hauptsächlich dazu dienen, um die homerische Poesie oder irgend eine andere speciell zu charakterisiren; dass sie nur dazu da sind, zu zeigen, dass es einmal einen Heldendichter gab, wie Homer einer war, und nicht dazu, andere zur Dichtkunst anzuleiten, die ja mit andern Adern, Fertigkeiten und Leidenschaften in andern Genren ebensogrosse oder fast so grosse oder sogar noch grössere Dichter sein könnten.

Cic. Gerade so wie Homer in seinem Genre nicht dadurch sich als Dichter bewährt, dass er bestimmte Regeln beobachtet, sondern er ist vielmehr die Ursache dieser Regeln, die nur denjenigen dienen, deren Anlage sich mehr zur Nachahmung als zur Erfindung hinneigt, wie diese Regeln denn auch von demjenigen gesammelt worden sind, der selbst auch nicht die Spur Dichter war, dagegen die Regeln jener einen Gattung, nämlich der homerischen Poesie, zu sammeln verstand, und zwar zu Nutz und Frommen eines, der nicht ein anderer Dichter, sondern nur einer wie Homer und nicht aus eigener Muse, sondern als der Affe der Muse Anderer zu werden Lust hätte.

Tans. Du ziehst den guten Schluss, dass die Poesie nicht aus den Regeln hervorwächst, wenigstens nur im alleräussersten Zufall; sondern die Regeln aus den Poesien abgeleitet werden: und desshalb giebt es ebensoviele Genres und Gattungen wahrer Regeln, als es Genres und Gattungen wahre Dichter giebt.

Cic. Woran erkennt man denn eigentlich die Dichter von Gottes Gnaden?

Tans. An dem Vortrag ihrer Verse; daran, dass es ihnen gelingt, uns durch ihren Gesang entweder zu entzücken oder zu nützen, oder zu erfreuen und zu nützen zugleich.

Cic. Wem sind alsdann die Regeln des Aristoteles zu etwas nütze?

Tans. Dem, der sonst nicht, wie Homer, Hesiod, Orpheus und andere, auch ohne die Regeln des Aristoteles dichten könnte und, weil er keine eigene Muse besitzt, nun gern mit derjenigen Homers schön thun möchte.

Cic. So haben also denn gewisse Hauptpedanten unserer Zeiten Unrecht, wenn sie aus der Zahl der Dichter von Gottes Gnaden einige ausschliessen, weil dieselben entweder keine Fabeln und Metaphern bringen, welche denjenigen Homers und Virgils ebenmässig wären, oder aber weil dieselben die Bücher und Gesänge ihrer Gedichte nicht nach Principien einrichten, welche denen jener Dichter entsprächen; oder weil sie nicht den Brauch beobachten, ihren Gedichten eine Anrufung der Musen vorauszuschicken; oder weil sie eine Geschichte oder Fabel mit der andern verknüpfen, oder weil sie ihre Gesänge mit einem Epilog schliessen, in welchem sie das Vorgetragene noch einmal wiederholen und auf das, was kommen soll, vorbereiten, oder sonst auf tausenderlei andere Arten von den Verboten und Vorschriften jener aristotelischen Poetik sich abzuweichen erlauben. Daher hat es dann den Anschein, als ob sie zu verstehen geben wollten, es brauchte ihnen nur einzufallen, so würden sie die Dichter von Gottes Gnaden sein und es dazu bringen, wonach jene sich nur bemühen: womit allem sie denn eben beweisen, dass sie nichts als elende Würmer sind, die nichts Gutes hervorzubringen vermögen, sondern nur dazu geboren sind, die Bestrebungen und Arbeiten Anderer zu benagen, zu beschmutzen und zu verstänkern; und, da sie nicht im Stande sind, sich durch eigene Kraft und Geist berühmt zu machen, sich *per fas et nefas*, durch Anderer Laster und Irrthum vorwärts zu bringen [1]."

---

1) Degli Eroici Furori, Theil I, Dial. 1, Anfang (Wagner II, 314 bis 315):

Cicada. *Dite: che intende per quei, che si vantano di mirti et allori?*

Tansillo. *Si vantano e possono vantarsi di mirti quei, che cantano d'amori; a li quali, se nobilmente si portano, tocca la corona di tal pianta consecrata a Venere, da la quale riconoscono il furore. Possono vantarsi d'allori quei, che degnamente cantano cose eroiche, instituendo gli animi eroici per la filosofia speculativa e morale, o veramente celebrandoli e mettendoli per specchio esemplare a li gesti politici e civili.*

Cic. *Dunque son più specie di poeti e di corone?*

V.

Bruno's Geschichtsphilosophie.

Bruno's Geschichtsbetrachtung wurzelt in ethnologischen Ueberzeugungen. Den einheitlichen Ursprung des Menschen-

---

Tans. *Non solamente quante son le Muse, ma e di gran numero di vantaggio; per che, quantunque sieno certi geni, non possono però esser determinate certe specie e modi d'ingegni umani.*

Cic. *Son certi regolisti di poesia, che a gran pena passano per poeta Omero, riponendo Virgilio, Ovidio, Marziale, Esiodo, Lucrezio et altri molti in numero di versificatori, esaminandoli per le regole de la poetica d'Aristotele.*

Tans. *Sappi bene, fratel mio, che questi son vere bestie: per che non considerano, quelle regole principalmente servir per pittura de l'omerica poesia o altra simile in particolare, e son per mostrar tal volta un poeta eroico tal, qual fu Omero, e non per instituir altri, che potrebbero essere con altre vene, arti e furori, eguali, simili e maggiori di diversi geni.*

Cic. *Sì che, come Omero nel suo geno non fu poeta, che pendesse da regole, ma è causa de le regole, che serveno a coloro, che son più atti ad imitare che ad inventare, e son stati raccolte da colui, che non era poeta di sorte alcuna, ma che seppe raccogliere le regole di quell' una sorte, cioè de l'omerica poesia, in servigio di qualcuno, che volesse doventar, non un altro poeta, ma un come Omero, non di propria Musa, ma scimia de la Musa altrui?*

Tans. *Conchiudi bene, che la poesia non nasce da le regole, se non per leggerissimo accidente; ma le regole derivano da le poesie: e però tanti son geni e specie di vere regole, quanti son geni e specie di veri poeti.*

Cic. *Or come dunque saranno conosciuti li veramente poeti?*

Tans. *Dal cantar de' versi; con questo, che cantando o vegnano a dilettare, o vegnano a giovare, o a giovare e dilettare insieme.*

Cic. *A chi dunque serveno le regole d'Aristotele?*

Tans. *A chi non potesse, come Omero, Esiodo, Orfeo et altri, poetare senza le regole d'Aristotele, e che, per non aver propria Musa, volesse far a l'amore con quella d'Omero.*

Cic. *Dunque han torto certi pedantacci de' tempi nostri, che escludeno dal numero de' poeti alcuni, o per che non apportino favole e metafore conformi, o per che non hanno principj de' libri e canti conformi a quei d'Omero e Virgilio; o per che non osservano la consuetudine di far l'invocazione; o per che intesseno una istoria o favola con l'altra, o per che finiscono li canti epilogando di quel ch' è detto, e proponendo per quel ch' è da dire; e per mille altre maniere d'esamine, per censure e regole in virtù di quel testo.*

geschlechts hält der Nolaner für ein reines Judendogma [1]), aber selbst den Juden, wie Bruno mehrfach beifällig wiederholt, galt Adam, der Urvater aller jetzt lebenden Menschen, nur als der dritte der von Gott geschaffenen Stammväter der Menschheit, als deren erster Henoch, als deren zweiter Leviathan gefeiert wurde. Ebenso berichten die Religionsschriften der Chinesen von drei Stammvätern des Menschengeschlechts [2]). „Den Neger, die Rothhaut Amerikas und — fügt Bruno nach der noch halb mythologischen Anschauungsweise der Renaissance hinzu — die Meermenschen, die Wichtelmännchen und die Riesen des Südens — wird niemand derselben Race beizählen [3]).“

Onde par, che vogliano conchiudere, ch' essi loro a un proposito, se li venisse di fantasia, sarebbono li veri poeti, et arrivarebbono là, dove questi si forzano: e poi in fatto non son altro che vermi, che non san far cosa di buono, ma son nati solamente per rodere, insporcare e stercorar gli altrui studj e fatiche; e non possendosi render celebri per propria virtude et ingegno, cercano di mettersi avanti, o a dritto, o a torto, per altrui vizio et errore.

1) De Immenso, Lib. VII, cap. 18, pag. 622: *Propheticum est illud et populi cujusdam celebritas quod omnium hominum genera ad unum primum genitorem referantur vel ad tres ut ex Ebraeorum monumentis accipimus et firmiter credimus, quorum quidam solum optimum genus, id est, Judaeorum, ad unum protoplasten referunt, et reliquas gentes ad duos priores qui biduo ante creati sunt.*

Ganz übereinstimmend lautet es in De Monade, pag. 39:

Et ternae genti ternus datus est Patriarcha,
Cum peperit Tellus genitrix animalia primum
Ennoc, Leviathan et quorum est tertius Adam,
Maxima Judaeae ut credebat portio gentis,
Cui erat ex uno tantum generatio sancta.

2) De Immenso, Lib. VII, cap. 18, pag. 622: *Echinensium religio recens compertorum tres alius nominis protoplastes numerat ab annis viginti millibus.*

3) Ebendas., Lib. VII, cap. 18, v. 34—42, pag. 620:

Sunt hominum species, nec enim generatio nigra
Aethiopum, et qualem producit America fulva,
Udaque Neptuni vivens occulta sub antris,
Pygmeique jugis ducentes saecula clausis,
Cives venarum Telluris, quique minerae
Adstant custodes atque Austri monstra Gigantes,
Progeniem referunt similem, primique parentis
Unius vires cunctorum progenitrices.

Dazu im Commentar pag. 622: *Aethiopum genus ad illum protoplasten nemo sani judicii referat.*

Aus der ursprünglichen Racenverschiedenheit des Menschengeschlechts erklärt sich auch dessen Charaktermannigfaltigkeit. „Völker und Stämme, sagt Bruno, deren Begierde und Zorn sich rascher bewegt, sind auch thatkräftiger. Auch gehen aus diesen intensiv Hassenden und Liebenden vor allen die Bösewichte oder aber, falls sie sich dahin wenden, wohin sie göttlicher Eifer und Liebe drängt, vorzugsweise Menschen von tiefer Religiosität hervor, woraus du denn erkennen magst, wie dieselbe Uranlage ebenso leicht zur höchsten Tugend wie zum Laster führen kann [1]).“

Ebensowenig wie an den einheitlichen Ursprung des Menschengeschlechts vermag Bruno an den biblischen Paradieseszustand der Menschheit zu glauben. „Im goldenen Zeitalter waren die Menschen in Folge ihres Müssiggangs nicht etwa tugendhafter, als die Thiere bis auf diesen Tag tugendhaft sind, und vielleicht waren sie dümmer als manche von diesen. Da sich nun unter ihnen das Streben nach Göttlichkeit und die Nachgiebigkeit gegen Leidenschaften den Rang streitig zu machen begannen, so entsprang daraus die Noth, sind aber auch die Geister geschärft, die Gewerbe erfunden, die Künste entdeckt worden und noch immer erheben sich von Tag zu Tag in Folge der Noth aus der Tiefe des menschlichen Geistes neue und wunderbare Erfindungen, und indem sie sich so durch lebhafte und weiterdrängende Beschäftigungen immer mehr und mehr vom Zustande des Thierthums entfernen, nähern sie sich Schritt für Schritt der Gottähnlichkeit [2]).“

---

1) Sigillus sigillorum (Gfrörer, pag 557): *populi et gentes quibus promptior est libido et ira, sunt activiores; et ex iisdem intense odientes et amantes apprime impios, aut si se vertant quo divinus eos agat amor atque zelus, apprime religiosos habes ubi idem materiale principium summam ad virtutem pariter proximum esse atque ad vitium potes agnoscere.* Der psychologische Unterbau dieser Ansicht liegt in folgendem Satze aus De Tripl. Min., pag. 55: *Sicut corporum quaedam facillime, quaedam aegre, quaedam vero aegerrime illuminantur, penetrantur, inflammantur, ita sensuum, ingeniorum et intellectuum, quaedam promptius veritatis lucem apprehendunt, et quasi cognatam animo qualitatem imbuunt ...... Lux felicioribus ingeniis tum repente exoritur, statim cognoscitur, jocundissime apprehenditur.*

2) Spaccio della Bestia tr. (Wagner II, 203): *Ne l'età dunque de l'oro per l'ozio gli uomini non erano più virtuosi, che sin al presente le bestie son vir-*

Alle diese Fortschritte sind aber nur möglich in Folge der hervorragenden Ueberlegenheit, mit welcher die Natur den Menschen durch das Geschenk der Hand ausgerüstet hat. Nur der Hand hat es der Mensch zu verdanken, wenn es ihm gelungen ist, sich im Kampfe mit der Noth, insbesondere mit den wilden Thieren, obenauf zu erhalten. Im letzten Hintergrunde bildet nicht sowohl die Leistungsfähigkeit des Geistes, als diejenige der Hand, des Organs der Organe, den Anfang aller Cultur [1]).

So nüchtern Bruno über die Entstehung der Cultur denkt, so begeistert verkündet er die unendliche Entwickelungsfähigkeit des Menschengeschlechts. „Es liegt in der Macht der Natur, sagt der Nolaner, den Menschen unendlich zu machen, ja sie hat den Menschen unendlich gemacht, ja der Mensch ist unendlich und unendlich ist jede Gattung [2]).“

Die Menschheit nähert sich nach Bruno dem Zenith ihrer Vervollkommnung dadurch, dass — ganz wie bei Hegel — ein Volk und ein Weltreich die Errungenschaften aller vorhergehenden Völker und Weltreiche sich aneignet und überholt. „So nimmt das römische Reich nicht allein die Cultur des babylonischen, persischen und griechischen Weltreiches in sich auf, sondern überragt dieselben, was Staatseinrichtungen, sowie Macht- und Prachtentfaltung seines Oberpriesterthums betrifft, bei weitem. Alle diese Weltreiche haben ihr allgemeines und geeignetes Vorbild im Menschenleben. Denn Alles hat einen unscheinbaren Anfang, Fortschritt, Halt, Nieder- und Untergang. Aber das eine ist so beschaffen, dass es schon bei seiner Entstehung oder noch

---

tuose, e forse erano più stupidi, che molte di queste. Or, essendo tra essi per l'emulazione d'atti divini e adattazione di spirituosi affetti nati le difficultadi, risorte le necessitadi, sono acuiti gl' ingegni, inventate le industrie, scoperte le arti, e sempre di giorno in giorno per mezzo de l'egestade da la profundità de l'intelletto umano si eccitano nove e maravigliose invenzioni; onde sempre più e più per le sollecite et urgenti occupazioni allontanandosi da l'esser bestiale, più altamente s'approssimano a l'esser divino.

1) Die Textstelle s. oben pag. 32.

2) Acrotismus (Gfrörer, pag. 57): *est sane in potentia naturae, ut infinitum hominem faciat, imo ut fecerit infinitum hominem, imo ut sit infinitus homo, et infinita quaelibet species.* Vgl. auch oben pag. 174 den Abschnitt: Bruno's Entwickelungslehre.

während seines ersten Wachsthums wieder zu Grunde geht und sich auflöst, während andere alle Entwickelungsstadien durchmachen; einige in kurzen Zeiträumen alle Entwickelungsstadien zurücklegen, andere wieder in längeren, gerade wie der Hund schneller altert als das Pferd, das Pferd schneller als der Mensch, der Mensch schneller als der Hirsch[1])."

Diese Entwickelungsfähigkeit des Menschengeschlechts gründet Bruno auf die unendliche, gegenseitige Reibung der Intelligenzen, auf die Zusammenwirkung aller menschlichen Anlagen zu demselben Ziele der Vervollkommnung. „Wir können, sagt Bruno, nicht Alle vereinzelt Alles, wohl aber können wir Alles als Gesammtheit." Die Vervollkommnung des Geistes beruht daher nicht auf dem Einen, nicht auf dem Andern, nicht auf Vielen, sondern auf Allen zusammen[2]). Und so schwingt sich denn der Dichterphilosoph in seinen Speculationen über die Zukunft der Menschheit bis zu der Ahnung jener höchsten Aufgabe menschlicher Erfindungskraft hinauf, welche die Zukunftstechnik im Problem der Luftschifffahrt lösen wird. Denn nur die Luftschifffahrt kann Bruno meinen, wenn er sagt: „Alle verherrlichen das goldene Zeitalter und schätzen und preisen als Tugend jene Henkerin (Civilisation), die es vernichtete, sie, die das mein und dein erfunden, sie, die da diesem oder jenem zugetheilt und zu eigen gemacht hat, nicht allein das Erdreich, das doch allen

---

1) De Compos. Imag., Sectio II, cap. 8, pag. 13, V: *interdum fortuna unius plurium fortunarum imagines comprehendit: sicut Romana fortuna Babyloniorum et Persarum et Graecorum regnorum non solum comprehendit conditionem, sed excellit; rerum item publicarum et summorum sacerdotum moderamina atque pompas longo antecellit intervallo. In omnibus vero imago generalissima et propriissima est constitutio humanae vitae, quia omnia habent debile exordium, adolentiam, consistentiam, declinationem et interitum. Sed horum quaedam sic sunt comparata, ut simul nata, vel in ipsa adolescentia moriantur et dissipentur: quaedam in quarundam specierum similitudinem brevibus annorum spaciis omnes aetatis compleant partes, quaedam vero longioribus: sicut et canes citius senescunt quam equi, equi quam homines, homines quam cervi.*

2) Summa terminor. metaphysicor. (Gfrörer, pag. 500) unter Perfectio: *non omnia possumus omnes sigillatim, sed bene omnia possumus omnes summatim. Intelligentiae ergo perfectio non est in uno, in altero, vel in pluribus, sed in omnibus.*

Lebewesen verliehen worden ist, sondern auch noch das Meer, ja vielleicht gar noch einmal die Luft[1]).“

Diesem freudestrahlenden Optimismus in der Betrachtung der zu den höchsten Hoffnungen berechtigenden Uranlagen der Menschheit steht nun bei Bruno ein Pessimismus in der Kritik der Vergangenheit und Mitwelt gegenüber, dessen grimmige Weltverachtung an König Lears Mark und Bein erschütternde Flüche erinnert. Durch Bruno's sämmtliche Werke zieht sich bald in elegischen, bald in satyrischen Tönen jener die ganze Renaissance und auch unsere classische Literaturperiode beherrschende Schmerz über den Untergang der schönen Welt des Alterthums, die ein Halbgott erbarmungslos zerschlagen hat. Die Welt, die einst so glanzvolle, liegt nun da in greulicher Zerrissenheit und raffinirtem Unsinn, rathlos nach neuer Erlösung schmachtend. Bruno's Kritik der Reformationsepoche ist wohl der vernichtendste Hohn, den je ein Denker über seine Mitwelt ausgegossen hat: „Was ist das für ein Zustand? Siehe da unter menschlicher Hülle thierische Gesinnungen! Ist etwa gar die Menschengestalt dazu da, um als finstere, trugvolle Behausung eine bestialische Seele zu beherbergen? Wo sind noch Rechtszustände? Wo giebt es noch natürliches Recht oder Unrecht? Wenn Astraea zum Himmel zurückgekehrt ist, von der die Erde auch nicht die Spur sieht, warum erscheint denn nicht endlich Astraea vom Himmel herab? Siehe, wir sind in ein schlechterdings nicht zu verbergendes Chaos versunken! Warum vermischen sich denn nicht die Meeresfluthen mit den Feuersflammen und die hellen Gestirne mit den finstern Erdstrichen, wenn in diesen Erdstrichen selbst und ihren Regierungen nichts mehr ist, welches noch seine wahre Gestalt zeigt? Täuscht uns am Ende nicht Mutter Natur selbst? Soll ich sie noch eine Mutter oder eine Stiefmutter heissen[2]).“

---

1) Spaccio della bestia trionf. (Wagner II, 200): *Tutti magnificano l'età de l'oro e poi stimano e predicano per virtù quella manigolda, che la estinse, quella ch' ha trovato il mio et il tuo, quella ch' ha divisa e fatta propria a costui e colui non solo la terra, la quale è data a tutti gli animanti suoi, ma et oltre il mare, e forse l'aria ancora.*

2) Cantus Circaeus (Gfrörer, pag. 186). Moeris: *Quis quaeso rerum modus est? Ecce sub humano cortice ferinos animos. Convenitne hominis corpus, ut caecum atque fallax habitaculum, bestialem animam incolere? Ubi sunt jura*

Ja, Bruno lässt sich über dem grausen Anblick, den ihm, im Hinblick auf Peru und Mexiko, die wahrhaft teuflische Wirksamkeit der europäischen Civilisation in überseeischen Ländern [1]) darbot, manchmal zu Ausfällen gegen die Fortschritte der Civilisation selbst verleiten. Für Bruno ist es nicht zweifelhaft, dass die Ausdehnung des Verkehrs eins ist mit der Verbreitung des Lasters und weit entfernt, von der kirchlichen Mission culturfreundliche Erfolge zu erwarten, bedauert er auf das tiefste die armen Völker, welche den Frieden ihrer von den Vätern ererbten Lebensweise mit der Gemüthszerrissenheit der neuen Menschheitsbeglücker vertauschen sollen. „Die Tiphys haben die Methode ausfindig gemacht, den Frieden der andern zu stören, die einheimischen Genien fremder Weltgegenden zu vergewaltigen, das was die Natur in ihrer Vorsehung geschieden hat, untereinander zu wühlen, durch den Handelsverkehr die Noth zu verdoppeln, die Laster aller Generationen auf die Spitze zu treiben, mit roher Gewalt neuausgeheckte Thorheiten zu verbreiten und die unerhörtesten Dummheiten dahin zu verpflanzen, wo sie sonst noch nicht sind, indem sie am Ende gar den Schluss ziehen, das, was doch nur grössere Stärke ist, sei grössere Weisheit, ferner neue Methoden, Instrumente und Künste zu zeigen, wie der eine den andern tyrannisiren und ermorden soll, bis mit alledem endlich die Zeit kommen wird, da jene alles das, was sie auf ihre theuern Kosten gelernt haben, in Folge des Wechsels aller Dinge an uns (Europäern) selbst erproben und uns zu ähnlichen oder noch schlechtern Früchten so verderbenschwangerer Erfindungen zu machen wissen und vermögen werden [2]).“

---

rerum? ubi fas nefasque naturae? si repetivit Astraea coelum cujus ne vestigium quidem terra videat, cur non de coelo saltem apparet Astraea? Ecce subivimus minime occultum Chaos. Cur non miscentur ignibus maria et limpida nigris terris astra, si in terris ipsis et earum gubernaculis nihil est, quod faciem demonstret suam? Ipsane nos mater natura decipit? Matrem dixerim an novercam?

1) Vgl. darüber jetzt Emil Deckert, Die civilisatorische Mission der Europäer unter den wilden Völkern. 8°. Berlin, 1881 (Heft 364 von Virchow's und Holtzendorff's Sammlung von Vorträgen).

2) Cena delle Ceneri (Wagner I, 128): *Li Tifi han ritrovato il modo di perturbar la pace altrui, violar i patrii genii de le regioni, di confondere quel che la provida natura distinse, per il commerzio radoppiar i diffetti, e giunger vizii a' vizii de l'una e l'altra generazione, con violenza propagar nuove follie,*

Der Hass gegen die Mission, die Ueberzeugung von der die Naturvölker decimirenden Wirksamkeit der europäischen Cultur, verfolgt Bruno durch alle Lebensstadien und lässt den Dichterphilosophen mit Rousseau um die Wette den stillen Frieden weltabgeschiedener Insulaner beneiden. In dem an poetischen Schönheiten so reichen Werke De Immenso nimmt dieser elegische Ton über die traurigen Erfolge der christlich-europäischen Civilisation plötzlich erhöhten Schwung und krystallisirt zu folgendem herrlichen Gedicht, in welchem insbesondere auch die grossartige, ob zwar phantastische Schilderung des Nordpols unsere Bewunderung hervorlockt. Der Abschnitt mag den Titel führen:

Naturstand und Civilisation.

War es Fügung, Vernunft, Gesetz der Natur, dass es endlich
Altem Erfindungseifer gelang, mit thessalischer Fichte
Schaaren ins fernste Land und zurück in die Heimath zu führen,
Um nur das sonst schon so lockere Band der Menschheit zu lösen?
Nicht mit Einem Tiphys [1]) allein hat das Schicksal bestraft dich!
Denn Columbus hat doch das Weltmeer nur dazu eröffnet,
Um Amerika in die Gewalt des Spaniers zu bringen!
Ihr, glückseliges Volk, ihr, o berühmte Geschlechter,
Die ihr dieses Gestirns, des herrlichen, Gipfel bewohnet,
Welchen die Pfeile des Lichts der Sonne nur schräge berühren, —
Nicht erfüllt euch die Nacht mit grausiger Finsterniss Schrecken,
Sondern es strömen euch Wärme und Licht in reichlichem Maasse
Unter den Angeln des Nordpols zu, wo gewaltige Mauern
Jegliches Unterpfand der Gunst des Himmels umschliessen,
Wo den Gesichtskreis rings überragende Berge umthürmen,

---

e piantar l'inaudite pazzie, ove non sono, conchiudendosi al fin più saggio, quel ch' è più forte, mostrar nuovi studii, istrumenti, et arti di tirannizar et assassinar l'un l'altro, per mercè de' quai gesti tempo verrà, ch' avendono quelli a sue male spese imparato, per forza de la vicissitudine de le cose, sapranno e potranno renderci simili e peggior frutti di si perniziose invenzioni.

1) Tiphys war der Steuermann der Argonauten.

Weit die Gestirne im Kranz in verschlungenen Reihen erglänzen
Und der Felsenkoloss abschüssiger Klippe emporstarrt.
Als ein beschützender Wall ausdehnt sich mit dunkelem Mantel
Zwischen den Klötzen umher die Fluth des eisigen Weltmeers.
Nirgends zeigt sich ein Strand, nur Stürme brausen und Stürme
Und zerwühlen mit Wucht die himmelanstrebenden Riffe.
Hoch von dem Gipfel herab der jähen Riesengebirge
Wirbeln sich ununterbrochenen Laufs Unmassen von Stäubchen
Schnees, mit welchen der wüthende Sturm in rasendem Umschwung
Felder und Thäler bedeckt bis hinan zu der Höhe der Berge
Und in wirrem Gestöber die Atmosphäre verdichtet.
Aber geläng' es einmal, die Hindernisse zu heben,
Dann erwacht die vor nichts erschreckende Thatkraft des Briten,
Welcher, das stürmische Meer und die ragenden Berge verachtend
Und, zum Trotz dem Coloss der grandiosen Umwallung,
Kiele besteigt, die hoch über selbst argonautischer Kunst stehn
Und die Gestade bezwingt, die ein rauher Himmel mit ewig
Schmutzig dunkeler Gräue beengt von unfreundlichem Aussehn.
Und nicht lange, so wird er aus Gier das gewaltige Bollwerk,
Das die Natur ihm umsonst entgegengethürmt, überschreiten.
Freundlich wird der durchaus nicht Wilde den Fremdling empfangen,
Aber dieser wird ihm das verderbenschwangere Schicksal
Der schon im fernesten Land erkrankten Menschheit bereiten.
O dann werdet auch ihr, falls ihr selber noch unverdorben,
Bald erfahren, wieviel der Verkehr euch fromme und einsehn,
Wieviel rascher bei e u c h die Saat des von j e n e n verstreuten
L a s t e r s zu keimen vermag, als eure T u g e n d von e u e r m
Welttheil aus sich zum Glanze des andern Volkes verbreitet.
Mögen auch sie sich dann mühn, die Schranken der Schöpfung zu öffnen
Und einen heimischen Herd sich zu gründen, wo Unschuld noch wandelt.
Möge dann solchergestalt der Sohn der Erde von neuem
Ringen, die Welt gleichsam sich zum Heile neuzugestalten [1]).

---

1) De Immenso, Lib. VII, cap. 16, v. 4—51, pag. 615—617:
Quae sors? quae ratio? qui naturae ordo probavit
Antiqui inventum studii, quo Thessala pinus

Trotz diesem Mangel an Vertrauen auf die beglückende Kraft der europäisch-christlichen Cultur verfällt aber Bruno desswegen noch nicht der Verzweiflung an der Wiedergeburtsfähig-

Externo advexit turbas patriasque revexit,
Dum bene dissepti turbavit foedera mundi[1])?
Invida non unum Tiphyn tibi fata dedere.
Claustra etenim Oceani Ligur aut Etruscus avarus
Solvit ut Americam premeret violentus Iberus.
Vos felix mundi genus, o vos clara propago
Istius insignis astri sublime tenentes,
Ardua quos lucis non tangunt tela diurnae,
Non horror noctis perterritat ille profundae,
Quorum pro merito calor et lux lance benigna
Influit Arctoo sub cardine, ubi omne favoris
Caelestis pignus conclusum est moenibus altis,
Circum ubi contingunt turrito corpore montes
Sidera multiplici spaciosoque ordine passim,
Ingentis scopuli praeruptaque machina surgit;
Pro vallo pontus caeco glacialis amictu,
Saxosas inter rupes sese explicat ample,
Tempestasque manet cupito pro litore major,
Caucaseas ut prono subeant molimine ripas,
Procero Atlantesque feri curvamine, quorum
Pulvereus summo recidit de culmine nimbus
Sparsarum nivium, rapidi qua vorticis aestu
Montibus exaequant campos vallesque profundas
Et solidant caelum reflui spiramine venti.
Sed quando haec superare datum, stat cura Britanno,
Sollicitusque labor et nimis imperterrita virtus,
Quae mare ventosum temnens montesque superbos,
Deridens tanti numerosa volumina valli
Plus quam Tiphysia fabrefactis arte carinis
Oris edomitis mediis quas Jupiter asper
Squallidus et furvo tristis pallore coercet,
Celsas naturae turres transcendet avarus,
Occurret vultu non barbarus hospes amico,
Attamen aegroti veniens a limine mundi
Perniciem feret invisi nova caussa timoris.

1) Wörtliche Anklänge an die berühmte Stelle aus dem Tragiker Seneca. S. Cena de le Ceneri (Wagner I, 128—129):

Bene dissepti foedera mundi
Traxit in unum Thessala pinus.

keit der Menschennatur. Sein Glaube an die Menschheit, sein Vertrauen zu den unverlierbaren Erbkräften des Menschengeistes sind so unerschütterlich, dass er im Spaccio della bestia trionfante den Jupiter, der sich und die olympischen Götter der härtesten Selbstkritik unterwirft, im Kreise der Seinen ausrufen lässt: „Durch die Kette unserer Fehler haben wir uns besiegen lassen; durch die Hand der Gerechtigkeit wollen wir uns wieder heraushelfen. Wo unser Leichtsinn uns zu Falle gebracht hat, möge uns der Ernst wieder emporrichten! Bekehren wir uns zur Gerechtigkeit, durch deren Entfremdung wir uns selbst entfremdet worden sind und zwar dermassen, dass wir nicht mehr wir selbst sind. Kehren wir zur Gerechtigkeit zurück, wenn wir zu uns selbst zurückkehren wollen! . . . . Wenn wir eine Staatsveränderung vornehmen wollen, so lasst uns, ja lasst uns zuvor unsere Sitten verändern! Wenn wir wollen, dass der Staat wohl und besser daran sei, so seien jene ebenfalls gut oder nicht schlechter! Lasst uns unser Inneres reinigen, insofern es uns dann von der Verbesserung dieser innern Welt aus nicht schwer sein wird, zur Erneuerung dieser realen Aussenwelt fortzuschreiten [1]."

So spricht der über die verlorene Schönheit der zerschlagenen Welt trauernde Jupiter im Sinne Goethe's den Faustischen Gedanken aus, welcher die deutsche Reformation geschaffen hat und die Zukunft der Menschheit immer von neuem wieder im Morgenglanze erblicken lässt:

Tunc et vos (si forte status violabilis iste est)
Experiri hominum quantum commercia prosint.
Promptius et quantum semet male jacta propagent
Semina vos inter, quam virtus vestra in alius
Splendorem gentis vestro fundatur ab orbe.
Ut deinceps studeant naturae claustra aperiri,
Appetier simili patriae ubi Cynthia dorso
Explicat et mundo quasi pro meliore labores
Intentare novos Telluris filius ausit.

1) Spaccio della Bestia trionf. (Wagner II, 139): *Per la catena de gli errori siamo avvinti; per la mano de la giustizia ne disciogliamo! Dove la nostra levità ne ha deprimuti, indi bisogna, che la gravità ne inalze. Convertiamoci a la giustizia, da la quale essendo noi allontanati, siamo allontanati a noi stessi; di sorte che non siamo più dei, non siamo più noi. Ritorniamo dunque a*

Mächtiger
Der Erdensöhne,
Prächtiger
Baue sie wieder,
In deinem Busen baue sie auf!
Neuen Lebenslauf
Beginne,
Mit hellem Sinne,
Und neue Lieder
Tönen darauf!

VI.

Bruno's Religionsphilosophie.

Insofern der Begriff Gottes das Centrum und den Eckstein aller Religion bildet, Bruno aber diesen Begriff in den der Natur einschmilzt [1]), kann der Nolaner keine positive Religionsphilosophie haben [2]); oder aber, wenn sich eine Religionsphilosophie bei ihm vorfindet, so wird sich dieselbe nur negativ äussern können. Mit andern Worten: Bruno's Religionsphilosophie wird sich nur in der Kritik aller positiven Religionen zu erkennen zu geben vermögen. Und diese Kritik übt denn Bruno allerdings mit jener an Tollkühnheit grenzenden Unbefangenheit, wie sie nur dem unverfälschten Wahrheitstriebe des echten Genies entspringt.

---

quella, se vogliamo ritornare a noi! ...... (pag. 141): *Se vogliamo mutar stato, cangiamo, cangiamo costumi! Se vogliamo, che quella sia buono e migliore, questi non sieno simili o peggiori. Purghiamo l'interiore affecto, atteso che da l'informasione di questo mondo non sarà difficile di far progresso a la riformasione di questo sensibile et esterno.*

1) S. oben unter Bruno's Naturphilosophie den Abschnitt: Bruno's Lehre von der Gott-Natur, pag. 145—154.

2) Was G. Ch. Bernhard Pünjer in seiner „Geschichte der Christlichen Religionsphilosophie seit der Reformation", Bd. 1 (Braunschweig, 1880), pag. 69–75 als Bruno's Religionsphilosophie vorträgt, ist in Wahrheit nur eine, hauptsächlich nach Carriere gearbeitete Verquickung von Bruno's Metaphysik und Ethik, jene vorzugsweise nach De la Causa, diese nach den Hauptsätzen von Degli Eroici Furori ausgeführt.

Bruno ist sich vollkommen darüber klar, dass die positive Religion, d. h. die Gesammtsumme der Vorstellungsbilder, mit welcher sich ein Volk oder Theile der Menschheit den Begriff des Absoluten nahe zu bringen versuchen, das Produkt der gestaltenschaffenden Phantasie ist. Er hat über die berückende Macht der Vorstellungswelt eindringlicher nachgedacht, als irgend ein Philosoph vor Schelling und Hegel. Seine Kritik und Verurtheilung der Gemüthsbeängstigung, als in welcher die Herrschaft jeder mythologischen Vorstellungswelt, die es zu einer Vertretung durch eine hierarchisch gegliederte Priesterschaft gebracht hat, gipfelt, ist ein Meisterstück überlegener Darstellung. Folgender Abschnitt aus dem Gedicht De Immenso schildert in unübertroffener Klarheit und zugleich mit wahrhaft diplomatischer Vorsicht in der Form des Ausdrucks die

Macht der Phantasie.

Ausgeburten der Phantasie sind die in den Himmeln
Kreisenden Himmel. Ein Willkürtraum hat den äussersten Himmel
Ausgeheckt als den Träger der Sterne, mit welchem das All schliesst.
Alle Bewegung im All ist ein Kampf, gleichwie die Titanen
Und die Giganten im Chaos sogar sich bestritten den Vorrang.
Nur in dem ewigen Streit des einander Entgegengesetzten
Findet das Dasein Bestand und gebiert sich am Gegensatz wieder.
So befehdet denn auch ein poetisches Traumbild das andre,
Bis das eine zur Herrschaft gelangt und mit Galgen und Rad droht.
Alsdann schleppt sich der Mensch mit der Todesverzweiflung durchs Leben,
Oder entstellt sich den sonnigsten Tag mit den Schatten der Hölle,
Denn so verfügt es die Phantasie im Joche des Zwingherrn.
Sie, handwerkernd nunmehr als hinkende Lügenschmiedin,
Jetzt ein monstroses Gespenst und jetzt ein durchtriebener Schulfuchs,
Schmiedet beständig am Blitz, dass der Weltenrichter unsühnbar
Die ihm verhasste Menschenvernunft dreifältig erschlage.
Weltenrichter ingrimmiger Wuth sind ihr Lieblingsgedanke.

Doch um so reichlicher stattet sie aus die Cyclopengeschwister
Dummheit, Gewohnheit, die Pest Leichtgläubigkeit, die in der Menschen
Köpfen Vulkane erblickt, in den Herzen flammende Krater.
Fällt's dem gefräss'gen Gelichter nur ein, den Hammer zu schwingen,
Gleich ist des Volks Wahnwitz bei der Hand, um als Ambos zu dienen,
Und verpfändet mit Lust sein Vorstellungsbildungsvermögen.
Denn in die Klemme sie nehmend, andonnert und foltert der grause
Richter von oben herab die Armen unmassen und endlos,
Während von unten herauf der Eumeniden Verliesse,
Eherne Ketten, der Sumpf des Cocytus, der stygische Eisstrom,
Und diamantene Pforten den Rückweg ewig versperren.
Geistabstossender Kram und widernatürlicher Unsinn
Hemmen den ruhigen Gang der Entwicklung des Menschengeschlechtes,
Löschen des Geistes Licht und zerstören die häusliche Sitte.
Denn wie lautet das Glaubensgesetz der Seelenverkäufer?
Gottes Zorn ist des Hochsinns Lohn, doch über des Frevlers
Schuldbeladenes Haupt ergiesst sich die Gunst des Alleinen!
Setzt sich nun aber der Wahn noch gar als Norm und Princip durch,
Dann entfremdet ein Volk sich dem andern, die Kinder verlassen
Ihre Eltern, man grüsst den Andersgläubigen nicht mehr.
Jeder fanatische Wicht von ganz hinfälliger Ohnmacht
Spielt den Propheten, wofern er nicht gar als die Allmacht sich aufspielt [1]).

1) De Immenso, Lib. VII, cap. 11, v. 1—41, pag. 607—609:

Phantasiae partus series est illa meantum
Caelorum in caelis. Extremum insomnia caelum
Astriferum invexere illud quodque omnia finit,
Motoresque horum sunt qui bene bella moverent
Centimano Briareo, Encelado atque Typhoeo.
Nempe genus spectant semper contraria ad unum,
Nempe elementa aliis contraria sunt elementis.

Trotz dieser vernichtenden Kritik des die Vorstellungsbedürftigkeit des Volkes ausnutzenden Pfaffenthums ist aber Bruno noch lange nicht irreligiös. Er verweist im Gegentheil den verruchten Unglauben und den wahnwitzigen Atheismus in die Hölle [1]). Ja, er begreift sogar die Nothwendigkeit eines äusserlichen Cultus [2]). Er hält den Altar, das Heiligthum, das Bethaus für sehr nothwendig und ohne den Administranten für zwecklos [3]). Er spricht sogar von berufenen und würdigen

---

Figmentis etiam figmenta opponere dignum est.
Unde duces fiant populo atri carnificesque,
Unde immortalis vivos mors urgeat ultro,
Atque tenebrarum poenas sub luce receptent.
Phantasia hoc totum pro quaestibu prompsit avaris.
Illa opifex, illa est fabrefactrix, Mulciber, illa
Loripes, insuavis, monstrosus, trux, veterator,
Assiduo incumbens operi jacula illa trisulca,
Temperat, immitesque Joves crudeliter armat
Tantum consortes intergaudendo Cyclopas
Stultitiam, Morem, malesanam Credulitatem,
Pectora cui hominum Lipares sunt, corda camini.
Lurconum generis varii vox malleus, aureis
Insani populi constans substernitur incus,
Materies est orbis objectum sensibu quidquid.
Fulmine sic medios minitanti torquet ab alto
Horrendus judex miseros sine fine modoque.
De infernis thalami Eumenidum, tensaeque catenae,
Cocyti stagnum, Stygis irremeabilis unda
Arctant et portae solido ex adamante perennes.
Absona quae ingenio et sensu constantia nullo
Humanam turbant pacem seclique quietem,
Extinguunt mentis lucem, neque moribu prosunt.
Nam quid concludunt sycophantum dogmata passim?
Non male pro factis Justus Divûm opperit iram,
Non bene pro factis capitur Deus Optimus Unus.
Sed si animo tantum dominetur opinio qua se

1) Spaccio della Bestia trionfante ((Wagner II, 120): *l'iniqua impietade et insanoateismo vanno in precipizio.*

2) Sigillus Sigillorum, (Gfrörer, pag. 587): .... *per externum cultum (quem etiam Deus a nobis requirere videtur).*

3) Spaccio della Bestia trionf. (Wagner II, 249): *E per che l'altare, il fano, l'oratorio è necessarissimo, e questo sarebbe vano senza l'amministrante.*

Priestern im Gegensatz zu den pfäffischen Caricaturen, deren die Welt jetzt voll sei[1]).

Allein im Hintergrunde lauert bei Bruno doch die von ihm wiederholt ausgesprochene Ueberzeugung, dass alle positive Religion doch nur ein allegorischer Abglanz und Schatten der metaphysischen Erkenntniss oder, wie Hegel sagt, das absolute Wissen in Form der Vorstellung ist. Bruno spricht sich darüber schon in seinem philosophischen Erstlingswerke „Ueber die Schatten der Ideen" mit wünschenswerthester Klarheit aus. „Der Schatten, sagt er, führt zum Licht, und wenn er auch nicht die volle Wahrheit ist, so stammt er doch von der Wahrheit und hat die Wahrheit zum Ziele. Desshalb musst du nicht glauben, er sei lediglich Irrthum, sondern du musst anerkennen, dass die Wahrheit in ihm verhüllt zum Vorschein komme[2])." „Das blendende Licht der vollen Wahrheit vermögen nur auserwählte Geister zu ertragen, andere verfallen bei seinem Anblick rettungslos der Blindheit. Desshalb dient der Schatten als Uebergangsstufe zum Licht, weil er dessen blendende Wirkung mässigt[3])."

Wie Goethe von der Masse urtheilt, sie müsse zuschlagen, wenn sie respectabel sein wolle, da ihr das Urtheilen miserabel gelinge, so meint auch Bruno: „Mit den wissenschaftlichen Ausdrücken der Wahrheit reden, wo es nicht nöthig ist, hiesse vom Haufen und der dummen Menge, für welche die äusserliche Religionsübung erforderlich ist, verlangen, sie solle ein besonderes Verständniss haben, hiesse verlangen, die Hände sollten Augen

---

Subtrahat a populo populus, natusque parentes
Deserat atque aliter credentem nemo salutet,
Defendatque deos sint quamvis cunctipotentes
Quivis mortalis, sine vi, fanaticus, excors.

1) Degli Eroici Furori (Wagner II, 384): . . . . *legitimo e degno sacerdote. Ces. Ben dici di degno e legitimo sacerdote, per che de gli apostici n' è pieno oggi il mondo.*

2) De Umbris Idearum, Intentio XIII (Gfrörer, pag. 307): *(umbra) conducens ad lucem, quae etiam si non sit veritas, est tamen a veritate, et ad veritatem, ideoque in ipsa non credas esse errorem, sed veri latentiam.*

3) Ebendas., Intentio XV (Gfrörer, pag. 308): *Naturalem videndi potentiam perdidere nonnulli de tenebris in repentinam lucem prodeuntes tantum abest ut perquisito potirentur objecto. Umbra igitur visum praeparat ad lucem. Umbra lucem temperat.*

haben, sie, die doch von der Natur nicht zum Sehen, sondern zur Arbeit und dazu geschaffen sind, dem Gesicht beizustimmen [1]). Der Haufe und die dumme Menge wird mehr durch Sophismen und den äussern Anschein, die der oberflächlichen Betrachtung der Dinge entstammen, als durch die Wahrheit geleitet und geführt, denn die Wahrheit ist in der Substanz jener Sophismen und Scheingründe verborgen, ja sie ist der eigentliche Kern derselben [2]). Nach meiner Ansicht, sagt Bruno, ist des Volkes Stimme nur da und in soweit für Gottes Stimme zu halten, wo Verfassungen einzuführen, Kirchenbräuche zu heiligen und sociale Fragen zu berathen sind, nicht jedoch, wo es sich um die philosophische Wahrheit handelt [3]). Am klarsten spricht Bruno seine Ueberzeugung aus im Dialog De l'Infinito, wo er die historische Erfahrung betont: „Diejenigen Theologen, welche nicht weniger gelehrt als fromm waren, haben der Freiheit der Philosophie niemals vorgegriffen. So auch haben die wahren, gebildeten und lebenserfahrenen Philosophen stets der Religion das Wort gesprochen. Denn die einen wie die andern wissen, dass es des Glaubens bedarf, um rohe Völker, die regiert werden müssen, zu erziehen, sowie des wissenschaftlichen Beweisverfahrens für die denkenden Köpfe, die sich und andere zu regieren wissen [4])."

---

1) Cena dele Ceneri (Wagner I, 173): *Parlare con i termini de la verità, dove non bisogna, è voler, che il volgo e la sciocca moltitudine, da la quale si richiede la pratica, abbia il particolar intendimento; sarebbe come volere che la mano abbia l'occhio, la quale non è stata fatta da la natura per vedere, ma per oprare, e consentire a la vista.*

2) Degli Eroici Furori (Wagner II, 403): .... *(il) volgo e sciocca moltitudine, che viene più incamminata e guidata con sofismi e apparenze, che si trovano ne la superficie de le cose, che de la verità, ch' è occolta ne la sustanza di quelle, et è la sustanza medesima loro.*

3) Acrotismus (Gfrörer, pag. 12): *non ubi de veritate definiendum est, sed ubi leges instituendae, religionum cultus sanciendus, et circa eas, quas ad populorum convictum faciunt deliberationes, vocem populi pro voce Dei habendam (ubi consenserit) esse censeo.*

4) De l'Infinito (Wagner II, 27): *li non men dotti che religiosi teologi giammai han pregiudicato a la libertà de' filosofi; e li veri, civili e bene accostumati filosofi sempre hanno favorito le religioni; per che gli uni e gli altri sanno, che la fede si richiede per l'istituzione di rozzi popoli, che denno esser governati, e la dimostrazione per li contemplativi, che sanno governar sè et altri.*

Die unvermeidliche Schlussfolgerung aus diesen Vordersätzen führt zu einer durchschlagenden Verurtheilung aller positiven Religionen. Bruno nennt dieselben „Gifte", deren Ausbreitung durch die Mission zu nichts anderm geführt habe, als zur Beförderung der Lasterhaftigkeit, der Zwietracht und der Ausrottung der Naturvölker. Und gegenüber diesen Leistungen einer verkehrten Cultur lasse sich auch nicht eine günstige Lichtseite entdecken [1]). Bruno betrachtet und schätzt die positiven Religionen als pure Erziehungsfactoren, die nur insofern relativen Werth haben, als sie die philosophische Freiheit begründen helfen. Damit gelangt aber Bruno zur Anerkennung der reinen, unverfälschten Naturreligion, als welche der Freiheit der menschlichen Vernunft am wenigsten Eintrag thut. Bruno findet die Sonnenverehrung, welcher die alten Chaldäer, Aegypter, Pythagoräer, Platoniker und die andern Naturphilosophen, Plato, Pythagoras und Socrates an der Spitze, mit glühender Inbrunst anhiengen, gar nicht so verwerflich götzendienerisch, da ja doch die gläubige Andacht in der Verehrung lebender Bilder und der herrlichsten Spuren der Gottheit nichts anderes bezwecke, als dieser schon durch äussere Cultushandlungen den glühenden Drang ihrer religiösen Gluth kundzugeben [1]). Da nun aber Bruno der Ueberzeugung lebt, dass das Zeitalter jener Naturreligion zugleich die Periode des höchstgesteigerten Glückseligkeitsgefühls der Menschheit darstellt, so widmet er den, den Naturreligionen der Chaldäer, Aegypter und Griechen nachfol-

---

4) De Immenso, Lib. VII, cap. 16, pag. 617: *A regione quippe in regionem vitia et perversarum legum et religionum venena in dissidii exterminiique materiam propagata sunt et disseminata usque ad suffocationem omnis bonae frugis repullularunt nulla vero sunt quae cum iisce possimus recensere commoda.* Vgl. auch das Gedicht Naturstand und Civilisation, pag. 198.

7) Sigillus Sigillorum (Gfrörer, pag. 586), 7: *Propterea antiqui Chaldaei, Aegyptii omnes, Pythagorici, Platonici caeterique naturae contemplatores optimi hunc solem (quem Plato visibilem filium et summi Dei imaginem appellavit, cui orienti Pythagoras hymnos lyra concinebat, quem exorientem Socrates salutans in extasin rapiebatur) inter alias stellas visum auditumque habentes, memoria non carentes et preces exaudientes, ardertius adorabant; quorum non adeo damnanda est idololatria, siquidem ad viventes imagines et optima divinitatis vestigia corporeos oculos convertentes, tamquam per externum cultum (quem etiam Deus a nobis requirere videtur) interna ardentioreque animi religione amplius intenduntur.*

genden Offenbarungsreligionen, nur Worte des ingrimmigsten Hasses, nur Ausdrücke der unverhehltesten Verachtung. Den genialsten Ton schlägt diese Stimmung an im SPACCIO DELLA BESTIA TRIONFANTE. Da genügt ihm aber auch nicht der Hellenismus, um wie viel weniger das Judenthum mit seinen beiden Absenkern, dem Christenthum und dem Muhamedanismus, deren Schrifterklärung ihm beissenden Hohn entlockt. Im Aschermittwochsmahl verspottet er die von den Exegeten aller semitischen Offenbarungsreligionen gleicherweise an der Bibel geübte Methode, welche alles der philosophischen Auffassung Widerstrebende in Metaphern auflöst, um alsdann diesen Metaphern jeden beliebigen Sinn, dessen man gerade bedarf, unterzuschieben, indem man aus dem Ja ein Nein und aus dem Nein ein Ja macht, wie beispielsweise an gewissen Stellen, wo sie sagen, hier spreche Gott aus Ironie [1]).

Die Quelle alles Unheils in der Weltgeschichte ist für Bruno das Semitenthum überhaupt [2]). Die prägnanteste Erscheinung desselben erkennt er im Judenthum.

Nicht dass der Nolaner unfähig gewesen wäre, die werthvollen Leistungen des althebräischen Geisteslebens im vollsten Maasse zu würdigen. Mit Vorliebe citirt er Stellen aus den Propheten, dem Psalter, dem Hohen Lied und dem Prediger Salomonis als Belege für seine eigenen Sätze [3]). Das Buch Hiob gilt ihm als eines der merkwürdigsten Bücher, die man lesen könne, reich an jeder guten Theologie, Natürlichkeit und Sittlichkeit,

---

1) CENA DELLE CENERI (WAGNER I, 175): *Or quanto siino costanti queste metafore, lo possete giudicar da questo, che la medesima scrittura è in mano di Giudei, Cristiani e Macumetisti, sette tanto differenti e contrarie, che ne partoriscano altre innumerabili contrarissime e differentissime, le quali tutte vi san trovare quel proposito, che le piace e meglio le vien comodo, non solo il proposito diverso e differente, ma ancor tutto il contrario, facendo d'un sì un no, e d'un no un sì, come verbi grazia in certi passi, dove dicono, che dio parla per ironia.*

2) SPACCIO DELLA BESTIA TRIONFANTE (WAGNER II, 217): *legge da qualche Giudeo e Saraceno bestiale e barbaro, non da Greco e Romano civile et eroico.*

3) So z. B. SUMMA TERMINOR. METAPHYSICOR. (GFRÖRER, pag. 482) und DEGLI EROICI FURORI durchweg. Vgl. auch SIGWART, Kl. Schr., Bd. I (1881), pag. 119, wo der Ausspruch des Predigers Salomonis: *Nihil sub sole novum* als Eintrag Bruno's in das Stammbuch eines Herrn Hans von Warnsdorff nachgewiesen wird.

den Ausbund der weisheitsvollsten Vernunftgespräche, welche Moses seinen Gesetzbüchern gleichsam als ein Heiligthum angehängt habe [1]). Der Erklärung der hl. Schrift geziemt Würde, Reinheit und Ehrfurcht [2]). Wie jedermann sich aufs klarste überzeugen kann, ist die hl. Schrift ein Lehrbuch sittlichen Lebenswandels, die, weit entfernt, sich auf Demonstrationen und Speculationen der Naturverhältnisse einzulassen, als ob sie Philosophie sein wollte, sich vielmehr nur darauf beschränke, unsere Vernunft und Empfindung zur Uebung der Sittengesetze zu erziehen. Da nun der göttliche Gesetzgeber nur dieses Ziel vor Augen habe, im Uebrigen aber sich nicht darum kümmere, von jener Wahrheit zu sprechen, durch welche der gemeine Mann nichts gewinnen würde, so überlasse er das Nachdenken darüber den contemplativen Menschen und spreche zum Volke in der Weise, dass jenes nach seiner Denk- und Ausdrucksweise das Hauptsächliche zu begreifen vermöge. Denn es müsste einer ein Narr sein, wenn er, in der Absicht, allem Volke Gesetz und Lebensform zu geben, sich derjenigen Ausdrücke bediente, welche nur er und ganz wenige andere verstünden .... weise und grossgesinnte Geister, sowie jene, welche w a h r h a f t Menschen sind, als welche auch ohne Gesetzesvorschrift dasjenige thun, was frommt [3]).

Aber all solches der Bibel gespendete Lob ist bei Bruno nur unumgängliches Zugeständniss. Denn in seines Herzens

---

1) Cena delle Ceneri (Wagner I, 174): *Dioo ad un libro di Giobbe, qual' è uno de' singularissimi, che si possan leggere, pieno d'ogni buona teologia, naturalità e moralità, colmo di sapientissimi discorsi, che Mosè come un sacramento ha congiunto ai libri de la sua legge.*

2) De Lampade Combinatoria (Gfrörer, pag. 630): *qualis scripturae divinae interpretandae gravitatem, puritatem majestatemque decet.*

3) Cena delle Ceneri (Wagner I, 172): *Ma come chiarissimamente ognuno può vedere, ne li divini libri in servizio del nostro intelletto, non si trattano le dimostrazioni e speculazioni, circa le cose naturali, come se fusse filosofia, ma in grazia de la nostra mente et affetto, per le leggi si ordina la pratica circa le azioni morali. Avendo dunque il divino legislatore questo scopo avanti gli occhi, nel resto non si cura di parlar secondo quella verità, per la quale non profitarebbono i volgari, per ritrarsi del male et appigliarsi al bene, ma di questo pensiero lascia a gli uomini contemplativi, e parla al volgo di maniera, che secondo il suo modo d'intendere e di parlare venghi a capire quel, ch' è principale. Pazzo*

innersten Tiefen kocht vererbter Rassengroll gegen Alles, was aus jüdischem Geblüt hervorgegangen ist[1]). Ausdrücke wie:

---

sarebbe uno che vuol dare a l'universo volgo la legge e forma di vivere, se usasse termini, che le capisse lui solo et altri pochissimi . . . savii e generosi spirti e quei che sono veramente uomini, li quali senza legge fanno quel che conviene.

1) Bruno's fanatischer Semitenhass erklärt sich zum Theil aus lebendig gebliebenen Jugenderinnerungen, die sich an eine Judenverfolgung knüpften, über welche der Nolaner im Kreise seiner Familie wohl häufig genug mag erzählen gehört haben. Im Jahr 1509 nämlich wurden sämmtliche Juden nach siebenzigjähriger Wucherwirksamkeit aus Nola und dem ganzen damaligen Spanischen Reiche vertrieben. Der nolanische Chronist und Bischof Ambrosius Leo berichtet darüber in seiner Geschichte von Nola (Venetiis, 1514) bei Schott, Italia illustrata (Frcft., 1600), pag. 970—971 Folgendes: *Anno millesimo quatercentesimo quadragesimo in urbe Nola incolere coepere Judaei atque perquam pauci. Quorum fuit Vilielmus chirurgus medicus, homo pannosus ac pauperculus: veluti senes nostri retulere; is ubi Nolam ingressus est, urbem statim totam commovit novitate praesentiae Judaicae; usque adeo, ut postquam auditum fuisset, adventasse Judaeum, turmatim Nolani per urbem ruere, ut illum tuerentur: tamquam sperassent unum ex illis cernere, qui Dominum Jesum cruci affixere. Illi vero conductis aedibus coepere vivere civitatem Nolam; quum antea nullum in urbe Judaeum habitavisse auditum cognitumve sit a senioribus nostris. Deinde hisce veluti initium aditumque facientibus advenere paulatim alii totque, ut ad viginti aedes conduxissent. Priores vero paucos annos ditissimi evasere foenore faciendo, namque vestes omnis generis, vasa aenea, stannea, argentea, annulos, gemmas caeteraque preciosa quaecunque potuissent accipere in fidem et pignora capientes foenerabant. Foenus autem erat menstruum, velut pro sexagenis mutuatis nummis singulos cum semisse expilabant, quae lucella super pignore ultra mutatam pecuniam adjecta brevi augebant sortem adeo, ut usurae debitum precio justo rei aequaretur, unde res de pignoris proprietate in Judaei possessionem silenti devoratione transigebatur. Neque id eis satis fuit; sed Vilielmus etiam primus, senex jam ausus est aedes magnas mercari, easque fabrica majores pulchrioresque efficere, idque super via Vincanciana. Item agrum amplum emere ad Turrem Martianam. Quae aedes agerque postea possessi sunt a Cesarinis tum, quum adventantibus Gallis Judaei omnes expoliati fuere. Incoluerunt vero Judaei in urbe Nola annis septuaginta. Namque millesimo quingentesimo nono ejecti fuerunt, non solum a Campania, sed etiam de Pelignis, Apulia, Calabria nunc dicta, ac longe antea de Sicilia omnique Hispania ab altro Ferdinando Aragonaeo, qui prius Hispaniarum rex erat ac Siciliae, deinde pulsis nostris regibus longo bello habito cum Gallis, ipse successit imperio Neapolitano, quo in bello Gallico Judaei plurima passi sunt damna. Namque divitiis omnibus spoliati sunt partim a militibus, partim a populis, idque anno 1506 post Jesum dominum.*

„beschnittener Sinn und geschorener Verstand [1])" bilden deutliche Hinweise auf Judenthum und Christenthum. Die grausame Härte jüdischer Strafgesetze, welche zum traurigen Vorbild christlicher und muhamedanischer Gesetzgebungen geworden ist, erklärt Bruno aus der Verworfenheit des jüdischen Stammcharakters. Ein Gesetz, welches für den Fehler des Vaters auch die unschuldigen Kindlein und die Mutter büssen lässt, konnte nach Bruno nur einer so pestilenzialischen, aussätzigen und gemeingefährlichen Rasse, wie der jüdischen, entspringen, einer Rasse, die eher ausgerottet als geboren zu werden verdiente [2]). Die Juden sind der Abschaum der Menschheit [3]), das nichtswürdigste und verdorbenste Volk der Welt, von der niedrigsten und schmutzigsten Natur und Gesinnung [4]). Das Unerträglichste an ihnen ist ihr grenzenloser Hochmuth. Sie waren von jeher ein gemeines, feiles, sich absonderndes, unmittheilsames, mit den andern Rassen unverträgliches Volk, die es bestialisch verachten und von welchem sie aus jedem Grunde nach Gebühr wiederum verabscheut werden [5]). Einst als sie noch die Sklaven der Aegypter waren und in die Wüsten verbannt wurden, da wurden sie von ihrem Propheten getröstet und gestärkt mit der Hoffnung auf Freiheit und der Erwerbung eines Vaterlandes. Als sie dann zu Besitz und Ruhe gelangt waren, wurden sie mit Zerstreuung und Gefangenschaft bedroht. Heut zu Tage aber, wo

---

1) De Immenso, Lib. I, cap. 13, v. 47, pag. 196:

Quis circumciso sensu, et ratione retonsus . . .

2) Spaccio della Bestia Trionf. (Wagner II, 197): *Mercurio: Et è contra ogni legge, che per difetto del padre, vegnano multati gli agnelli e la madre. Sofia: È vero, che mai ho trovato tal giudizio, se non tra i fieri barbari, e credo, che prima fusse trovato tra i Giudei, per esser quella una generazione tanto pestilente, leprosa, e generalmente perniciosa, che merita prima esser spinta che nata.*

3) Ebendas. (Wagner II, 236): *gli Ebrei son convitti per escremento de l'Egitto.* De Immenso, pag. 512 und 625: *faex populorum, faex hominum.*

4) Ebendas. (Wagner II, 239): *la più indegna e fracida generazion del mondo, di più bassa e sporca natura e spirto.*

5) Ebendas. (Wagner II, 268): *gli Ebrei . . . gente sempre vile, mercenaria, solitaria, incommunicabile et inconversabile con l'altre generazioni, le quali bestialmente spregiano, e da le quali per ogni ragione son degnamente dispregiate.*

es kein Uebel oder Laster giebt, dem sie nicht unterworfen wären, giebt es kein Gut und keine Ehre, die sie sich nicht versprächen [1]). Das Schlimmste aber ist, dass sie, als der Auswurf Aegyptens [2]) die missverstandene Naturreligion der Aegypter in verfälschter Form auf die Nachwelt vererbt haben. Während, wie die Weisen wissen, die Aegypter von der Betrachtung der äussern, natürlichen Formen lebendiger Thiere und Pflanzen emporstiegen und, wie die Geschichte zeigt, bis zur Gottheit durchdrangen [3]), haben jene und die nach ihnen gekommen sind, den alten sinnigen Thierdienst in einen aller Vernunft spottenden Eselsdienst verkehrt. Und nun erzählt Bruno eine köstliche Geschichte, die er vor Jahr und Tag selbst erlebt hatte. „Als ich (i. J. 1576) nach Genua kam, stellten die Mönche des Castells gerade den verschleierten Schwanz zum Kusse aus, indem sie riefen: Berührt ihn nicht, küsst ihn! Dieses ist die heilige Reliquie jener gebenedeiten Eselin, welche würdig erachtet worden, unsern Herrgott vom Oelberge nach Jerusalem zu tragen. Betet ihn an! Küsst ihn! Reicht Almosen! Ihr werdet hundertfältig empfangen und das ewige Leben erwerben [4])!" Durch solche kläglich carrikirende Nachäfferei des tiefsinnigen Naturcultus der Aegypter, durch

---

1) Degli Eroici Furori (Wagner II, 380): *Così gli Ebrei, quando erano schiavi ne l'Egitto, e banditi ne li deserti, erano confortati da lor profeti con l'aspettazione di libertà, et aquisto di patria; quando furono in stato di domino e tranquillità, erano minacciati di dispersione e cattività. Oggi che non è male nè vituperio, a cui non siano suggetti, non è bene nè onore, che non si promettano.*

2) Spaccio della Bestia Trionfante (Wagner II, 236): *gli Ebrei son convitti per escremento del Egitto.*

3) Ebendas. (Wagner II, 234): *Gli Egizj, come sanno i sapienti, da queste forme naturali esteriori di bestie e piante vive ascendevano e, come mostrano li lor successi, penetravano a la divinità.*

4) Ebendas. (Wagner II, 232): *Così ho visto io li religiosi di Castello in Genova mostrar per breve tempo e far baciare la velata coda, dicendo: Non toccate, baciate! questa è la santa reliquia di quella benedetta asina, che fu fatta degna di portar il nostro dio dal monte Oliveto a Jerosolima. Adoratela, baciatela, porgete limosina! Centuplum accipietis, et vitam aeternam possidebitis.* Diese Eselsschwanzverehrung muss tiefen Eindruck auf Bruno gemacht haben, denn er kommt von seinem ersten Werke bis zum letzten immer wieder darauf zurück. Vgl. Candelajo (Wagner I, 17) und De Immenso, pag. 625 unten.

derlei Verehrung von todtem Unflat verfällt Gott und die Natur dem Spott und Hohn wahnwitziger Götzendiener, die noch obendrein den besiegten Anhängern des reinen Naturdienstes gegenüber hochmüthig vermeinen, im Lichte zu wandeln, wenn sie ihre lächerlichen Gebräuche so hoch im Ansehen erblicken[1]).

Bruno ist unermüdlich, den Schaden zu betrauern, welchen die Menschheit erlitten habe, als das Semitenthum dem sinnigen Naturdienst der antiken Culturvölker ein grauenhaftes Ende bereitete, indem es an die Stelle der ehemaligen Unschuld raffinirte Bosheit und an den Platz der einstigen Begeisterung für die Forschung nach der Wahrheit Heuchelei und Lüge, Ignoranz und Intoleranz gesetzt habe. Nirgends aber nimmt dieser elegisch-satyrische Ton rundere Gestalt an, als in folgendem Gedichte über den

Ursprung der Verkommenheit.

Astronomie war in ältester Zeit nicht eine Erfindung,
Um den geordneten Plan des Alls zu ergründen; sie diente
Lediglich zu dem vernünftigen Zweck, die Erkenntniss des Ganzen
Auf dem Berechnungsweg dem Menschenverstand zu erleichtern.
Aber die Dummheit kam in die Welt und die stattliche Rasse
Wucherte bald überall. Da begann sich des Geistes der Menschheit
Jene Verstrickung im Wurzelgeflecht des Wahns zu bemeistern.
Jegliches Dichtungsgebilde der Vorwelt — sei's dass das Schicksal
Oder des Menschen Gemüth so wollte — galt für Reales.
Eitle Berechnung ersann Systeme phantastischer Welten.
Was den Aegyptern einst ein Mythus gewesen, ein Mittel,
Um der Mysterien Sinn bequemer und tiefer zu fassen,
Ein Symbol, um das, was dem menschlichen Blicke entrückt ist,
Durch ein poetisches Bild dem Geiste näher zu bringen, —

---

1) Ebendas. (Wagner, II, 225): *Ma quel che mi par da deplorare, è che veggio alcuni insensati e stolti idolatri, li quali, non più che l'ombra s'avvicina a la nobiltà del corpo, imitano l'eccellenza del culto del l'Egitto, e che cercano la divinità, di cui non hanno ragione alcuna, ne gli escrementi di cose morte et inanimate; che con tutto ciò si beffano non solamente di quei divini et oculati cultori, ma anco di noi, ... trionfano, vedendo li lor pazzi riti in tanta riputazione e quelli de gli altri a fatto svaniti e cassi.*

Das galt nun für Realität! Da rückte des Geistes
Sonnenfinsterniss an und der Wahnwitz ruhte nicht eher,
Bis das Judengeschmeiss die antiken Symbole verfälschte,
Und sie alsdann für des eigenen Geists Erfindungen ausgab.
Wahrlich ein Musterbild von Verkommenheit! Wirklich erlosch auch
Jegliches Licht und die Völker verfielen der hässlichen Fabel.
Los brach jetzt die barbarische Zeit, die Epoche der Schande,
Welcher das Wissen ein Wahn und der Menschenmord Pietät heisst,
Welcher die Religion nur als Mittel erscheint, um die Völker
All' zu entzwei'n und brutal die Satzungen aller zu brechen.
So verblieb von dem Urideal des Rechts und der Wahrheit
Nur ein Lügengespinnst, zum Verderb der Vernunft und der Sitte [1]).

Bruno ist, nach Massgabe solcher Auslassungen, die seines Herzens innersten Tiefen entströmen, weder ein Freund des Judenthums, noch der historischen Erscheinung der christlichen Kirche, deren Dogmatik er mit den schneidigsten Waffen seines an witzigen Wendungen und beissendem Hohn nie verlegenen Geistes bekämpft. Jehova nennt er nur: „die Gottheit der

---

1) De Immenso, Lib. I, cap. 2, v. 41—65, pag. 511:

Suppositiones Astronomorum factae sunt positiones philosophorum ad extremam usque insaniae speciem. Sicut Aegyptiorum fabulis (ex Mercurii vaticinio in Poimandro) accidit.

Adde quod haec primum studio conflato Mathesis
Non sicut caperet mundum in hac dispositeram
Comprensum vere: sed certe ad commoditatem
Doctrinae facilis tandem qua computus esset.
Porro ubi stultitiae coepit generosa propago
Crescere, et ingenio implantatae sunt magis alte
Radices illas, coeperunt vera putari
Mobilia, atque anima motrice, aut numine pulsa.
Inde sibi ratio finxit phantastica secla:
Ut quondam Aegypto fuerant quae fabula, ut apte
Objicier menti quaedam mysteria possent.
Perque quod in promptu est a sensibus omne remotum
Aptius in signo vel imagine conciperetur:
Usque adeo crassi tandem est insania vulgi
(Abdidit ut divum lux vultum) semper adaucta,

Hebräer"[1]) und Christus, wenn er ihn auch in seiner Rede an den Wittenberger Senat rücksichtsvoll „den Hirten nicht Eines Volkes allein, sondern den einzigen und höchsten Hirten aller Völker" nennt, führt Bruno in einer Reihe auf mit den Göttern, Religionsstiftern und Philosophen aller Zeiten, er zählt hintereinander auf: Zoroaster, Trismegistus, Charondas, Solon, Zamolxis, Plato, Minos, Numa, Romulus, Muhamed, Moses, Ormazd, Mercur, Saturn, Minerva, Vesta, Jupiter, Apollo, Egeria Nympha, Mars, Gabriel, Jehova, den Gott der Hebräer und Gott den Allmächtigen, den Allvater und Herrn des Weltalls[2]). Kein Zweifel, dass Bruno selbst den Stifter des Christenthums nicht mit seiner Ironie verschont. Er spricht z. B. im Gedicht: De Monade von dem Ursprunge, welchen verschiedene Religionsstifter aus bösen Constellationen genommen haben. Unter denselben versteht er: Romulus, Merlin, Apollonius von Tyana, Theut, und andere,

Ut vitiata etiam simulacra ea faex populorum
Verterit in proprii generis figmenta profana
Pessimum in exemplum vitai: atque inde sepulta est
Lux ac per genteis invecta est fabula turpis
Barbaries genita est, seclum evectum scelerosum
Cui scire insanum est, crudelia, et impia facta
Sunt pietas, et Religio est in schismate mundum
Servare, atque super jura omnia tollere vires.
Sic veri ac justi normae corrupta remansit
Fabula quae vitae rationem evertit et usum.

1) De Monade, cap. 8, pag. 111 unten:
Septenis glauca latuit caligine Moses
Cum fieret viso Hebraeorum numine laetus.
Ferner De lampade combinatoria Lull. (Gfrörer, pag. 632): *Deus Hebraeorum Jehova.*

2) De lampade comb. ad Vitebergae senatum (Gfrörer, pag. 632): *munus inquam quale per principes gentium, duces et pastores populorum, Zoroastrem, Trismegistum, Charondam, Solonem, Zamolxim, Platonem, Minoem, Numam, Romulum, Mahumetum, Mosen et non unius gentis, sed omnium unicum summumque pastorem Christum communicasse dicuntur numina, Oromasis, Mercurius, Saturnus, Minerva, Vesta, Jupiter, Apollo, Egeria Nympha, Mars, Gabriel, Deus Hebraeorum Jehova, et Deus omnipotens, pater omnium et dominus universi.* Ebenso in Sigillus Sigillorum (Gfrörer, pag. 569), 35: *Pythagoras, Zoroaster, Zamolxis, Abaris, ... Moses, ... Jesus Nazarenus, ... Raymundus Lullius, ... Paracelsus!*

die ungewissen Eltern entstammt sind[1]). Im SIGILLUS SIGILLORUM schildert er die Erfindungsgabe der Ekstatiker, sich durch künstlich hervorgebrachte Melancholie die Wollust mystischer Versenkung in Gott zu verschaffen: „Diese verabscheuen wir am meisten, da die Thoren bisweilen nicht allein ihre eigene, sondern auch der andern Unwissenden und Esel (denen sie wie Propheten und Offenbarer der Frömmigkeit erscheinen), schändliche Dummheit nähren. Nachdem sie durch Verschmähung jeder natürlichen Nahrung abgemagert und zu einer krankhaft saturnischen Complexion gelangt sind, und sich gewissen zur Verwirrung der Phantasie höchst geeigneten vorgängigen Betrachtungen, die sie für fromm halten, durch das Dunkel der Nacht begünstigt, hingegeben haben, verfallen sie in einen Zustand der Traurigkeit, worin sie, mit Geisseln sich leicht schlagend, aus den innern Theilen die Wärme nach den äussern locken, damit so die melancholische Stimmung mächtiger auf den Geist einwirke; und damit zur Erreichung der Exstase ja nichts versäumt werde, wenden sie die Gedanken ihrer Seele dem Tode irgend eines Adonis zu, und zur Traurigkeit eine angenehme Traurigkeit hinzufügend (denn wir wissen, dass auch die Thränen ihre Wollust haben), erleiden sie eine körperliche Erregung anderer Art, und treten, kraft der verwirrten Sinne, aus Antrieb des eigenen Geistes leichtlich mit einem jener unreinen und der Vernunft spottenden Geister in Verbindung, während sie selbst am Ende sich zu einer, ich weiss nicht welcher, offenen Anschauung elender und erbärmlicher Gottheiten entrückt glauben, so dass sie Dinge hören und wahrnehmen, die niemals in ihre Gedanken hätten kommen können. Diese Gewalt der verwirrten Phantasie ist bei Einigen bis dahin gestiegen, dass durch die Gluth der brennenden Phantasie die Wundmale der durchbohrten Gottheiten, deren Bild sie mächtig ihrem Gemüth eingeprägt hatten, ihrem eigenen Leibe eingebrannt wurden[2])." CLEMENS, dessen Uebersetzung wir hier

1) DE MONADE, pag. 75: ...*ad tales referunt ortum Romuli, Merlini, Thianei, Theuti et aliorum qui incertis parentibus prodiere.*

2) SIGILLUS SIGILLORUM. *De duodecima contractionis specie.* 46. (GFRÖRER, pag. 576—577): *Jam ad non magis ingeniosos Apocalypticos nostros respiciamus,*

gefolgt sind, bemerkt mit Recht: „Jeder sieht, dass hier zunächst auf die Wundmale des hl. Franz von Assisi, auf die Betrachtung des leidenden und sterbenden Christus, und auf die Nachfolge desselben in der Abtödtung der Sinne und des Fleisches angespielt ist [1]).“

Die Wunder Christi müssen sich die bitterste Ironie gefallen lassen, als schöne „Kunststücke“, die „das Naturgesetz zur Büberei herabwürdigten.“ Bruno wählt zum *whipping boy* seiner Satyre den auf dem Wasser wandelnden Orion. „Darauf fragte Neptun: Was werdet ihr, o Götter. mit meinem Lieblinge, meinem Herzblatte anfangen, mit jenem Orion . . . . . .? Da erwiederte Momus: Lasst mich euch einen Vorschlag machen, ihr Götter. Uns ist, wie das Sprichwort in Neapel sagt, der Maccaroni in den Käse gefallen. Diesen, weil er Wunder zu wirken versteht, und, wie Neptun weiss, auf den Wogen des Meeres einherschreiten kann, ohne einzusinken, noch sich die Füsse zu netzen, und weil er folglich wohl auch noch viele andere schöne Kunststücke zu machen vermögen wird, ihn lasst uns

---

qui cum ejusdem pessime olentis melancholiae specie laborent, fine tamen, per libidinis diversitatem, differunt; hos maxime detestamur, quandoquidem interim stulti non propriam modo, sed et aliorum ignorantum et asinorum (quibus prophetae et revelatores pietatis apparent) turpissimam stultitiam enutriunt. Hi mage naturale nutrimentum contemnentes postquam in maciem et viciose saturniam complexionem fuerint adacti, quibusdam (ad phantasiam perturbandam) aptissimis praeviis (quas pias credunt) meditationibus ipsi faventem noctis umbram potiti, tristitiam quandam subeunt, ubi flagris lenius caedendo sese, ab internis calorem ad partes exteriores evocant, ut hoc interius mage remisso amplius in spiritu melancholicus tepor intendatur, et ut nulla ad ecstasin contrectandam desit occasio, animi excogitationem ad alicujus Adonidis mortem adpellentes tristitiaeque suavem quandam addentes tristitiam (haud enim et lacrimis suam deesse libidinem comperimus), alterius generis horripilationem subeunt, interimque virtute perturbati sensus, facile proprii spiritus adpulsu alicui de immundis iisdemque irrisoribus intelligentiae spiritibus copulantur, cum demum nescio in quem miserorum tristiumque numinum apertum intuitum et affatum adeo promoti credantur, ut ea audiant atque percipiant, quae nunquam in eorum cogitationem cadere potuissent. Quem quidem phantasiae turbatae impetum eousque in quibusdam invaluisse novimus, ut confessorum numinum, quorum speciem intensius animo contraxerant, ardentioris phantasiae fervore cicatrices in proprio corpore inustas comperirent.

1) F. J. CLEMENS, Giordano Bruno und Nicolaus von Cusa (Bonn, 1847). pag. 176.

unter die Menschen senden, um durch ihn denselben kund zu thun, was uns irgend gut däucht und beliebt, indem er sie glauben macht, dass das Weisse schwarz, dass der menschliche Verstand, wo er am deutlichsten Etwas einzusehen wähnt, nur eine Blindheit, dass das, was der Vernunft vortrefflich, gut und das Beste scheint, gemein, verwerflich und durchaus böse; dass die Natur eine niederträchtige Metze; dass das Naturgesetz eine Büberei sei; dass die Natur und die Gottheit nicht zu dem gleichen guten Zwecke zusammenwirken können, und dass die Gerechtigkeit der einen nicht der Gerechtigkeit der andern untergeordnet, sondern sich entgegengesetzt sei, wie Finsterniss und Licht; dass die Gottheit ganz und gar Mutter der Griechen und nur wie eine feindliche Stiefmutter aller andern Geschlechter sei, wesshalb auch keine den Göttern angenehm sein könne, er gräcisire denn, d. h. er werde zum Griechen; denn der grösste Bösewicht und Taugenichts, den Griechenland besitzt, ist, weil er dem Geschlechte der Götter angehört, unvergleichlich viel besser, als der gerechteste und edelste Mann, der aus Rom zur Zeit der Republik oder aus irgend einem andern Volke hervorgehen konnte, mag dieser auch in Sitten, Wissenschaft, Stärke, Schönheit im Ansehen jenen noch so sehr übertreffen. Diese sind nämlich natürliche und von den Göttern verachtete, denen überlassene Gaben, die unfähig sind höherer Bevorzugungen, d. h. jener übernatürlichen, die die Gottheit schenkt, als da sind: auf dem Wasser zu springen, die Krebse tanzen, die Lahmen hüpfen, die Maulwürfe ohne Brille sehen zu machen, und unzählige andere Galanterien. Er wird damit die Menschen überzeugen, dass die Philosophie, jede Betrachtung und Magie, die sie uns ähnlich machen könnte, nur Thorheiten sind, dass jede heroische That nur eine Feigheit, und dass die Unwissenheit die schönste Wissenschaft von der Welt ist, indem sie ohne Mühe erworben wird und den Geist nicht mit Melancholie erfüllt. Damit wird er vielleicht den Cultus und die Ehre, die wir verloren haben, wieder herstellen und noch vermehren, indem er bewirkt, dass unsere Spitzbuben für Götter erachtet werden, weil sie entweder Griechen oder griechisch geworden sind. Nicht ohne Furcht jedoch, ihr Götter, ertheile ich euch diesen Rath, denn irgend eine Mücke surrt mir ins Ohr, es könne geschehen, dass dieser am Ende, wenn er das Wild in Händen hat, es dabei nicht bewenden lasse, sondern sagen und den Menschen glauben machen werde, der grosse Jupiter sei nicht Jupiter, sondern Orion sei Jupiter, und alle Götter seien nur Chimären und Einbildungen. Insofern scheint es nur gerathen, nicht zu glauben, dass er *per fas et nefas*, wie es heisst, solche Geschicklichkeiten und Fertigkeiten an den Tag lege, wodurch er sich in seinem Rufe über uns emporschwingt." Hier antwortete die weise Minerva: „Ich weiss nicht, o Momus, in welchem Sinne du diese Worte sprichst, diesen Rath ertheilst, diese Behutsamkeit empfiehlst. Ich denke, dass deine Worte ironisch gemeint sind; denn ich halte doch nicht für so thöricht, zu glauben, dass die Götter durch solche Armseligkeiten sich ihren Ruf bei den Menschen erbetteln, und dass, in Bezug auf jene Betrüger, ihr falscher, nur auf die Unwissenheit und Bestialität Derjenigen, die sie schätzen und ehren, gegründeter Ruf ihnen wirklich zur Ehre, und nicht vielmehr zur Bestätigung ihrer Unwürdigkeit und höchsten Verwerflichkeit gereiche. In dem Auge der Gottheit und der Allem vorstehenden Wahrheit kommt es darauf an, dass Einer gut und würdig sei, mag er auch keinem Sterblichen bekannt sein; aber dadurch, dass ein Anderer es dahin bringt, fälschlich als Gott von allen Sterblichen geachtet zu werden, wird sein Werth nicht erhöht; denn er ist vom Schicksal nur zu einem Werkzeuge und Wahrzeichen gemacht worden, wodurch die um so grössere Unwürdigkeit und Thorheit Jener, die ihn werth halten, an den Tag tritt, je niedriger, verächtlicher und verworfener er selbst ist. Wenn also nicht allein Orion, der ein Grieche und ein Mensch von einigem Werthe ist, sondern Einer aus dem nichtswürdigsten und verdorbensten Volke der Welt, von der niedrigsten und schmutzigsten Natur und Gesinnung gewählt und als Jupiter angebetet wird, so erwächst sicherlich ihm daraus keine Ehre, noch dem Jupiter in ihm eine Schmach, denn nur verkleidet und unbekannt erhält er jenen Sitz oder Thron; wohl aber erwerben sich Andere in ihm Geringschätzung und Tadel. Niemals also wird ein Schelm dadurch Ehre erlangen können, dass er mit Hülfe feindlicher Genien blinden Sterblichen zum Affen und zur Posse dient[1]).

1) Ebendas. (WAGNER II, 238; CLEMENS, Bruno pag. 180): *apresso dimandò Nettuno: „che farete, o dei, del mio favorito, del mio bel mignone, di*

Auch sonst macht sich Bruno über die Wunderthaten lustig: „Mache man doch mit einem desswegen weil er einen elenden und

---

quell' Orione, dico, che fa per spavento, come dicono gli etimologisti, orinare il cielo?" Qua rispose Momo: „Lasciate proponere a me, o dei! Ne è cascato, come è proverbio in Napoli, il maccarone dentro il formaggio. Questo, pa che sa far di maraviglie, e come Nettuno sa, può camminar sopra l'onde del mare senza infossarsi, senza bagnarsi li piedi, e con questo conseguentemente potrà far molte altre belle gentilezze. Mandiamolo tra gli uomini, e facciamo, che li done ad intender tutto quello, che ne pare e piace, facendoli credere, che il bianco è nero, che l'intelletto umano, dove gli par meglio vedere, è una cecità, e ciò che secondo la ragione pare eccellente, buono et ottimo, è vile, scellerato et estremamente malo; che la natura è una puttana bagassa; che la legge naturale è una ribaldaria; che la natura e divinità non possono concorrere in uno medesimo buon fine, e che la giustizia de l'una non e subordinata a la giustizia de l'altra, ma son cose contrarie, come le tenebre e la luce; che la divinità tutta è madre di Greci, et è come nemica matrigna de l'altre generazioni, onde nessuno può esser grato a' dei altrimenti che grechizando, i. e. facendosi Greco: per che il più gran scellerato e poltrone, ch' abbia la Grecia, per essere appartemente a la generazione de li dei, è incomparabilmente migliore che il più giusto e magnanimo, ch' abbia possuto uscir da Roma in tempo, che fu repubblica, e da qual si voglia altra generazione, quantunque miglior in costumi, scienze, fortezza, giudizio, bellezza et autorità. Per che questi son doni naturali e spregiati da li dei, e lasciati a quelli, che non son capaci di più grandi privilegi, cioè di que' sopranaturali, che dona la divinità, come questo di saltar sopra l'acque, di far ballare i granchi, di far fare capriole a' zoppi, far veder le talpe senza occhiali, et altre belle galanterie innumerabili. Persuaderà con questo, che la filosofia, ogni comtemplazione et ogni magia, che possa farli simili a noi, non sono altro che pazzie; che ogni atto eroico non è altro che vigliaccaria, e che la ignoranza è la più bella scienza del mondo, per che s'acquista senza fatica, e non rende l'animo affetto di melancolia. Con questo forse potra richiamare e ristorar il culto et onore, ch' abbiamo perduto, et oltre avanzarlo, facendo, che li nostri mascalzoni siano stimati dei per esserno o Greci o ingrecati. Ma con dimore, o dei, io vi dono questo consiglio; per che qualche mosca mi susurra ne l'orecchio, atteso che potrebbe essere, che costui al fine trovandosi la caccia in mano, non la tegna per lui, dicendo e facendogli oltre credere, che il gran Giove non è Giove, ma che Orione è Giove, e che li dei tutti non sono altro che chimere e fantasie. Per tanto mi par pure convenevole, che non permettiamo, che per fas et nefas, come dicono, voglia far tante destrezze e dimostranze, per quante possa farsi nostro superiore in riputazione." Qua rispose la savia Minerva: „Non so, o Momo, con che senso tu dici queste parole, doni questi consigli, metti in campo queste cantele. Penso, ch' il parlar tuo è ironico; per che non ti stimo tanto pazzo, che possi pensar, che li dei mendicano con queste povertadi la riputazione a presso gli uomini, e quanto a questi impostori, che la falsa riputazion loro, la quale è fondata sopra l'ignoranza e bestialità di chiunque

unnützen Lahmen geheilt hat, der, wenn er auch gesund wäre, eben so wenig oder nichts taugte als wenn er krank ist, nicht soviel Aufhebens als mit einem andern, der das Vaterland befreit oder einen gestörten Geist wieder hergestellt hat; man mache doch nicht eine so grosse Heldenthat oder noch mehr daraus, wenn einer auf irgend eine Art und Weise hat das Feuer eines brennenden Ofens ohne Wasser löschen können [1])!“

Aber mit dem beissendsten Spotte verfolgt Bruno die Gottmenschheit Christi, zu deren symbolischem Träger er den Centauren Chiron nimmt, nicht ohne denn doch schliesslich denselben wegen seiner Menschenfreundlichkeit für des Himmels sehr würdig zu erklären. „Es ist Zeit, dass wir zum Centauren Chiron kommen. ... Und Momus sprach: was sollen wir mit diesem einem Thiere aufgepfropften Menschen oder mit diesem an einen Menschen gefesselten Thiere anfangen, bei welchem zwei Naturen eine Person bilden, und zwei Substanzen sich zu einer hypostatischen Einigung verbinden? Zwei Dinge vereinigen sich hier zu einem dritten Wesen, und darüber kann kein Zweifel obwalten. Aber die Schwierigkeit besteht darin, zu wissen, ob dies dritte Wesen etwas Besseres, als der eine und der andere,

---

li reputa e stima, sia lor onore più presto, che confirmazione de la loro indignità e sommo vituperio. Importa a l'occhio de la divinità e presidente verità, che uno sia buono e degno, ben che nissuno de' mortali lo conosca; ma che un altro falsamente venisse sino ad essere stimato dio da tutti mortali, per ciò non si aggiongerà dignità a lui, per che solamente vien fatto dal fato instrumento et indice, per cui si vegga la tanto maggiore in lui dignità e pazzia di que' tutti. che lo stimano, quanto colui è più vile, ignobile et abbietto. Se dunque si prenda non solamente Orione, il quale è Greco et uomo di qualche pregio, ma uno de la più indegna e fracida generazion del mondo, di più bassa e sporca natura e spirito. che sia adorato per Giove: certo mai verrà esso onorato in Giove, nè Giove spregiato in lui, atteso che egli mascherato et incognito ottiene quella piazza o solio. ma più tosto altri verranno vilipesi e vituperati in lui. Mai dunque potrà un forfante essere capace di onore per questo. che serve per scimia e beffa di ciechi mortali con il ministero di genj nemici.“

1) Ebendas. (Wagner II, 164): ..... *non faccia tanto trionfo d'uno. per che abbia sanato un vile e disutil zoppo, che poco o nulla vale più sano che infermo, quanto d'un altro, ch' ha liberata la patria, e riformato un animo perturbato; non stime tanto, o più gesto eroico l'aver in qualche modo e qualche maniera possuto estinguer il foco d'una fornace ardente senz' acqua.*

oder der eine von den beiden Theilen ist, oder aber ob etwas Geringeres? Ich will sagen, ob aus der Verbindung der Pferdenatur mit der menschlichen ein des himmlischen Sitzes würdiger Gott entstehe, oder aber ein Thier, welches in eine Hürde und einen Stall gewiesen zu werden verdient? Kurz, mögen Isis, Jupiter und Andere noch so viel über den Vorzug, ein Thier zu sein, gesagt haben, und dass der Mensch, um göttlich zu sein, Etwas vom Thiere an sich haben und in dem Grade, als ein Thier sich zeigen müsse, in welchem es als göttlich zu glänzen verlangt; ich werde nie glauben können, dass da, wo der Mensch nicht ganz und vollkommen ist, noch vollkommen und ganz das Thier, sondern nur ein Stück Thier mit einem Stück Menschen verbunden, dies besser sein könne, als wo ein Stück Hose mit einem Stück Wamms verbunden ist, woraus nie ein besseres Kleid, als ein Wamms oder eine Hose ist, entsteht, ja nicht einmal ein eben so gutes, als das eine oder die andere." „Momus, Momus, erwiederte Jupiter, das Geheimniss ist verborgen und gross, und du kannst es nicht begreifen; es muss dir also genügen, es als eine hohe und erhabene Sache zu glauben." — „Ich weiss wohl, sagte Momus, dass dies weder von mir, noch von irgend Einem, der einen Funken Verstand hat, begriffen werden kann, aber damit ich, der ich ein Gott bin, oder ein anderer, der so viel Krütz' im Kopfe hat, als ein Hirsenkorn beträgt, es glauben soll, wünschte ich, dass es mir von dir erst in irgend einer schönen Weise zu glauben vorgestellt würde." „Momus, sprach Jupiter, du musst nicht mehr wissen wollen, als zu wissen nöthig ist, und, glaub' es mir, dies ist nicht nöthig zu wissen." „Sieh' da also, sagte Momus, das, was zu hören Noth thut, und was ich wider meinen Willen wissen will; und um dir gefällig zu sein, o Jupiter, will ich glauben, dass ein Aermel und ein Beinkleid mehr werth und zwar sehr viel mehr werth seien, als ein paar Aermel und ein paar Beinkleider, dass ein Mensch kein Mensch und ein Thier kein Thier sei, dass die Hälfte eines Menschen kein halber Mensch, noch die Hälfte eines Thieres ein halbes Thier, dass ein halber Mensch und ein halbes Thier kein unvollkommener Mensch und kein unvollkommenes Thier, sondern ein Gott und *pura mente* zu verehren sei." Hier baten die Götter den Jupiter, dass er sich eiligst entschliessen und über den Centauren nach seinem Gutdünken verfügen möge. Desshalb legte Jupiter dem Momus Stillschweigen auf und entschied in dieser Weise: „Mag ich selbst gegen Chiron vorgebracht haben, was ich will, so widerrufe ich es gegenwärtig und sage, dass Chiron, der Centaure, weil er ein sehr gerechter Mensch war, der einst auf dem Berge Pelias wohnte, wo er den Aesculap in der Arzneikunde, den Hercules in der Astrologie und den Achilles im Zitherspiele unterrichtete, weil er die Kranken heilte, zeigte, wie man zu den Sternen emporstieg, und wie die tönenden Saiten mit dem Holze verbunden und gehandhabt werden, mir des Himmels nicht unwürdig scheint. Sodann erachte ich ihn dessen für überaus würdig, weil in diesem himmlischen Tempel, bei diesem Altare, dem er nahe steht, sich kein anderer Priester ausser ihm befindet, da er, wie ihr seht, das Opferthier in Händen hält und die Opferflasche an seinem Gürtel hängt. Und weil der Altar, das Heiligthum, das Bethaus nothwendig ist, und ohne den Administranten vergeblich sein würde, so mag er hier leben, hier bleiben, hier ewiglich beharren, wenn sein Schicksal nichts Anderes über ihn verhängt." Hier fügte Momus hinzu: „Deine Entscheidung, o Jupiter, dass dieser der Priester am himmlischen Altare und im Tempel sein solle, ist würdig und klug; denn wenn er dies Thier, das er in Händen hält, geopfert haben wird, so ist es unmöglich, dass ihm jemals das Thier fehlen sollte, da er selbst zugleich als Opfer und als Opferer dienen kann, d. h. als Priester und als Thier." — „Wohlan also, sagte Jupiter, die Bestialität, die Unwissenheit, die unnütze und verderbliche Fabel entferne sich von diesem Orte, und wo der Centaur sich befindet, verbleibe die schlichte Einfalt und die moralische Fabel. Von dort, wo der Altar ist, entferne sich der Aberglaube, die Ungläubigkeit und die Gottlosigkeit, und es nehme Platz die nicht eitle Religion, der nicht thörichte Glaube, die wahre und aufrichtige Frömmigkeit [1])!"

---

1) Ebendas. (Wagner II, 248; Clemens, Bruno pag. 183): *adesso è tempo, che vegnamo a ragionar del centauro Chirone, il qual venendo ordinatamente a proposito, fu dotto dal vecchio Saturno a Giove: „Per che, o figlio e signor mio, vedi ch' il sole è per tramontare, ispediamo presto questi altri quattro, s'elti piace!" E Momo disse: „Or, che vogliamo far di quest' uomo insertato a bestia, o di*

Auch der Heiligen Familie, sowie dem Heiligendienst überhaupt, spielt Bruno sehr übel mit. Während die

---

questa bestia inceppata ad uomo, in cui una persona è fatta di due nature, e due sustanze concorreno in una ipostatica unione? Qua due cose vegnono in unione a far una terza entità, e di questo non è dubbio alcuno. Ma in questo consiste la difficultà, cioè, se cotal terza entità produce cosa migliore, che l'una e l'altra, o d'una de le due parti, o veramente più vile? Voglio dire, se essendo a l'essere umano aggionto l'essere cavallino, vien prodotto un divo degno de la sedia celeste, o pur una bestia degna di esser messa in un armento e stalla? In fine, sia stato detto quanto si voglia da Iside, Giove et altri, de l'eccellenza de l'esser bestia, e che a l'uomo, per esser divino, gli conviene aver de la bestia, e quando appetisce mostrarsi altamente divo, faccia conto di farsi vedere in tal misura bestia, mai potrò credere, che, dove non è un uomo intiero e perfetto, nè una perfetta et intiera bestia, ma un pezzo di bestia con un pezzo d'uomo, possa esser meglio, che come, dove è un pezzo di braga con un pezzo di giubbone, onde mai provegna veste miglior che giubbone o braga, nemmeno così, come questa e quella, buona." — „Momo, Momo," rispose Giove, „il misterio di questa cosa è occollto e grande, e tu non puoi capirlo; però come cosa alta e grande ti fia mestiero di solamente crederlo." — „So bene," disse Momo, „che questa è una cosa, che non può esser capita da me, nè da chiunque ha qualche picciolo granello d'intelletto; ma che io, che son un dio, o altro, che si trova tanto sentimento, quanto esser potrebbe un asino di miglio, debba crederlo, vorrei, che da te prima con qualche bella maniera mi vegna donato a credere." — „Momo," disse Giove, „non devi voler sapere più di quel che bisogna sapere, e credimi, che questo non bisogna sapere." — „Ecco dunque," disse Momo, „quel ch' è necessario intendere, e ch' io al mio dispetto voglio sapere; e, per farti piacere, o Giove, voglio credere, che uno manica e un calzone vogliono più che un par di maniche e un par di calzoni, e di gran vantaggio ancora; che un uomo non è uomo, che una bestia non è bestia; che la metà d'un uomo non sia mezzo uomo, e che la metà d'una bestia non sia mezza bestia; che un mezzo uomo e mezza bestia non sia uomo imperfetto e bestia imperfetta, ma bene un divo, e puramente colendo." Qua li dei sollecitarono Giove, che s'espedisse presto, e determinasse del Centauro secondo il suo volere. Però Giove avendo comandato silenzio a Momo, determinò in questo modo: „Abbia detto io medesimo contra Chirone qual si voglia proposito, al presente mi ritratto, e dico, che, per esser Chirone centauro uomo giustissimo, che un tempo abitò nel monte Pelia, dove insegnò ad Esculapio di medicina, ad Ercole d'astrologia, et ad Achille di citara, sanando infermi, mostrando, come si montava verso le stelle, e come li nervi sonori s'attacavano al legno, e si maneggiavano, non mi par indegno del cielo. A presso ne lo giudico degnissimo, per che in questo tempio celeste, a presso questo altare, a cui assiste, non e altro sacerdote che lui, il qual vedete con quella offrenda bestia in mano, e con un libatorio flasco appeso a la cintura. E per che l'altare, il fano, l'oratorio è necessarissimo, e questo sarebbe vano senza l'amministrante, pero qua viva, qua rimagna, e qua persevere eterno, si non dis-

Aegypter nur den höchsten Leistungen der Gottnatur Verehrung dargebracht hätten, gelange jetzt der Abschaum der Menschheit: Ignoranz, Fanatismus, Niedertracht zu Heiligenschein und Idealisirung. „Die Aegypter, wie dies den Weisen bekannt, erhoben sich von diesen äusserlichen, natürlichen Formen lebendiger Thiere und Pflanzen zur Gottheit, und sind bis zu ihr, wie dies die Erfolge zeigen, vorgedrungen; ihre Schmäher aber steigen von dem prächtigen Aeussern ihrer Idole, indem sie den Einen die vergoldeten Strahlen des Apollo, Andern die Grazie der Ceres, Andern die Reinheit der Diana, Andern den Adler, Andern den Scepter und den Blitz des Jupiter beilegen, so weit hinab, dass sie als Götter der Substanz nach Solche anbeten, die kaum soviel Geist haben, als unsere Thiere; denn am Ende beschränkt sich ihre Anbetung auf sterbliche, unbedeutende, schlechtberüchtigte, thörichte, fanatische, entehrte, unglückliche, von bösen Genien geleitete Menschen, Menschen ohne Talent, ohne Gaben, ohne alle Tugend, die im Leben nichts für sich selbst getaugt haben und unmöglich todt etwas für sich oder Andere taugen können [1]).“

Selbst der Teufel, diese dem Christen der alten Kirche so unentbehrliche Spottfigur des Rivalen Gottes, geht vor Bruno's Witz nicht leer aus. Nachdem der Nolaner verschiedene Methoden, sich von der Kugelgestalt der Erde augenfällig zu überzeugen,

---

pone altrimenti il suo fato!“ *Qua suggionse Momo:* „*Degna — e prudentemente hai deciso, o Giove, che questo sia il sacerdote nel celeste altare e tempio; per che, quando bene arà spesa quella bestia, che tine in mano, è impossibile, che gli possa mancar mai la bestia: per che lui medesimo et uno può servir per sacrificio e sacrificatore,* i. e. *per sacerdote e per bestia.*“

1) Ebendas. (Wagner II, 234; Clemens, Bruno pag. 179): *Gli Egizj. come sanno i sapienti, da queste forme naturali esteriori di bestie e piante vive ascendevano e, come mostrano li lor successi, penetravano a la divinità: ma loro da gli abiti magnifici esterni de li lor idoli, ad altri accomodandoli al capo li dorati raggi apollineschi, ad altri la grazia di Cerere, ad altri la purità di Diana, ad altri l'aquila, ad altri il scettro e folgore di Giove in mano, discendono poi ad adorar in sustanza quei dei che a pena hanno tanto spirito, quanto le nostre bestie; per che finalmente la loro adorazione si termina ad uomini mortali, da poco, infami, stolti, vituperosi, fanatici, disonorati, infortunati, inspirati da genj perversi, senza ingegno, senza facundia e senza virtude alcuna, i quali vivi non valsero per sè, e non è possibile, che morti vagliano per se o per altro.*

besprochen, rühmt er den unvergleichlich vortrefflichen Einfall Satans, Christus auf einen Berg zu führen und ihm von dessen Spitze aus die Reiche der Welt und ihre Herrlichkeit zu zeigen. Nur sei dabei zu bedauern, dass man selbst vom höchsten Berggipfel aus in die Runde nicht über eine Meile hinaus blicken könne [1]).

Die christliche Dogmatik in allen möglichen Sätzen wird fortwährend mit der ätzenden Lauge heidnischen Hohnes begossen. Den Christenglauben im Ganzen nennt Bruno „eine Scheinreligion", die Passionsgeschichte gilt ihm als eine „ich weiss nicht was für eine cabbalistische Tragödie", für „ein gewisses tragisches Mysterium aus Syrien [2])". — Das Abendmahl in beiden Gestalten ist ihm „ein Histörchen von Ceres und Bacchus [3])", er moquirt sich über die „guten Verkündiger bessern Brodes, bessern Fleisches und Weines, als selbst der Greco von Somma, der Malvasier von Candia und der Asprinier von Nola ist [4])." Das hl. Brod verspottet er unter dem Bilde eines Hasenbraten, nachdem er zuvor den Hasen zum Sinnbild feiger Todesfurcht gemacht. „Ich weiss, o Jupiter, sagte Momus, dass, wer Hasenbraten isst, sich schön macht. Schaffen wir desshalb, dass wer immer von diesem himmlischen Thiere essen wird, sei es Männlein oder Fräulein, aus einem hässlichen Wesen ein schönes, aus einem abstossenden ein anmuthiges, aus etwas Garstigem und Widerlichen gefällig und

---

1) De Immenso, Lib. III, cap. 3, pag. 282: *Sed incomparabiliter circumspectiorem judico artem diaboli illam, quam melius de cacumine excelsi montis potuit ostendere omnia regna mundi quam de antro Trophonii. Sed et illud est ad propositum addendum, quod quamvis altum montem quispiam conscenderit ad terrenae globositatis rationem, non est quod ita plus se ad unius milliaris ulteriorem promoveat aspectum, sicut et altissimus mons vix potest unius milliaris perpendicularem lineam superare.*

2) Ebendas. (Wagner II, 162): *Li nostri (uomini) de la finta religione tutte queste glorie le chiamano vane, ma dicono, che bisogna gloriarsi solamente in non so che tragedia cabbalistica.* De Monade, pag. 88: *Tragico et Syro quodam mysterio informati.*

3) Sigillus Sigillorum (Gfrörer, pag. 569): *de Cerere et Baccho credulitates.*

4) Spaccio della Bestia Trionfante (Wagner II, 209: *....buoni nunzj di miglior pane, di miglior carne e vino. che non possa esser il Greco di Somma, Malvagia di Candia e Asprinio di Nola.*

liebenswürdig werde, und selig sei der Bauch oder Magen, der Hasenbraten empfängt, verdaut und sich in solchen verwandelt[1])." Die willkommenste Beute bietet sich Bruno's Malice in dem Gezänk der Lutheraner und Reformirten über die Allgegenwart des Leibes Christi, in der Lehre von der Ubiquität. Er verhöhnt dieselbe unter dem Bilde des Flusses Eridanus, der zugleich im Himmel und auf Erden ist. „Wir kommen jetzt, sagte Jupiter, zu dem Flusse Eridanus, von dem ich nicht recht weiss, was ich mit ihm anfangen soll, da er auf Erden und im Himmel ist, während die andern Gegenstände, die uns beschäftigen, als sie im Himmel emporstiegen, die Erde verliessen. Aber dieser, welcher hier und dort, und innerhalb und ausserhalb, und in der Höhe und in der Tiefe, und etwas Himmlisches und etwas Irdisches, und dort in Italien und hier im Mittag ist, scheint mir kein Ding, welchem ein Ort angewiesen, sondern vielmehr einer genommen werden muss." „Im Gegentheile, o Vater, sagte Momus, mir scheint's, da der Fluss Eridanus diese Eigenschaft hat, zu gleicher Zeit in unterstellter und persönlicher Weise an verschiedenen Orten sein zu können, wir sollten ihn sein lassen überall, wo man es beliebt, sich ihn einzubilden, ihn zu nennen, anzurufen und zu verehren, was Alles mit den geringsten Kosten, ohne Zinsen, und vielleicht nicht ohne einen erklecklichen Gewinn thunlich. Doch muss dies auf eine Art geschehen, dass, wer von seinen eingebildeten, genannten, angerufenen und verehrten Fischen isst, sei, als hätte er nichts gegessen; und ebenso wer von seinen Wassern trinkt, sei wie Derjenige, der Nichts zu trinken hat; dass wer ihn in seinem Gehirne hat, sei, als hätte er das Gehirn hohl und leer, und wer die Gesellschaft seiner Nereiden und Nymphen geniesst, nicht weniger allein sei, als wer ausser sich ist." „Wohl, sagte Jupiter, darin geschieht Niemandem ein Unrecht, weil denn doch die Anderen darum nicht um ihre Speise, ihren Trank, ihr Ge-

---

1) Ebendas. (Wagner II, 241): *Qua disse Momo: „Intendo, o Giove, che chi mangia la lepre, si fa bello; facciamo dunque, che chiunque mangiarà di questo animal celeste, o maschio o femina ch' egli sia, da brutto divegna formoso, da disgraziato grazioso, da cosa feda e dispiacevole piacevole e gentile, e sia beato il ventre o stomaco, che ne cape, e digerisce, e si converte in essa."*

hirn und ihre Gesellschaft kommen, dass diese ihr Essen, ihr Trinken, ihr Gehirn und ihre Gesellschaft nur in der Einbildung, dem Worte, dem Wunsche und der Verehrung haben. Es geschehe also, wie Momus vorschlägt und wie ich sehe, dass die Anderen es bestätigen. Eridanus soll im Himmel sein, aber nicht anders, als im Glauben und in der Vorstellung[1])."

Masslos sarkastisch ist schliesslich Bruno's Protest gegen den Gottesbegriff des Christenthums. „Unsere Vervollkommnungsfähigkeit, wenn dieser Ausdruck beliebt, besteht darin, dass wir Vieles thun können, was wir nicht thun. Es ist aber eine Blasphemie, Gott zu einem andern als Gott zu machen, so zwar, dass sein Wille bald der, bald wieder ein anderer sei, bald mit seiner Allmacht parallel läuft, bald wieder in diametralem Gegensatz zu derselben stehe, bald zwischen zwei einander widersprechenden Möglichkeiten das Bessere, bald wieder das Schlechtere wähle[2])." „Wir geben über den Willen

1) Ebendas. (Wagner II, 240; Clemens, Bruno pag. 182): „*Venemo,*" *disse Giove,* „*al fiume Eridano, il quale non so come trattarlo, e ch' è in terra, e ch' è in cielo, mentre le altre cose, de le quali siamo in proposito, facendosi in cielo, lasciaro la terra; ma questo ch' è quà, e ch' è là, e ch' è dentro, e ch' è fuori, e ch' è alto, e ch' è basso, e che ha del celeste, e che ha del terrestre, e ch' è là ne l'Italia, e ch' è qua ne la region australe, or non mi par cosa, a cui bisogna donare, ma a cui convegna che sia tolto qualche luogo.*" „*Anzi,*" *disse Momo,* „*o padre, mi par cosa degna; poi che ha questa proprietade l'Eridano fiume di posser medesimo essere suppositale- e personalmente in più parti, che lo facciamo essere ovunque sarà imaginato, nominato, chiamato e riverito; il che tutto si può far con pochissima spesa, senza interesse alcuno, e forse non senza buon guadagno. Ma sia di tal sorte, che chi mangiarà de' suoi pesci imaginati, nominati, chiamati e riveriti, sia come verbi grazia non mangiasse: chi similmente beverà de le sue acque, sia pur come colui, che non ha da bere; chi parimente l'arà dentro del cervello, sia pur come colui, che l'ha vacante e vuoto: chi di medesima maniera arà la compagnia de le sue Nereidi e Ninfe, non sia men solo, che colui, ch' è anco fuor di stesso.*" — „*Bene!*" *disse Giove,* „*qua non e pregiudizio alcuno, atteso che per costui non avverrà, che gli altri rimagnano senza cibo, senza da bere, senza che li reste qualche cosa in cervello, e tenere in compagnia, in imaginazione, in nome, in voto, in riverenza; però sia, come Momo propone e veggio, che gli altri confirmano! Sia dunque l'Eridano in cielo, ma non altrimenti, che per credito et imaginazione!*

2) De Immenso, Lib. III, cap. 1, Schlusssatz des Commentars, pag 267: *Est perfectio in nobis (si ita placet) ut possimus multa facere quae non facimus. Blasphemia vero est facere Deum alium a Deo: voluntatem ejus aliam atque aliam,*

Gottes keineswegs eine Begriffsbestimmung nach der Art der Schurken und Thoren, sondern glauben, man müsse Gott beilegen, was es Herrlichstes und Ruhmwürdigstes, sowie seiner Natur am besten Entsprechendes giebt; ja wir halten es für eine Schmach, Gott zu suchen im Blute eines Wichts, in einem beschnittenen Leichnam, im Schaume eines Wehbefallenen, unter dem Fussgestampf der Henker, unter den Grämlern oder in den Geheimdiensten der Schwärmer, sondern vielmehr suchen wir ihn in dem unverletzlichen, unvergewaltbaren Naturgesetze, in der ehrfurchtsvollen Stimmung eines nach diesem Gesetze sich richtenden Gemüths, im Glanz der Sonne, in der Schönheit der aus dem Innern dieser unserer Mutter Natur hervorbrechenden Dinge, in dem Abglanz von dem Antlitz unzählbarer Gestirne und Lebewesen, welche am unendlichen Gewandsaume des Himmels leuchten, leben, fühlen, denken und dem Allguten, Alleinen und Allhohen lobsingen [1]."

„Wir verfolgen nicht eine flüchtige und aussichtslose, sondern die ernsteste und eines vollkommenen Menschen würdigste Bahn der Weltbetrachtung, indem wir den Glanz, die innige Verschmolzenheit Gottes und der Natur, nicht in einem ägyptischen, syrischen, griechischen oder römischen Individuum, nicht in Speise, nicht in Trank, auch nicht wie die Welt der Zerknirschten, in gar noch etwas Unedlerem zu finden glauben und erträumen: sondern wir suchen dieselbe in der erhabenen Königsburg der Allmacht, in der unermesslichen Tiefe des Aethers, in der Allfähigkeit der vermöge ihrer Keimkraft alles werdenden

---

unam quae currit cum potentia, aliam quae abhorret a potentia, in melius contradictoriorum alterum, vel deterius.

1) Ebendas., Lib. VIII, cap. 10, pag. 653, zum Schluss des ganzen Werkes: *Atqui nos de illius voluntate haudquaquam ignobilium et stultorum more definimus, cui quod optimum et gloriosissimum est, et naturae suae optimae convenientissimum tribuendum ducimus, quem nefas est quaerere in sanguine cimicis, recutito cadavere, epileptici spuma et sub conculcantibus carnificum pedibus, et melancholicis nec romanticorum vilium mysteriis; sed in inviolabili, intemerabilique naturae lege, in bene ad eandem legem instituti animi religione, in splendore solis, in specie rerum quae de hujus nostrae parentis visceribus educuntur, in imagine illius vera corporeo modo explicata de vultu innumerabilium animantum, quae in immensa unius caeli fimbria lucent, vivunt, sentiunt, intelligunt, optimoque uni applaudunt maximo.*

und alles schaffenden Natur . . . ., deren Unendlichkeit kein endlicher Wohnort und Tempel genügen, deren Erhabenheit in ihrer ganzen Fülle anzuerkennen und gründlich zu verehren auch die Zahl sämmtlicher Pfarrer nicht hinreichen würde [1])."

Die gesammte christliche Symbolik wird von Bruno als eine durch die Juden vermittelte, aber, wie wir schon oben in dem Gedicht über den Ursprung der Verkommenheit (pag. 224) gesehen haben, zugleich auch missverstandene Nachäfferei der ägyptischen Naturverehrung verhöhnt. Bruno lässt Sophia entrüstungsvoll ausrufen: „Die unsinnigen und wahrhaft vernunftlosen Thiere spotten über uns Götter, als in Thieren, Pflanzen und Steinen verehrt, und über meine Aegyptier, die in dieser Weise uns erkannten, und bedenken nicht, dass die Gottheit sich in allen Dingen zeigt, wiewohl sie sich zu allgemeinen und vorzüglichen Zwecken in grossen und erhabenen, und zu nächsten Zwecken, zu Bequemlichkeiten und Bedürfnissen des menschlichen Lebens in Dingen, die man die verächtlichsten nennt, blicken lässt; und doch enthält jedes Ding die Gottheit in sich verborgen, da diese sich bis in die kleinsten hinab ihrer Fähigkeit gemäss entfaltet und mittheilt, und Nichts ohne ihre Gegenwart das Sein haben würde, da sie die Wesenheit des Seins vom Ersten bis zum Letzten ist . . . . Und warum tadeln sie die Aegyptier in dem, worin ja auch sie selbst befangen sind? Um von Denjenigen zu sprechen, die von uns geflohen oder als Aussätzige in die Wüste vertrieben worden sind, haben sie in ihren Bedrängnissen nicht Zuflucht zu dem ägyptischen Cultus genommen, als sie in einem Falle mich unter der Gestalt eines goldenen Kalbes anbeteten, und in einem andern sich vor Teut in der Form einer ehernen Schlange niederwarfen, die Kniee beugten und die Hände zu ihm emporhoben,

1) De Monade, pag. 151: *Non levem ac futilem atqui gravissimum perfectoque homine dignissimum contemplationis partem persequimur, ubi divinitatis naturaeque splendorem, fusionem et communicationem non in Aegypto, Syro, Graeco, sive Romano individuo, non in cibo, potu et ignobiliore quadam materia cum attonitorum seculo per quirimus et inventum confingimus et somniamus, sed in augusta omnipotentis regia, in immenso aetheris spacio, in infinitae naturae germine omnia fientis et omnia facientis potentia: . . . . cui immenso mensum non quadrabit domicilium atque templum; ad cujus majestatis plenitudinem agnoscendam et percolendam numerabilium ministrorum nullus esset ordo.*

wiewohl sie mit der ihnen eingeborenen Undankbarkeit, nachdem sie von beiden Gottheiten erhört worden waren, die beiden Götterbilder zerschlugen. Darauf, als sie sich mit den Titeln von Heiligen, Göttlichen und Gebenedeiten beehren wollten, wie vermochten sie es anders zu thun, als indem sie sich Thiernamen beilegten, wie deutlich zu sehen da, wo der Vater der zwölf Stämme, seinen Söhnen zum Testamente seinen Segen ertheilend, sie mit den Namen von zwölf Thieren hochpreist? Wie oft nennen sie nicht ihren alten Gott einen geweckten Löwen, einen fliegenden Adler, ein brennendes Feuer, einen gewaltigen Sturm, und den von ihren Nachfolgern neuerdings gekannten einen blutenden Pelikan, einen einsamen Sperling, ein getödtetes Lamm? So nennen sie ihn, so malen sie ihn, so begreifen sie ihn, wo er sich in einer Statue oder auf einem Bilde, mit einem Buche in der Hand, das kein Anderer als er öffnen und lesen kann, dargestellt findet. Werden weiterhin nicht Alle, die an seine Göttlichkeit glauben, von ihm seine Schafe, seine Weide, seine Hürde, seine Herde genannt, und legen sich sogar, sich dessen rühmend, selbst diese Namen bei? Abgesehen davon, dass sie auch durch die Esel bezeichnet werden, das jüdische Volk durch die Eselin, die andern Geschlechter, die sich ihm durch den Glauben anschliessen sollten, durch das Fohlen. Seht also, wie diese Gottheiten und dass dies auserwählte Volk durch so elende und niedrige Thiere bezeichnet wird, und dann spottet man noch über uns, die wir durch viel stärkere, würdigere und herrlichere dargestellt sind [1])?"

---

1) Ebendas. (Wagner II, 231; Clemens, Bruno pag. 178): *Le insensate bestie e veri bruti si ridono di noi dei, come adorati in bestie, e piante e pietre, e de gli miei Egizj, che in questo modo ne riconoscevano; e non considerano, che la divinità si mostra in tutte le cose, ben che per fine universale et eccellentissimo in cose grandi, e principj generali, e per fini prossimi comodi, e necessarj atti de la vita umana si trova e vede in cose dette abbiettissime, ben che ogni cosa, per quel ch' è detto, ha la divinità latente in se; per che là si esplica e comunica in sino a li minimi, e da li minimi secondo la lor capacità, senza la qual presenza niente arebbe l'essere, per che quella è l'essenza de l'essere del primo sin a l'ultimo.*" *A quel ch' è detto, aggiongo e dimando: Per qual ragione riprendeno li Egizj in quello, nel che essi ancora son compresi? E da venire a coloro, che da noi o fuggirono, o furno come leprosi scacciati a li deserti, non sono essi ne le loro*

Den **Christennamen** vertauscht Bruno auf echt julianisch mit dem der „Galiläer". Er kann „das Geheimniss gewisser Galiläer nicht begreifen, die plötzlich zu grossen Theologen geworden sein und andere durch Auflegung der Hände zu gleicher Vollkommenheit erhoben haben sollen [1])." Er verhöhnt sie auch als „Gottmacher" [2]) und mit unverkennbarer Anspielung auf scherzhafte Diminutivformen: „*Christicolae*, Christusverehrer, doch im Sinne von *Christiculi*, Christlein" [3]).

---

necessitadi ricorsi al culto egizio, quando ad un bisogno mi adoravano ne l'idolo d'un vitello d'oro, e ad un altra necessità s'inchinorno, piegaro le ginocchia, et alzaro le mani a Teut in forma di serpente di bronzo, ben che per loro innata ingratitudine, dopo impetrato favore de l'uno e l'altro nume, ruppero l'uno e l'altro idolo? A presso quando si hanno voluto onorare con dirsi santi, divini e benedetti, in che maniera han posssuto farlo, eccetto con intitularsi bestie, come si vede, dove il padre di dodici tribù, per testamento donando a' figli la sua benedizione, le magnificò con nome di dodici bestie? Quante volte chiamano il lor vecchio dio risvegliato leone, aquila volante, fuoco ardente, procella risonante, tempesta valorosa, e il nuovamente conosciuto da gli altri lor successori pellicano insanguinato, passere solitario, agnello ucciso. E così lo chiamano, così lo pingono, così l'intendeno, dove lo veggio in statua e pittura con un libro, non so, se posso dire, in mano, che non può altro che lui aprirlo e leggerlo. Oltre tutti quei, che son per crederli deificati, non son chiamati da lui, e si chiamano essi ancor gloriandosi, pecore sue, sua pastura, sua mandra, suo ovile, suo gregge. Lascio, che li medesimi veggio significati per li asini, per la femina madre, il popolo giudaico, e l'altre generazioni, che se li doveano aggiongere, prestandoli fede, per il polledro figlio. Vedete dunque, come questi divi, questo geno eletto vien significato per sì povere e basse bestie, e poi si burlano di noi, che siamo presentati in più forti. degne et imperiose altre?

1) Sigillus Sigillorum (Gfrörer, pag. 559): *Et vix capio mysterium de quibusdam Galilaeis, qui repente in summos evasere theologos, et alios manuum impositione in eandem sufficientiam promovebant.*

2) De Immenso, Lib. IV, cap. 10, pag. 398: *isti altitonantis secretarii, grammatici Latini, Graeci. Ebraei, Syri, Chaldaei et consequenter Theotochi.*

3) De compendiosa Architectura (Gfrörer, pag. 265): *iis omnibus quae contra omne ratiocinium, philosophiam, aliam fidem et credulitatem solis Christicolis sunt revelata.* Ebenda. pag. 267: *Quibusdam Christicolis.* De Immenso, Lib. V, cap. 5, v. 99, pag. 472: ... *signum Christicolarum.* Sigillus Sigillorum (Gfrörer, pag. 570): *Hinc olim Aegyptiis et Babyloniis otiosi contemplatores, Gallis Druidae, Persis Magi, Judaeis Pharisaei, Indis Gymnosophistae, Christicolis monachi, babassi Mahumetanis, ut vel naturae contemplatores, vel morum juxta leges essent moderatores, optime fuerant instituti.*

Am ärgsten kommt die römische Hierarchie fort. Seine Schilderung des Pfaffenthums und dessen Einflusses auf die Geistesfreiheit und Sittenunschuld der Völker übt noch heutzutage, wo die Kirche doch, dank der auch sie beherrschenden Zugkraft der deutschen Reformation, in manchen Beziehungen reiner dasteht, als zur Zeit der Renaissance, durch ihre erschreckende Wahrheit und hinreissende Beredtsamkeit einen unwiderstehlichen Reiz aus. Wer hat das faule Mönchsthum, diesen Mehlthau an der Arbeitskraft der glücklichst beanlagten Völker, drastischer dargestellt, als Bruno, wenn er ausruft: „Wer da sagt: Mönch, der bezeichnet damit zugleich den Aberglauben, die Habsucht, die Heuchelei, kurzum den Inbegriff aller Laster; desshalb sage du lieber gleich: er ist ein Mönch [1]).“ Den römischen Kirchenglauben nennt er: „die nichtswürdigste Religion“ und die päpstliche Curie „die tiberinische Bestie gewaltthätiger Tyrannei“ [2]). Schonungslos geisselt er das Kirchendogma von den ewigen Höllenstrafen und weist in der von der Kirche damit auf die Gläubigen ausgeübten Macht nur die, listig der Herrschsucht der Curie dienstbar gemachte, Allgewalt der Phantasie nach. In der gedrungensten Form, welche beweist, wie intensiv Bruno über die Machtgrundlagen der römischen Kirche nachgedacht hatte [3]), stellt der Nolaner die gemütherbeherrschende Zauberkunst des päpstlichen Roms dar in jenem Gedicht von der Macht der Phantasie, das wir an den Anfang dieses Abschnittes verlegen mussten, welches jedoch zu zwei Dritteln seines Inhalts auch hier seine geeignete Stelle einnehmen könnte. Wenn Bruno dort (pag. 213) hauptsächlich das römische Papst-

1) Artificium perorandi, cap. 17, pag. 67: *Qui dicit monachum, significat ipsam superstitionem, ipsam avaritiam, hypocrisin ipsam, et tandem omnium vitiorum apothecam: uno ergo dic verbo, monachus est.*

2) Oratio consolatoria: *nequissimae illius religionis et violentae tyrannidis Tiberinae.*

3) Schon im Acrotismus, Excubitor (Gfrörer, pag. 13) begegnen die nämlichen Bilder, unter welchen Bruno sechs Jahre später in De Immenso a. a. O. die Beängstigungskunst der Kirche geisselt: *Jam ex illo infinitae mortalitatis. fatalis irae, plumbei judicii, incertissimae salutis, partialis amoris, Erinnyum aeternarum, adamantinorumque ostiorum atque catenarum nusquam existentium horrore solutus* etc.

thum im Allgemeinen gekennzeichnet hat, so stellt er dagegen in dem folgenden Gedichte aus De Immenso vorzugsweise das öffentliche Auftreten des römischen Papstes selber dar. Das Gedicht betitelt sich wohl am geeignetsten:

Die Weltseele und der Pontifex.

Urquell seliger Huld und unendlichen Seins Machtfülle,
Der du der Wahrheit Bild den Dingen von aussen und innen
Aufgeprägt und eingesenkt zum klaresten Anblick,
Dass es der Menschen Sinne ergreif' und den Geist überzeuge,
So wie dein strahlendes Licht aus allen Wesen hervorbricht.
Ueberallher wiederhallt die mächtige Stimme der Weisheit,
Pocht an jegliches Herz, Einlass sich erbittend bei Jedem.
Aber wie Wenige sinds, die sie freundlich am Thor bewillkommnen
Und wie viel weniger noch, die dem laut erhobenen Rufe
Willig folgen und gern der Holden ins Angesicht schauen;
Während sie doch wohl wissen, der himmlische Richter erzürne,
Wenn sie die Wahrheit selbst, um schmutzigen Vortheils willen,
Zur taglöhnenden Magd erniedrigen, wenn sie der Sinne
Aufruhr nicht allein nicht erbändigen, sondern noch heil'gen.
Darum tritt an der Wahrheit Statt berückender Wahnsinn,
Der um das Langohr den Kranz, die Tiara sich schlingt und die Mitra.
Köstliches Edelgestein erglänzt an den Hufen des Esels
Und ein Talar umhüllt ihm den Wanst. Als Begleiter der Bestie
Folgt das Collegium des Glaubens, bewehrt mit Sigillen und Bullen.
Unter des Goldschmucks Last und den hundert Falten des Purpurs
Keuchend, processionirt durch die wimmelnden Strassen das Monstrum
Allwärts nickend. Und siehe, das Volk, es kniet in den Staub hin,
Betet und fleht, dass der Gauch in seine Zügel es nehme,
Dass er ihm möge den Weg ins Jenseits weisen, ja dass er

Möge die Kanzel besteigen und da so gewaltig den Teufel Exorcisiren, bis dieser ein Rauch in den Lüften verpufft ist[1]).

Seinen ganzen Ingrimm, seine vollste Entrüstung wirft aber Bruno auf den in der Mitte seines Lebens eben aufstrebenden Protestantismus und zwar in dessen specieller Form als Calvinismus. Er begreift und feiert zwar zu Wittenberg Luther als den neuen Hercules, der es gewagt und zu Stande gebracht, jenes Monstrum, das grösser und unheilvoller sei, als irgend ein anderes in allen vorhergehenden Jahrhunderten, zu erlegen, den mit der dreifachen Tiara geschmückten dreiköpfigen Höllenhund zum Ausspeien seines Giftes zu zwingen und Deutschland aus den ehernen Pforten der Hölle und den dieselbe drei-

---

1) De Immenso, Lib. VIII, cap. 1. v. 52—86, pag. 623—627:

Alme parens nullo cui clausa potentia fine est,
Qui speciem veri in rerum facie atque profundo
Expressam atque impressam, conspicuam inspicuamque
Jussisti ut sensus pulset mentemque penetret,
Quantumvis tua lux sit cunctis insita rebus,
Cunctis deque locis effert sapientia vocem,
Invitansque omnes cujusque per ostia pulsat
Mirum quam paucis immittitur ingeriturque,
Mirum quam rari non surdis auribus altam
Excipiunt vocem, clarum vultumque tuentur.
Nam veri lucem summi aetheris arbiter illos
Indicat indigne quaerentes, quando ministram
Vilis eam cupiunt fortunae, seque parentem
Proque hominum sensu moderandam hocque probandam.
Illius ergo loco blando vesania vultu
Auriculas contecta venit fronde atque tiara
Et mitra, et gemmis asininum circinat unguem.
Brutum veste tegit bustum talare patrumque
Circumstat laudata fides, bullae atque sigilla.
Parte omni nutans quamvis se sustineat vix,
Insignis graditur tamen haec, proprioque colore
Et titulis celebris. Quare illam poplite flexo
Exorant sensum ut propiis moderetur habenis,
Ut vitae rimetur iter melioris et altam
Puppim animae teneat, mentis subeatque cathedram
Illius atque hostis pereat, longeque recedat,
Ut levis in tenues fumi vapor effugit auras.

fach umgebenden Mauern, die der Styx neunfach umwindet, zu befreien [1]). Ebenso anerkennt er in Helmstädt, gegenüber „dem abergläubischen und im höchsten Maasse wahnsinnigen Cultus" der römischen Kirche „die reineren Formen der Gottesverehrung" im Protestantismus; kurzum er weiss die Befreiung der Geister aus den die Selbständigkeit der Völker zusammenschnürenden Fesseln der römischen Hierarchie vollauf zu würdigen. Aber Bruno ist weit davon entfernt, damit nun auch zugleich die durch den protestantischen Glaubensstreit hervorgerufene Zwietracht zu begünstigen oder auch nur gelten zu lassen. Im Gegentheil verfolgt er die alle Bande der Familie und der Staaten auflösende Streitsucht und Hetzkunst der Katechismenverfasser und Concordienformelschreiber mit glühendem Hasse [2]). Nicht allein die persönlichen Erfahrungen, die er als Herold der philosophischen Freiheit gerade bei den Protestanten, und insbesondere bei den Reformirten, in Genf, in Oxford, in Marburg, in Wittenberg, in Helmstädt, vielleicht wohl auch in Zürich gemacht hatte [3]), sondern namentlich die Lehren vom alleinseligmachenden Glauben, von der Nutzlosigkeit der guten Werke, der Unfreiheit des Willens und der Vorherbestimmung [4]), alles Dogmen, die seiner Ethik schnurstracks widersprachen, mussten ihn mit Widerwillen gegen das Gebahren des Protestantismus erfüllen, dessen geistliche Träger leider gleich nach dem Aufgang des neuen Lichtes auch schon aufs lebhafteste sich ans Werk legten, die befreiende Lehre zu neuen Ketten des Geistes umzuschmieden. Am widerwärtigsten ist ihm der diese angeblich befreienden Reformatoren beseelende Hang nach neuer Gewissensknechtung auf Grundlage buchstabengläubiger Schrifterklärung im Gefolge philologischer Silbenstecherei. Er bezichtigt dieselben der frechsten Arroganz [5]).

---

1) S. oben pag. 65—67.

2) In der Oratio consolatoria: *ibi superstitioso insanissimoque cultui adstrictum, hic ad reformatiores ritus adhortatum.* S. oben pag. 74 Anmerkung.

3) Vgl. oben pag. 18, 33, 59, 63, 75.

4) S. Clemens, Giordano Bruno, pag. 229.

5) S. oben pag. 26. Vgl. auch De tripl. Min., pag. 98: *Sic inviolabilis philosophiae simplicitatem librorum et commentationum multiplicatione, superstitiosis variisque quibusdam excursionibus atque quaestionibus, nec non demonstrationum supervacanearum novitate, pro ingenii ostentatione sophiste diu ante nos.*

Da erklärt Sofia: „Wohlweislich, o Saulinus, hat Jupiter dem Gericht aufgetragen und befohlen, es möge zusehen, ob es wahr sei, dass dieselben die Völker zur Verachtung oder doch wenigstens zur Vernachlässigung der Gesetzgeber und Gesetze verleiten, indem sie denselben vorspiegeln, dass diese ihnen unmögliche Dinge auferlegen und gleichsam nur zum Hohne Gebote erlassen, wodurch die Menschen glauben sollen, dass die Götter ihnen etwas befehlen, was sie nicht vollziehen können. Es möge zusehen, ob dieselben, während sie behaupten, dass sie das deformirte Gesetz und die deformirte Religion reformiren wollen, nicht vielmehr Alles das, was noch Gutes darin ist, verderben und Alles, was darin Verkehrtes und Eitles sein oder scheinen mag, bestätigen und bis zu den Sternen erheben. Es möge zusehen, ob sie andere Früchte hervorbringen, als den geselligen Umgang zu stören, die Eintracht aufzuheben, die Einigungen aufzulösen, die Söhne gegen die Eltern, die Diener gegen die Herren, die Untergebenen gegen ihre Obern aufzuwiegeln; zwischen Volk und Volk, Stamm und Stamm, Freunde und Freunde, Brüder und Brüder Zwietracht zu säen und Familien, Städte, Republiken und Reiche zu veruneinigen; kurz, ob sie, während sie den Friedensgruss bieten, nicht vielmehr überall, wo sie hingelangen, das Messer der Trennung und das Feuer der Zerstörung hinbringen, den Sohn dem Vater, den Nächsten dem Nächsten, den Eingeborenen seiner Heimath entziehen, und andere schreckliche Scheidungen, gegen alle Natur und alles Gesetz, bewirken. Es möge zusehen, ob, während sie sich für Diener Eines ausgeben, der die Todten erweckt und die Kranken heilt, sie nicht vielmehr solche sind, die, schlimmer als alle Andern, die die

Quibus deinde ad nostra tempora praesumtuosorum et arrogantissimorum grammaticorum diluvium successit, qui recitatis a fonte Graecorum textibus, synopsibus, problematibus, enchiridiis, spicilegiis, thesauris, ad Ciceronis et veri Latii amussim interpretationibus variis (cum originalium falsificatione ut aliquid inde noviter sibi cudendum pro literario specimine conquirerent) lectionibus ut novarum litium de legitimo textu e regione adjecto, protoplastes et archimandritae asinorum patres censerentur, innumerabilibus tabulis, lexiconibus (sic!), item isagogiis, i. e. introductoriis seu si dicere mavis exclusoriis, in extremam confusionem perduxerunt: Quemadmodum a semiferis Centauris invulnerabilis Caeneus innumerabilium saxorum atque sylvarum congerie oppressus jacuit.

Erde nährt, die Gesunden verstümmeln, die Lebendigen tödten, nicht sowohl mit Feuer und Schwert, als mit ihrer unheilvollen Zunge. Es möge zusehen, was das für ein Friede und für eine Eintracht sei, die sie den unglücklichen Völkern vorspiegeln, und ob sie vielleicht verlangen und darauf ausgehen, dass die ganze Welt ihrer boshaften und anmassenden Unwissenheit zupflichte und beistimme, und ihr böswilliges Gewissen gutheisse, während sie selbst keinem Gesetze, keinem Rechte, keiner Lehre beistimmen wollen und in der ganzen übrigen Welt und in allen Zeiten niemals und nirgends so grosse Uneinigkeit und Zwietracht geherrscht hat, als unter ihnen. Denn unter Zehntausenden solcher Pedanten findet sich nicht Einer, der sich nicht seinen eigenen Katechismus gebildet und denselben, wenn auch nicht veröffentlicht, so doch zur Veröffentlichung bereit hätte; der nicht jede andere Einrichtung, mit Ausnahme seiner eigenen, missbilligte und in jeder Etwas zu verdammen, zu verwerfen und zu bezweifeln fände. Zudem ist der grösste Theil von ihnen nicht einmal mit sich selbst einig und vernichtet heute, was er gestern geschrieben hat u. s. w. [1]).

---

1) Ebendas. (Wagner II, 165; Clemens, pag. 284): *Sofia. Molto bene, o Saulino, Giove ha comandato, imposto et ordinato al giudizio, che veda, s'egli è vero, che costoro inducano li popoli al dispregio, et al meno a poca cura di legislatori e leggi, con donarli ad intendere, che quelli proponeno cose impossibili, e che comandano come per burla, cioè, per far conoscere a gli uomini, che li dei sanno comandare quello che loro non possono mettere in esecuzione. Veda, se, mentre dicono, che vogliono riformare le difformate leggi e religioni, vegnono per certo a guastar tutto quel tanto, che ci è di buono, e confirmar et inalzar a gli astri tutto quello che vi può essere o fingere di perverso e vano. Veda, se apportano altri frutti, che di togliere le conversazioni, dissipar le concordie, dissolvere l'unioni, far ribellar li figli da' padri, li servi da' padroni, li sudditi da' superiori, mettere scisma tra popoli e popoli, gente e gente, compagni e compagni, fratelli e fratelli, e mettere in disquarto le famiglie, cittadi, republiche e regni; et in conclusione, se, mentre salutano, ovunque entrano, il coltello de la divisione, et il foco de la dispersione, togliendo il figlio al padre, il prossimo al prossimo, l'inquilino a la patria, e facendo altri divorzj orrendi, e contra ogni natura a legge. Veda se, mentre si dicono ministri d'un, che resuscita morti e sana infermi, essi son quei, che peggio di tutti altri, che pasce la terra, stroppiano li sani, e uccideno li vivi, non tanto con il foco e con il ferro, quanto con la perniciosa lingua. Veda, che specie di pace e concordia e quella, che proponeno a li popoli miserandi, se forse vogliano e ambiscono, che tutto il mondo concorde e consenta a la lor ma-*

Gegenüber solcher die Völker entzweienden Glaubenshatz hofft Bruno auf das baldige Erscheinen eines heroischen Fürsten, dessen unbesiegter Arm dem jammervollen und unglücklichen Europa die so lange gestörte Ruhe wieder geben wird, indem er jenem Ungeheuer die zahllosen Köpfe zerschmettert, jenem Monstrum, das schlimmer als die lernäische Hydra, mit Ketzereien aller Art das verderbenschwangere Gift ausstreut, das mit nur zu grossen Schritten durch alle Adern dieses Welttheils dahinschleicht. Es wird jener müssiggängerischen Sekte von Pedanten den Garaus machen, die, ohne Gutes zu wirken, gemäss dem göttlichen und natürlichen Gesetze, sich für religiöse, den Göttern wohlgefällige Leute halten und gehalten wissen wollen und die da sagen, dass Gutes thun gut, Schlechtes thun schlecht sei, aber nicht dass man durch gute Handlungen und Unterlassung der bösen, den Göttern werth und lieb werde, sondern dies allein dadurch, dass man ihrem Katechismus gemäss hoffe und glaube. „Hat man jemals eine Büberei gesehen, die so offen am Tage läge wie diese, die aber nur von denen nicht gesehen wird, die eben nichts sehen [1])!"

---

ligna e presuntuosissima ignoranza, et approve la lor malvagia coscienza, mentri essi non vogliono concordare nè consentire a legge, a giustizia e dottrina alcuna, et in tutto il resto del mondo e de' secoli non appare tanta discordia e dissonanza, quanta si convince tra loro; per ciò che tra dieci mila di simili pedanti non si trova uno, che non abbia un suo catecismo formato se non pubblicato, al meno per pubblicare: quello che non approva nessuna altra institutione, che la propria, trovando in tutte l'altre che dannare, reprobare e dubitare; altre che si trova la maggior parte di essi, che son discordi in sè medesimi, cassando oggi quello, che scrissero l'altro giorno.

1) Ebendas. (Wagner II, 146; Clemens, pag 230): „*Rimagna in cielo (la corona boreale),*" *rispose Giove,* „*aspettando il tempo, in cui dovrà essere donata in premio a quel futuro invitto braccio (di qualche eroico prencipe), che con la mazza et il fuoco ripostarà la tanto bramata quiete a la misera et infelice Europa, fiaccando li tanti capi di questo peggio che lerneo mostro, che con moltiforme eresia sparge il fatal veleno, che a troppo lunghi passi serpe per ogni parte per le vene di quella.*" — *Aggiunse Momo:* „*Bastarà che done fine a quella poltronesca setta di pedanti, che, senza ben fare, secondo la legge divina e naturale, si stimano e vogliono essere stimati religiosi grati a' dei, e dicono, che il far bene è bene, il far male è male, ma non, per ben che si faccia, o mal, che non si faccia, si viene ad essere degno e grato a' dei, ma per sperare e credere secondo il catecismo loro. Vedete, dei, se si trovò mai ribaldaria più aperto di questa, che da quei soli non è vista, li quali non veggon nulla.*"

Werfen wir nun noch einen prüfenden Gesammtüberblick über die zahlreichen Stellen, an welchen sich Bruno erstens in Bezug auf die Religion im Allgemeinen, sodann aber zweitens bezüglich der Offenbarungsreligionen im Besondern geäussert hat, so gelangen wir zu folgendem Resultat.

Bruno ist kein Christ. Er hat mit der ganzen Glaubenslehre der römischen Kirche, wie des Christenthums überhaupt, schon als Jüngling und zwar für immer gebrochen[1]). Er hat sich aber die Objectivität seines Urtheils trotz der bittersten Erfahrungen von Seiten des Pfaffenthums niemals in dem Grade trüben lassen, dass er die Nothwendigkeit einer Kirche nicht mehr hätte begreifen wollen oder können. Es drängt ihn vielmehr mit zunehmender Reife seines Geisteslebens immer stärker das Bedürfniss, mit der Kirche in Frieden zu leben und sich mit deren massgebenden Autoritäten auszusöhnen[2]). Nicht dass er jemals zu der „trivialen Ansicht" herabgesunken wäre, „als sei der eigentliche Inhalt der Religion die Moral, und die Moralpredigt das eigentliche Werk der Kirche" [3]), mit der es sich dann, als einer einmal unentbehrlichen Institution zur Darniederhaltung der Massen lohne, auf gutem Fusse zu stehen. Sondern die Religion und deren organisirte Lebeform, die Kirche, ist ihm ihrem Wesen nach eine Anleitung zur Sittlichkeit. Er will eine Religion, die nicht inhaltlos, einen Glauben, der nicht abgeschmackt, eine Frömmigkeit, die wahrhaft und aufrichtig ist[4]). Aberglauben, Unglauben und Gottlosigkeit sind ihm gleich verhasst. Was Bruno der bestehenden Kirche entfremdete und sodann später hinderte, sich mit ihr auszusöhnen, das war ihre

1) Noack, Ludw., Philosophiegeschichtliches Lexikon (Leipzig, 1879), pag. 164: „Der Bruch mit beiden ist seine eigene Geistesthat gewesen, er ist der erste philosophische Denker gewesen, der sich ganz ausserhalb des Christenthums stellte."

2) Vgl. Clemens, Giordano Bruno, pag. 207, Anm. 1, und Lasson, Anmerkung 58 zu seiner Uebersetzung von Bruno's Dialog: Von der Ursache, pag. 190.

3) Lasson, Ad., Ueber Gegenstand und Behandlungsart der Religionsphilosophie (Leipzig, 1879), pag. 22.

4) S. die Stelle bei Lasson in seiner Uebersetzung von Bruno's Dialog: Von der Ursache, pag. 171. S. auch oben pag. 234 Schluss.

hartnäckige Weigerung, den engen Rahmen ihrer Weltanschauung mit den riesigen Errungenschaften der realen Forschung zu bereichern. Desshalb lässt ihn denn der Katholicismus, den er äusserlich nie abgeschworen [1]), ebenso kalt, wie der Protestantismus, dem er sich innerlich nie befreundet hat. Oder aber auch, wenn er sich in seinem leidenschaftlichen Hasse gegen die Schattenseiten der Kirche zu den bittersten Sarkasmen fortreissen lässt, so verschont sein Spott den blinden Glaubenseifer der Protestanten ebensowenig, als den entwürdigenden Formeldienst der Römlinge. Was er in beiden Confessionen aufs schmerzlichste vermisst, das ist die volle, warme, rückhaltlose Anerkennung der sichergestellten Naturgesetze [2]), in deren freudiger Erforschung und Befolgung er zugleich die reinere Gottesverehrung der kommenden Jahrhunderte erblickt. „Er ist sich dessen klarbewusst, er weiss es und rühmt sich dessen, dass seine Religiösität heidnischer Natur ist. Bruno ist ein heidnischer Christ oder ein christlicher Heide [3])." Aber dieser Heide glüht von heroischer Begeisterung „für jenes Gesetz der Liebe, das, wie er sagt, nicht vom Teufel einer Nation, sondern von Gott, dem Vater aller Völker, ausgegangen ist, für jenes Gesetz der allgemeinen Menschenliebe, welches so schön im Einklang steht mit der Natur des Weltganzen und welches uns lehrt, dass wir sogar unsere Feinde lieben sollen, auf dass wir nicht den wilden Thieren und Barbaren ähnlich seien, sondern nach dem Bilde Jenes umgeschaffen werden, welcher seine Sonne aufgehen lässt über Gute und Böse und den Regen seiner Gnade auf Gerechte und Ungerechte ausschüttet [4])."

---

1) Wie Noack a. a. O., pag. 170 trotz der Ansicht aller neueren Brunoforscher fälschlich als Thatsache annimmt.

2) Vgl. z. B. De Monade, pag. 88: *Illis succurrunt de alia multitudine plures etiam peripatetici (licet non apprime) sapientes, qui tragico et Syro quodam mysterio informati quasi divinantes foedera quaedam atque pacta praesumunt praejudiciosissima, quae divinas naturalesque discindant leges.* Uebrigens ist auch die ganze Cabala del cavallo Pegaseo nur ein einziger fortgesetzter Hohn auf die der Wissenschaft abholde Verhimmelung der Armuth im Geiste.

3) Scartazzini, J. A., Giordano Bruno, ein Blutzeuge des Wissens. 8°. (Biel, Steinheil, 1867), pag. 25

4) S. die Stelle oben pag. 70. Schon in einem Hymnus des Rigveda

Tiefdurchdrungen von der welthistorischen Aufgabe seines Jahrhunderts, das Reich des Geistes und der Natur neuzubegründen, glaubte Bruno, hierin ganz Protestant, an den Sieg der wissenschaftlichen Wahrheit und Gerechtigkeit. Er glaubte unerschütterlich an den einstigen Sieg der reinen, aus Herzenstiefen quellenden, aber durch den sittlichen Fortschritt und fortwährende Denkarbeit sich beständig läuternden Vernunftreligion, denn er war fest überzeugt, dass die neue, durch Copernicus nur angeregte, von ihm aber philosophisch begründete Weltanschauung mehr als jede andere Weltansicht die Geister wieder zur Ehrfurcht vor dem Unendlichen und Erhabenen und damit eben wieder zur uralten Quelle aller Religion hinanleiten werde[1]). In diesem Glauben dichtete Bruno die herrlichen Verse:

Ueberall hin durch das All sind Sonnen wie unsere Sonne,
Und wie diese ein Schwarm von Planeten umkreist, so umwandelt
Jegliche andere Sonn' ein System von Planeten, die unserm
Auge nicht weniger unsichtbar sind, als die unseren jenen.
Lass denn den Glauben ans Sphärengewölb' und den ersten Beweger:
Ist es mit diesen doch aus! wie denn schon ein vorahnender Seher
Wahr prophezeit hat, es werde in unsern Tagen geschehen,
Dass, wann sich einstmals die Gunst der Zeiten erfüllt und das Schicksal
Tritt für die Wahrheit ein, bald auch der Gerechtigkeit Sieg dann
Folgt und wieder erblüht die heilige Gottesverehrung.
Dann erstehet das lang und sehnlich erwartete Weltreich:
Nieder zum höllischen Pfuhl wird es weisen der Finsterniss Mächte
Sammt des Irrthums Geschwärm und der Krämerwage der Selbstsucht,

lässt Gott seine Sonne leuchten über Gerechte und Ungerechte. S. KAEGI, Adolf, Der Rigveda (Leipzig, 1881), pag. 190, Anm. 207.

1) CENA DE LE CENERI (WAGNER I, 175): ... *questa filosofia non solo contiene la verità, ma ancora favorisce la religione più che qual si voglia altra sorte di filosofia.*

Welche so lange das Licht erlogen und blutigen Führern
Weihten die durch die Nacht hinirrenden Herzen der Menschen.
Von der geheiligten Brust erstrahlt dann wieder die hehre
Majestät der Gotteanatur durch die Tiefen des Weltalls;
Dann erst wieder erscheint der wahre Unendlichkeitslenker
Wahrhaft gross und es jauchzt ihm die Heerschaar göttlicher
Mächte,
Welche mit seinem Licht die unendlichen Räume erhellen
Und was im All sich noch regt von Lebewesen im Kleinern[1]).

VII.

Bruno's Ethik.

Im SPACCIO DE LA BESTIA TRIONFANTE hatte Bruno die Umrisse einer Moralphilosophie geben wollen. Indem er seinem Roman die Fiction einer Götterversammlung zu Grunde legte, in welcher beschlossen wird, an die Stelle der am Thierkreis

1) DE IMMENSO, Lib. IV, cap. 10, v. 66—91, pag. 339:
Ergo manent velut iste manet sol undique soles,
Et velut iste suis sic quilibet ille planetis
Vallatur quos non ulla ratione videmus
Qua nec et inde valent isti hac cum sole videri.
Ergo tibi nec sit coelum neque mobile primum,
Nam subjecta duo haec periere ut voce prophetae
Praedictum vera est nostra hac aetate futurum:
Quandoquidem accessit favor et sententia divum
Veri pro specie quam mox justique sequetur
Judicium et sanctae fundamina religionis
Speratumque diu seclum succedet in orbe hoc.
Nam relegata dabit tenebrarum numina in orcum
Erroresque vagos cum pondere lancis iniquae,
Quae lucem mentita diu, palantia crudis
Per noctem ducibus mortalia corda dedere.
Ergo renitebit sancto de pectore divae
Naturae species mundum diffusa per amplum,
Immensique operis moderator verus et unus
Noscetur vere magnus, cui numina plaudunt
Infinita, sua quae immensum luce serenant
Totque quot in cunctis vivunt animata minora.

haftenden Bestien die diesen entsprechenden Tugenden zu setzen, hatte sich der Dichterphilosoph die Möglichkeit geschaffen, auf poetisch-kritischem Wege eine Tugendlehre vorzutragen. Dieselbe sollte jedoch nur eine Art Ouvertüre, der Grundriss, die Grundlinien, der Grundstein einer Ethik sein, die, vorläufig nur in unbestimmten Zügen entworfen, später ausführlicher dargestellt werden sollte [1]). Er wollte den Gesammtbau dessen, was er sich nach dem Mass seiner individuellen Erkenntniss als eine wahrhaft allumfassende, Religion, Gottesdienst, Recht, Sitte und Lebenspraxis aus einheitlichem Princip entwickelnde, Heilslehre zurecht gelegt hatte [2]), später in andern und besondern Dialogen voll, ganz und abschliessend ausführen [3]). Und zwar sollte diese seine Ethik im Gegensatze zur kirchlichen Heilslehre, welche nur für die als Mittelpunkt der Welt betrachtete Erde mit ihrer Menschheit berechnet war, eine universelle Gültigkeit erhalten und nicht nur auf den Planeten Erde, sondern auf alle andern Welten im unendlichen Raume anwendbar sein [4]). Bruno erfüllte sein Versprechen in den Dialogen, denen er den Titel: Degli Eroici Furori oder „Vom heroischen Enthusiasmus" gab.

---

1) Spaccio de la bestia trionf. (Wagner II, 110): *Epistola esplicatoria al Sign. Fil. Sidneo: . . essendo io in intenzione di trattar la moral filosofia secondo il lume interno, che in me ha irradiato et irradia il divino sole intellettuale, mi par espediente prima di preporre certi preludj a similitudine de' musici; imbozzar certi occulti e confusi delineamenti et ombre, come i pittori; ordire e distendere certe fila, come le tessitrici; e gittar certi bassi, profondi e ciechi fondamenti, come i grandi edificatori: il che non mi parea più convenientemente poter effettuarsi, se non con porre in numero e certo ordine tutte le prime forme de la moralità, che sono le virtù e vizj capitali . . .*

2) Ebendas. (Wagner II, 186): *Ecco quà, Etica, con cui prudentemente, con sagacità, accortezza e generosa filantropia saprai instituir religioni, ordinar li culti, metter leggi et executar giudizj, et approvare, confirmare, conservar e difendere tutto il che è bene instituito, ordinato, messo et executato accomodando, quanto si può, gli affetti et effetti al culto de' dei e convitto de gli uomini.*

3) Ebendas. (Wagner, II, 111): *quando determinando del tutto secondo il nostro lume e propria intenzione, ne esplicheremo in altri et altri particolari dialogi, ne' quali l'universal architettura di cotal filosofia verrà pienamente compita, e dove ragionaremo più per modo definitivo.*

4) Ebendas. (Wagner II, 187): *l'Etica, quanti possono essere costumi, consuetudini, leggi, giustizie e delitti in questo et altri mondi de l'universo.*

Nun haben CARL SIGM. BARACH in seinem Aufsatze „Ueber die Philosophie des G. Bruno mit besonderer Rücksicht auf dessen Erkenntnisslehre und Monadologie“ (Philosophische Monatshefte, Bd. XIII [1877], pag. 40 bis 57, 179 bis 196) und ERNST BRUNO HARTUNG in seiner Doctordissertation: „Grundlinien einer Ethik bei G. Bruno besonders nach dessen Schrift LO SPACCIO DE LA BESTIA TRIONFANTE.“ 8⁰ [Leipzig, 1878] unmittelbar hintereinander den Versuch gemacht, die Ethik des Bruno übersichtlich und nach ihren werthvollsten Gesichtspunkten darzustellen. Während aber HARTUNG sich ganz überwiegend nur an den SPACCIO gehalten hat, der, wie Bruno selbst eingesteht, zunächst nur die Bausteine zu einer Tugendlehre liefern soll, so hat dagegen allerdings BARACH speciell die Dialoge DEGLI EROICI FURORI zum Ausgangspunkt genommen, den Grundgedanken derselben jedoch zu ausschliessend in der Erkenntnisstheorie gesucht. In Bruno's Ethik greifen aber die Zahnräder der Erkenntniss und des Willens so kräftig ineinander, durchdringen sich die Schärfung der Intellekts und das Streben nach sittlicher Veredelung zu einer so innigen Einheit, dass die Bezeichnung Ethik für Bruno's Lehre von der Einswerdung mit dem Ideal im letzten Grunde sich als unzutreffend erweist und mit grösserm Recht eingetauscht werden müsste gegen den umfassenderen Begriff einer Heilslehre für freie Geister, einer Religion heroischen Hochsinns.

Fragen wir uns nun, auf welchem Wege gelangte der Nolaner zu dieser grossartigen, in der ganzen philosophischen Literatur unerreicht dastehenden Anleitung zum seligen Leben, so ergiebt sich uns auch hier wieder die Einsicht, dass des Dichterphilosophen kühnste Conceptionen aus seiner Verwerthung der copernicanischen Entdeckungen geflossen sind. Wir haben schon in früheren Abschnitten erkannt, zu wie reichem Gewinne Bruno die neuerstandene Astronomie bis in ihre metaphysischen Consequenzen verfolgt und ausgebeutet hat. In Bruno's Ethik haben wir wieder einen neuen Beweis, wie nahe verwandt sich die copernicanische Weltanschauung und die Theosophie sind [1].

---

1) BARACH a. a. O. (Philos. Monatsh. Bd. XIII, pag. 45).

„Wer in die Tiefe zu blicken vermag, erkennt zuletzt als die Grundlage aller und jeder Natur Gott[1]).“ Wenn aber Bruno von Gott spricht, so wissen wir, ist es Goethes Gott-Natur, das hinter allen Erscheinungen im letzten Hintergrunde thätige Welt-Subjekt, die Quelle alles Seins, aller Ideen, aller Wahrheit, die Wahrheit selbst. Die Wahrheit aber ist ihm eins mit der Schönheit und beide zusammen stellen das Gute dar, die Vollkommenheit, welcher zuzustreben der allgemeine Weltzweck, und in Folge dessen auch das Ideal der Ethik ist, insofern dieselbe die Gesetze erkennt, nach welchen der einzelne Mensch innerhalb der ihm gezogenen Schranken den universellen Weltzweck zu erfüllen vermag.

Alterthum und Mittelalter hatten ihre Weltanschauung vom gäocentrischen Gesichtspunkt aus entwickelt. Rund um die im Mittelpunkt des Alls ruhende Erde drehte sich in ewig gleichen Kreisbewegungen die Sonne mit ihrem Planetensystem und hoch über demselben die krystallene Fixsternsphäre, welche alle miteinander das Empyreum, der Sitz der Seligen um den leuchtenden Thron Gottes, hermetisch einschloss.

Das Weltall drehte sich im eigentlichsten Sinne nur um den Menschen, um dessentwillen allein auch Gott, der Lenker des Alls, mit weiser Vorsicht die Geschicke bald so und bald so kommen und gehen hiess. Nicht anders als im Homer auf dem Olymp oder im Mahabhârata auf dem Götterberge Meru thronte bis auf Copernicus auch der Gott der Christenheit hoch im Aether und erliess von da aus, orientalischen Despoten gleich, in völliger Willkür unfehlbare Gesetze, denen sich seine Unterthanen unweigerlich und in kindlichem Vertrauen zu unterziehen hatten. Bis auf Copernicus herrschte so mit dem gäocentrischen Gesichtspunkte auch die heteronome **Moral**, denn von Ethik kann im Grunde nicht gesprochen werden, wo die Sittlichkeit nur im blinden Gehorsam gegen die Zumuthungen eines Tyrannen gesucht und gefunden wurde. Als nun Copernicus den heliocentrischen Gesichtspunkt fand, als er die Sonne in den Mittel-

1) Summa terminor. metaphysicor., *De Deo seu Mente, Actio* (Gfrörer, pag. 473): *Sicut enim natura est unicuique fundamentum entitatis, ita profundius naturae uniuscujusque fundamentum est Deus.*

punkt des Weltalls setzte, da hatte zu gleicher Zeit schon der Protestantismus dem Bollwerk der heteronomen Moral, dem Stuhle Petri, den Gehorsam gekündet, ohne sich jedoch von der Herrschaft der heteronomen Moral, deren Träger man nun einfach in der Bibel suchte, völlig befreien zu können. Erst Bruno war die heroische That vorbehalten, die Menschheit aus dem Banne der alten Weltanschauung zu erlösen, indem er auch den heliocentrischen Gesichtspunkt des Copernicus dadurch, dass er denselben zum kosmocentrischen erweiterte, überwand und an der Stelle der heteronomen Moral die autonome Ethik entwickelte [1]).

Durch den schrankenlosen Raum hin kreisen von Ewigkeit zu Ewigkeit Myriaden von Riesenorganismen, auf deren unendlich verschiedener Oberfläche unendlich verschiedene Lebewesen in ungezählter Mannigfaltigkeit ihre Bahnen vollenden. Die Unermesslichkeit der Welträume, deren relative Horizonte sich selbst dem schärfsten Blick und der kühnsten Phantasie in immer weitere Fernen hinausschieben, die Zahllosigkeit der nach Analogie unserer terrestrischen Fauna und Flora zu erschliessenden Organismusgattungen, dann aber die überwältigende Schönheit der Erscheinung des Ganzen als gestirnten Nachthimmels und die Gesetzmässigkeit aller Funktionen des Grössten und des Kleinsten, vom wärmestrahlenden Feuerball der Sonne bis hinunter zum Stäubchen, das nur im Glanze dieser Sonne sichtbar wird, Alles das erfüllt das Gemüth des Menschen mit ehrfurchtsvollem Staunen und erweckt in ihm die Ahnung einer wunderbaren, die heftigsten Gegensätze zur Einheit verbindenden Harmonie [2]), in welcher auch das scheinbar Geringfügigste seine Aufgabe für das grosse Ganze findet, da auch das scheinbar Kleinste ein lebendiger Spiegel des Weltalls ist. Aber diese Weltharmonie, die uns, jedem nach dem Masse der ihm verliehenen Sinnesorganisation, so vernehmlich in die Ohren klingt, ist doch wieder nur ein kleiner Theil derjenigen Harmonien, zu welchen unsere Sinne nicht hinanreichen, die aber für anders und höher orga-

---

1) Vgl. Barach a. a. O. (Philosoph. Monatshefte, Bd. XIII, pag. 44).

2) De la Causa (Wagner I, 291; Lasson, pag. 136): *Profonda magia è saper trar il contrario, dopo aver trovato il punto de l'unione.*

nisirte Lebewesen auf höher organisirten Weltkörpern verständlich sein werden. So baut sich alsdann nach Analogieschlüssen dem ahnenden Gemüth wie dem mit logischer Schärfe erkennenden Geiste neben der wunderbaren Welt der sichtbaren Erscheinungen eine noch wunderbarere Stufenfolge höherer und immer höherer Weltharmonien auf, empfunden und erkannt von immer höher und immer höher organisirten Lebewesen, bis sich für das zur höchsten Kraftleistung gespannte Auge der Phantasie die Pyramide der erkennenden Wesen schliesslich zu jener obersten Einheit zuspitzt, in jener letzten Urmonade gipfelt, welche, Subjekt und Objekt, die bewirkende und die erkennende Ursache zugleich[1]), ebendesshalb auch der Inbegriff aller Harmonien, die Quelle aller Naturgesetze, die Natur der Natur, Gott selbst ist.

Wenn nun Gott, die Natur der Natur, Alles ist, was da ist; wenn die unendliche Mannigfaltigkeit des Seienden nichts ist, als die Summe dessen, was sich in Vergangenheit, Gegenwart und Zukunft aus dem unendlich entwickelungsfähigen Ureinen an Formen zu entfalten vermag, so muss nothwendig Alles, was aus dem Feuer der göttlichen Urvollkommenheit ins Dasein geperlt ist, das unverkennbare Siegel der Vollkommenheit selbst an sich tragen. So ist denn in Wahrheit Alles über die Maassen schön und gut, aber nur im Hinblick auf das ganze Universum[2]), das sich ja eben selbst im Kleinsten widerspiegelt. Aber untereinander und für sich selbst können sich diese Einzelwesen ausserordentlich zu widersprechen scheinen oder auch wirklich widersprechen. Denn jedes Einzelne ist ja eben, weil es nur ein Einzelnes ist, nicht das Ganze, sondern nur ein Theil des Ganzen und entbehrt desshalb manches, zur Vollkommenheit, die nur im Ganzen ist, Nothwendigen; und weil es insofern

---

1) SUMMA TERM. METAPH., *De Deo seu Mente* (GFRÖRER, pag. 483): *solum ens . . . hoc est nomen, quod ipsius maxime possumus afferre et quod auditum et revelatum accepimus, ut appelletur: „qui est vel quod est“*. Ferner Ebendaselbst, *Intellectus seu Idea* (GFRÖRER, pag. 504): *idem est objectum et cognoscens.* Ferner Ebendas. (GFRÖRER, pag. 508): *universalis intellectus qui est omne cognoscibile et cognoscens in omnibus.* Ferner Ebendas. (GFRÖRER, pag. 498): *Intellectus est caussa tum qua res sunt tum qua res cognoscuntur.*

2) Vgl. oben pag. 165, Anmerk. 2, 3, 4.

einem andern Einzelnen eben als mangelhaft erscheint, als der Vollkommenheit des Ganzen entbehrend, so gilt es dem nur auf das Endliche gerichteten Blick für böse. An sich zwar ist Alles gut, aber sowie das Einzelne sich in ausschliessliche Beziehung zum Einzelnen setzt und über den Selbsterhaltungstrieb den Blick für den Zusammenhang mit dem grossen Ganzen verliert[1]), so ist auch schon der Abfall von der Einheit des Wahren, Schönen und Guten da und tritt auf als das Nichtseinsollende, als das Falsche, das Hässliche, das Böse.

In der Welt der Menschen ist daher das Böse, insofern es der Selbstüberhebung des Individuums, der Missachtung der Wohlfahrt des Ganzen entspringt, geradezu unvermeidlich und schlechthin nothwendig. Aber eben desshalb, weil es nothwendig ist, dass die Einzelnen, da sie alles nur auf sich beziehen, gegenüber dem Ganzen sich widersprechen und sich bekämpfen; gerade desshalb, weil es in der Menschenwelt alle möglichen Arten von Personen giebt und die Zahl der Unvollkommenen, Schlechten und Gottlosen überwiegt, gerade desswegen ist die Welt, so, wie sie ist, nothwendig und darf nicht anders sein, als sie ist[2]). Wenn die Zahl der Vollkommenen und Guten die Zahl der Unvollkommenen und Schlechten jetzt schon überwöge, so würde damit die Entwickelung des Welt-Subjekts zur Unendlichkeit der in ihm liegenden Formenfülle schon gegenwärtig dem Abschluss nahe, d. h. der Zeitlichkeit verfallen, der Endlichkeit unterworfen sein. Nun aber ist der einzige und universelle Zweck des Welt-Subjekts die Vollkommenheit des Welt-Objekts und diese besteht darin, dass alle Formen, deren dasselbe fähig ist, in der Unendlichkeit des Raumes und der Zeit ins Dasein treten. Der Process der Vervollkommnung aller Individuen bis zur Höhe des Ideals bedarf der unbegrenzten Ewigkeit.

---

1) Vgl. oben pag. 165, Anm. 4.

2) Degli Eroici Furori (Wagner II, 404—405): *Mariano: In proposito di questo mi piace quello che voi medesimo poco avanti dicesto, che bisogna ch' il mondo sia pieno di tutte sorte di persone, e che il numero de gli imperfetti, brutti, poveri, indegni e scelerati sia maggiore, et in conclusione non debba essere altrimenti che come è.*

Welches ist nun der Weg, der zur Vollkommenheit führt? Welche Mittel giebt es, die dem, in seiner Endlichkeit immer unvollkommenen, Einzelnen die Erreichung des Ideals der Vollkommenheit in Aussicht zu stellen vermögen? Oder vielmehr, giebt es überhaupt einen Weg, zur Vollkommenheit zu gelangen? Giebt es Mittel, welche dem Einzelnen den Blick für das grosse Ganze zu schärfen vermögen; Mittel, welchen die Kraft innewohnt, dem Einzelnen, der mit allen Schlacken der Endlichkeit behaftet ist, den wohlthuenden Goldglanz echter Idealität zu verleihen, ihn selbst zum würdigen Vertreter des Ideals des Wahren, Schönen und Guten zu erheben? Und wenn es solche Mittel giebt, welches sind die Hindernisse, zu deren Beseitigung sie angewendet werden? Da doch der Mensch, wie Alles, was aus der Künstlerhand der Natur hervorgegangen ist, im innersten Kern die Anlage zur Selbstvervollkommnung besitzt?

Fassen wir zunächst die Hindernisse ins Auge, die dem Menschen die freie Bahn zum Ideal der Vollkommenheit erschweren. Es sind deren viele, es mögen desshalb hier nur die wichtigsten hervorgehoben werden. Betrachten wir vor allem die Stellung der Menschenseele gegenüber der Weltseele. „Es giebt gleichsam ein einziges Centralindividuum, aus dessen Schoosse sich für unsere Erkenntniss von Uranfang her die sämmtlichen Gattungen als Emanationen verschiedener und unzähliger Linien ergossen haben, zu welchem hin und in welches hinein sie sich schliesslich wieder zurückziehen. Es giebt im Makrokosmos eine alleserleuchtende und mit lebenerweckender Wärme bestrahlende Centralsonne, gleich dem im Kreise der Musen mitteninnesitzenden Apollo. Eine Einheit auch bildet der Tempel oder die Flur, wo die zahllosen göttlichen Gestirne ohne Unterbrechung ihren wunderbaren Singreigen tanzen. Und nun im Mikrokosmos ist dieses einheitliche Centrum das Herz, aus welchem durch den ganzen Organismus die Lebensgeister ausströmen, um den Baum des Alllebens, der in ihm keimt und wurzelt, fort und fort zu hegen und zu pflegen[1]." Die Individualseele ist mit der

---

1) De Monade, pag. 22: *Unum veluti centrum est individuum ex quo et de quo originaliter omnes species veluti diversarum innumerabiliumque linearum effluxus esse cognoscimus: ad quod item et in quod sese recipiendo reducuntur.*

Weltseele in ihrer letzten hüllenlosen Form eins und dasselbe, aber insofern die Weltseele, gemäss der Zahllosigkeit der in ihr schlummernden Lebensformen, nur in der Zahllosigkeit verschieden beanlagter Individuen den ihrem universellen Charakter relativ entsprechenden Ausdruck zu finden vermag, spiegelt sie sich in jedem ihrer zahllosen Individuen in zwiefacher Form wieder, denn einmal liegt in jedem Individuum, wie wir soeben gesehen haben, ein mit der Weltseele identischer Keim verborgen und dieser kann, wenn die Weltseele lauter Geist und Vernunft ist, ebenfalls nur Geist und Vernunft sein; dann aber erscheint die Weltseele in jedem Individuum noch in einer andern, niedrigeren Form, insofern sie, an die Materie gebunden, die Aufgabe hat, das, das Individuum speciell charakterisirende und dasselbe von den andern Individuen unterscheidende Sein zu erhalten: es ist dieses das System der Sinnesthätigkeit. Aber indem sich die Weltseele, insofern sie im menschlichen Individuum in die Erscheinung tritt, auf diese Weise in zwei, einander gewissermassen widersprechende Wesen spaltet, ist sie im Menschen auch der Kampfplatz und die immanente Ursache jenes nie erlöschenden Zwistes, in welchem sich Geist und Sinn auf Tod und Leben bekriegen. „Denn die höheren Potenzen streben fortwährend ihrem ungetrübten Urbild zu, während die niedrigeren, nur auf die Selbsterhaltung des Individuums gerichteten Seelenkräfte fortwährend von diesem Urbild wegstreben, indem sie die Gesammtthätigkeit des Individuums auf das Leben innerhalb der Wendekreise der Zeugung und des Verfalles beschränken möchten [1]."

Zu diesem innern Widerstreit der Seelenkräfte, der allein schon hinreichend erscheinen könnte, ein einheitliches Streben

---

Unus in Megacosmo sol omnia illuminans, et vivifico calore irradians, velutque in medio residens Nympharum Apollo. Unum Templum seu Area ubi tot Numina admirabilem sine intermissione choream celebrant. Unum in Microcosmo centrum est cor a quo per totum animal spiritus vitales egrediuntur, in quo arbor universa vitae figitur et radicatur, et ad cujus primitivam custodiam et conservationem referuntur.

1) Degli Eroici Furori (Wagner II, 351): *Così essendo composto di potenze superiori et inferiori, con le superiori versa circa la divinitade, con l'inferiori circa le mole, la qual viene da essa vivificata e mantenuta intri li tropici de la generazione e corrozione de le cose viventi in essi mondi.*

nach dem Urbild des Wahren, Guten und Schönen unmöglich zu machen, gesellen sich nun aber noch ganz andere Hindernisse kräftigerer Natur. „Der Körper nämlich ist in beständiger Bewegung, Umwandlung und Veränderung begriffen und damit in Folge dessen auch sämmtliche Thätigkeiten, welche die Aufrechterhaltung des charakteristischsten Seins eines jeden Individuums zum Zwecke haben. Wie soll denn da das Unbewegliche, die Substanz, das Wesen, die Wahrheit begriffen werden können von jenem, das immer und immer wieder ein Anderes ist und immer anders und wieder anders schafft und geschaffen wird? Welche Wahrheit, welches Abbild derselben kann sich im Auge abspiegeln und einprägen, wenn sich die Pupillen in Wasser, die Wasser in Dampf, der Dampf in Flamme, die Flamme in Luft und diese in immer und immer wieder etwas anderes übergehen, sodass das Subjekt der Sinnesempfindung und der Vernunftthätigkeit die Kreisbahn der Umwandlungen ins Unendliche beschreibt [1])?" Ergiebt sich aus solchen Betrachtungen nicht die völlige Unzulänglichkeit der Mittel unserer Erkenntniss, das Erkennbare zu erkennen [2])? Erscheinen unter diesen Verhältnissen unsere dem Urlicht zugewendeten Augen nicht wie die Augen der Nachtvögel, die unfähig sind, die Sonne wahrzunehmen [3])?

Dazu kommt nun noch die Unfähigkeit unseres Auges, unserm Geiste die Dinge unmittelbar zuzuführen. Wir begreifen

---

1) Ebendas. (Wagner II, 427): *La sesta (cagione de la cecità) significata nel seguente, non è altrimenti cagionata che da la imbecillità et insussistenza del corpo, il quale è in continuo moto, mutazione et alterazione, e le operazioni del quale bisogna che seguiteno la condizione de la natura et essere. Come volete voi, che l'immobilità, la sussistenza, l'entità, la verità, sia compresa da quello ch' è sempre altro et altro, e sempre fa et è fatto altri et altrimente? Che verità, che ritratto può star dipinto et impresso, dove le pupille de gli occhi si dispergono in acque, l'acque in vapore, il vapore in flamma, la flamma in aura, e questa in altro et altro, senza fine discorrendo il suggetto del senso e cognizione per la ruota de le mutazioni in infinito?*

2) Ebendas. (Wagner II, 426): *La quinta (cagione di cecità) procede da la improporzionalità de li mezzi di nostra cognizione al conoscibile.*

3) Ebendas. (Wagner II, 263): *l'oggetto, ch' è la divina luce, in questa vita è più in laborioso voto, che in quieta fruzione, per che la nostra mente verso quella è come gli occhi de gli uccelli noturni al sole.* Aehnlich Ebendaselbst (Wagner II, 321): *gli uccelli notturni dovegnon ciechi per la presenza del sole.*

von der Gottheit nur unsern eigenen Geist, oder wenigstens einen dieser gegenüber viel tiefer stehenden. Denn gerade wie das Auge durch das Sehen nicht das Licht des Feuers oder das Gold als Substanz in sich aufnimmt, sondern nur als Vorstellung und Gleichniss, so auch nimmt der Geist, auf welcher Stufe er auch stehen möge, die Gottheit nicht substantiell in sich auf. sonst gäbe es so viele Götter als es Intelligenzen giebt, sondern nur im Gleichniss, in Folge wovon wir nicht förmlich, sondern nur bezeichnungsweise Götter sind, indem die Gottheit und die göttliche Schönheit immer ein und dieselbe und hoch über alle Dinge erhaben ist [1])."

Hemmender aber noch als die Unzulänglichkeit unserer Mittel, die Wahrheit im vollen Sonnenglanze zu schauen, wirkt auf die Trübung unseres Strebens nach der Wahrheit die aus der falschen Erziehung unserer Vorstellungen fliessende Voreingenommenheit den Dingen gegenüber, das ererbte Vorurtheil, die Macht der Gewohnheit. „Es ist ganz unglaublich, welche Gewalt in der Verhinderung bestimmter Einsichten die Gewohnheit des Glaubens, das sich Wiegen in gewissen Ueberzeugungen, ausübt, in welche man von Kindesbeinen an eingelullt worden ist. Es verhält sich damit nicht anders, als bei denen, die, von Jugend auf gewohnt, Gift zu essen, schliesslich sich mit ihrer Constitution so sehr an dasselbe gewöhnen, dass es, weit entfernt, auf sie noch als Gift zu wirken, ihnen vielmehr als unentbehrliches wohlschmeckendes Nahrungsmittel vorkommt, sodass ihnen dann selbst das Gegengift zum wirklichen Gift umschlägt [2])."

---

1) Ebendas. (Wagner II, 427): *ne la regione intelluale, dove splende il sole de l'intelletto agente mediante la specie intelligibile formata come procedente da l'oggetto, viene a comprendere de la divinità l'intelletto nostro, o altro inferiore a quella.* (Vgl. den Ausspruch des Erdgeistes in Goethe's Faust: „Du gleichst dem Geiste, den du begreifst, nicht mir!") *Per che, come l'occhio nostro, quando veggiamo, non riceve la luce del foco et oro in sustanza, ma in similitudine: così l'intelletto, in qualunque stato che si trove, non riceve sustanzialmente la divinità, onde sieno sustanzialmente tanti dei quante sono intelligenze ma in similitudine, per cui non formalmente son dei, ma denominativamente divini, rimanendo la divinità e divina bellezza una et esaltata sopra le cose tutte.*

2) La Cena de le Ceneri (Wagner I, 136): *Non sai quanta forza abbia la consuetudine di credere et esser nodrito da fanciullezza in certe persuasioni,*

Wenn nun trotz aller Hindernisse, welche dem Streben nach geistig-sittlicher Vervollkommnung entgegenstehen, gleichwohl, wie die Geschichte beweist, die Selbstvollendung der Menschheit ihren unaufhaltsamen Lauf nimmt, wie ist das zu erklären? Welche Bahnen schlägt die Menschheit ein, um dem Urlicht, dem sie entstammt, allmälig wieder nahe zu kommen? Wie ist es dem Einzelnen und der Gesammtheit möglich, das Menschheitsideal schrittweise zu verwirklichen und das Reich des Wahren, Schönen und Guten, dessen überirdischer Glanz dem menschlichen Geiste am fernen Horizont der Erkenntniss aufleuchtet, zu dauerndem Bestande schon auf Erden zu stiften? Bruno denkt sich die Möglichkeit dieser Vollendungslaufbahn also:

In jedem Wesen schlummert ein Funke [1]) des gottentstammten Urlichts, welcher seiner Wiedervereinigung mit seinem Ursprung sich entgegensehnt. Kein Wesen ist absolut hässlich oder böse, in allen wirkt, allerdings auf unendlich verschiedenen Stufen, dasselbe Weltgesetz des Selbstvervollkommnungstriebes, des eingeborenen leidenschaftlichen Enthusiasmus nach höherer Lebensgestaltung. Gemäss der Zahllosigkeit der Wesen giebt es zahllose Arten dieses Enthusiasmus. „Aber im Grunde lassen sich dieselben auf zwei grosse Hauptgattungen des leidenschaftlichen Strebens nach dem bald niedriger, bald höher, bald dumpfer, bald heller erkannten Lebensziele zurückführen. In den einen tritt dieser immanente Lebenszweck beinahe nur in der Form roher Selbsterhaltung zu Tage und so dürfen wir uns alsdann nicht verwundern, wenn in denselben nichts als Dumpfheit, Bornirtheit und unvernünftiger Daseinsdrang, der in thierische Wuth ausartet, wahrzunehmen ist. In den andern aber wirkt ein gewisser Eifer, sich über die Dinge dieser Welt hinaus zu Gott zu erheben, durch welches Streben dann manche in der

---

ad impedirne da l'intelligenza di cose manifestissime; non altrimenti ch' accoder suole a quei, che sono avezzati a mangiar veleno, la complession de' quali al fine non solamente non ne sente oltraggio, ma ancora se l'ha convertito in nutrimento naturale: di sorte che l'antidoto istesso li è divenuto mortifero. Ganz übereinstimmend auch Degli Eroici Furori (Wagner II, 426).

1) Sigillus sigillorum (Gfrörer, pag. 581): *naturalis facultas qua duce veluti scintilla suam appetens sphaeram, a retardantibus cursum revocat et etiam nesciens avertitur.*

That besser werden, als gewöhnliche Menschen. Diese Letztern unterscheiden sich nun wieder in zwei Gattungen.

Die einen machen sich zum Tempel der Götter oder göttlichen Geister, sie sagen und bewirken wunderbare Dinge, ohne dass sie oder andere sich Rechenschaft davon zu geben wüssten. Sie gelangen zu diesem Zustand aus innerem Mangel an Bildung und Wissen; da sie alles eigenen Geistes und Sinnes baar sind, so dringt der göttliche Sinn und Geist in sie ein wie in ein gekehrtes Zimmer, was bei denjenigen, welche eigenen Verstandes und Sinnes voll sind, weniger leicht möglich ist. Wenn nun die Welt sieht, wie diese Menschen nicht aus eigener Einsicht und Erfahrung sprechen, so folgert sie daraus, dass sie aus höherer Erkenntniss reden und handeln. Es ist der Mehrzahl der Menschen würdig, wenn sie alsdann für jene Wunderthäter höhere Bewunderung und Glauben hat.

Andere sind dagegen der philosophischen Betrachtung fähig und gewohnt, sie haben einen klaren und erkenntnisstüchtigen Geist, die Liebe zur Gottheit, zur Gerechtigkeit, zur Wahrheit, zum Ruhme lebt in ihnen als eingeborene Inbrunst und natürlicher Schaffensdrang. Im Feuer dieses Verlangens und im Anhauch dieses Triebes schärfen sie ihre Sinne und entflammen am Brennstoff ihrer Denkkraft das Licht der Vernunft, mit welchem sie über den gewöhnlichen Gesichtskreis hinausblicken. Solche Menschen sprechen und handeln alsdann nicht mehr als pure Gefässe und Werkzeuge; sondern als Künstler und Schöpfer aus eigener Machtvollkommenheit [1]).

---

1) Degli Eroici Furori (Wagner II, 329—331): *Ponno e sono più specie di furori, li quali tutti si riducono a doi geni, secondo che altri non mostrano che cecità, stupidità et impeto irrazionale, che tende al ferino insensato, altri consisteno in certa divina astrazione, per cui dovegnono alcuni migliori in fatto che uomini ordinarj. E questi sono di due specie; per che altri, per esserno fatti stanza de' dei o spiriti divini, dicono et operano cose mirabili, senza che di quelle essi o altri intendano la ragione; e tali per l'ordinario sono promossi a questo da l'esser stati prima indiscip!inati et ignoranti, ne li quali, come vuoti di proprio spirito e senso, come in una stanza purgata s'intrude il senso e spirito divino, il qual meno può aver luogo e mostrarsi in quei, che son colmi di propria ragione e senso, per che tal volta vuole. che, se il mondo sappia certo, che, se quei non parlano per proprio studio et esperienza, come è manifesto, seguita, che par-*

Die ersten haben mehr Würde, Macht und Wirksamkeit, denn sie haben die Göttlichkeit; die andern sind an und für sich würdiger, mächtiger, wirksamer; denn sie sind göttlich. Die ersten sind würdig wie der Esel, der die heiligen Sacramente trägt; die andern sind selbst etwas heiliges. In den ersten betrachtet und schaut sich in der That die Gottheit, in den andern betrachtet und schaut sich die Erhabenheit des eigenen Menschenthums. Der in dieser Form sich darstellende Enthusiasmus ist kein Selbstvergessen, sondern ein Selbstgedenken, keine Vernachlässigung seiner selbst, sondern Liebe und Verlangen nach dem Schönen und Guten, womit es sich in der Weise zur Vollkommenheit heranbilden will, dass es sich in jenes umzuwandeln und sich demselben ähnlich zu machen sucht. Es ist nicht ein plötzlicher Willensausbruch unter den Gesetzen eines elenden Schicksals, hervorgezaubert durch die Fallstricke thierischer Begierden, sondern ein vernünftiger Antrieb, wie er der geistigen Wahrnehmung des Guten und Schönen zu folgen pflegt .... Es ist kein leidenschaftlicher Ausdruck der Schwarzgalligkeit, der, jeder Vorsicht, Klugheit und Vernunft baar, ihn vom Zufall geleitet und vom blinden Sturm dahingerissen herumschweifen lässt, wie jene, die, wenn sie über gewisse Gesetze der göttlichen Weltordnung gestrauchelt sind, alsdann der Henkerwuth der Furien verfallen, die sie ebensowohl mit körperlicher Dissonanz heimsuchen, indem sie den Leib mit dem Aufruhr der Sinne, mit Siechthum und Krankheiten verfolgen, als mit geistiger, indem sie den Intellekt mit dem Verlust der Harmonie der Erkenntniss- und Willenskräfte bestrafen. Sondern es ist ein von der Sonne der Intelligenz in unserer Seele angezündetes Feuer, ein göttlicher Aufschwung, welcher der Seele Flügel leiht, sodass sie, mehr und mehr sich der Sonne der Intelligenz nähernd

---

lino et oprino per intelligenza superiore: e con questo la moltitudine de gli uomini in tali degnamente ha maggior ammirazion e fede. Altri, per essere avvezzi o abili a la contemplazione, e per aver innato un spirito lucido et intellettuale, da uno interno stimolo e fervor naturale suscitato da l'amor de la divinitade, de la giustizia, de la veritade, de la gloria, dal fuoco de desio e soffio de l'intenzione, acuiscono li sensi, e nel solfro de la cogitativa facultade accendono il lume razionale, con cui veggono più che ordinariamente: e questi non vegnono al fine a parlar et operar come vasi et instrumenti, ma come principali artefici et efficienti.

und den schäbigen Rost menschlicher Sorgen von sich streifend, endlich ein echtes. pures Gold wird, sein Inneres in Einklang fühlt mit der göttlichen Harmonie und sein Denken und Thun nach dem Ebenmass des göttlichen, allen Dingen eingepflanzten, Gesetzes einrichtet. Nicht wie berauscht von den Schalen der Circe taumelt er in diesen oder jenen Abgrund oder klimmt er auf dieses oder jenes Riff, oder findet, als ein zweiter Proteus sich bald in diese, bald in jene Gestalt verwandelnd, niemals eine Stelle, eine Art und Weise oder einen Stoff, in welchen er sich endgültig festsetzte; sondern er besiegt und überwindet, ohne die Harmonie zu stören, die grauenhaften Ungeheuer und kehrt in demselben Maasse als er sich zum Niedergange neigt, gern zur Sinnlichkeit mit jenen geheimen Naturtrieben zurück, die wie neun Musen um die Herrlichkeit des universellen Apollo tanzen und singen, und unter den sinnenfälligen Bildern und materiellen Dingen erkennt er nun göttliche Ordnungen und Rathschläge [1])."

---

1) Ebendas. (Wagner II, 330—331): *Li primi hanno più dignità, potestà et efficacia in sè; per che hanno la divinità; li secondi son essi più degni, più potenti et efficaci, e son divini. Li primi son degni come l'asino, che porta li sacramenti; li secondi come una cosa sacra. Ne li primi si considera e vede in effetto la divinità, e quella s'ammira, adora et obedisce; ne li secondi si considera e vede l'eccellenza de la propria umanitade. Or venemo al proposito! Questi furori, de' quali noi ragioniamo, e che veggiamo messi in esecuzione in queste sentenze, non son oblio, ma una memoria; non son negligenze di sè stesso, ma amori e brame del bello e buono, con cui si procure farsi perfetto con trasformarsi et assomigliarsi a quella. Non è un rattamento sotto le leggi d'un fato indegno, con li lacci di ferine affezioni, ma un impeto razionale, che siegue l'apprension intellettuale del buono e bello, che conosce, a cui vorrebbe conformandosi parimente piacere, di sorte, che de la nobiltà e luce di quello viene ad accendersi et investirsi di qualitade e condizione, per cui appaia illustre e degno. Doviene un dio dal contatto intellettuale di quel nume oggetto, e d'altro non ha pensiero, che di cose divini, e mostrasi insensibile et impassibile in quelle cose, che comunemente massime senteno, e da le quali più vegnon altri formentati, niente teme, e per amor de la divinitade sprega gli altri piaceri, e non fa pensiero alcuno de la vita. Non è furor d'atra bile che fuor di consiglio, ragione et atti di prudenza lo faccia vagare guidato dal caso e rapito da la disordinata tempesta, come quei, ch' avendo prevaricato da certa legge de la divina Adrastia, vegnono condannati sotto la carnificina de le furie, a ciò sieno esagitati da una dissonanza tanto corporale, per sedizioni, ruine e morbi, quanto spirituale, per la iattura de l'armonia de le potenze cognoscitive et appetitive; ma è un calor acceso dal sole*

Bruno schildert im Vorgehenden die psychologische Grundlage des Glaubens an Offenbarung und des Enthusiasmus für die Erkenntniss des Weltgesetzes. Nach Bruno ist die Religion für die Armen im Geiste, während die Philosophie für die auserwählten Intelligenzen bestimmt ist. Eine Scheidewand zwischen beiden, durch welche Jemand verhindert würde, aus dem Bereich der Religion in das Reich der Philosophie hinüberzutreten, ist nur in der geringeren Geistesanlage vorhanden. alle können und sollen, sei es auf diese oder jene Weise, nach dem Höchsten streben, und wenn es schliesslich auch nur wenigen beschieden ist, das Ziel zu erreichen, so genügt es doch für die Andern, dass sie nach Kräften sich angestrengt haben und jeder sein Möglichstes thue [1]). Insofern die Religion diejenige Form der Anleitung zur Sittlichkeit ist, welche dem Verständniss grosser Massen zugänglich bleibt, gereicht sie der Menschheit zu grossem Heile. „Zur Erziehung roher Völker, die doch einmal regiert werden müssen, ist der Glaube erforderlich, das wissenschaftliche Beweisverfahren hat seinen Sinn und Zweck nur im Hinblick auf die nachdenkenden Köpfe, die sowohl sich als andere zu regieren wissen [2]).“ „Und selbst wenn es wahr wäre, dass die Zauberer vermittelst des Glaubens mehr auszu-

intelligenziale ne l'anima; et impeto divino, che gl'impronta l'ale, onde più e più avvicinandosi al sole intelligenziale, rigettando la ruggine de le umane cure, dovien un oro provato e puro, ha sentimento de la divina et interna armonia, concorda li suoi pensieri e gesti con la simmetria de la legge insita in tutte le cose. Non come inebriato da le tazze di Circe va cespitando et urtando or in questo, or in quell' altro fosso, or a questo, or a quell' altro scoglio, o come un Proteo vago or in questa, or in quell' altra faccia cangiandosi, giammai ritrova loco, modo, nè materia di fermarsi e stabilirsi; ma senza distemprar l'armonia, vince e supera gli orrendi mostri, e per tanto che vegn a adichinare, facilmente ritorna al sesso con quelli intimi instinti, che come nove Muse saltano e cantano circa il splendor de l'universale Apolline, e sotto l'imagini sensibili e cose materiali va comprendendo divini ordini e consigli.

1) Die Stelle ausführlich am Schlusse dieses Abschnittes VII.

2) De l'Infinito (Wagner II, 21): *la fede si richiede per l'instituzione di rozzi popoli, che denno esser governati, e la dimostrazione per li contemplativi, che sanno governar sè et altri.*

richten vermögen, als die Aerzte vermittelst der Wahrheit[1]), so gilt doch die Ueberzeugung des muhamedanischen Philosophen, Oberpriesters und Theologen Al Ghazzalî: Zweck und Ziel der Religion sei nicht sowohl die Erforschung der Naturwahrheit und der Speculationen, als vielmehr die Veredelung der Sitten, die Milderung der gesellschaftlichen Umgangsformen, die Erleichterung des Völkerverkehrs, die Aufrechterhaltung des Friedens und die Wohlfahrt des Gemeinwesens[2])."

Die Religion also hat nach Bruno ihre tiefbegründete Berechtigung in der Schwäche und Unfähigkeit der grossen Mehrzahl der Menschen, die höchsten Ideen in ihrer unmittelbaren Form zu fassen und festzuhalten. Aber auch im Unmündigen sehnt sich der matte Strahl des ihm innewohnenden Urlichts wieder nach seinem Ursprung zurück und ergreift mit Freuden den Ariadnefaden, den ihm die Religion bietet, auf dass er sich aus dem Labyrinth des irdischen Daseins herausfinde, dem Sonnenglanz des Sittlichkeitsideals entgegen. Und es ist die Aufgabe der Kirche, jedem Menschen, auch dem in dumpfer Unbewusstheit und roher Verkommenheit dahin Strauchelnden die rettende Hand zu bieten, um, wenn auch nur mit Mysterien und Symbolen, mit Sagen und Gebräuchen, die Sittigung der geistig Schwachen und moralisch Unzurechnungsfähigen anzubahnen und zu fördern[3]).

Aber die Kirche sollte nie verkennen, dass sie nicht A l l e zu befriedigen vermag, dass es h ö h e r e Intelligenzen giebt, welche die Wahrheit in ihrer u n v e r h ü l l t e n Gestalt schauen wollen; Menschen, welche, schon von Natur aus mit schärferer Einsicht und überlegener Willenskraft ausgerüstet, aus selbsterworbener Weisheit, wie aus angeborenem Hochsinn das Rechte von selbst thun, ohne dass sie erst von Seite der Kirche und ihrer Gesetze

1) Degli Eroici Furori (Wagner II, 356): *Più possono far li maghi per mezzo de la fede, che li medici per via de la verità.*

2) Cena de le ceneri (Wagner I, 172): *Per questo disse Alcazele, filosofo, sommo pontefice et teologo macumetano, che il fine de le leggi non è tanto di cercar la verità de le cose e speculazioni, quanto la bontà de' costumi, profitto de la civiltà, convitto di popoli, e pratica per la comodità de l'umana conversazione, mantenimento di pace et aumento di republiche.*

3) Vgl. darüber oben pag. 216—217, sowie früher schon pag. 24.

dazu angeleitet werden müssten. Dieses sind diejenigen Geister, welche mit vollem Recht Menschen genannt werden dürfen [1]). Aber ihrer sind überaus wenige [2]). Diese Wenigen aber tragen das Subjekt und das Objekt des Heroismus lebendig in sich [3]), sie sind im Stande, sich durch den dichten Wald der unserer Erkenntniss gezogenen Schranken hindurchzuschlagen zu der Quelle der Diana [4]), wo sie die Wahrheit der Natur und die Majestät ihres Urhebers in unverhüllter Gestalt schauen. Das ist die kleine Schaar auserwählter Intelligenzen, welche sich nur am wissenschaftlichen Beweisverfahren genügen lassen, jene Individualitäten, welchen nur die Philosophie das Herz zu erwärmen und den Geist zu befriedigen vermag. Und für diese Menschen allein will der Nolaner, allerdings nicht als Theologe, sondern als Philosoph [5]), seine neue Heilslehre verkünden [6]), überzeugt, dass das von ihnen nachher ausgehende Beispiel ausreichen werde, allmälig auch die intellectuell und moralisch Schwächeren auf die Bahn der Selbstvollendung mit sich fortzureissen und dem dreieinigen Ideal des Wahren, Schönen und Guten entgegenzuführen [7]).

Auf der Schwelle einer Darstellung von Bruno's Anleitung zum Ideal der Vollkommenheit wird es aber angemessen er-

---

1) Cena de le Ceneri (Wagner I, 172): *savii e generosi spirti, e quei che son veramente uomini, li quali senza legge fanno quel che conviene.*

2) Ebendas. *pochissimi, rarissimi.*

3) Degli Eroici Furori (Wagner II, 301): *questi furori eroici ottegnono suggetto et oggetto eroico . . . .*

4) Ebendas. (Wagner II, 407): *Di molti dunque che . . . discorreno in questa deserta selva, pochissimi son quelli, che s'abattono al fonte di Diana.*

5) Ebendas. (Wagner II, 380):

Mariano. Sappiamo, che non fate il teologo, ma filosofo, e che trattate filosofia, non teologia.

Cesarino. Così è.

6) De l'Infinito (Wagner II, 27): *E facilmente condonaranno a noi di usar le vere proposizioni, da le quali non vogliamo inferir altro, che la verità de la natura e de l'eccellenza de l'autor di quella; e le quali non son proposte da noi al volgo, ma a' sapienti soli, che possono aver accesso a l'intelligenza di nostri discorsi.*

7) Degli Eroici Furori (Wagner II, 417): *il core . . . è fatto divo e conseguentemente con la sua specie può inamorar altri.*

scheinen, zunächst zu untersuchen, inwiefern der Mensch das Vollkommene handelnd darzustellen vermöge. Es fragt sich: hat der Mensch die Kraft und die Fähigkeit, das ihm vorschwebende Ideal vergeistigter Sittlichkeit im Leben zu verwirklichen? Mit andern Worten: wie verhält sich der Mensch, der doch nur ein Theil des Allganzen ist, gegenüber dem das Weltganze beherrschenden Gesetz der Nothwendigkeit? Nur das Selbstgewollte hat sittlichen Werth, die Freiheit einzig adelt den Willen: aber hat der Mensch auch Willens-Freiheit? Bruno erklärt: ja!

Gott ist als Inbegriff alles Seins zugleich die Quelle aller Wahrheit, Weisheit, Macht und Güte. Da er ausser dem, was in ihm ist, nichts anderes wollen kann, als er will, so handelt er mit Nothwendigkeit[1])? Die Nothwendigkeit ist das allwaltende Naturgesetz, aber insofern immer auch Gesetz des Urhebers der Natur[2]). Desshalb ist diese ewige Naturnothwendigkeit als unendlich selbstgewollte zugleich auch die ewige Freiheit, die Vorsehung, das Schicksal. Aber Gott ist alles das nur im Sinne seiner unendlichen Selbstbestimmung, von einer Freiheit Gottes im endlichen Sinne kann nach Bruno's drastischer Ausdrucksweise nur ein Verrückter reden, der anstatt einer Seele den Teufel im Leibe hat[3]).

Aber gerade aus demselben Grunde, aus welchem das Unendliche, weil es nur das Ganze im Auge hat, nichts anderes thun kann, noch thun will, als das diesem Ganzen Entsprechende, aus demselben Grunde muss der Mensch, dieses Theilganze, weil es immer nur einen Theil des Ganzen im Auge hat, sich für ein Einzelnes unter Vielen entscheiden können. „Das ist die Vollkommenheit in uns, dass wir Vieles

---

1) Vgl. darüber oben pag. 149—151.

2) Degli Eroici Furori (Wagner II, 348): *Questa è legge di natura, questa per conseguenza è legge del autore e principio de la natura.*

3) De Immenso, Lib. VIII, cap. 10, Schluss des ganzen Werkes pag. 653: *Voluntas (inquies) efficientis liberi et optimi dignitatem facit et indignitatem. Sed o bone, quid est, quod tibi de illius voluntate constat? an hoc te aliquis docuit energumenus, aliquis qui cacodaemonem pro anima habuit, hoc edocuit?*

thun können, was wir nicht thun[1])." Ganz im Gegensatz also zu den landläufigen Begriffen ist Gottes die Nothwendigkeit, des Menschen die Freiheit.

Es erhebt sich nun die Frage: Wenn der Mensch die freie Wahl hat, das dem Weltzweck Entsprechende entweder zu thun oder nicht zu thun, warum thut er dann das Weltzweckgemässe und aus welchem Vermögen ist er es zu thun im Stande? Die Antwort kann im Sinne Bruno's nur lauten: „Die Vernunft des Weltganzen, der das All erkennende und belebende Universalgeist, ist in allen Dingen und zwar wie die Form im Subjekt[2])." „Jedem Wesen wohnt gemäss seiner Organisation jene Erkenntnissgabe inne, welche hinreicht, es zu seiner Selbsterhaltung, zur Erfüllung seines immanenten Lebenszweckes, nämlich seiner Selbstvervollkommnung, zu befähigen[3])." „Es findet sich in uns ein heiliger Geist, eine Erkenntnisskraft, der ein eigener Affekt zu Diensten steht. Dieser Affekt hat seinen Rächer, der mit der Gewissensqual wie mit einem harten Hammer das seinem Lebenszweck zuwiderhandelnde Gemüth peinigt. Dieser Geist beobachtet unsere Handlungen und Affekte und wie diese von uns behandelt werden, so schafft er, dass wir auch wieder von ihm behandelt werden[4])." Dieser heilige Geist ist die Gottheit, die allgegenwärtige, die nichts sehnlicher wünscht, als in uns völlig einzuströmen, sich unserer Erkenntniss zu erschliessen und

1) Ebendas. Lib. III, cap. 1, pag. 267: *Est perfectio in nobis (si ita placet), ut possimus multa facere quae non facimus. Blasphemia vero est facere Deum alium a Deo: voluntatem ejus aliam atque aliam, unam quae currit cum potentia, aliam quae abhorret a potentia, in melius contradictoriorum alterum, vel deterius.*

2) SUMMA TERMINOR. METAPHYSICOR., *Intellectus seu Idea* (GFRÖRER, pag. 512): *Intellectus et omnis potentia cognoscitiva non est alicubi, tanquam in loco, sed tamquam forma in subjecto. Intellectus vero qui est universalis substantia et causa universae cognitionis in omnibus et singulis, est una substantia seu essentia ubique tota, sicut anima in corpore.*

3) DEGLI EROICI FURORI (WAGNER II, 407): ... *ogni cosa ha innata l'intelligenza di quelle cose, che appartegnono a la conservazione de l'individuo e specie, et oltre a la perfezion sua finale* ...

4) Ebendas. (WAGNER II, 368): *Si trova in noi certa sacrata mente et intelligenza, cui sumministra un proprio affetto, che ha il suo vendicatore, che col*

sich in unsern Willen umzuwandeln [1]). Er kann sich aber nur denjenigen zur Erkenntniss bringen, die ihn suchen [2]).

Die Gottheit offenbart sich nun aber den Sinnen als das höchste Ideal der Sehnsucht in der Form des Schönen, welches zugleich das Wahre und das Gute ist [3]). Des Geistes einzige Nahrung, um welche sich all sein Wünschen, Suchen, Verlangen und Sehnen dreht, welche allein ihn befriedigt und beruhigt, ist die Wahrheit, welcher er zu jeder Stunde, in jedem Zeitalter und in jedem Zustande, in welchem sich der Mensch auch befinden mag, zustrebt, und um deren willen er jede Mühsal zu verachten, an die er alles zu wagen, um die er sich nichts aus dem Körper zu machen, für die er selbst dieses Leben einzusetzen pflegt [4]). So auch leiht die Liebe zu körperlicher Schönheit dem Menschen guter Art Flügel, mit welchen der Liebende sich bestrebt, sein Ziel zu erreichen, nämlich des geliebten Gegenstandes würdig oder vielleicht noch grösser, besser und schöner als dieser zu werden [5]). Gott, die göttliche Schön-

---

rimorso di certa sinderesi al meno, come con certo rigido martello, flagella il spirito prevaricante. Quella osserva le nostre azioni et affetti, e come è trattata da noi, fa che noi vengamo trattati da lei.

1) Ebendas. (Wagner II, 359): *Per che da qua avverrà, che senza dubio gl' influisca la divinità, la qual da per tutto è presente e pronta ad ingerirsi a chi se le volta con l'atto de l'intelletto et aperto se l'espone con l'affetto de la voluntade.* Vgl. auch Ebendas. (Wagner II, 304): *la divina luce è sempre presente, s'offre sempre, sempre chiama e batte a le porte de' nostri sensi et altre potenze cognoscitive et apprensive.*

2) Ebendas. (Wagner II, 425): *non appare (la divina mente) a tutti, nè può apparir ad altri che a color che la cercano.*

3) Ebendas. (Wagner II, 332): *Tutti gli amori, se sono eroici e non son puri animali, che chiamano naturali e cattivi a la generazione, come instrumenti de la natura in certo modo hanno per oggetto la divinità tendeno a la divina bellezza. la quale prima si comunica a l'anime e risplende in quelle, e da quelle poi, o per dir meglio, per quelle poi si comunica a li corpi.*

4) Ebendas. (Wagner II, 406): *Or l'esca de la mente bisogna dire che sia quella sola, che sempre da lei è bramata, cercata, abbracciata, e volentieri più ch' altra cosa gustata, per cui s'empie, s'appaga, ha pro, e dovien migliore, cioè la verità, a la quale in ogni tempo, in ogni etade, et in qual si voglia stato che si trove l'uomo, sempre aspira, e per cui suol spregiar qual si voglia fatica, tentar ogni studio, non far caso del corpo, et aver in odio questa vita.*

5) Ebendas. (Wagner II, 381): *Ben sai che l'amor di bellezza corporale a color, che son ben disposti, non solamente non apporta ritardamento da imprese*

heit widerstrahlt aber und ist in allen Dingen [1]). Sie ist das Entzücken des Auges, nicht allein in seiner sinnlichen, sondern noch viel mehr in seiner geistigen Bedeutung als das Organ höherer Erkenntniss [2]). Die körperliche Schönheit ist zwar auch schon ein Strahl und Abglanz der Form und der Wirklichkeit des Geistes, ein Spiegelbild und Widerschein der den Körpern immanenten Vernunft [3]).

Aber Liebe vermag der Anblick einer Gestalt an und für sich noch nicht zu erwecken. Die Liebe zu einer Gestalt entzündet sich vielmehr erst von dem Augenblicke an, da die Seele die ihr vorschwebende Gestalt nicht mehr in ihrer sinnlich sichtbaren, sondern in ihrer reinen Denkform. nicht mehr als eine Summe von Theilen, sondern als ein Ganzes nicht mehr unter dem speciellen Gesichtspunkte des Guten und Schönen, sondern als deren Inbegriff erblickt. Dann plötzlich entsteht Liebe [4]). Die sinnliche Liebe ist uns dann nur noch ein Anzeiger der Schönheit des Geistes. Das was uns an den Körpern entzückt, ist eine gewisse Geistigkeit, die wir in ihnen erblicken [5]). Wir

---

maggiori, ma più tosto viene ad improntarli l'ale per venire a quelle, allor che la necessità de l'amore è convertita in virtuosa studio, per cui l'amante si forza di venire a termine nel quale sia degno de la cosa amata, e forse di cosa maggiore, migliore, e più bella ancora.

1) Ebendas. (Wagner II. 382): *Dio, la divina bellezza e splendore riluce et è in tutte le cose; però non mi pare errore d'ammirarlo in tutte le cose.*

2) Ebendas. (Wagner II, 345): *Ogni amore procede dal vedere: l'amore intelligibile dal vedere intelligibilmente, il sensibile dal vedere sensibilmente. Or questo vedere ha due significazioni; per che o significa la potenza visiva, cioè la vista, ch' è l'intelletto, o veramente senso; o significa l'atto di quella potenza, cioè quell' applicazione, che fa l'occhio, o l'intelletto, a l'oggetto materiale o intellettuale.*

3) Ebendas. (Wagner II, 381): *la bellezza materiale, la quale è un raggio e splendor de la forma et atto spirituale, di cui è vestigio et ombra.*

4) Ebendas. (Wagner II, 346): *non è la figura o la specie sensibilmente o intelligibilmente representata, la quale per se muove; per che, mentre alcuno sta mirando la figura manifesta a gli occhi, non viene ancora ad amare; ma da quello istante, che l'animo concipe in se stesso quella figurata non più visibile, ma cogitabile, non più dividua, ma in dividua, non più sotto specie di buono e bello, allora subito nasce l'amore.*

5) Ebendas. (Wagner II, 332): *l'affetto ben formato ama li corpi o la corporal bellezza, per quel chè indice de la bellezza di spirito. Anzi quello che n' inamora del corpo, è una certa spiritualità che veggiamo in esso, la qual si chiama bellezza.*

erheben uns dann schon zur Betrachtung und Verehrung der göttlichen Schönheit, so zwar, dass wir das Gemüth von der Bewunderung der sichtbaren Aussenwelt weg zur Verehrung jener Dinge erheben, deren Herrlichkeit um so viel grösser ist, je ferner sie der Materie und der Sinneswahrnehmung entrückt sind [1]). Hat aber der Geist einmal die Entdeckung gemacht, dass er es ist, der in den Körpern die Schönheit hervorzaubert, so erhebt er sich sofort auch zu der noch höheren Einsicht, dass der Geist unvergleichlich schöner ist als jene Schönheit, die in den Körpern zur Erscheinung zu kommen vermag [2]). Alsdann versucht der heroische Mensch noch höher hinauf sich bis zu jenem Geiste emporzuschwingen, der an und für sich schon die göttliche Schönheit selbst, der an und für sich schon gut ist [3]). Seine Sehnsucht fühlt sich nicht eher befriedigt, als bis er die Wahrheit und Schönheit, die hoch über den körperlichen Dingen liegt, wie sie selbst unkörperlich ist [4]), ohne Hülle, nicht mehr in der Form von Gleichniss, Bild und Vorstellung erblickt [5]). Das ist dann jener einzige, höchste Kriegsoberst, der, den Gedanken, gleichsam seinen Soldaten, kaum nur vorgesetzt, diese sofort erleuchtet, ermuthigt, kräftigt und ihnen zum Siege verhilft, sodass sie hinfort alle andere Schönheit verachten und jedes andere Gut

---

1) Ebendas. (Wagner II, 381): *da la bellezza materiale, la quale è un raggio e splendor de la forma et atto spirituale, di cui è vestigio et ombra, vegna ad inalzarsi a la considerazion e culto de la divina bellezza, luce e maestade; di maniera che da queste cose visibili vegna a magnificar il core verso quelle, che son tanto più eccellenti in sè, e grate a l'animo ripurgato, quanto son più rimosse da la materia e senso.*

2) Ebendas. (Wagner II, 300): *La ragion dunque apprende il più vero bello per conversione a quello, che fa la beltade nel corpo, e viene a formarlo bello; per conversione a quello, che fa la beltade nel corpo; e questa è l'anima, che l'ha talmente fabricato et infigurato. A presso l'intelletto s'inalza più et apprende bene, che l'anima è incomparabilmente bella sopra la bellezza, che possa esser ne li corpi.*

3) Ebendas. (Wagner II, 360): *Bisogna dunque alzarsi a quello intelletto superiore, il quale da per sè è bello e da per sè è buono.*

4) Ebendas. (Wagner II, 406): *la verità è cosa incorporea, per che nessuna, o sia fisica, o sia metafisica, o sia matematica, si trova nel corpo.*

5) Ebendas. (Wagner II, 381): *E così sempre verrà tentando il spirito eroico, sin tanto che non si veda inalzato al desiderio de la divina bellezza in sè stessa, senza similitudine, figura, imagine e specie, se sia possibile.*

ausser ihr verschmähen. Das endlich ist alsdann jene Geistesverfassung, welche jeder Schwierigkeit überlegen ist und jeder Vergewaltigung obsiegt[1]).

Hat nun aber einmal der Geist irgend eine bestimmte Form des Ideals sich zur Anschauung gebracht und der Wille ein bestimmtes Mass der Zuneigung zu dieser Anschauung gefasst, so macht der Geist dabei nicht Halt. Denn sein eigenes Licht drängt ihn, an das zu denken, was jede Gattung des geistig Erfassbaren und sinnlich Begehrenswerthen in sich schliesst, bis er die Herrlichkeit der Quelle der Ideen, den Ocean aller Wahrheit und Güte zu schauen beginnt. Alsdann kommt es, dass, welche Gattung sich ihm auch zur Anschauung biete und von ihm begriffen wird, er von dem aus, d a s sich ihm zur Anschauung bietet und von ihm begriffen wird, urtheilt, es gebe über dieser Gattung noch eine höhere und immer höhere Gattung, sodass der Geist auf diese Weise sich in beständiger Unruhe und Bewegung befindet. Denn er sieht beständig, dass jenes Ganze, das er besitzt, etwas Schrankenhaftes ist, das folglich an sich nicht genügen, für sich allein nicht gut, für sich allein nicht schön sein kann. Denn es ist nicht das All, nicht das absolute Wesen, sondern concentrirt, um d i e s e Natur, d i e s e Gattung, d i e s e dem Geist zur Anschauung gebotene, der Seele vorschwebende Form zu sein. Darum schreitet der Geist unaufhörlich vom erschauten Schönen, das eben desshalb auch ein nur Schrankenhaftes, folglich auch ein nur durch T h e i l n a h m e am Ganzen Schönes ist, fort jenem w a h r h a f t Schönen zu, das keine Schranke noch Grenze hat[2]). So schwingt sich der hero-

1) Ebendas. (Wagner II, 360): *Questo (intelletto superiore) è quell' unico e supremo capitano, qual solo messo a la presenza de gli occhi de' militanti pensieri, gl' illustra, incoraggia, rinforza, e rende vittoriosi sul dispregio d' ogni altra bellezza, e ripudio di qual si voglia altro bene. Questa dunque è la presenza, che fa superar ogni difficultà, e vincere ogni violenza.*

2) Ebendas. (Wagner II, 342—343): *Essendo l'intelletto divenuto a l'apprension d'una certa e definita forma intelligibile, e la voluntà a l'affezione commensurata a tale apprensione, l'intelletto non si ferma là; per che dal proprio lume è promosso a pensare a quello che contiene in sè ogni geno d' intelligibile et appetibile; sin che vegna ad apprendere con l'intelletto l'eminenza del fonte de l'idee, oceano d'ogni verità e bontade. Indi avviene, che qualunque specie gli vegna presentata e da lui vegna compresa, giudica, che sopra essa è altra maggiore e mag-*

ische Mensch, wenn er einmal eine Vorstellung von der göttlichen Schönheit gewonnen hat, mit den Flügeln des Geistes und des vernünftigen Willens empor zur Gottheit [1]), welche zugleich die Quelle seiner eigenen Substanz und Wesenheit ist [2]). Die Verehrung der körperlichen Schönheit führt den freien Geist hinan zum Cultus der in ihm selber bildlos wohnenden göttlichen Schönheit.

Der unhemmbare Trieb und Drang nach dem Ideal der Schönheit, Güte und Wahrheit und somit alles sittliche Streben entspringt der niebefriedigten Lust des Geistes an der Schärfung unserer Erkenntniss. Der Aufschwung zum Ideal geht in unserm Geiste hervor aus der Fähigkeit und dem Antrieb, der den Flügeln Vernunft und vernünftiger Wille innewohnt, durch welche der Geist auf naturgemässe Weise seine Beziehung und seinen Zug nach Gott hin findet, als dem höchsten Gut, dem Urquell aller Wahrheit, wie der absoluten Güte und Schönheit [3]). Die Erkenntniss eines Gutes entzündet den Wunsch, dasselbe zu besitzen [4]). Sie erregt zuerst den Willen, dann aber umgekehrt

---

giore, con ciò sempre ritrovandosi a discorso e moto in certa maniera. Per che sempre vede, che quel tutto, che possiede, è cosa misurata, e però non può essere bastante per sè, non buono da per sè, non bello da per sè; per che non è l'universo, non è l'ente assoluto, ma contratto ad esser questa natura, ad esser questa specie, questa forma rappresentata a l'intelletto, e presente a l'animo. Sempre dunque dal bello compreso e per conseguenza misurato e conseguentemente bello per participazione, fa progresso verso quello ch' è veramente bello, che non ha margine e circoscrisione alcuna.

1) Ebendas. (Wagner II, 392): S. die folgende Anmerkung 3.

2) Ebendas. (Wagner II, 392): *La potenza intellettiva mai si quieta, mai s'appaga in verità compresa, se non sempre oltre et oltre procede a la verità incomprensibile. Così la volontà, che seguita l'apprensione, veggiamo che mai s'appaga per cosa finita. Onde per conseguenza non si riferisce l'essenza de l'anima ad altro termine, che al fonte de la sua sustanza et entità.*

3) Ebendas. (Wagner II, 392): *L'ascension procede ne l'anima da la facultà et appulso ch' è ne l'ale, che son l'intelletto et intellettiva volontade, per le quali essa naturalmente si riferisce et la la sua mira a dio, come a sommo bene e primo vero, come a l'assoluta bontà e bellezza.*

4) Ebendas. (Wagner II, 410): *Veramente l'intendere, il vedere, il conoscere è quello che accende il desio, e per conseguenza per ministerio de gli occhi vien infiammato il core.*

reizt auch der Wille die Erkenntniss an [1]). Die Grade, in welchen der Wille thätig ist, die Grade der Neigungen, Liebesempfindungen und Leidenschaften entsprechen desshalb den Graden stärkeren oder schwächeren Lichtes der Erkenntniss und Vernunft [2]). Aber wenn auch die Thätigkeit des Geistes der Thätigkeit des Willens vorausgeht, so ist doch dieser, der Wille, an Kraft und Wirksamkeit jenem, dem Geiste, überlegen [3]). Denn wohl erhebt der intellektuelle und speculative Liebesdrang zum Ideal den Geist um so höher und reinigt das Erkenntnissvermögen um so gründlicher, je kräftiger er selber ist: er weckt den Geist und das Erkenntnissvermögen auf, treibt ihn zu eifriger Thätigkeit an und schärft seine Umsicht; damit wieder drängt er ihn zu heroischer Begeisterung und zum Wetteifer nach den Tugenden, nach der Grösse, denn er erweckt das Verlangen, dem geliebten Gegenstande zu gefallen und sich seiner würdig zu machen. Aber die Zahl derer, welche der Liebesdrang zu höherer Thätigkeit antreibt, ist verschwindend klein gegen die überwiegende Masse Jener, in welchen er dumpf und stumpf bleibt, weil er sie ihr eigen Selbst verlieren und in den Abgrund der Ausschweifungen versinken lässt [4]). Geschieht es doch selbst den Besten, dass der doppelantlitzige Liebesdrang sie anstatt nach oben zum Ideal des seelenhaft Schönen vielmehr hinunter verleitet in die Regionen der rein sinnlichen Schönheit, wo sie dann, wenn sie die göttliche Schönheit nicht im Spiegel zu schauen fähig sind, dieselbe doch in deren Schattenbild bewundern können, ähnlich den Freiern der Penelope, welche, da sie

---

1) Ebendas. (WAGNER II, 417): *primieramente la cognizione muove l'affetto, et a presso l'affetto muove l'affezione.*

2) Ebendas. (WAGNER II, 351): *son li gradi de gli amori, affezioni e furori secondo li gradi di maggior o minore lume di cognizione et intelligenza.*

3) Ebendas. (WAGNER II, 339): *l'operazion de l'intelletto procede l'operazion de la voluntade; ma questa è più vigorosa et efficace, che quella.*

4) Ebendas. (WAGNER II, 320): *in qualunque è più intellettuale e speculativo, (l'amore) inalza più l'ingegno e più purifica l'intelletto, facendolo svegliato, studioso e circospetto, promovendolo ad un animositate eroica et emulazion di virtudi e grandezza per il desio di piacere e farsi degno de la cosa amata; in altri poi, che son la massima parte, s'intende pazzo e stolto, per che li fa uscir de' proprj sentimenti, e li precipita a far de le stravaganze.*

sich der Herrin nicht nähern konnten, sich mit deren Mägden unterhielten [1]).

Die Geistesthätigkeit erhebt den Menschen zur glänzenden Höhe der Weisheit und Gerechtigkeit, während die Einbildungskraft ihn zum schmutzigen Boden der Wollust herniederzieht [2]). Die Sinnesaffekte und andere Regungen des Körperlebens sind es, die den Geist fortwährend an der Erkenntniss der Wahrheit hindern, indem sie ihn unversehens überfallen und bewältigen [3]). Wenn da der sinnliche Liebesdrang die Verstandesthätigkeit überrumpelt, so erscheinen alsdann dem also zur Erkenntniss der Wahrheit unfähig Gemachten alle Dinge in der Farbe seiner eigenen Affektion, während doch derjenige, der die Wahrheit auf dem Wege der Contemplation erfassen will, die gereinigtste Denkkraft haben muss [4]).

Aber kaum hat die Seele die Entdeckung gemacht, dass Leidenschaften, die ihrem Liebesdrang nach dem Ideal schnurstracks widerstreben: als Furcht, Zorn, Eifersucht, Hass, sie verwirren, so fasst sie, weil sie weiss, dass deren Gegentheil sie beruhigt, auch schon den Entschluss, ihre natürliche Schönheit

1) Ebendas. (Wagner II, 331): *È vero pere, che ordinariamente va spassegiando, et or più in una, or più in un altra forma del gemino Cupido si trasporta; per che la lezion prinzipale, che gli dona amore, è, che in ombra contemple, quando non puote in specchio, la divina beltade, e come li proci di Penelope s'intrattegna con le fanti, quando non gli lice conversar con la padrona.*

2) Ebendas. (Wagner II, 338): *la mente l'inalza (l'anima) a le cose sublime, come l'imaginazion l'abbassa a le cose inferiori.* Vgl. auch (Wagner II, 391—392): *il qual volgo (de le potenze de l'anima) tutto generalmente è diviso in due fazioni, quantunque subordinate a queste non mancano de l'altre, de le quali altre invitano a l'alto de l'intelligenza e splendore di giustizia, altre allettano, incitano e forzano in certa maniera al basso, a le sporcizie de le voluttadi, e compiacimenti di voglie naturali.*

3) Ebendas. (Wagner II, 343): *Cicada. Quali son quei pensieri, che il richiamano a dietro, per ritrarlo da si generosa impresa? Tansillo. Gli affetti sensitivi et altri naturali, che guardano al regimento del corpo.*

4) Ebendas. (Wagner II, 428): *La settima (cagione della cecità) deriva dal fuoco de l'affezione, onde alcuni si fanno impotenti et inabili ad apprendere il vero, con far, che l'affetto precorra a l'intelletto. Questi son coloro, che prima hanno l'amare che l'intendere: onde gli avviene, che tutte le cose gli appaiano secondo il colore de la sua affezione, stante che chi vuole apprendere il vero per via di contemplazione, deve essere ripurgatissimo nel pensiero.*

wieder zu erlangen und so legt sie sich denn mit Eifer auf die Gewinnung der Mittel, sich zu reinigen, zu heilen und zu reformiren [1]).

In diesem Bestreben kommt der Seele die Trauer zu Hülfe, die sich ihrer selbst bemächtigt, sobald sie erkennt, dass sie sich zum Extrem hat hinreissen lassen [2]), dass sie sich durch die Verstrickung in den Widerspruch der Leidenschaften um ihre innere Einheit und Harmonie gebracht hat. Die Trauer um die verlorene Schönheit ihrer selbst erfasst die Seele in Form der Reue, die nun Bruno mit allem Glanz seiner Poesie umgiebt. „Die Reue ist unter den Tugenden, was der Schwan unter den Vögeln; denn sie ist nicht dreist, noch kann sie fliegen; in Folge der niederziehenden Schwere der Scham und demüthigen Erkenntniss ihrer selbst, verharrt sie in Unterwürfigkeit. Indem sie sich desshalb dem hasswürdigen Erdboden entrückt und doch nicht wagt, sich zum Himmel emporzuheben, liebt sie die Flüsse, taucht sich in die Wasser, welches die Thränen der Zerknirschung sind und sucht sich in denselben zu waschen, zu reinigen und zu läutern, nachdem sie, als vom Uferschlamm des Fehltritts beschmutzt, sich selbst missfallen hat. Von dem Gefühl dieses Missfallens an sich selbst bewogen, verfällt sie der Bestimmung, sich zu bessern und sich der reinen Unschuld möglichst ähnlich zu machen. Mit dieser Tugend kommen die Seelen wieder obenauf, wenn sie vom Himmel heruntergestürzt und in den finstern Orcus versenkt waren, sich im Cocytus der sinnlichen Lüste gewälzt und am Pyriphlegethon der Liebeslust und des Zeugungstriebes entzündet hatten, von welchen der erste den Geist mit Traurigkeit erfüllt, der zweite die Seele verächtlich macht. Gleichsam in der Erinnerung an ihre hohe Abkunft bei sich selber Einkehr haltend, missfällt sie sich selbst in ihrem

1) Ebendas. (Wagner II, 368): *Non è amore senza timore, zelo, gelosia, rancore et altre passioni, che procedeno dal contrario, che ne perturba, se l'altro contrario ne appaga. Talmente venendo l'anima in pensiero di ricovrar la bellezza naturale, studia purgarsi, sanarsi, riformarsi.*

2) Ebendas. (Wagner II, 325): *il vizio è là dov' è contrarietade; la contrarietade è massime là dov' è l'estremo; la contrarietà maggiore è la più vicina a l'estremo; la minima o nulla è nel mezzo, dove li contrarj convegnono, e son uno e indifferente.*

gegenwärtigem Zustande. Es schmerzt sie jetzt, was sie einst entzückte. Sie möchte jetzt um Alles sich nicht selbst willfährig gewesen sein und so gelangt sie dazu, sich allmälig ihres gegenwärtigen Zustandes zu entkleiden, indem sie ihre Sinnlichkeit und den Druck, den die Materie auf sie ausübt, auf das kleinste Mass herabsetzt. Sie wirft sich vollständig in weisses Gefieder, wärmt und entflammt sich an der Sonne, fasst die glühende Liebe zu erhabenen Dingen, wird ätherisch, folgt der Sonne und wendet sich endlich von neuem wieder ihrem Ursprung zu. Die Reue ist aber auch eine strahlende Rose, welche sich aus den schwarzen, stechenden Dornen losringt; sie ist gleichsam ein hell leuchtender Funken, der aus dem schwarzen, harten Kiesel fährt, sich emporschwingt und der ihm verwandten Sonne zustrebt [1])."

Hat sich die Selbsterkenntniss die begangenen Irrthümer eingestanden und der Entschluss, sich dem hellleuchtenden Urbild des Wahren, Guten und Schönen vermittelst der Selbst-

---

1) Spaccio de la Bestia trionfante (Wagner II, 188): *Mi par molto convenevole (disse Giove), che vi sia locata la Penitenza, la qual tra le virtudi è come il cigno tra gli uccelli; per che la non ardisce, nè può volar alto per il grave de l'erubescenza et umile recognizione di sè stessa, si mantiene sommessa: però togliendosi a l'odiosa terra, e non ardendo di s'inalzare al cielo, ama gli fiumi, s'attuffa a l'acque, che son le lagrime de la compunzione, ne le quali cerca lavarsi, purgarsi, mondarsi, dopo che a sè nel limoso lido de l'errore insporcata dispiacque, mossa dal senso di tal dispiacere, è incorsa la determinazione del correggersi, e, quanto possibil fia, farsi simile a la candida innocenza. Con questa virtù risalgono l'anime, che son ruinate dal cielo e immerse a l'Orco tenebroso, passate per il Cocito de le volutta di sensitive, e accese del Periflegetonte de l'amor cupidinesco e appetito di generazione, de' quali il primo ingombra il spirto di tristizia, et il secondo rende l'alma disdegnosa. Come per rimembranza de l'alta heretitade ritornando in sè medesima, dispiace a sè medesima per il stato presente; si duole per quel che si dilettò, e non vorrebbe aver compiaciuto a sè stessa, et in questo modo viene a poco a poco a dispogliarsi dal presente stato, attenuandosele la materia carnale et il peso de la crassa sustanza; si mette tutta in piume, s'accende e si scalda al sole, concipe il fervido amor di cose sublimi, diviene aerea, s'appiglia al sole, e di bel nuovo si converte al suo principio. „Degnamente la Penitenza è messa tra le virtudi," disse Saturno, „per che, quantunque sia figlia del padre errore e de l'iniquitade madre, è nulla di meno come la vermiglia rosa, che da l'adre e pungenti spine si caccia; è come una lucida e liquida scintilla, che da la negra e dura selce si spicca, fassi in alto, e tende al suo cognato sole."*

reinigung durch die Tugend wieder zu nähern, ernstlich gefasst, so ziehe sich der heroische Weise zunächst in sich selbst zurück und lasse die Menge mit ihren Meinungen und Gemeinplätzen. „Es ärgere ihn nicht, dass er Vielen nicht ähnlich sei, weil sie die Vielen sind; auch sei er kein Feind der Vielen, desswegen weil sie ihm unähnlich sind. Er verkehre mit denjenigen, die er entweder besser machen oder von welchen er besser gemacht werden kann, so nämlich, dass er entweder jenen Glanz zu verleihen, oder von jenen Glanz zu erhalten vermöge. Ein einziger guter Freund sei ihm mehr werth, als der ganze Haufe der Blöden. Er wähne nicht, wenig errungen zu haben, wenn er es soweit gebracht hat, für sich selber weise zu sein, wenn er sich nur an das erinnert, was Demokrit sagt: Einer gilt mir soviel als das ganze Volk und das Volk soviel als einer; ferner was Epicur zu einem seiner Studiengenossen gesagt hat, dem er schrieb: Das ist für dich, nicht für die Menge! Denn wir Alle sind einer dem Andern ein grosses Theater vollauf genug[1])! Solchergestalt wird der heroische Weise allmälig dermassen ein Anderer, dass er sich aus Mühe und Beschwerde nichts macht, sondern dieselben verachtet. Je mehr sich dann die Affekte und Laster in seinem Innern untereinander bekriegen und die lasterhaften Feinde von aussen ihn umzingeln, um so kräftiger darf er jetzt aufathmen und sich emporrichten, um endlich womöglich in einem Athemzuge den jähen Berg zu erklimmen. Hier angelangt, bedarf er alsdann keiner andern Schutz- und Trutzwaffen mehr, als der Grösse einer unbesiegten

---

1) Degli Eroici Furori (Wagner II, 366): *Se aspira al splendor alto, ritiresi quanto può, a l'unità, contrahasi quanto è possibile, in sè stesso, di sorte che non sia simile a molti, per che son molti; e non sia nemico di molti, per che son dissimili, se possibil sia serbar l' uno e l'altro bene; altrimenti s'appiglie a quel che gli par migliore! Converse con quelli, li quali a lui possa far migliore, o da li quali lui possa essere fatto migliore, per splendor che possa donar a quelli, o da quelli possa ricever lui! Contentesi più d'uno idoneo, che de l'inetta moltitudine! Nè stimarà d'aver acquistato poco quando è dovenuto a tale, che sia savio per sè, sovenendogli quel che disse Democrito: Unus mihi pro populo est, et populus pro uno, e che disse Epicuro ad un consorte de' suoi studj, scrivendo: Haec tibi, non multis! Satis enim magnum alter alteri theatrum sumus.*

Seele und des Wohlwollens, welche das Gleichgewicht und den Einklang des Lebens aufrecht erhalten, jenen Einklang, der aus der Wissenschaft hervorgeht und geregelt wird durch die Kunst der Speculation über die erhabenen und niedrigen, über die göttlichen und menschlichen Dinge [1]). Der heroische Weise ist auf dieser Stufe der Selbstreinigung im Sinne seiner Selbstvollendung zugleich in Besitz und Uebung jener Fülle von Tugenden, in deren poetischer Beschreibung sich Bruno im Spaccio de la Bestia trionfante Genüge thut und welche Hartung in seiner Abhandlung über die „Grundlinien einer Ethik bei Giordano Bruno" systematisch dargestellt hat. Bruno führt im Wirrwarr seiner geistreichen Einfälle über die Art und Weise, wie die am Himmel unter der Folie von Thieren prangenden Laster durch die ihnen gegensätzlich entsprechenden Tugenden ersetzt werden könnten, folfolgende Tugenden auf, worunter sich mehrere befinden, die, da sie im Grunde nicht Tugenden heissen können, sondern Institutionen sind, als Tugenden etwa im Sinne von Hegels objectiver Sittlichkeit genommen werden müssen. Bruno zählt zu den Tugenden: Humanität und Menschenliebe, Grossmuth, Hochsinn, Edelmuth, Liberalität, Eifer für's Vaterland, Verkündigung der Wahrheit, Tyrannenmord (!), Ruhmesliebe, Fleiss und Thätigkeit, Kriegskunst, Streben nach Idealen, Kirche, Ehe, Zusammenleben, Geselliger Verkehr, Eintracht, Brüderlichkeit, Freundlichkeit, Liebenswürdigkeit, Freundschaft, Liebe, Mitgefühl, Friede, Kuss und Umarmung, Aufrichtigkeit, Billigkeit, Gerechtigkeit, Treue und Glauben, Hoffnung, Reue, Besserung und Bekehrung, Enthaltsamkeit, Keuschheit, Schamhaftigkeit, Reinheit, Bescheidenheit, zarte Scheu, Ehrbarkeit, Geduld, Aufmerksamkeit, Seelenruhe, Concentration, Selbstbesinnung, Geistessammlung, Contemplation, Speculation, Entzückung, Begeisterung, Studium, Scharfsinn, Schlangenklugheit, Geistesfreiheit.

---

1) Ebendas. (Wagner II, 387): *A presso deve dovenir a tale, che non stime, ma spregie ogni fatica, di sorte che, quanto più gli effetti e vizj combattono da dentro, e li viziosi nemici contrastano di fuori, tanto più deve respirar e risorgere, e con un spirito, se possibil fia, superar questo clivoso monte. Qua non bisagnano altre armi e scudi, che la grandezza d'un animo invitto e toleranza di spirito, che mantiene l'equalità e tenor de la vita, che procede da la scienza, et è regolata da l'arte di specolar le cose alte e basse, divine et umane.*

Der heroische Weise besitzt diese Tugenden alle schon in Folge der überlegenen Stufe der Sittlichkeit, zu welcher er sich durch die sein Selbst reinigende Thätigkeit der gegenseitig ineinandergreifenden Räder des intellectuellen und moralischen Fortschrittes allmälig emporgearbeitet hat. Seelengrösse und Wohlwollen sind die beiden, unter sich übereinstimmenden, Haupttugenden, aus welchen die andern Tugenden frei hervorgehen. Bruno bezeichnet dieselben im SPACCIO DELLA BESTIA TRIONFANTE auch als Tapferkeit *(fortezza)* und Guter Wille *(sollecitudine)*. Die Tapferkeit soll, mit der Leuchte der Vernunft voran, ohne welche sie nichts als Stumpfheit, Wuth und Tollkühnheit wäre [1]), diese Laster ebenso wie Geistesarmuth, Niedergedrücktheit, Furchtsamkeit, Schwächlichkeit, Kleinmuth und Verzweiflung meiden [2]). Sie soll nichts fürchten, was uns nicht schlechter machen kann, weder Hunger, noch Durst, noch Schmerz, noch Armuth, noch Vereinsamung, noch Verfolgung, noch Tod, dagegen alles meiden, was schlechter machen kann, als crasse Ignoranz, Ungerechtigkeit, Treulosigkeit, Verlogenheit, Habsucht und dergleichen Laster [3]). Dagegen soll sie, wo die Ehre, das Gemeinwohl, die Würde und Selbstvervollkommnung, die Beobachtung der göttlichen und Naturgesetze auf dem Spiele stehen, weder auf Drohung noch Todesschrecken achten, sondern rasch bei der Hand sein, wo die andern stumm und starr zurückbleiben [4]). Die Tapferkeit ist der einzige Schutz der Tugend, das einzige Bollwerk der Gerechtigkeit, der Wehrthurm der Wahrheit, uneinnehmbar für jedes Laster, unbesiegt von Müh-

1) SPACCIO DELLA BESTIA TRIONFANTE (WAGNER II, 185): *Succedi tu, fortezza, con la lanterna de la ragione innante, per che altrimenti non saresti fortezza, ma stupidità, furia, audacia.*

2) Ebendas. (WAGNER II, 286): *la povertà di spirto, dejezione, timore, villade, pusillanimitade, desperazione.*

3) Ebendas. (WAGNER II, 186): *le cose, che il forte non deve temere, cioè quelle che non ne fanno peggiori, come la fame, la nudità, la sete, il dolore, la povertà, la solitudine, la persecuzione, la morte, e de l'altre cose, che, per ne rendere peggiori, denno essere con ogni diligenza fuggite, come l'ignoranza crassa, l'ingiustizia, l'infidelità, la bugia, l'avarizia, e cose simili.*

4) Ebendas. (WAGNER II, 186): *quella (fortezza) farà, che dove importa l'onore, utilità pubblica, la dignità e perfezione del propria essere, la cura de le divine leggi e naturali ivi non ti smovi per terrori, che minacciano morte.*

salen, ausdauernd in Gefahren, rücksichtslos gegen Wollüste, die Verächterin des Reichthums, die Bändigerin des Glücks, die allbesiegende Triumphatorin [1]). Der Tapferkeit zur Seite steht der Gute Wille, Arbeitslust, die „Beschäftigung, die nie ermattet, die Sandkorn nur für Sandkorn streicht", unterstützt von der Strebsamkeit *(Industria)*, dem Fleiss *(Diligenza)*, der Strapaze *(Fatica)*, dem Wetteifer *(Zelo)*, der Hoffnung *(Speranza)*, dem Ruhmesdrang *(Amor di gloria)*, dem Scharfsinn *(Sagacità)*, der Ueberlegung *(Consultazione)*, der Geduld *(Pazienza)*, der Duldsamkeit *(Tolleranza)* [2]).

Indem der heroische Weise diese Tugenden frei aus sich hervorstrahlen lässt und die ihnen widersprechenden Laster von der Höhe seines geistig sittlichen Zustandes herab aus sich verbannt, gelangt er in jene Gemüthsverfassung, in welcher sich die Gegensätze seiner Neigungen und Triebe fortwährend die Wage halten; da aber, wo sich Gegensätze gegenseitig zu höherer Einheit aufheben, da ist Harmonie, da ist Tugend, da ist Selbstbefriedigung und Glückseligkeit [3]). Der unaufhörliche Kampf, in welchem sich der heroische Mensch fort und fort zu erneuter Einheit seines Wesens emporringt, ist zunächst allerdings die Quelle nie versiegender Qual [4]), aber, da den Helden das Bewusstsein erfüllt, dass er aus jedem Kampfe als Sieger hervorgehen werde, so verwandelt sich ihm diese Qual unausgesetzt in beseligende Wonne. Mitten in der Qual fühlt er die reinste Freude und mitten in aller Freude die verzehrendste Qual.

---

1) Ebendas. (WAGNER II, 184): *sarai sola tutela di virtudi, unica custodia di giustizia, e torre singulare de la veritade, inespugnabile da' vizj, invitta da le fatiche. costante a li perigli, rigida contra le voluttadi, spregiatrice de la richezza, domitrice de la fortuna, trionfatrice del tutto.*

2) Ebendas. (WAGNER II, 192—194).

3) DEGLI EROICI FURORI (WAGNER II, 326): *Allora è in stato di virtude, quando si tiene al mezzo, declinando da l'uno e l'altro contrario: ma quando tende a gli estremi, inchinando a l'uno e l'altro di quelli, tanto gli manca d'esser virtude, ch' è doppio vizio, il qual consiste in questo, che la cosa recede da la sua natura, la perfezion de la quale consiste ne l'unità, e là dove convegnono li contrarj, consta la composizione e consiste la virtude.*

4) Ebendas. (WAGNER II, 324): *l'amore eroico è un tormento, per che non gode del presente, come il brutale amore, ma è del futuro, e de l'assente, e del contrario sente l'ambizione, emulazione, suspetto e timore.*

Aus einem friedlichen Princip entwickelt sich schlechterdings nichts, sondern alles, was entsteht und vergeht, ist das Produkt des Kampfes, von Gegensätzen, von welchen bald dieser, bald wieder jener siegreich wird und zur Herrschaft gelangt. Desshalb giebt es keine Freude des Werdens ohne den Schmerz des Vergehens. Da aber, wo sich Werden und Vergehen in demselben Subjekt verbinden, da stellt sich das Gefühl der Wollust und der Traurigkeit ein. Wenn aber dies Subjekt von dem Bewusstsein durchdrungen ist, dass es im Kampf der Gegensätze stets mit dem bessern Element siegreich sein werde, so schlägt selbst der Schmerz über die ewige Wiederkehr des Kampfes in siegesfreudige Wollust um, sodass im Grunde nur noch die höchste Seelenfreude übrig bleibt [1]). Das ist alsdann die höchste Wonne in diesem Zustand, nur noch die Wollust zu fühlen und das Gefühl des Schmerzes gar nicht mehr zu haben [2]). In diesem Gemüthszustande zeigt sich das Herz, d. h. die Einheit aller Affekte, sowohl verhüllt als offen, zurückgehalten vom Eifer und doch getragen von erhabener Gesinnung, gekräftigt durch die Hoffnung und ungeschwächt durch die Furcht [3]).

Nichts ist wahrem Heldenthum unerträglicher, als die Furcht. Auf kein Ziel ist desshalb Bruno's Philosophie des Heroismus wesentlicher gerichtet, als auf die Befreiung von der Furcht. Er lässt diese im SPACCIO DE LA BESTIA TRIONFANTE zusammen mit der Feigheit und der Verzweiflung, vom

---

1) Ebendas. (WAGNER II, 383): *Ecco dunque, con quali condimenti il magistero et arte de la natura fa, che un si strugga sul piacer di quel che lo disface, e vegna contento in mezzo del tormento, e tormentato in mezzo di tutte le contentezze; atteso che nulla si fa assolutamente da un pacifico principio, ma tutto da contrarj principj per vittoria e dominio d'una parte de la contrarietade, e non è piacere di generazione da un canto, senza dispiacere di corrozione da l'altro; e dove queste cose, che si generano e corrompono, sono congionte e come in medesimo suggetto composto, si trova il senso di delettazione e tristizia insieme. Di sorte, che vegna nominata più presto delettazione che tristizia, se avviene, che la sia predominante, e con maggior forza possa solicitare il senso.*

2) Ebendas. (WAGNER II, 363): *E questo è toccar la somma beatitudine in questo stato, l'aver la voluttà, e non aver senso di dolore.*

3) Ebendas. (WAGNER II, 186): *Quindi viene il cor, che significa tutti gli affetti in generale, ad essere ascoso et aperto, ritenuto dal zelo, sullevato da magnifico pensiero, rinforzato da la speranza, indebolito dal timore. Et in questo stato e condizione si vederà sempre, che trovarassi sotto il fato de la generazione.*

Hasen geleitet, in den Abgrund fahren, wo sie den dummen, unwissenden Seelen erst recht die wahre Hölle und den Orcus der Qualen bereiten sollen [1]). Die tiefste Verachtung widmet Bruno der Todesfurcht. Diese quält nach seiner wiederholt ausgesprochenen Ansicht nur jene trockenen Thoren, welche wähnen, dass es mit der Auflösung des menschlichen Organismus nun auch überhaupt zu Ende sei. Der Weise aber, der von der unzerstörbaren Substantialität des Leibes und der Seele überzeugt ist, fühlt, weil er weiss, dass er durch den Tod nur zu höherem Beruf auf höherer Organisationsstufe abgelöst wird, keine Todesfurcht [2]). „Jener falsche Argwohn und die blinde Angst vor dem Tode zusammen mit jenen Ungedanken, die der dumme Glaube und die armselige Leichtgläubigkeit gebiert, ernährt und aufzieht, würden sich mit vergeblicher Mühe einem Bollwerk nähern, welches die uneinnehmbare Mauer der philosophischen Contemplation umgiebt, in welchem die Ruhe des Lebens als starker Thurm in die Höhe ragt, wo die Wahrheit sich unverhüllt zeigt, wo die Nothwendigkeit der Ewigkeit jeder Substanz klar ist, wo keine andere Furcht aufkommen darf, als diejenige, jener Vervollkommnung und Gerechtigkeit verlustig zu gehen, welche besteht im Einklang mit der höheren, niemals irrenden Natur [3]).“

---

1) S. Anmerk. 3 unten.

2) De la Causa (Wagner I, 243; Lasson, pag. 62): *contra la qual pazzia (del spavento de la morte) crida ad alte voci la natura, assicurandoci, che non li corpi, nè l'anima deve temer la morte, per che tanto la materia, quanto la forma, sono principj constantissimi.* Ferner Spaccio de la Bestia Trionf. (Wagner II, 111); Degli Eroici Furori (Wagner II, 336; De Monade, cap. v. 25—20, pag. 2: *visque Bruta voluptatis mortis turbata timore est.* De Immenso, Lib. I, cap. 1, pag. 151: *Anima sapiens non timet mortem.* Vgl. ferner den Abschnitt IX, Bruno's Unsterblichkeitslehre.

3) Spaccio della Bestia Trionfante (Wagner II, 241): *il vano timore, codardigia e disperazione vadano insieme con la lepre a basso a cagionare il vero inferno et Orco de le pene a gli animi stupidi et ignoranti! Ivi non sia luogo tanto occolto, in cui non entre questa falsa suspettazione et il cieco spavento de la morte, aprendosi la porta d'ogni rimossa stanza mediante li falsi pensieri, che la stolta fede et orba credulità de parturisce, nutrisce et allieva; ma non già, se non con vane forze, s'accoste, dove l'inespugnabil muro de la filosofica contemplazion vera circonda, dove la quiete de la vita sta fortificata e posta in alto, dov' è aperta la verità, dov' è chiara la necessitade de l'eternità d'ogni sustanza, dove non si dee temer d'altro, che d'esser spoliato da l'umana perfezione e giustizia, che consiste ne la conformità de la natura superiore e non errante!*

Der heroische Mensch, einmal von der beengenden Furcht erlöst, feiert den Triumph seines unablässigen Ringens nach dem Ideal im erquickenden Gefühl der Freiheit. All sein Streben innerhalb der Aussenwelt mündet in das hohe Ziel geistiger Selbstbefreiung, gilt dem einen Zwecke schrankenloser Förderung geistiger Freiheit [1]). Und selbst die widerstrebenden Verhältnisse müssen dem heroischen Geiste zu Willen sein und er weiss, auch wenn er vorübergehend in Gefangenschaft geräth, sich selbst dieser zur Gewinnung höherer Freiheit zu bedienen und die etwa erlittene Niederlage in desto glänzenderen Sieg umzuwandeln [2]). „Der sittliche Held fühlt sich durch einen unauflöslichen Schwur zu den göttlichen Dingen hingezogen und an dieselben gebunden, so zwar, dass er für die sterblichen Dinge weder Liebe noch Hass mehr fühlt, da er wohl weiss, dass er höher steht, als dass er Knecht und Sklave seines Körpers sein dürfte. Vielmehr betrachtet er seinen Körper nicht anders denn als Kerker, der seine Freiheit gebannt hält, als Vogelleim, der ihm seine Federn verklebt, als Kette, die ihm seine Hände zusammenpresst, als Fesseln, die ihm seine Füsse festklammern, als einen Schleier, der ihm das Gesicht raubt. Aber alle diese Hemmnisse machen ihn nicht zum Sklaven, zum Gefangenen, zum Angeleimten, zum Angeketteten, zum Eingethürmten, zum Dingfesten und Geblendeten. Denn der Körper kann ihn nicht mehr stärker tyrannisiren, als er ihm selber gestattet, weil der Geist im Verhältniss eben so hoch über ihm steht, als die Körperwelt und die Materie zusammen der Gottheit und der Natur untergeordnet sind. Auf diese Weise wird sich der heroische Mensch tapfer gegen das Geschick, hochherzig gegen die Beleidigungen, unerschrocken gegen die Armuth und die Verfolgungen machen [3]).“

---

1) Degli Eroici Furori (Wagner II, 426): *(l'uomo eroico) da la comunità non vorrebbe impetrar altro che libero passaggio e progresso di contemplazione.*

2) Ebendas. (Wagner II, 381): *a gli uomini di eroico spirito tutte le cose si converteno in bene; e si sanno servire de la cattività in frutto di maggior libertade; e l'esser vinto una volta convertiscono in occasione di maggior vittoria.*

3) Ebendas. (Wagner II, 387): *Talmente trovandosi presente al corpo, che con la miglior parte di sè sia da quello assente, farsicome con indissolubil*

Geistig frei geworden, der Fleischesbanden, die ihn noch an die Materie fesselten, ledig, erlöst von den Fallstricken verwirrter Sinne, der blinden Menge abgestorben, ein Actäon, der von seinen Gedanken an göttliche Dinge, gleichsam wie von seinen eigenen Hunden verzehrt wird, schaut der Geistesheld fernerhin seine Diana nicht mehr durch Löcher und Fenster. sondern ist, nachdem er die Kerkermauern, die seinen Ausblick ins Freie verhindert hatten, eingerissen, nunmehr ganz Auge im Anblick des ihm nun nicht länger verengten Horizonts. „Nunmehr schaut er Alles nur noch als Eines, er erblickt es nicht mehr durch Unterschiede und Zahlen, die ihn früher das Ganze, gemäss der Verschiedenheit der Sinne, gleichsam aus verschiedenen Mauerritzen, als chaotische Masse erblicken und wahrnehmen liessen. Vielmehr schaut er nun die Amphitrite, die Quelle aller Zahlen, aller Vorstellungen, aller Gründe, welches da ist die Monas, die wahre Wesenheit des Seins aller Dinge, und wenn er sie nicht in seiner Wesenheit schaut, in ihrem absoluten Licht, so erschaut er sie in ihrer Tochter, die ihr ähnlich, die ihr Ebenbild ist: denn aus der Monade, welche die Gottheit ist, geht diejenige Monade hervor, welche die Natur, das All, der Kosmos ist, in welcher sich jene betrachtet und widerspiegelt, wie die Sonne im Mond und mit welcher sie uns erleuchtet, während sie selbst sich in der Hemisphäre der intellectuellen Substanzen hält. Diese Tochter ist die Diana, jenes Eine, welches das Seiende selbst, jenes Seiende, das die begreifbare Natur ist, in welche das Sonnenlicht und der Abglanz der höheren Natur einströmt, je nach den zwei Seiten, in welche die Einheit sich auseinanderlegt, als die zeugende und gezeugte, als die hervorbringende und her-

---

sacramento congionto et alligato a le cose divine, di sorte che non senta amor, nè odio di cosemortali, considerando d'esser maggiore. ch' esser debba servo e schiavo del suo corpo, al quale non deve altrimenti riguardare, che come carcere, che tien richiusa la sua libertade, vischio, che tiene impaniate le sue penne, catena, che tien strette se sue mani, ceppi, che han fissi li suoi piedi, velo, che gli tien abbagliata la vista. Ma con ciò non sia servo, cattivo, invescoliato, incatenato, discioperato, saldo e cieco! per che il corpo non gli può più tirannegiare, ch' egli medesimo si lasce; atteso che così il spirito proporzionalmente gli è preposto, come il mondo corporeo e materia è suggetta a la divinitade et a la natura. Così farassi forte contra la fortuna, magnanimo contra l'ingiurie, intrepido contra la povertà. morbi e persecuzioni.

vorgebrachte Natur[1]).“ „Wohl kann die Sonne, der universale Apollo, das absolute Licht zwar nicht selbst erschaut werden, dafür aber sein Abglanz, seine Diana, der Kosmos, das All, die Natur, die in den Dingen ist, das Licht, das sogar noch im Schattendunkel der Materie leuchtet.“

„Es sind ihrer viele, die durch die Wildniss des grossen Waldes Welt rennen, um die Wahrheit zu suchen, aber nur äusserst wenige vermögen sich bis zur Quelle der Diana hindurchzuschlagen. Viele bleiben zurück, indem sie sich an der Jagd auf wilde, weniger ruhmvolle Thiere vergnügen und weitaus die Mehrheit findet gar nichts zu fangen, hält die Vogelnetze gegen den Wind ausgespannt und bekommt die Hände voll Fliegen. Rar, sehr rar sind die Aktäone, denen vom Schicksal beschieden ist, die Diana nackt zu schauen und es soweit zu bringen, dass sie, gereizt von der schönen Anlage des Körpers der Natur, und verführt von dem zweieinigen Lichtglanz der göttlichen Güte und Schönheit, sich selber in den Hirsch verwandeln, sodass sie dann nicht länger mehr die Jäger, sondern die Beute sind[2]).“ „So steigt das Wahrnehmungsvermögen zur

---

1) Ebendas. (Wagner. II, 408—409): *Così li cani pensieri di cose divine vorano questo Atteone, facendolo morto al volgo, a la moltitudine, sciolto da li nodi di perturbati sensi, libero dal carnal carcere de la materia, onde non più vegga come per forami e per fenestre la sua Diana, ma avendo gittate le muraglia a terra, e tutto occhio a l'aspetto di tutto l'orizonte. Di sorte che tutto guarda, come uno, non vede più per distinzioni e numeri, che secondo la diversità de' sensi, come di diverse rime, fanno veder et apprendere in confusione. Vede l'Amfitrite, il fonte di tutti numeri, di tutte specie, di tutte ragioni, ch' è la monade, vera essenza de l'essere di tutti, e se non la vede in sua essenza. in assoluta luce, la vede ne la sua genitura, che l' è simile ch' è la sua imagine: per che da la monade, ch' è la divinitade, procede questa monade, ch' è la natura, l'universo, il mondo, dove si contempla e specchia, come il sole ne la luna, mediante la quale ne illumina, trovandosi egli ne l'emispero de le sustanze intellettuali. Questa è la Diana, quello uno, ch' è l'istesso ente, quello ente, ch' è la natura comprensibile, in cui influisce il sole et il splendor, de la natura superiore secondo che l'unità è distinta ne la generata generante, o producente e prodotta.*

2) Ebendas. (Wagner II, 407—408): *Però a nessun pare possibile di vedere il sole, l'universale Apolline, e luce assoluta per specie suprema et eccellentissima: ma sì bene la sua ombra, la sua Diana, il mondo, l'universo, la natura, ch' è ne le cose, la luce, ch' è ne l'opacità de la materia, cio è quella, in quanto splende ne le tenebre. Di molti dunque, che per dette vie et altre assai discorreno*

Vorstellungskraft, die Vorstellungskraft zum analysirenden Verstand, der analysirende Verstand zur begreifenden Vernunft, die begreifende Vernunft zur intellectuellen Anschauung empor. Alsdann verwandelt sich der Geist ganz in Gott und wohnt in der intelligibeln Welt[1]), denn die Liebe lässt den Liebenden in den geliebten Gegenstand aufgehen[2]).

Inwährend sich so der heroische Weise durch seine niegestillte Lust an der Erforschung der Wahrheit und der Betrachtung der Schönheit Gottes in der Natur, zu Gott selbst umgewandelt, gelangt in ihm die göttliche Liebe, welche die Gottheit selbst ist[3]), zum Durchbruch, jene Liebe, welche selbst die Feinde brüderlich umschliesst und uns aus wilden Barbaren zu wahrhaften Menschen umschafft[4]). Durch die Liebe aber sind wir sogar im Stande, jenes eherne Gesetz der Nothwendigkeit, das sonst aller Gegenbestrebungen spottet, zu überwinden. Die Nothwendigkeit unterwirft sich nur der Liebe. Lasst uns desshalb uns nur der Liebe weihen, lasst uns uns ganz in sie verwandeln, indem wir nicht nur drei Punkte ins Auge fassen, sondern Alles, und nicht nur drei oder siebenmal, sondern für und für uns von ihr erwärmen lassen[5]).". Die Liebe weckt den

---

in questa deserta selva, pochissimi son quelli, che s'abattono al fonte di Diana. Molti rimagnono contenti di caccia di fiere salvatiche e meno illustri, e la massima parte non trova da comprendere, avendo tese le reti al vento, e trovandosi le mani piene di mosche. Rarissimi, dico, son gli Atteoni, a li quali sia dato dal destino di posser contemplar la Diana ignuda, e dovenir a tale, che da la bella disposizione del corpo de la natura invaghiti in tanto, e scorti da que' doi lumi del gemino splendor di divina bontà e bellezza, vegnano trasformati in cervio, per quanto non siano più cacciatori, ma caccia. Per che il fine ultimo e finale di questa venazione è di venire a lo acquisto di quella fugace e selvaggia preda; per cui il predator dovegna preda, il cacciator doventi caccia.

1) Ebendas. (Wagner II, 349): *quando il senso monta a l'imaginazione, l'imaginazione a la ragione, la ragione a l'intelletto, l'intelletto a la mente, allora l'anima tutta si converte in dio, et abita il mondo intelligibile.*

2) Ebendas. (Wagner II, 340): *l'amore trasforma e converte ne la cosa amata.*

3) Ebendas. (Wagner II, 418): *l'amor divino, ch' è l'istessa deità.*

4) S. oben pag. 70, Anmerk. 1.

5) Sigillus Sigillorum, De Amore (Gfrörer, pag. 582): *Necessitas enim, quae omnibus insultat, soli paret amori. Ad hunc igitur colendum, non tria ad loca respicientes, sed ad omnia, non ter, non septies perciti, sed semper convertamur.*

Menschen zu unausgesetzter Werkthätigkeit. „Gemeiner, thatloser Müssiggang ist für einen hochsinnigen Geist die denkbar grösste Beschwerde. Musse gönnt sich dieser nur zur Erholung nach löblicher Anstrengung und Arbeit[1]). Selbst die grössten Uebel schlagen Gottbegnadeten zum höchsten Heile aus, denn die Noth und das Bedürfniss gebären das Nachdenken, den Fleiss, die Anstrengung und diese hinwieder in den meisten Fällen den Glanz unsterblichen Ruhmes[2]). „Hochsinnigen Geistern geziemt es darum, wach zu sein, um, bewaffnet mit der Wahrheit, erleuchtet durch die göttliche Intelligenz, die Waffen zu ergreifen gegen die düstere Ignoranz, indem sie auf die ragende Hochwacht der Philosophie steigen. Diese Geister sollten jedes andere Unternehmen für feil und eitel halten. Sie sollten ihr Leben nicht an unbedeutende und nichtssagende Dinge vergeuden, denn die Schnelligkeit der Zeit ist unendlich, wunderbar rasch stürzt sich die Gegenwart in den Abgrund der Vergangenheit und ebenso rasch naht die Zukunft heran. Die Zeit, die wir verlebt haben, ist nichts; was wir leben, ist ein Punkt, was wir noch zu leben haben, ist nicht einmal ein Punkt, kann aber ein Punkt werden, der zugleich sein und gewesen sein wird[3])." Indem so der heroische Weise seine ganze Thätigkeit nur noch darauf wirft, sich, den durch Concentration seines Denkens auf Gott in Gott selbst verwandelten, zum Vorbild für die

---

1) Spaccio de la Bestia trionfante (Wagner II, 209): *L'ozio vile et inerte voglio, che ad un animo generoso sia la maggior fatica, che aver egli possa, se non se gli rappresenta dopo lodabile esercizio e lavoro.*

2) Degli Eroici Furori (Wagner II, 316): *a color che son favoriti dal cielo, li più gran mali si converteno in beni tanto maggiori: per che le necessitadi parturiscono le fatiche e studj, e questi per il più de le volte la gloria d' immortal splendore.*

3) Ebendas. (Wagner II, 404): *massime denno esser isvegliati li ben nati spiriti armati da la verità et illustrati da la divina intelligenza di prender l'armi contra la fosca ignoranza, montando su l'alta rocca et eminente torre de la contemplazione. A costoro conviene d'aver ogni altra impresa per vile e vana. Questi non denno in cose leggieri e vane spendere il tempo, la cui velocità è infinita, essendo che sì mirabilmente precipitoso scorra il presente, e con la medesima prestezza s'accoste il futuro. Quel che abbiamo vissuto è nulla, quel che viviamo è un punto, quel ch' abbiamo a vivere, non è ancora un punto, ma può essere un punto, il quale insieme sarà e sarà stato.*

geistig Niedrigerstehenden auszugestalten, sie durch sein Beispiel zu nachahmendem Wetteifer anzuregen, indem er sich ihnen selbst zu dem liebeeinflössenden Ziel ihrer Wünsche macht [1]), kennt er keinen andern Beruf mehr, als sich zum Werkzeug des Weltgeistes zu machen [2]) und dessen Willen, der zugleich das Gesetz der Natur und somit der Nothwendigkeit ist, aus freier Wahl und doch zugleich aus dem vollen Zwang seines gottähnlichen Wesens heraus, zu verwirklichen. Der Wille Gottes ist aber kein anderer als seine unendliche Selbstoffenbarung in der Welt der Endlichkeit, deren Selbstzweck wiederum nichts anderes als ihre unendliche Selbstvervollkommnung ist. Diese Selbstvervollkommnung gelingt aber der Menschheit nur dadurch, dass recht Viele ihre gesammte Thatkraft daran setzen, zuerst sich selbst zu vervollkommnen und alsdann durch ihr mächtig wirkendes Beispiel auch die Andern zur Selbstvervollkommnung anzureizen, immer die Ueberzeugung festhaltend: „Wir können nicht Alle Alles als Einzelne, wohl aber können wir Alle Alles als Gesammtheit. Die Vervollkommnung der Intelligenz (und — dürfen wir im Sinne Bruno's hinzufügen — auch der Sittlichkeit) beruht nicht auf Einem, auf dem Andern oder Mehreren, sondern auf der Gesammtheit [3])."

Das sind die Grundzüge einer Ethik, welche, mit Socrates und Platon den Fortschritt auf dem Gebiete der Sittlichkeit in der immer höhern Ausbildung des Intellekts suchend, schon aus diesem Grunde für das Verständniss und die innere Befriedigung der Menge nicht bestimmt sein kann. Kein Zweifel, dass eine Heilslehre, welche sich auf den Heroismus der Lebensauffassung stützt, ausschliesslich nur der zu jederzeit sehr kleinen Zahl hervorragender Intelligenzen das Herz zu erwärmen und thatkräftigen Enthusiasmus zu wecken vermag. Bruno ist sich darüber vollkommen klar gewesen und hat den specifisch aristokra-

---

1) Ebendas. (Wagner II, 417): *(l'alma) avendo contratta in sè la divinitade, è fatto divo, e conseguentemente con la sua specie può inamorar altri: come ne la luna può essere ammirato e magnificato il splendor del sole.*

2) Summa terminor. metaphys., *De Deo seu Mente* (Gfrörer, pag. 479): *Quaecunque definitam habent naturam, illius sunt instrumentum, ipse vero nullius: nemo enim agit ipso, sed ipse agit in omnibus.*

3) S. die Stelle oben pag. 181, Anmerk. 2.

tischen Charakter seiner Ethik nie verleugnet. In einem Gespräch des zweiten Dialogs seiner EROICI FURORI (WAGNER II, pag. 336) lässt er sich über die Grundlagen seiner Anleitung zum werkthätigen Leben im Ideal folgendermassen vernehmen:

Cicada. Die Peripatetiker und Averroes sagen, die höchste Glückseligkeit des Menschen bestehe in seiner Selbstvervollkommnung durch die speculativen Wissenschaften.

Tansillo. Das ist wahr und sie haben sehr recht. Denn in demjenigen Zustande, in welchem wir uns befinden, können wir weder eine höhere Selbstvervollkommnung wünschen noch erreichen als diejenige ist, welche wir geniessen, wann unser Geist sich vermittelst irgend einer edeln geistigen Vorstellung entweder mit den erhofften Substanzen, wie jene Peripatetiker sagen, oder mit dem göttlichen Geiste, wie die Platoniker zu sagen pflegen, vereinigt. Dabei will ich für jetzt unterlassen, mich über einen andern Zustand, eine andere Seinsart der Seele oder des Menschen auszusprechen, welche entweder wirklich vorkommen oder doch geglaubt werden kann.

Cic. Welche Vollkommenheit oder Befriedigung kann aber der Mensch in jener Erkenntniss finden, welche nicht vollkommen ist?

Tans. Sie wird niemals vollkommen sein, soweit das höchste Objekt begriffen werden kann, wohl aber insoweit unser Intellekt dasselbe zu begreifen vermag. Es genügt, wenn ihm in diesem oder einem andern Leben die göttliche Schönheit vor Augen schwebt, soweit sich der Horizont seiner Sehkraft ausdehnt.

Cic. Aber nicht alle Menschen können es dahin bringen, wohin nur einer oder zwei gelangen können.

Tans. Genug, wenn Alle nach Kräften ihren Lauf nach dorthin richten und jeder sein Möglichstes thut. Denn der heroische Geist zieht vor, in hehren Unternehmungen, in welchen er die Würde seines Geistes zu zeigen vermag, eher zu Grunde zu gehen oder geringen Erfolg zu erzielen, als in weniger edeln und niedrigen Glück zu haben.

Cic. . Sicherlich! Besser einen würdigen und heroischen Tod als einen unwürdigen und feilen Triumph [1])!

Also schon das pure Ringen nach dem Ideal des Wahren, Schönen und Guten reicht hin, unser intellectuell-ethisches Heil zu sichern und damit auch den der Menschheit immanenten Zweck ihrer Selbstvervollkommnung relativ zu erfüllen. Jeder ist im Stande, nach dem Mass seiner Kräfte mächtig einzugreifen in den Selbstvervollkommnungsprocess des Menschengeschlechtes, aber nur einer verschwindend kleinen Minderzahl auserkorener Geister ist es beschieden, die höchste Staffel der uns überhaupt erreichbaren Vollkommenheit zu erklimmen, die unverhüllte Wahrheit der Natur zu schauen, sich mit dem Weltgeist eins zu fühlen und alsdann durch gottbegeisterte Thätigkeit auf Jahrhunderte hinaus vorbildliche Wirksamkeit zu entfalten.

In Bruno's Ethik verbinden sich die sittlichen Urmotive des ältesten Heidenthums mit den grossartigen Grundsätzen,

1) Degli Eroici Furori (Wagner II, 336):

Cicada. *Mi par, che li Peripatetici, come esplica Averroe, vogliono intender questo, quando dicono, la somma felicità de l'uomo consistere ne la perfezione per le scienze speculative.*

Tansillo. *È vero, e dicono molto bene; per che noi in questo stato, nel qual ne ritroviamo, non possiamo desiderar nè ottener maggior perfezione, che quella, in cui siamo, quando il nostro intelletto mediante qualche nobil specie intelligibile s'unisce o a le sustanze sperate, come dicono costoro, o a la divina mente, come è modo di dir de' Platonici. Lascio per ora di ragionar de l'anima, o uomo in altro stato e modo di essere, che possa trovarsi o credersi.*

Cic. *Ma che perfezione o satisfazione può trovar l'uomo in quella cognizione, la quale non è perfetta?*

Tans. *Non sarà mai perfetta, per quanto l'altissimo oggetto possa esser capito; ma per quanto l'intelletto nostro possa capire. Basta, che in questo et altro stato gli sia presente la divina bel lezza, per quanto s'estende l'orizonte de la vista sua.*

Cic. *Ma de gli uomini non tutti possono giongere a quello, dove può arrivar uno o doi.*

Tans. *Basta, che tutti corrano assai, e che ognun faccia il suo possibile; per che l'eroico ingegno si contenta più tosto di cascar, o mancar degnamente ne l'alte imprese, dove mostre la dignità del suo ingegno, che riuscir a perfezione in cose men nobili e basse.*

Cic. *Certo; ch' è meglio è una degna et eroica morte, che un indegno e vil trionfo.*

welche aus der speculativen Verwerthung der kosmologischen Funde der Neuzeit fliessen. Den Lebensfaden der brunonischen Ethik bildet Plotins Lehre von der Umwandlung der Liebe zum sinnlich Schönen in die religiöse Hingebung an das geistig Schöne. Aber bestimmenden Einfluss auf Bruno's Ethik übt auch die Tugendlehre des Aristoteles, deren Pfeiler: Tapferkeit und Gemeinsinn, nach zwei Jahrtausenden christlicher Abwendung vom Ideal der Bürgerlichkeit hier zuerst wieder auferstanden sind. Nicht geringern Einfluss auf Bruno's Sittenlehre hat der Ursatz der Stoa und Epikurs ausgeübt: Lebe im Einklang mit dem dir innewohnenden Dämon, gemäss dem Willen des Weltordners. Sehr schön auch verschmilzt in Bruno's Ethik das antike Motiv der Selbstreinigung mit der christlichen Forderung der Reue. Der Träger dieser ästhetisch-ethischen Motive aber ist der epische Heros mit seinem Enthusiasmus für das Grosse und Gemeinnützige. Dass aber Bruno's Ideal einer vom Heroismus getragenen Menschheit kein müssiger Traum ist, sondern schon in der Urzeit einmal wirklichen Bestand hatte in jenem Ausnahmevolk der vedischen Arier, habe ich nachgewiesen in meinem Essay: Ueber den Geist der indischen Lyrik [1]).

Bruno's Ethik hat den Einen grossen Gesammtzweck, den jämmerlichen Kleinmuth, die feige Niedergeschlagenheit und die thörichte Angst vor dem Tode zu verscheuchen, dagegen die Seele mit jenem kampfesfreudigen Muth zu erfüllen, der da, wie es später Goethe aussprach, uns lehrt: „im Ganzen, Grossen, Schönen resolut zu leben."

Bruno's ethisches Ideal ist der Culturheld, der Heros des Hochsinns, dem es ebensowenig an den höchsten Einsichten in Wissenschaft, Kunst und Philosophie gebricht, als ihm jene Charaktergrösse mangelt, welche zur Verwirklichung der nicht nur klar ins Auge gefassten, sondern auch enthusiastisch umworbenen Menschheitsziele befähigt. Bruno's in Selbsterkenntniss und Lebenserfahrung geübter Blick unterscheidet aber sehr scharf zwischen dem ihm vorschwebenden Ideal einer leitenden Mensch-

---

1) Ueber den Geist der indischen Lyrik. Mit Originalübersetzungen aus der Hymnensammlung des Rigveda, den Spruchdichtern und Hâla's Anthologie volksthümlicher Liebeslieder. 8°. Leipzig, Schulze, 1882.

heitsminorität, welche sein heroisches Lebensprincip sich eigen zu machen vermöchte, und der in Wirklichkeit noch überwuchernden Majorität der geistig Armen und sittlich Schwachen, welche, damit sie das Rechte thun, der bestimmenden Pflichtgebote einer priesterlichen Heilsanstalt bedürfen. Die einen sind die Freien, die das Gute aus eigener Wahl vollbringen, indem sie sich im Einklang wissen mit dem Weltgesetz; die andern sind Sklaven, die im blinden Gehorsam gegen den nun einmal unerforschlichen Willen des Weltschöpfers ersterben. Aber diese beiden Abtheilungen, in welche Bruno das Menschengeschlecht scheidet, sind nicht zugleich zwei Kasten mit unübersteigbaren Traditionsschranken. Vielmehr findet im Laufe der Weltgeschichte ein fortwährender Uebergang aus den untern Schichten in die höheren statt, denn der Selbstvervollkommnungsprocess der Menschheit ist eine aus der Anlage des Kosmos fliessende Thatsache. Wohl wölbt sich bis jetzt über der Menschheit die Rotunde der Gottesknechtschaft, aber die Gemeinde derer, die sich innerhalb der alten Kirche aus freier Selbstbestimmung zum Leben im Ideal des Wahren, Schönen und Guten bekennen, ist in unaufhaltbarem Wachsthum begriffen. Die Zukunft der Menschheit gehört im Sinne Bruno's nicht dem kreuztragenden Säugling mit dem Lämmlein, sondern dem universalen Weltkünstler Apollo mit Platon's philosophischem Jüngling Eros.

VIII.

Bruno's Socialismus.

Wenn Bruno seine sämmtlichen Gedankenkreise aus dem Zusammenhang mit der mittelalterlichen Weltanschauung losgelöst hatte oder loszulösen versuchte, so darf es uns nicht in Erstaunen versetzen, wenn ihm auch die Sonne seines Gesellschaftsideals weit jenseits der Gewässer der seinen Zeitgenossen landläufigen Ansichten über das Wohl und Wehe der Massen aufging. Bruno erklärt rundweg: „Die Gesetze und Gerichte entfernen sich von dem Begriffe eines wahrhaft guten Gesetzes und Gerichtes in dem Maasse, als sie sich der Aufgabe entziehen, vor allem aus Dasjenige zu befehlen und zu befördern, worin die sittlichen

Handlungen der Menschen in Rücksicht auf die andern Menschen bestehen [1])." Ferner: „Kein Gesetz, welches sich nicht den Bedürfnissen der menschlichen Gesellschaft anschmiegt, darf anerkannt werden [2])."

Mit diesem Satze schwingt sich Bruno kühn über alle Schranken der hergebrachten Ordnung und Convenienz hinweg und verkündet in demselben Athemzuge folgerichtig das Evangelium der Republik [3]), deren Feinden Statuen zu errichten er für ein Unrecht hält [4]).

Auf dem Boden des Naturrechts stehend, erblickt Bruno im Begriffe des Eigenthums nur einen Eingriff in die Rechte der Gesammtheit. Es erfühllt ihn mit Trauer, dass das weite Erdenrund, dass für Alle ausreichen würde, den Einen sich als ein wahrer Stiefvater, den Andern aber als nichts weniger denn dieses sich erweist. „Daher kommt es denn auch, dass die Einen unwillkürlich prassen und schwelgen, während die Andern schier Hungers sterben [5])." Bruno schreckt sogar — und wir müssen das seinem Junggesellenthum zu gute halten — nicht vor der Zurückforderung der Polygamie zurück, jenes Naturgesetzes, kraft dessen es einem jeden Manne erlaubt ist, soviele Frauen zu haben, als er ernähren und befruchten kann; „denn es ist etwas Ueberflüssiges, Ungerechtes, in Wahrheit Naturwidriges, wenn an schon Schwangern oder aber, noch schlimmer, an andern Weibsbildern, die aus Furcht vor Strafe abortiren, jener menschenschöpferische

---

1) Spaccio della bestia trionfante (Wagner II, 163): *tanto le leggi e giudizj son lontane da la bontà e verità di legge e giudizio, quanto si discostano da l'ordinare et approvare, massimamente quello che consiste ne l'azioni morali de gli uomini a riguardo de gli altri uomini.*

2) Ebendas. (Wagner II, 160): *bene dici, o Sofia, che nessuna legge, che non è ordinata a la pratica del convitto umano, deve essere accettata.*

3) Ebendas. (Wagner II, 161): *sieno favorite le repubbliche.*

4) Ebendas. (Wagner II, 164): *non permette che si addrizzeno statue a poltroni, nemici del stato de le repubbliche.*

5) Ebendas. (Wagner II, 200): *Quella (manigolda) ch' ha messa la legge a gli altrui diletti, e ha fatto, che quel tanto, ch' era bastante a tutti, vegna ad essere soverchio a questi, e meno a quell' altri. Onde questi a suo mal grado crapulano, quegli altri mojono di fame.*

Same verschwendet wird, der Helden erwecken und die leeren Sitze des Empyreums zu bevölkern vermöchte [1]."

So unzweifelhaft es sich aus diesen Sätzen ergiebt, dass Bruno's Weltanschauung sich schon stark nach der Richtung des heutigen Socialismus hinneigt, so bitter würden sich die Herren von Gog und Magog täuschen, wenn sie auch Bruno, wie Goethen und andere hervorragende Geister, zu ihrem Heerbann zu zählen sich vermässen. Bruno war zwar, trotz seines Optimismus, der ihm die Zukunft der Menschheit in idealem Schimmer erscheinen liess, nicht unempfindlich für die Leiden der Armen und Elenden, die er auf seinen Kreuz- und Querzügen durch Europa genugsam zu bemitleiden Gelegenheit hatte, ja, er verstieg sich sogar bis zu der kühnen Behauptung: „Es giebt keinen Sklaven, der nicht von Königen alter Zeit, keinen König, der nicht im letzten Hintergrund von Sklaven abstammte, so vermag die Länge der Zeit und das Schicksal die menschlichen Verhältnisse untereinander zu mischen [2]." Aber Bruno's Natur war viel zu vornehm und seine Bildung stand viel zu hoch, als dass er die Majestät der Menschennatur beim grossen Haufen und nicht, wie Schiller, nur bei einzelnen Wenigen gesucht hätte. Ihm hat sich das Mitgefühl mit den nothleidenden Volksschichten noch nicht umgesetzt in die der Menschennatur spottende Forderung, dass es keine Herren und keine Diener mehr geben solle. Im Gegentheil erblickt er in der reichen Mannigfaltigkeit und Abstufung der Intelligenzen und Charaktere zugleich die Ursache der Ständeunterschiede. „Es muss Handwerker, Techniker, Bauern, Bediente, Handlanger, arme Teufel, Pedanten und dergleichen geben, sonst gäbe es auch

---

1) Ebendas. (Wagner II, 126): *Ivi si ristorarà quella legge naturale, per la quale è lecito a ciascun maschio di aver tante mogli, quante ne può nutrire e impregnare; per che è cosa superflua et ingiusta, et à fatto contraria a la regola naturale, che in una già impregnata e gravida donna, o in altri soggetti peggiori, come altre illegitime procacciate, che, per tema di vituperio, provocano l'aborto, vegna ad esser sparso quel omifico seme, che potrebbe suscitar eroi e colmar le vacue sedie de l'empireo.*

2) Acrotismus. *Excubitor* (Gfrörer, pag. 9): *Nemo servus non ex antiquis regibus, nemo regum non ex antiquis servis, quando quidem ita res hominum longa aetas atque fortuna permiscet.*

keine Weltweisen, Denker, Erzieher, Principale, Officiere, Adelige, Ruhmeshelden, Crösusse, Lebenskünstler und andere Leute heroischen Wesens, das sie den Göttern ähnlich macht. Wozu sollten wir uns also abquälen, die Natur zu verpfuschen, die das All in höhere und niedrigere, in überlegene und untergeordnete, in glanzvolle und unbedeutende, in würdige und unwürdige Dinge geschieden hat, nicht allein in der Aussenwelt, sondern auch in unserm innersten Wesen selber, bis zu jenem Theile unserer Substanz, der sich als immateriell darstellt? Wie es unter den Geistesanlagen solche giebt, die zur Unterwürfigkeit und solche, die zum Hervorragen bestimmt sind, so sind die einen dazu da, um zu dienen und zu gehorchen, die andern um zu befehlen und zu regieren. Ich bin jedoch nicht der Ansicht, dass man daraus praktische Forderungen ableite. Sonst kommt der Untergebene und will Herr, der gemeine Mann und will adelig sein, und so käme man zu einer vollständigen Verkehrung und Umwälzung aller Verhältnisse, so zwar, dass schliesslich ein allgemeines Nivellement, eine bestialische Gleichheit sich herausentwickelte, wie sich dergleichen höchstens da und dort in halbwilden und rohen Republiken vorfindet[1]."

Das ist wohl klar gesprochen. Aber auch abgesehen von dieser merkwürdigen Stelle, strotzen Bruno's Schriften förmlich von Ausdrücken der tiefsten Verachtung für den grossen Haufen, der, unfähig, philosophische Gedanken interesselos zu fassen, selbst unter dem Titel und Deckmantel der Philosophie die Wahrheit ausschliesslich zu Zwecken .unedler und verlogener

---

1) Degli Eroici Furori (Wagner II, 402): *Bisogna che siano artigiani, meccanici, agricoltori, servitori, pedoni, ignobili, vili, poveri, pedanti, et altri simili: per che altrimente non potrebbono esser filosofi, contemplativi, coltori de gli animi, padroni, capitani, nobili, illustri, ricchi, sapienti et altri, che siano eroici simili a li dei. Però a che doviamo forzarci di corrompere il stato de la natura, il quale ha distinto l'universo in cose maggiori e minori, superiori et inferiori, illustri et oscure, degne et indegne non solo fuor di noi, ne la nostra sustanza medesima, sin a quella parte di sustanza che s'afferma immateriale? Come de le intelligenze altreson suggette, altre preminenti, altre serveno et ubediscono, altre commandano e governano. Però io crederei, che questo non deve esser messo per esempio, a fin che li sudditi volendo essere superiori, e gl' ignobili uguali a li nobili, non vegna a pervertirsi e confondersi l'ordine de le cose, che al fine succeda certa neutralità e bestiale equalità; quale si ritrova in certe deserte et inculte repubbliche.*

Selbstsucht verwerthet[1]). „Niemand liebt das Wahre und Gute ernsthaft, der nicht auch gegen die Menge aufgebracht wäre, wie Niemand verliebt ist, der nicht für den geliebten Gegenstand Eifersucht und Furcht empfände[2]).“ „Es ist geradezu der Beweis schmutziger und niederträchtiger Denkungsart, seine Empfindungen und Gedanken schon desshalb nach der Menge einzurichten, weil sie Menge ist[3]).“ Lieber will er vor den Augen der Götter — und er glaubt die Welt mit Götteraugen zu betrachten — den Ruhm ohne das Reich, als vor der stockdummen Menge das Reich ohne den Ruhm[4]). „Die unsinnige Menge, der blinde Pöbel, der dumme Haufe“ und dergleichen Titulaturen, wie sie bei Bruno massenhaft vorkommen, berechtigen jedenfalls zu nichts weniger, als Bruno's Heldenlaufbahn im Sinne und zu Gunsten der Socialdemokratie zu verherrlichen[5]). Und wenn darüber noch der geringste Zweifel zu walten vermöchte, so müsste wohl selbst dem begeistertsten Apostel der Herrschaft des blinden Haufens die Lust vergehen, den Nolaner als Herold seines Evangeliums zu preisen, wenn ihm der folgende Erguss des Dichterphilosophen unter die Augen käme:

Nichts Entsetzlicheres, als übermüthige Freiheit
Und ein Bauerngeschlecht, ein gieriges, welches mit Willkür
Jegliches Recht handhabt, ja bis in den Himmel zu reichen
Wähnt, wenn es Recht und Gesetz straflos zu verachten die Macht hat

1) De Immenso, Lib. III, cap. 9, pag. 329: *Hominis philosophi cogitationes a vulgi judicio sunt remotae propterea quod illius studium sit in rebus omnibus inquirere veritatem per se; cui istud mercenarium et ignobile etiam sub philosophiae titulo recepta mendacia anteponit.*

2) Degli Eroici Furori (Wagner II, 425): *Certo nessuno ama veramente il vero buono, che non sia iracondo contra la moltitudine: come nessuno volgarmente ama che non sia geloso e timido per la cosa amata.*

3) Acrotismus. *Excubitor*, (Gfrörer, pag. 12): *Sordidi nimirum ingenii est cum multitudine, quia multitudo est, sentire velle.*

4) Ebendas. (pag. 10): *Interim malo coram oculis Deorum (cum quibus me videre arbitror) sine regno gloriam, quam inglorium coram stultissima multitudine regnum.*

5) Ausdrücke wie: *la sciocca moltitudine*, *insanum vulgus*, *mundus caecus* u. a. m. kehren in Bruno's Schriften dutzendfach wieder.

Und was irgend an Vorzug glänzt und edelm Charakter —
Freilich verfällt es denn auch nach Gebühr der Verachtung der Edeln[1]).

IX.

Bruno's Unsterblichkeitslehre.

Die uralte Räthselfrage nach dem Fortbestand unserer Individualseele beschäftigt Bruno's ahnungsvolles Gemüth mehrfach, aber, wie zu erwarten steht, in einer von der christlichen Beantwortung der Frage fernabstehenden Weise. Bruno glaubt nicht an die persönliche Unsterblichkeit, im Sinne nämlich einer Fortdauer unseres gegenwärtigen Ichbewusstseins, wohl aber ist er felsenfest überzeugt von der Unzerstörbarkeit der, unser innerstes Wesen ausmachenden, Centralmonade. „Wir sind das, was wir sind, nur durch die eine und untheilbare Substanz der Seele, um welche, gleichsam wie um ein Centrum herum, die Atome knäuelweise sich ansetzen und entwickeln. Desshalb dehnt sich der in uns gestaltend schaffende Geist, in Folge urwüchsiger Anlage und Wachsthums, zu demjenigen Körper aus, durch welchen wir bestehen, er ist das Produkt der vom Herzen ausgehenden Bildkraft. In diese mag er sich dann zum Schlusse wieder, gleichsam sich in den Zettel jenes Gewebes zusammenwickelnd, zurückziehen, um auf demselben Wege, auf welchem er ins Leben getreten war, und zur selben Thüre hinaus, durch welche er den Eingang genommen hatte, endlich wieder zurückzutreten und hinauszugehen. Die Geburt ist also das sich Ausspannen eines Mittelpunkts, das Leben die Aufrechterhaltung des so geschaffenen Kugelballes, der Tod ist das sich Zurück-

1) De Monade, cap. I, v. 57—63, pag. 3. Dedication an Herzog Heinrich Julius von Braunschweig, 1591.

Nam gravius nihil est quam libertate superba
Juraque pro arbitrio pollens sibi fingere avara
Rustica progenies: quae tunc se attingere coelum
Credit, cum potis est impunis temnere jura
Et quidquid splendet virtute ac nobilitate,
De genere unde videt merito contemnier ipsam.

ziehen in seinen Mittelpunkt [1])." „Unsere Unsterblichkeit lässt sich aber namentlich auch aus dem Gesichtspunkte beweiskräftig folgern, dass die eine und untheilbare Substanz, welche aufbaut, gruppirt, entwickelt, ordnet, belebt, bewegt, webt und, einer wunderbaren Künstlerin gleich, so bedeutender Thätigkeit vorsteht, doch ganz unmöglich geringerer Art sein kann, als die Körper, welche sie gruppirt, entwickelt, ordnet, bewegt, und in deren Dienst dasjenige genommen wird, dessen Substanz in Wahrheit ewig ist [2])."

Der Glaube an die Unzerstörbarkeit der Substanz führt nun aber mit zwingender Consequenz zur Lehre von der Seelenwanderung. Wenn, nach Bruno, das All nichts ist als der in der Unendlichkeit des Raumes und der Zeit abfliessende Entwickelungsprocess der zahllosen Einzelseelen, deren innerster Kern ja nur wieder die eine und untheilbare Substanz oder vielmehr das eine selbstbewusste Welt-Subjekt ist, und wenn dieser, durch zahllose Stufen hindurchgehende, Entwickelungsprocess die göttliche Vollkommenheit der Einzelseelen zum letzten und höchsten Ziele hat, so ergiebt sich mit logischer Nothwendigkeit der Schluss, dass dieser Stufengang der Entwickelung den denkbar untersten Grad ursprünglicher Anlage zum Ausgangspunkte wird nehmen müssen. Wenn nun ferner die menschliche Seele ein Entwicke-

1) De Triplice Minimo, pag. 13: *Quare solum per individuam animae substantiam sumus id quod sumus, quam circum veluti centrum quoddam ubique totum atomorum exglomeratio sit et agglomeratio. Unde per nativitatem et adolentiam spiritus architector expanditur in hanc qua consistimus molem, et a corde diffunditur: in quod tandem veluti telae istius stamina complicans, sese recipiat, ut ex eadem per quam processerat viam, intraveratque portam recedat demum et egrediatur. Nativitas ergo est expansio centri, vita consistentia sphaerae. Mors contractio in centrum.*

2) Ebendas., pag. 13: *Est et immortalitatis nostrae validissimum ex eo principio argumentum, quod individua quae aedificat, agglomerat, exglomeratque, ordinat, vivificat, movet, intexit, et ut mirabilis opifex tanto operi est praefecta substantia, minime deterioris debet esse conditionis (accidens utpote quoddam, entelechia, energia, harmonia et contemperamentum, ut omnium stupidissime definierunt, Aristoteles et Galenus) quam corpora quae agglomerantur, exglomerantur, ordinantur, moventur, et in illius usum assumuntur haec quorum substantia vere est aeterna.*

lungsstadium darstellt, welchem gegenüber wir schon unter unsern Augen unendlich niedriger stehende Wesen sich entwickeln sehen, so ist wiederum der Schluss unabweisbar, dass die menschliche Seele, um überhaupt die Stufe menschlicher Existenz einnehmen zu können, eine unendlich lange Reihe von Vorentwickelungsstufen zurückgelegt haben muss, deren Realität dadurch um nichts von ihrer Gewissheit einbüsst, dass wir uns derselben nicht bewusst sind. Die Postexistenz bedingt die Praeexistenz der Seele. Der Selbstvervollkommnungsprocess der unzähligen Einzelwesen ist eine ungereimte Hypothese ohne die Voraussetzung zahlloser Entwickelungsstadien, welche die Seele zu durchlaufen hat, in der unendlich kurzen Spanne ihrer irdischen Existenz jedoch unmöglich durchlaufen kann. Wie nichtig ist doch das den Lebewesen unseres Planeten Erde gesteckte Mass ihrer Dauer gegenüber der dem Lebensprocess des Planeten selbst vergönnten Ablaufsfrist! Wie verschwindend klein ist aber dann erst das Lebenszeitmass des Planeten Erde gegenüber der in zahllosen Aeonen sich bewegenden Unendlichkeit des universellen Weltprocesses! Diese Betrachtung führt denn wieder zu dem weitergehenden Schlusse: Da der Selbstvervollkommnungsprocess der Menschenseele, welcher sich nur in der Unendlichkeit des Raumes und der Zeit abspinnen kann, weder auf dem Planeten Erde seinen Anfang genommen haben kann, noch allda sein Ende wird finden können, so kann nur das All, als der Inbegriff sämmtlicher Entwickelungstadien, die der Seele würdige Arena ihres Selbstvervollkommnungsprocesses bilden.

Wir finden diese Idee bei Bruno allerdings nur angedeutet, die Andeutung genügt aber, um den Beweis zu führen, dass Bruno in der That das unendliche All und nicht etwa bloss den Planeten Erde sich als den Raum vorstellte, in welchem sich die Seelenwanderung abspielen soll. „Die Wohnsitze der Seligen sind die Gestirne. Der Wohnsitz der Götter ist der Aether oder Himmel: ich nenne nämlich die Gestirne mit gutem Grunde Götter. Der Wohnsitz Gottes aber ist das überallhin sich ausdehnende All, der ganze unermessliche Himmel, der leere Raum, dessen Fülle er ist, der Vater des die Finsternisse ergreifenden Lichtes, der Unaussprechliche [1]." Wenn Bruno die Gestirne die Wohnsitze der Seligen nennt, so leitet ihn offenbar der uralte Gedanke eines, weil hier auf Erden nicht wahrzunehmenden, so doch in der Unendlichkeit sich vollziehenden Ausgleichs zwischen Tugend und Belohnung, zwischen Laster und Strafe. „Je nach der Art und Weise nämlich, wie sich die Seele in einem Körper aufgeführt hat, bestimmt sie sich selbst zum Uebergang in einen andern Körper, sagt Pythagoras, sagen die Saducäer, sagt Origenes. Desshalb nehmen die einen ihren Fortentwickelungsgang durch menschliche Leiber, andere gehen in die Leiber der Heroen über, andere wieder werden in niederere Leiber zurückgeschleudert. Soweit wenigstens diejenigen, nach deren Ansicht Alles in einem ewigen Kreislauf begriffen ist, nur Einer [2]) theilt diese Ansicht nicht [3])." Ausführlicher lässt sich Bruno über diese Frage im SPACCIO DE LA BESTIA TRIONFANTE vernehmen: „In Folge der hohen Gerechtigkeit, die über allen Dingen waltet, geschieht es, dass der innere Mensch, der Heros, das Dämonium, der Individualgott, der Geist, der, weil die mannigfachsten Organisationen und Körper in ihm, aus ihm und durch ihn gebildet werden und sich bilden, so denn auch verschiedene Seinsarten, Namen, Schicksale durchzumachen hat, in Folge zügelloser Leidenschaften entweder wieder in demselben oder in einem andern Körper bestraft und erniedrigt wird, sodass alsdann, wenn er die Herrschaft über eine vorhergehende Behausung schlecht geführt hat, er die Leitung und Verwaltung einer bessern Wohnung nicht erwarten darf. Wenn er z. B. hienieden das Leben eines Rosses oder Schweines geführt hat, so werden, wie viele und ausgezeichnete Philosophen gelehrt haben

---

1) DE IMMENSO, Lib. IV, cap. 14, pag. 422: *Sedes ergo beatorum sunt astra; sedes deorum est aether seu caelum: astra quippe deos secunda ratione dico. Sedes vero Dei est universum ubique, totum immensum caelum, vacuum spatium cujus est plenitudo; pater lucis comprehendentis tenebras, ineffabilis.*

2) Aristoteles? Christus?

3) DE TRIPL. MIN., pag. 11: *Pro conditione qua anima se gessit in uno corpore ad aliud sortiendum disponitur, inquit Pythagoras, Saduchini, Origenes. Quapropter aliae per humana corpora discurrunt, aliae in heroum corpus assumuntur, aliae vero in deteriora deturbantur. Haec illi qui aeterna omnia in quadam revolutione exagitata intelligunt praeter unum.*

und auch ich, wenn nicht glaubwürdig, so doch höchst beherzigenswerth halte, so werden ihm von der verhängnissvollen Gerechtigkeit nach Massgabe und im Verhältniss zu dem und dem Vergehen oder Verbrechen der und der entsprechende Leib als Kerker zugewiesen, die und die entsprechenden Organe und Werkzeuge zu der und der Hantirung und Kunst beschieden werden. Auf diese Weise erlebt er im ruhelosen Kreislauf, gemäss dem Schicksal der ewigen Umwandlung, immer andere und wieder andere, bald schlechtere, bald bessere Daseins- und Glücksformen, jenachdem er sich auf der unmittelbar vorhergehenden Entwickelungsstufe besser oder schlechter aufgeführt hat [1])." „Wenn desshalb eine Seele, welcher gerade die Werkzeuge eines Pferdeleibes beschieden worden sind, wüsste, dass ihrer, sei es nun in bestimmter Reihenfolge, sei es in beliebiger Ordnung, die Werkzeuge des menschlichen Leibes und der Körper aller übrigen (noch höheren Organismen) harren, und dass der Tod der ihr gegenwärtig beschiedenen Werkzeuge mit dem zukünftigen, sich durch unzählige Daseinsformen hindurchbewegenden, Leben gar nichts zu schaffen hat, so würde sie sich nicht grämen. Eine weise Seele fürchtet den Tod nicht, ja sie geht ihm sogar zeitweise freiwillig entgegen. Es wartet also aller Substanz hinsichtlich der Dauer: die Ewigkeit, hinsichtlich

---

1) Spaccio della Bestia trionfante (Wagner II, 113): *Questo è il nume, l'eroe, il demonio, il dio particolare, l'intelligenza, in cui, da cui, e per cui come vengon formate e si formano diverse complessioni e corpi, così viene a subentrare, diverso essere in ispecie, diversi nomi diverse fortune. Questo, per esser quello che, quanto a gli atti razionali et appetiti, secondo la ragione muove e governa il corpo, è superiore a quello, e non può essere da lui necessitato e co stretto; aviene per l'alta giustizia, che soprasiede a le cose tutte, che per i disordinati affetti venga nel medesimo, o in altro corpo, tormentato et ignobilito, e non debba aspettar il governo et amministrazione di migliore stanza, quando si sarà mal guidato nel reggimento d'un altra. Per aver dunque ivi menata vita, per esempio, cavallina, o porcina, verrà, come molti filosofi de' più eccellenti hanno inteso, et io stimo, che, se non è da esser creduto, è molto da esser considerato, disposto da la fatal giustizia, che gli sia intessuto incirca un carcere conveniente a tal delitto o crime, organi e stromenti convenevoli a tale operajo o artefice. E così oltre et oltre sempre discorrendo per il fato de la mutazione eterno verrà incorrendo altre et altre peggiori e migliori specie di vita e di fortuna, secondo che s' è maneggiato miglior- o peggiormente ne la prossima precedente condizione e sorte: come veggia.*

des Raumes: die Unendlichkeit, hinsichtlich der Existenz: die Fülle sämmtlicher Daseinsformen [1])."

Das sind die Grundzüge eines Glaubens, den Bruno mit vollem Bewusstsein getheilt hat mit den Priesterphilosophen des antiken Morgen- und Abendlandes: mit den Brahmanen und Magiern, den Chaldäern und Aegyptern, den Pythagoräern und Druiden; eines Glaubens übrigens, welcher noch jetzt drei Viertheile der Menschheit, nämlich die brahmanistische und buddhistische Culturwelt, lebensbestimmend beherrscht und — in einer vom Darwin der Zukunftspsychologie allerdings erst zu reinigenden Form — eines Tages auch die europäischen Glieder der indogermanischen Menschheit mit elementarer Gewalt packen wird. Bruno's christliche und jüdische Nachfolger in *Deo et Natura* haben sich freilich wohl gehütet, diese Ansicht, nach welcher jede Seele berufen und im Stande ist, sich durch an Zahl unendliche Entwickelungsstufen hindurch zur Vollkommheit zu erlösen, auch nur zu beachten, geschweige denn, dass sie sich getraut hätten, sich offen zu derselben zu bekennen. Nur Leibnitz, der sonst so diplomatische Metaphysiker, dem es zunächst immer darauf ankam, nach oben nicht anzustossen, bekennt sich einmal, freilich nur in einer bei des Philosophen Lebzeiten verschwiegen gebliebenen Briefäusserung, halbwegs zur Metempsychose: „Ich glaube, schreibt er am 30. April 1709 an den Pater Des Bosses von Hannover aus, ich glaube gar, es lasse sich vertheidigen, dass Gott neue Monaden schaffe: vielleicht ist aber das Gegentheil noch viel wahrscheinlicher, ja sogar die Präexistenz der Monaden [2])."

1) De Immenso, Lib. I, cap., pag. 151: *Ideo si anima cui instrumenta corporis equini sunt comparata, sciret eam manere corporis humani et omnium reliquorum instrumenta seriatim vel confuso ordine quodam, neque defunctionem praesentium instrumentorum ad futuram deinceps (secundum innumerabiles species) vitam pertinere quippiam, non tristaretur. Anima sapiens non timet mortem, immo interdum illam ultro occurrit. Manet ergo substantiam omnem pro duratione aeternitas, pro loco immensitas, pro actu omniformitas.*

2) Leibnitz, *Opera philos.* (ed. Erdmann) LXVIII, pag. 457: *Imo puto, defendi posse (a Deo novas monades creari) et probabilius esse contrarium, adeoque praeexistentiam monadum.*

Leibnitz fiel es nicht ein, dieser Paradoxie auch öffentlich das freie Wort zu schenken. Und so blieb denn Bruno's Lehre wieder verschollen bis auf Lessing, der 1780, ein Jahr vor seinem Tode, die „Erziehung des Menschengeschlechts“ mit den tiefgründigen Worten schliesst: „Warum könnte jeder einzelne Mensch auch nicht mehr als einmal auf dieser Welt vorhanden gewesen sein? Ist diese Hypothese darum so lächerlich, weil sie die älteste ist? weil der menschliche Verstand, ehe ihn die Sophisterei der Schule zerstreut und geschwächt hatte, sogleich darauf verfiel? Warum könnte auch Ich nicht hier bereits einmal alle die Schritte zu meiner Vervollkommnung gethan haben, welche bloss zeitliche Strafen und Belohnungen den Menschen bringen können? Und warum nicht ein andermal alle die, welche zu thun, uns die Aussichten in ewige Belohnungen so mächtig halfen? Warum sollte ich nicht so oft wiederkommen, als ich neue Kenntnisse, neue Fertigkeiten zu erlangen geschickt bin? Bringe ich auf einmal so viel weg, dass es der Mühe wieder zu kommen etwa nicht lohnet? Darum nicht? — Oder, weil ich es vergessen, dass ich schon dagewesen? Wohl mir, dass ich das vergesse. Die Erinnerung meiner vorigen Zustände würde mir nur einen schlechten Gebrauch des gegenwärtigen zu machen erlauben. Und was ich auf itzt vergessen muss, habe ich denn das auf ewig vergessen? Oder, weil so zu viel Zeit für mich verloren gehen würde? — Verloren? — Und was habe ich denn zu versäumen? Ist nicht die ganze Ewigkeit mein?“ Vgl. damit die übereinstimmenden Sätze Lessings am Schlusse von dessen, vielleicht auf Anregungen Bruno's zurückführenden Abhandlung: „Dass mehr als fünf Sinne für den Menschen sein können“, in der Ausgabe von Lachmann, Bd. 11, pag. 460–461.

Namen- und Sachregister.

XI. Nachträge und Berichtigungen.

1) Zur Vorrede pag. XVII oben. Ueber den Einfluss von Leibnitz auf Pope und Haller vgl. jetzt insbesondere auch Alb. v. Hallers Gedichte, hrsgeg. von L. Hirzel (Frauenfeld, Huber, 1882), pag. LXXIX, besonders aber CXXX und CXXXI, ebenso pag. 44 Anm. 17.

2) Zu pag. 5. Aus den durch Francesco Fiorentino veröffentlichten Censuslisten von Nola (vgl. oben Vorrede pag. VIII) ergiebt sich in Kürze für Bruno's Stammbaum Folgendes. Bruno's Grossvater Hieronymus war 1545 46 Jahre alt, seine Frau Mariella 41. Ihre Ehe war kinderreich. Der Sohn Nocenzio, 25 Jahre alt, war verheirathet mit einer Fiorenza von 21 Jahren. Ein jüngerer Sohn Giovanni von 20 Jahren wurde der nachherige Vater unseres Giordano. Ein noch jüngerer hiess Felix, von 18 Jahren, ein Geistlicher; die noch jüngeren Kinder hiessen: Marc Anton von 11 Jahren, Augustin von 9 Jahren. Diese 5 Brüder hatten 4 Schwestern: Prudenza von 19 Jahren, Isabella von 14, Camilla von 6 und Katharina von 4 Jahren. Giovanni, Giordano's Vater, lebte nicht im Hause seines Vaters, sondern in einem Hause am Fusse des Berges Cicala, also nicht in der Stadt Nola, sondern ausserhalb derselben, in der Vorstadt, die jetzt Santo Paolo heisst. Während in jener Censusliste über die zahlreichen Geschwister Giovanni's Randbemerkungen spärliche Nachricht geben, wer sich verheirathet habe und wer nicht, fehlt dagegen über Giovanni jede Notiz. Ob er mit seinem Söhnlein Filippo nach Neapel gezogen sei oder nicht, darüber geben auch die Censuslisten von 1563 keine Auskunft.

Nach Bruno's Aussage vor dem venetianischen Inquisitionsgericht hiess seine Mutter Fraulissa Savolina. Liegt in Berti's Veröffentlichung der Venetianer Dokumente ein Druckfehler vor? Fiorentino wenigstens versichert, unter Dutzenden nolanischer Frauennamen keine Fraulissa, wohl aber mehrere Savolino getroffen zu haben. Dagegen scheint es ihm möglich, dass eine Silvia, die 18jährige Tochter des von Bruno im Spaccio de la Bestia Trionfante erwähnten Antonio Savolino, Giordano Bruno's Mutter gewesen sein könne. Aber wie wäre es gedenkbar, dass der Name Silvia in Fraulissa verschrieben oder verlesen worden sein könnte? Ich gestehe, dass (möge mir Italien die Ketzerei verzeihen!) sowohl der Name Bruno als Fraulissa für mich deutschen Anklang, Anklang nämlich an deutschen resp. sächsischen Ursprung von Bruno's Voreltern hat. Bruno's Eltern wohnten, wie sich aus Fiorentino's Forschungen ergiebt, ausserhalb der

Stadt in einem hauptsächlich von Deutschen bewohnten Dörfchen am Cicala, unter diesen befand sich ein auch von Bruno erwähnter MARTINELLO, 1545 der dreizehnjährige Sohn eines MARCO ANTONIO DE ALEMANNO, eines deutschen Landsknechts nämlich, von welchen sich viele in Italien niedergelassen hatten. Jener Nachbar FRÄNZCHEN, der Melonensüchter FRANZINO (s. oben pag. 92), war laut der Censusliste von 1545 FRANZINUS ALLEMANNA, ein Mann von 25 Jahren. Neben diesen erscheint, wiederum auch von Bruno erwähnt, der 25jährige Schneidermeister MASTRO DANESE, dessen Name für sich selbst spricht. Auch der ANTONIO FAIVANO, der ebenfalls in dieser Nachbarschaft lebte, welchen Bruno im SPACCIO erwähnt und den WAGNER fälschlich FAJUANO schreibt, scheint mir germanischen Anklang zu haben und auf gothisches *FAIHU-VANA, *pecore egens*, zu deuten. Stammt etwa auch Giordano aus einer, wohl schon lange in Nola ansässigen, ursprünglich niederdeutschen Landsknechtsfamilie, wie denn ja Bruno's Vater GIOVANNI selbst wieder Soldat geworden ist? Ist es da ferner ein Wunder, wenn wir bei dem ja allerdings unitalienischen Namen von Bruno's Mutter direkt an althochdeutsches FRAULICH (vgl. FÖRSTEMANN, Altdeutsches Namenbuch, Bd. I, pag. 416 FREULICH, ferner mhd. VRÖU-LICH *adj.* = VROUWE-LICH, FROUWEN-LICH, FREW-LICH, femineus, bei LEXER Mittelhochdeutsches Handwörterbuch, Bd. III [1878], pag. 541). Oder sollte der Name verschrieben sein für FRAULINDA (bei FÖRSTEMANN a. a. O., pag. 416)? Mag die Sache sich verhalten, wie sie will: das ist sicher und über jeden Zweifel erhaben, dass, wenn auch in Giordano Bruno von Alters her vielleicht ein germanischer Blutstropfe nachrollte, gleichwohl der Dichterphilosoph von Nola selbst nur als Italiener gelten wollte, und nur von den Italienern als Landsmann in Anspruch genommen und gefeiert werden kann.

3) Zu pag. 27. Von diesem ALBERTUS A LASCO verzeichnet HYDE a. a. O., pag. 386 die Schrift: *Exhortatio ad Milites in Expeditione Moldavicâ. Francofort, 1581.*

4) Zu pag. 57 oben. Die Werke des Sorbonnerektors JOH. FILESAC verzeichnet HYDE s. unten, pag. 252.

5) Zu pag. 57. Der für BERTI, Vita di G. Bruno pag. 198 noch räthselhafte JOH. HENNEQUIN *(un tal nobile parigino Hennequin, che certo apparteneva al novero dei suoi scolari od amici)* kann aus der zahllosen Menge der Hennequin, deren Stammbaum MORERI's Universallexikon, Bd. IV (Basel, 1732), pag. 492—476 verzeichnet, nur der in der Geschichte der französischen Rechts- und Finanzwissenschaft berühmte Dr. Jur., der (vergl. ZEDLERS Universallexikon, Bd. XXII, pag. 1406) auf des Juristen DIONYSIUS GOTHOFREDUS (seine Werke verzeichnet HYDE, *Catal. libror. impressorum Biblioth. Bodleyanae. fol. Oxonii, 1674*, pag. 298) Anregung *Notae ad Accursium* schrieb, die (s. HYDE a. a. O., pag. 229) von PETRUS BROSSAEUS (s. dessen Schriften bei HYDE a. a. O., pag. 110) zusammen mit dessen schon 1589 erschienenen *Thesaurus Accursianus* noch einmal 1606 zu Lyon und Venedig in 2 Bänden gedruckt wurden. Am berühmtesten ist dieser

Hennequin durch sein oft aufgelegtes Werk über die französische Finanzverwaltung, dessen voller Titel nach BRUNET, Manuel du Libraire T. III (1862), pag. 97 lautet: *Le Guidon général des Finances, contenant la conservation et l'interprétation des Droicts sacrez et inaliénables du Domaine du roy et couronne de France; avec l'instruction du maniement de toutes ses finances, tant ordinaires qu'extraordinaires, par Jean Hennequin, sécrétaire de la chambre du roi.* Paris, Abel L'Angelier, 1585 *(aussi 1586 petit en 8°).* Dieser *Guidon* erschien später, 1594 und öfter, *avec les annotations de* M. VINC. GELÉE (vgl. die *Nouvelle Biographie Générale* von HOEFER, T. 23 (Paris, 1558) pag. 946—947). Ohne Zweifel war Bruno durch seinen Gastfreund, den Gesandten von Castelnau, mit dem königlichen Secretär Hennequin bekannt und befreundet worden. Nur das grosse Ansehen eines schon durch seine adelige Abkunft, wie nicht weniger durch seine wissenschaftliche Stellung und sein hohes Amt ausgezeichneten Mannes konnten Bruno im Kampfe gegen das auch kirchlich approbirte aristotelisch-ptolemäische Weltsystem vor der Behandlung schützen, die am 24. Aug. 1572 noch Petrus Ramus durch den Aristoteliker Charpentier zu Theil geworden war. Es gehörte eben der ganze Heroismus eines Bruno dazu, um die Vertheidigung des Copernicus in Paris überhaupt nur zu wagen.

6) Zu pag. 58 Anm. 2. Statt Rudolph I. ist zu lesen: Rudolph II.

7) Zu pag. 59. Auf meine Anfrage an Herrn Dr. SAUER, kgl. Staatsarchivar zu Wiesbaden, ob sich in Wiesbaden irgendwelche Notizen über Bruno's Aufenthalt in dieser Stadt vorfinden, hatte Herr Dr. SAUER die Güte, Herrn Prof. F. OTTO, als „den genauesten Kenner der Wiesbadener Localgeschichte", über meine Vermuthung zu Rathe zu ziehen. Herr Prof. OTTO schreibt mir nun mit verdankenswerthester Freundlichkeit unterm 8. Sept. 1882 Folgendes: „Mir ist von einem Aufenthalt des Giord. Bruno zu Wiesb. a. 1586 oder überhaupt nichts bekannt. — Bedenken macht: 1) die Form des Wortes, 2) der Weg. — Der Weg von Mainz nach Marburg führt über die sog. Elisabethenstrasse (Hofheim, Ursel u. s. w.), während ein Weg von Wiesbaden nach der Lahn nicht gangbar war — damit fällt auch Weilburg. — Von Mainz aus führte der sog. Holzweg (zwischen Wiesbaden und Dolzheim) nach Schwalbach (vgl. mein Merkerbuch), berührte aber nicht Wiesbaden. — Die Form Wispure führt eher auf Wiesborn, Hof bei Idstein, oder Wisper, beides hier unthunlich.

Dagegen: war Wispure *loco poco lontano*, d. h. doch *locus paullum longinquus*, natürlich von Mainz, so bleibt am Ende doch die Deutung auf Wiesbaden allein übrig; im Mund des Volkes heisst Wiesbaden heute vielfach: Wisbare oder Wisbore, mit Uebergang des Dentals in die Liquida *R*. In früherer Zeit habe ich diese Form nirgends gefunden, doch ist sie vorauszusetzen. KEHREIN in seinem Namenbuch hat sie auch.

Man müsste dann annehmen, die Reise sei etwa über Idstein gegangen. — Möglich, dass Bruno den Namen des Ortes nach der Volksaussprache kennen lernte und behielt. — Auf Weilburg möchte ich wegen des *l*, dass nie in *s* übergeht, nicht schliessen."

8) Zu pag. 61. Ueber zwei Dutzend Werke und Schriften von ALBERICUS GENTILIS verzeichnet HYDE a. a. O., pag. 22—23.

9) Zu pag. 62 Anm. 2 unten. 34 Werke von JOH. HEINR. ALSTEDIUS verzeichnet HYDE a. a. O., pag. 22—23.

10) Zu pag. 79 Anm. 1. Ueber Raphael Eglin vgl. auch STRIEDERS Hessische Gelehrtengeschichte, Bd. III (1783), pag. 299—318. Aus pag. 301 und 318 geht hervor, dass Eglin auch in Marburg von der Alchemie nicht lassen konnte und mit dem Landgrafen Moritz von Hessen-Kassel einen lebhaften Briefwechsel über die Goldmacherkunst geführt hat, welcher noch jetzt auf der Landesbibliothek Kassel aufbewahrt wird.

11) Zu pag. 96. HIERONYMUS BESLER (nicht BISLER, wie Berti entweder irrthümlich abgeschrieben oder Bruno nach der Volksaussprache selber gesprochen hatte), war nach WILL's Nürnberger Gelehrten-Lexikon, Thl. 1 (1775), pag. 104—105, der Sohn des Michael Besler von Nürnberg, eines unmittelbaren Schülers von Luther zu Wittenberg, Pfarrers zu Wörth bei Nürnberg, welcher 1577, 65 Jahre alt, starb. Hieronymus, sein Sohn, nachmals berühmter Arzt in Nürnberg, wurde geb. den 29. Sept. 1566. Im Herbst 1591 fanden wir ihn laut Bruno's Angaben zu Padua, 1592 doctorirte er an seinem Geburtstage in Basel mit der Inauguraldissertation „*De hydrope*“. Im Jahre 1593 wurde er in das ein Jahr vorher gegründete *Collegium medicum* seiner Vaterstadt aufgenommen und zum lebenslänglichen besoldeten Visitator der Apotheken erwählt, welches Amt er 36 Jahre verwaltete, während welcher Zeit er siebenmal das Decanat seines Collegiums bekleidete. Er starb den 22. Nov. 1632. Er schrieb eine *Epistola medica*, welche der *Cista medica* des Joh. Hornung beigedruckt ist. Bekannter ist er durch seine Vorrede zu seines berühmteren Bruders Basilius botanischem Prachtwerk *Hortus Eystettensis*. Basilius, ein blosser Apotheker, aber reich an chemischen und botanischen Kenntnissen, beschrieb nämlich die Pflanzen, welche der Bischof von Eichstädt, Joh. Cornelius von Gemmingen, in seinem Garten zu St. Wilibald, ziehen liess. Da Basilius das Lateinische nicht genügend beherrschte, so liess er seinen Bruder Hieronymus die Vorrede zu seinem Werke schreiben. Dasselbe, reich mit Abbildungen von Pflanzen geziert, ist betitelt: *Hortus Eystettensis, seu diligens et accurata omnium plantarum, florum, stirpium ex variis orbis terrae partibus singulari studio collectarum, quae celeberrimis viridariis arcem episcopalem ibidem cingentibus hoc tempore conspiciuntur, delineatio et ad uiuum repraesentatio. Norimbergae, Impensis Auctoris, 1613 in max. fol. IV Voll.* Neuaufgelegt 1640. Den Namen der Gebrüder Besler verherrlicht die nach diesen benannte südamerikanische Pflanzengattung *Besleria* aus der natürlichen Familie der Personaten oder der 14. Klasse Linné's.

12) Zu pag 129 Anm. 3. KOWALLEK's sonst so fleissige Biographie der unzähligen Lateinschriften Schopp's wäre noch beträchtlich zu vermehren aus HYDE's *Catal. libror. impressor. Biblioth. Bodleyanae s. v.* SCIOPPIUS wo zu den 15 von Kowallek verzeichneten Pseudonymen Schopps noch die 6 folgenden erwähnt werden: Just. Mejer, Berenicus, Heinsius, Hebius, Joh.

Crusius, Frid. Balduinus. Von CONR. RITTERSHUSIUS weiss HYDE, a. a. O. sub lit. R, pag. 109, 12 Werke aufzuführen.

13) Zu pag. 178. Bruno hat nicht nur DARWIN's Entwickelungslehre, sondern auch schon MORITZ WAGNER's Migrationstheorie vorgeahnt. Vgl. DE IMMENSO, pag. 622: *Porro sicut omnis terra producit omnia animalium genera, ut in insulis patet inaccessis, neque enim fuit unus primus lupus et leo et bos a quo sunt omnes leones, lupi et boves geniti et ad insulas omnes transmissi, sed quaque ex parte tellus a principio dedit omnia: Factum porro est ut quaedam aliis in locis manserint, quaedam vero assumpta sint, ut in Anglia lupi et vulpes et ursi propter loci culturam, in quibusdam aliis insulis homines propter vim potentiorum bestiarum, vel defectum nutriminis.* Ueber Bruno's Hinneigung zur Ansicht von der Urzeugung „*absque ministerio coitus*“ vgl. auch BARACH, Philos. Monatsh., Bd. XIII (1877), pag. 194.

14) Nachdem der Druck meines Werkes schon abgeschlossen war, empfing ich die ersten drei Hefte des Bd. I der Internationalen Monatsschrift (Chemnitz, Schmeitzner, Januar-März 1882), in welchen HEINRICH VON STEIN „Bemerkungen über Lehre und Person Giordano Bruno's“ veröffentlicht hat. Die hohe Bedeutung Bruno's wird in dieser Abhandlung vollständig erkannt und mit liebevoller Wärme zum Ausdruck gebracht. Schade nur, dass der Titel dieser Aufsätze „Der Wahn eines Helden“ als Uebersetzung von DEGLI EROICI FURORI gänzlich verfehlt ist, nicht ohne mehrfach einen auf das Verständniss von Bruno's Lehre erheblich trübenden Einfluss auszuüben, vgl. z. B. pag. 165, 176. Auch ist an verschiedenen Stellen davon die Rede, der Ueberläufer Scioppius sei ursprünglich Bruno's Freund gewesen und von diesem „einmal bis in den Himmel“ erhoben worden (s. pag. 38), ferner (pag. 177): „Ein ‚Freund‘ schrieb ihm ein Wort des Hohnes zur Grabschrift.“ Von einer Freundschaft Bruno's zu diesem Menschen kann ja aber keine Rede sein. Scioppius wurde am 27. Mai 1576 zu Neumarkt in der Oberpfalz geboren. Mit dem 17. Jahre (1593) bezog er die Universität Heidelberg, also ein Jahr später, nachdem Bruno schon in Venedig eingekerkert, und zu einer Zeit, als er bereits an die römische Inquisition ausgeliefert worden war. Nach Rom kam Scioppius zuerst im December 1598, also ein Jahr vor Bruno's Verbrennung. Wo bleibt da nur die Gelegenheit zum Abschluss eines Freundschaftsbundes?

Pierer'sche Hofbuchdruckerei. Stephan Geibel & Co. in Altenburg.

Lightning Source UK Ltd.
Milton Keynes UK
UKOW022036130113

204812UK00004B/267/P

9 781142 474775